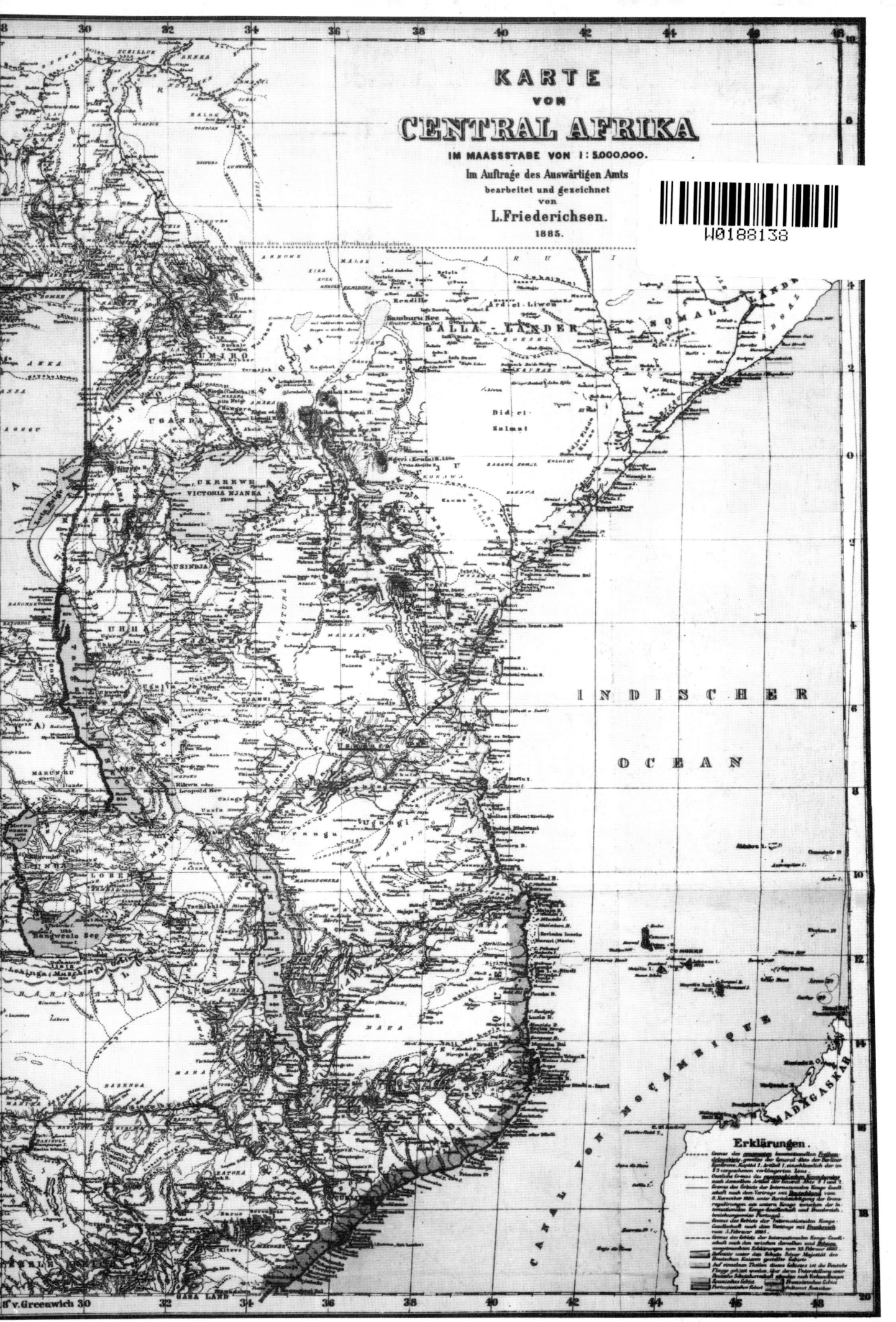

KARTE
VON
CENTRAL AFRIKA

IM MAASSSTABE VON 1 : 5.000.000.

Im Auftrage des Auswärtigen Amts
bearbeitet und gezeichnet
von
L. Friederichsen.
1885.

„Ich kann nicht darüber hinwegsehen, daß in unse-rem Kreis keine Eingeborenen vertreten sind, und daß die Beschlüsse der Konferenz dennoch von größter Wichtigkeit für sie sein werden."

Sir Edward Malet, britischer Vertreter, Botschafter in Berlin. Eröffnungsrede bei der Kongokonferenz 1884.

Ruth Weiss / Hans Mayer

AFRIKA
DEN EUROPÄERN!

Von der Berliner Kongokonferenz 1884 ins Afrika der neuen Kolonisation

(unter Mitarbeit von
Antony Martin)

PETER HAMMER VERLAG

Inhalt

Autoren und Verlag danken dem Ausschuß für Bildung und Publizistik der Evangelischen Kirche in Deutschland für die Hilfe beim Entstehen dieses Buches.

Übersetzungen aus dem Englischen: Gaby Piecha

© Peter Hammer Verlag, Wuppertal 1984
Alle Rechte vorbehalten
Gestaltung: Markus Eidt
Druck und Verarbeitung: Stock & Körber, Aschaffenburg

CIP-Kurztitelaufnahme der Deutschen Bibliothek

Afrika den Europäern: Von d. Berliner Kongo-Konferenz 1884 zum Afrika d. neuen Kolonisation / hrsg. von Hans Mayer u. Ruth Weiss. – Wuppertal: Hammer, 1984.
 ISBN 3-87294-249-2
NE: Mayer, Hans [Hrsg.]

Einleitung

Als am 15. November 1884 die europäischen Mächte und ihr erwachsener Zögling, die USA, in Berlin zur Westafrikanischen Konferenz zusammentraten, lag es in ihrer erklärten Absicht, diesen letzten, weitgehend unerforschten Kontinent für alle Zeiten ihrer Zivilisation einzuverleiben. Afrika sollte den Europäern nicht nur gehören, es sollte auch ein europäisches Afrika werden, ein christlich-freihändlerisches. Kaum jemand zweifelte damals an der Rechtmäßigkeit der kolonialen Besetzung eines ganzen Kontinents. Kolonien gehörten seit der Conquista in Lateinamerika zu den natürlichsten Dingen im europäischen Weltbild, und man stritt sich allenfalls über Sinn oder Unsinn es den Portugiesen und Spaniern gleichzutun. Gleichzeitig war man zutiefst davon überzeugt, die vermeintlich Wilden nicht nur vom Fluch des Sklavenhandels befreien zu müssen, obschon die Europäer ihn selbst auf die Spitze getrieben hatten, als sie Millionen Afrikaner nach Amerika verfrachteten, sondern sie überhaupt erst zu zivilisieren. Zivilisation und europäische Kultur wurden schlichtweg in eins gesetzt, wie Afrika und Barbarei. Die frühen Berichte über die sagenhaften Reichtümer hochentwickelter westafrikanischer Stadtkulturen konnten an diesem Bild ebensowenig rütteln wie der Touristenstrom, der sich heute Tag für Tag über den afrikanischen Kontinent ergießt. Der Afrikaner blieb das versklavte Opfer, auf das man einschlägt und das man mit Füßen tritt, während die Europäer ihrem Opfer mit einer Mischung aus Mitleid und Gespött gegenübertreten und den barmherzigen Erlöser spielen, wo es nur um Heuchelei und Arroganz geht.

Eher beiläufig hatten die Portugiesen einst auf ihrem Weg nach Indien die Küstenstreifen Afrikas, an denen ihre Schiffe Halt machen mußten, zur Kenntnis genommen. Der rasche Niedergang des portugiesischen Kolonialreichs in Asien lenkte ihr Interesse jedoch bald auf die „Kafferei". Nur der Aufstieg Brasiliens zum Paradies der Zuckerbarone und die Entdeckung der Goldminen von Minas Gerais bewahrte Afrika schließlich vor dem Schicksal Lateinamerikas, mit dem es durch den Sklavenhandel dennoch untrennbar verbunden ist.

Ende des 19. Jahrhunderts stellte sich die Frage nicht mehr nach einem „entweder oder", sondern nur noch nach dem „wie". Die europäischen Großmächte waren sich ausnahmsweise darin einig, daß

der Kuchen Erde völlig aufgeteilt werden sollte. Verblüfft mußten die Portugiesen erkennen, wie das über Jahrhunderte von ihnen unbeachtete Innere Afrikas überall in Europa Begierde erweckte, und hilflos mußten sie mit ansehen, wie ihr über die Jahrhunderte angehäuftes Wissen über diesen Kontinent nun den anderen als Schlüssel zur Eroberung diente. Am Ende hatten sich die Portugiesen mit dem kleinsten, aber dennoch respektablen Brocken Angola, Mozambique und Guinea-Bissau zu begnügen.

Vorausgegangen war ein beispielloses Wettrennen um die unerforschten Gebiete im Innern des riesigen Kontinents. Den Forschern folgten die profithungrigen europäischen Händler auf dem Fuß und als sich diese zwangsläufig ins Gehege kamen, wurde Afrika zum Spielball europäischer Politik, den man sich gegenseitig zuwarf, und mit dem man möglichst geschickt jonglierte, ohne die eigenen Interessen außer acht zu lassen. So wie heute der Ost-West-Konflikt sein afrikanisches Spielchen treibt, suchte Bismarck damals seinen Balanceakt zwischen Frankreich und England auf dem Rücken Afrikas auszutragen. Wer da was und wo bekommen konnte oder welcher afrikanische Volksstamm wem zugesprochen wurde, das entschieden die europäischen Politiker immer auch nach Maßgabe diplomatischer Schacherei in Europa trotz des beständigen Willens, sich ein möglichst großes Stück des afrikanischen Kuchens abzuschneiden. Afrika stand nie im Zentrum europäischer Politik, deshalb ging es bei den beiden Weltkriegen auch erst in zweiter Linie um die Neuaufteilung des afrikanischen Kontinents. Das hat Afrika freilich nicht vor dem europäischen Kriegsbazillus bewahrt. Afrikaner mußten auf den Schlachtfeldern Europas und Asiens ihre Köpfe hinhalten und wurden dabei regelrecht verheizt. Bis heute tobt ein blutiger Kolonialkrieg in Namibia, dessen Ursprünge in das Jahr 1884 zurückreichen und von dem niemand so recht weiß, wann er zu Ende sein wird. Dazwischen liegen hundert Jahre, in denen unzählige Kriege verheerende Zerstörungen anrichteten. Auch dafür trägt Europa in erheblichem Maße die Verantwortung.

Wie beim Sklavenhandel lag der Zweck der kolonialen Eroberung letztendlich auch im direkten wirtschaftlichen Interesse. Politiker wie Bismarck und Gladstone waren zwar keineswegs von der kolonialen Idee begeistert. Sie fürchteten zu Recht, daß die „Befriedung" dieses riesigen Gebietes Unsummen verschlingen würde. Ganz allmählich konnten sie jedoch von der heilenden Wirkung des Kolonialismus auf den seine erste Wirtschaftsdepression und eine aufbegehrende Arbeiterschaft durchleidenden Kapitalismus überzeugt werden. Getrieben und gestoßen von einer rasch anwachsenden Kolonialbewegung, in der sich unternehmungslustige Händler, Abenteurer, Pfaffen und Großunternehmen zusammengefunden hatten, eilte bald die Flagge den Handelskontoren voraus.

Den meisten der im damaligen Kolonialrausch gegründeten Kolonialgesellschaften, die ihre Existenz im übrigen gelegentlich den Zweifeln der Politiker an der Richtigkeit der kolonialen Idee verdanken, war kein großartiger wirtschaftlicher Erfolg beschieden. Viele sind längst einer der zahlreichen Wirtschaftskrisen zum Opfer gefallen, manche stehen nurmehr auf dem Papier. Aber kein Zweifel: europäische und amerikanische Großunternehmen herrschen heute fast so uneingeschränkt über die Reichtümer Afrikas wie ihre Vorläufer, die Kolonialgesellschaften, und von Anfang an gab es nicht wenig europäische Aktionäre, die üppige Gewinne einstreichen konnten. Die Wirtschaftsbeziehungen mit Afrika wurden nach der Ära des Sklavenhandels ja nicht gerade gerechter. Die Europäer nahmen sich nach wie vor das, was sie brauchten, ob das nun Bananen waren, Kupfer oder Soldaten, während meist mit dem bezahlt wurde, was in Europa überflüssig oder wertlos war: mal mit Kartoffelsprit, mal mit Arbeitskräften und mal mit Maschinen. Wie ein ehernes Gesetz zieht sich diese Art von Handel zugunsten Europas durch die Geschichte des Kolonialismus in Afrika bis zur Lomé Konvention von heute. Der Kolonialismus machte einen ganzen Kontinent nicht nur zu einem willenlosen Objekt der Ausbeutung, sondern hinterließ auch noch solche nachhaltigen Spuren, daß man heute mit voller Berechtigung vom Neokolonialismus sprechen kann.

Von der afrikanischen Lebensweise wollten die Europäer nie etwas wissen, sofern es nicht zur Ausplünderung dieses Kontinents unumgänglich war. Die Anthropologen folgten der Kolonialflagge deswegen, weil die Missionare und Kolonialbeamten die wilden Afrikaner in den kolonialen Griff kriegen wollten. Europa erreichte die afrikanische Kultur nur über den Umweg Brasiliens und der USA und auch erst nach der Niederlage des Faschismus. Als Allgemeingut bemißt sich ihr Wert nach wie vor am Hauch der Exotik. Andererseits sind die Europäer bis heute unendlich stolz, ihre Zivilisation und ihren Fortschritt nach Afrika exportiert zu haben und beklagen nur zu gern den wirtschaftlichen Niedergang Afrikas nach der Entkolonialisierung, den sie der Unfähigkeit afrikanischer Politiker zurechnen. Dabei hat sich Afrika, und das wird häufig übersehen, lange Zeit verzweifelt gegen die Über-

nahme dieser Zivilisation und ihrer Gesetze gewehrt. Der Aufstand der Herero und Ndebele, der Chimurenga und Maji-Maji bezeugen den Willen Afrikas, sich nicht zu unterwerfen. Es gehört in den Bereich der Fabeln, wenn behauptet wird, der gehorsame Eingeborene hätte sich glücklich den Anforderungen großmütiger Kolonialbeamter gefügt. Bestenfalls kann davon gesprochen werden, daß einige gutgläubige Afrikaner, und es waren in der Tat nicht wenige, sich von einer Zusammenarbeit mit den Europäern Vorteile versprachen. Selbst da war jedoch nie von Kolonialismus und Unterwerfung unter ein europäisches Mutterland die Rede. Die vermeintlichen Verträge mit den Afrikanern waren ausgeklügelte Betrugsmanöver und die „Befriedung" ein Kreuzzug gegen die Friedfertigen, die angesichts der Überlegenheit der europäischen Waffentechnologie vor der Wahl zwischen Pech und Schwefel standen.

Afrikas Kultur wurde von den Europäern nicht so radikal zerstört wie die Lateinamerikas, sie wurde vielmehr in Dienst genommen. Obwohl man mit den Afrikanern keineswegs zimperlich umging, hatten sich doch die Herrschaftsmethoden der Europäer mittlerweile so verfeinert, daß man auf die Ausrottung der afrikanischen Völker großzügig verzichten konnte. Nur da und dort fand eine lückenhafte Besiedlung durch Europäer statt. Dennoch war die Zerstörung der afrikanischen Kultur so radikal, daß die Afrikaner seit ihrer Unabhängigkeit ohnmächtig versuchen, sich in der Rückbesinnung auf die Ideale eines ländlich-agrarischen Afrika zu entkolonialisieren. Ob Afrikanischer Sozialismus, Authentizität oder Négritude, keine der neuen Ideologien hat das Problem der verloren gegangenen Identität bislang befriedigend lösen können.

Was die Afrikaner als Ersatz für den Verlust ihrer Identität und für die tiefe Demütigung ihrer eigenen Kultur erhielten, war anfangs kaum mehr als Zwangsarbeit und der Streit der christlichen Kirche um die rechte Lehre. Die Mobilisierung der Arbeitskraft der afrikanischen Hilfsvölker für Europa war schließlich Sinn und Zweck der Kolonisation und damit auch das eigentlich zivilisatorische Projekt, auf dem der Kapitalismus erst gedeihen kann und für das das Christentum seinen Beitrag liefern mußte. Wenn heute auf die Verdienste der europäischen Medizin hingewiesen wird, dann wird häufig vergessen, daß die europäischen Krankheiten der sie bekämpfenden Medizin vorausgeeilt waren. Lesen und Schreiben dienten zuallererst der Verbreitung des christlichen Glaubens und den Bedürfnissen einer funktionierenden Kolonialverwaltung. Universitäten und Gymnasien waren dazu nicht nö-

tig, nur Frömmigkeit und der treue Dienst für die neuen Herrn. Die Reste dieser Art von Zivilisation sind in der Republik Südafrika und in Namibia noch am deutlichsten zu besichtigen. Sie sind der Hort des europäischen Rassismus, der Überlegenheit der europäischen Zivilisation und wenn Europa das alles abgeworfen hätte, würde es diesen Teil Afrikas wohl kaum so aktiv unterstützen oder gewähren lassen. Nicht die Europäer, sondern die Afrikaner fordern dort die humanistischen Ideale der westlichen Zivilisation ein.

Die politische Moral der Europäer ist von jeher doppelbödig und heuchlerisch. Sie klagen über die Verletzung der Menschenrechte, über Korruption und Schlamperei in den jungen Staaten Afrikas und wissen sehr genau, daß selten ein Putsch ohne europäische oder US-amerikanische Beteiligung stattfand, daß Korruption und Intrigen bei der Gründung ihrer Kolonien Pate standen. Wer in aller Welt will da von den Afrikanern, die in diesen Kolonien schließlich aufgewachsen sind, etwas anderes verlangen? Erst kurz vor der Unabhängigkeit fanden sich die europäischen Kolonialmächte bereit, auch die heilige Kuh der westlichen Zivilisation, die Demokratie, nach Afrika zu verfrachten. Aber wenn immer sie konnte, versuchte die Kolonialadministration, sich ihre Nachfolger selbst auszuwählen. Die Verwaltung und das Militär waren die eigentlichen Stützen der Kolonialherrschaft, nicht die afrikanische Bevölkerung. Der afrikanische Busch mußte nicht afrikanisiert werden, sondern das Militär und die Verwaltung. Daß daran wiederum die Europäer beteiligt waren, indem sie die Afrikaner für diese Aufgaben vorbereiteten, wirft nur ein bezeichnendes Licht auf das Schlagwort „Afrika den Afrikanern". Es ist schon makaber zu nennen, wenn die Europäer heute Programme zur kulturellen Identitätsfindung der Afrikaner entwerfen.

Afrika ist es in keiner Weise gelungen, mit diesem kolonialen Erbe fertig zu werden. Das beherrschende Motiv jeder Befreiung in Afrika war der von den Europäern vorexerzierte Nationalismus. Unbesehen übernahmen die afrikanischen Politiker die kolonialen Grenzen, und es kam statt der von einigen wenigen erhofften politischen Integration die politische Zersplitterung mit einer Vielzahl von Grenzkonflikten, unter denen über fünf Millionen Flüchtlinge zu leiden haben. Der Hoffnung, Afrika könne den Widerspruch zwischen Tradition und Moderne, zwischen afrikanischem Busch und den Hochhausfassaden seiner Städte aufheben, ist Enttäuschung und Frustration gewichen. Afrika entwickelte sich nicht so, wie es sich die neue Machtelite vorgestellt hatte. Der afrikanische Busch, die Über-

bleibsel kaputter Traktoren, die verlassenen Dörfer und die überfüllten städtischen Elendsviertel bezeugen ihr Scheitern. Von der Nachahmung der europäischen Industrialisierung blieben in den meisten Ländern Afrikas nicht viel mehr als die Angebote des Supermarkts. Die Jugend sehnt sich nach Pop und Coca Cola, die Elite nach Mercedes Benz und Videogeräten, während die Bevölkerung hungert. Die kulturelle Entfremdung der Herrschenden vom Volk ist offensichtlich. Obi Egbuna brachte es 1970 in einer Erzählung auf den Punkt: „Wenn die kulturelle Selbstdarstellung der Metropolen darin besteht, der ganzen Welt ihre Kultur zu verkaufen, das eigene Modell von Technik und Zivilisation aufzudrängen, war dem kaum mit der Rehabilitation der eigenen kulturellen Vergangenheit und der Hoffnung zu begegnen, in Verhandlungen günstige Austauschverhältnisse zu erzielen."

Das Ziel kann nur ein begrenztes sein: Afrika muß agieren statt zu reagieren. Noch kann Afrika nicht unabhängig über sein eigenes Schicksal entscheiden. Das will nicht heißen, daß die Europäer Amin und Mobutu schufen, aber sie schufen die Bedingungen, in denen sie sich entfalten konnten, so wie sie auch die Bedingungen für die Apartheid in Südafrika schufen. Der Westen ist und bleibt der große Bruder Afrikas für lange Zeit. Er hat sich diese Rolle vor hundert Jahren angemaßt und handelt noch heute so.

Kolonialismus und Neokolonialismus sind nur andere Wörter für Krieg. Man überfiel Afrika und besiegte es, und man überfällt es noch heute im Tschad, in Angola und in der Westsahara. Der Kampf um die echte Entkolonialisierung hat erst begonnen. Afrika befindet sich in einem Interregnum zwischen dem Kolonialismus und neuen Strukturen, deren Anfänge unklar und verschwommen sind.

Leopold,
ein
königlicher
Unternehmer

1

Leopold II, König von Belgien

König Leopold II von Belgien interessierte sich leidenschaftlich für Nachrichten und Neuigkeiten. Seine Lieblingszeitung war die „Times", von der er seit seiner Jugend keine einzige Ausgabe verpaßt hatte. Während seiner Aufenthalte im Palast von Laeken außerhalb Brüssels wurde die Zeitung immer aus dem Eilzug von Ostende geworfen, wenn er durch die königlichen Ländereien fuhr. Ein Diener hob sie auf, glättete und säuberte sie und legte sie dem König nach dem Abendessen vor. Leopold machte es sich mit dem Stift in der Hand gemütlich und vertiefte sich in die Nachrichten von Politik und Finanzwelt, wie man sie vom Mittelpunkt der zivilisierten Welt aus betrachtete.

Im September 1877 behielt er aus einem ganz bestimmten Grund den „Daily Telegraph" im Auge, der am 17. des Monats schließlich den ersehnten Exklusivbericht brachte: es wurde gemeldet, daß Henry Morton Stanley heil und gesund in Boma, einer kleinen Handelsniederlassung nahe der Kongomündung, eingetroffen war. Der König hatte den Entdecker zwar noch nicht kennengelernt, doch hatte er ihn instinktiv als den Mann auserkoren, der ihm bei seinen Plänen für Afrika von großem Nutzen sein konnte.

Stanley hatte sich im Jahre 1871, als er Dr. Livingstone aufspürte, zwar unsterblichen Ruhm erobert, wurde deshalb aber noch nicht sonderlich geachtet. Dies lag nicht nur an seiner zweifelhaften Herkunft, deren er sich selbst entsetzlich schämte. Als uneheliches Kind in Wales geboren, hatte er sogar einige Zeit im Armenhaus verbracht — doch schließlich kam auch Livingstone, der am meisten verehrte Entdecker, aus ausgesprochen bescheidenen Verhältnissen. Vielmehr lag es daran, daß die feinen Herrschaften in der Königlichen Geographischen Gesellschaft seine Manieren zu ungehobelt und seine Forschungsmethoden zu rücksichtslos fanden. Daß man Stanley nachsagte, er greife bei der geringsten Provokation zum Gewehr, beunruhigte die Herren nicht minder. Außerdem konnten sie ihm nicht verzeihen, daß er ihre eigene offizielle Suchexpedition zur Rettung ihres bekanntesten Mitglieds übertroffen hatte — ohne ihnen sein Vorhaben auch nur mitzuteilen. In London hielten ihn einige Leute für einen Betrüger, der Livingstone in Wirklichkeit nie gefunden hatte. Andere wiederum machten sich über ihn lustig; immer wieder rieb man ihm seine berühmt-berüchtigten ersten Worte an Dr. Livingstone unter die Nase: „Dr. Livingstone, nehme ich an". Nach längerem Hin und Her wurde ihm schließlich die Goldmedaille der Königlichen Geographischen Gesellschaft überreicht, aber Stanley war über die Reaktionen auf seine Leistung zutiefst

Henry Morton Stanley: Ein Abenteurer auf der Suche nach Bestätigung

verletzt. Diese Enttäuschung trieb ihn dazu, ein für alle Mal zu beweisen, daß er — er ganz allein — ein großer Entdecker sei.

Die eine Ruhmestat, die es für einen Afrikaforscher in den 70er Jahren des letzten Jahrhunderts zu vollbringen galt, war die Erforschung des Kongo, des letzten der vier großen afrikanischen Flüsse, der in den Karten europäischer Geographen noch nicht eingezeichnet war. Hundert Jahre zuvor hatte noch kaum ein Weißer das Landesinnere betreten. Im 18. Jahrhundert standen die Beziehungen zwischen Afrika und Europa unter dem Zeichen des Sklavenhandels: es war ein äußerst einträgliches aber genauso gefährliches Geschäft, bei dem die europäischen Einkäufer gut daran taten, an der Küste zu bleiben und es anderen Afrikanern zu überlassen, die „Ware" dorthin zu befördern. Wer im Sklavenhandel mitmischte war natürlich darauf aus, jede genauere Untersuchung dieses Geschäfts zu vereiteln. Erst als sich immer mehr Gruppen für die Abschaffung der Sklaverei einsetzten, wurden andere Formen des Kontakts möglich. Das Jahr 1788 stellt einen Wendepunkt in der Geschichte der Afrikaforschung dar. Eine Gruppe gut betuchter Wohltäter und Wissenschaftler gründete in England die „Gesellschaft zur Förderung der Erforschung Zentralafrikas" (oder Afrikagesellschaft), unter deren Schirmherrschaft ernsthafte Expeditionen gestartet wurden. Bald darauf bekundete auch die britische Regierung Interesse. Die Bewegung zur Abschaffung der Sklaverei vereinte Missionare, Wohltäter und Kaufleute, deren gemeinsames Interesse der Aufbau „legitimer" Handelsbeziehungen war. Sie waren Vertreter jener drei „K" — Kirche, Kultur und Kommerz —, die im Denken der Europäer und in ihrer Afrikapropaganda zu einer untrennbaren Einheit werden sollten. Daß diese drei als untrennbar, ja als synonym galten, kam besonders den Kaufleuten gelegen: solange sie bei ihren Geschäften auf Sklaven verzichteten, waren sie juristisch gesehen aus dem Schneider.

Zunächst konzentrierten sich die Entdecker auf Westafrika, den Niger und die großen islamischen Handelszentren, symbolisiert durch die legendäre Stadt Timbuktu. Zwischen 1795 und 1797 entdeckte der Schotte Mungo Park, daß der Niger von Westen nach Osten floß. Doch erst 1830 fanden die Gebrüder Lander heraus, daß er später in südlicher Richtung weiterfloß, und enthüllten das Geheimnis des Nigerdeltas. Britische Forscher waren zu jener Zeit im Vorteil, da sie von offizieller Seite unterstützt wurden. Dennoch gelang es dem Franzosen René Caillié auf dem Wege vom Senegal Richtung Osten, als erster Timbuktu zu betreten, bevor er quer durch die Sahara nach Tanger weiterzog. Im Jahre 1850 machte sich der bemerkenswerte deutsche Entdecker Heinrich Barth zu ausgedehnten Reisen in den inneren und den westlichen Sudan auf. Barth erhielt finanzielle Unterstützung vom britischen Außenministerium. Doch seit der Gründung der Geographischen Gesellschaft Berlin im Jahre 1828 war auch das Interesse der Deutschen an Afrika gewachsen, und den ersten Missionaren folgten bald Entdecker wie Gerhard Rohlfs und Gustav Nachtigal.

Im Jahre 1870 fand Nachtigal die Verbindung zwischen dem westlichen Sudan und dem Nil, der die Briten inzwischen am meisten interessierte. Die Afrikagesellschaft blühte auf und wurde zur Königlichen Geographischen Gesellschaft. Als solche genoß sie hohes Ansehen und organisierte 1858 die Expedition von Burton und Speke zum Tanganyikasee, sowie die unter Speke und Grant zum Viktoria-Nyanzasee im Jahre 1862. Über den Ursprung des Nil gab es erbitterte Meinungsverschiedenheiten, doch 1864 war man sich über den Fluß und die großen afrikanischen Seen im wesentlichen einig. Währenddessen setzte Dr. Livingstone, der berühm-

Speke und Grant vor der Königlich-Geographischen Gesellschaft: Jubel über die erfolgreiche Durchquerung Ostafrikas

teste und beliebteste Forscher seiner Zeit, seine mutigen Expeditionen im Süden Afrikas fort. Die Zeit von 1840 bis zu seinem Tod im Jahre 1873 verbrachte er fast ausschließlich mit Entdeckungsreisen quer durch den südlichen Teil des Kontinents.

David Livingstone, 1864: Die graue Eminenz unter den europäischen Afrikaforschern

Livingstone erforschte den Sambesi von seiner Quelle in Angola bis zur Mündung in Mozambique. Der Sklavenhandel in Zentralafrika erfüllte ihn mit Grauen, und er trug mehr als jeder andere dazu bei, daheim in England Betroffenheit auszulösen. Er trat konsequent dafür ein, daß Afrika nur durch eine Mischung von neuzeitlichem Handel und traditionellem Evangelium gerettet werden könnte.

Nachdem Niger, Nil und Sambesi erschlossen waren, blieb noch die Erforschung des Kongo: Was lag jenseits der eindrucksvollen Wasserfälle und Stromschnellen, an denen alle Versuche, ihn vom Atlantik stromaufwärts zu befahren, gescheitert waren? Stanley entschloß sich, vom Indischen Ozean aus den gesamten Kontinent zu durchqueren. Er war überzeugt, daß der Lualaba der Schlüssel zur Erforschung des Kongo sei. Dieser mächtige Strom, der in nördlicher Richtung bis zum westlichen Ende des Tanganyikasees floß, war von Livingstone zwar auch entdeckt, aber nicht erkundet worden. Stanley glaubte, der Lualaba werde ihn zum Kongo führen.

Das Unternehmen war ein Glücksspiel und Stanley wußte, daß er keine Zeit zu verlieren hatte, wenn er den Ruhm der Kongoentdeckung für sich erobern wollte. Die Wasserfälle hinter der Atlantikmündung konnten auch auf andere Weise umgangen werden. Von ihrer Kolonie Gabun im Norden aus verstärkten jetzt auch die Franzosen ihre Bemühungen. Der Marquis de Compiègne fuhr 1872—73 ein ganzes Stück den Ogowe hinauf, was — wie DeBrazza später nachwies — kein schlechter Weg war, oberhalb der Wasserfälle auf den Kongo zu stoßen. Ein noch stärkerer Rivale war der junge britische Marineleutnant Verney Lovett Cameron, der sich 1873 von Sansibar aus auf die Suche nach Livingstone machte. Er fand jedoch nur noch den Leichenzug, der Livingstones sterbliche Überreste vom Landesinneren zur Küste brachte. Cameron beschloß daraufhin, sich weiter zum Lualaba durchzuschlagen, und es war immerhin möglich, daß er den Kongo schon erreicht hatte.

Im September 1874 traf Stanley in Sansibar ein. Etwa zwei Monate später brach er von dort aus mit 356 Trägern zur größten Expedition in der Geschichte der Entdeckung Afrikas auf. Seine erste Aufgabe war die vollständige Erschließung des Viktoriasees, die Burton, Speke und Livingstone nicht zu Ende gebracht hatten.

Danach ging es zum Tanganyikasee, wo er nochmals den Schauplatz seines Zusammentreffens mit Livingstone in Ujiji besuchte, und dann weiter zum Lualaba. Dort traf er Tippu-Tib, den mächtigsten

Tippu Tib: „Ein bedeutender Mensch" (Stanley)

arabischen Sklavenhändler in Zentralafrika, der erfreuliche Neuigkeiten für ihn hatte: Cameron hatte in Nyangwe nach Süden abgedreht. Aus Angst vor der Grausamkeit der dortigen Eingeborenenstämme hatten sich seine Männer geweigert, den Weg zum Lualaba fortzusetzen. Wie Tippu-Tib erzählte, war Cameron nach Angola gegangen, wo er dann endlich an der Küste anlangte. Diese Reise durch Katanga und das südliche Kongobecken war zwar eindrucksvoll gewesen, doch war der Fluß selber immer noch nicht erforscht. Nun bewies Stanley den festen Willen, der ihn zum erfolgreichsten Entdecker seiner Zeit machte: er beschloß, nach Norden vorzustoßen.

Im Juni 1877 schlug die Expedition sich bereits seit zweieinhalb Jahren ihren Weg quer durch Afrika. Im Rückblick auf einige seiner Abenteuer, die er seit seinem Treffen mit Tippu-Tib erlebt hatte, schrieb Stanley in sein Tagebuch: „Bei einer kurzen Zusammenfassung der unserer Ansicht nach bemerkenswerten Ereignisse, schämte ich mich zuerst etwas über die scheinbare Prahlerei. Und dennoch ist diese Zusammenfassung nicht halb so bestechend wie ihre Einzelheiten: wir haben 28 große Städte und etwa 50 Dörfer angegriffen und zerstört, haben zu Lande und zu Wasser 32 Kämpfe ausgefochten, mußten mit 52 Wasserfällen und Stromschnellen fertig werden, haben fast 50 km Schienen durch die Wälder gelegt, unsere Kanus und Boote einen 500 Meter hohen Berg hochgetragen, sie 10 km lang durchs Gebirge geschleppt, und sie dann über den Abhang zum Fluß heruntergelassen; wir haben unsere Kanus mit primitivsten technischen Hilfsmitteln auf riesige 3, 5 oder 7 Meter hohe Felsblöcke gehievt, von denen aus wir dann Schienen gelegt haben, um die Wasserfälle des Massasa, Nzabi und Zinga zu überqueren. Und das alles, seit wir Nyangwe verlassen haben."

Als diese Zeilen geschrieben wurden, befand Stanley sich mitten in den Kongofällen; sie wurden ihrem furchteinflößenden Ruf vollauf gerecht. Die Expedition brauchte ganze fünf Monate, um knapp dreihundert Kilometer zurückzulegen. Die Afrika-

Mtesa, König von Uganda

ner in den Dörfern am unteren Kongo beobachteten verblüfft, wie Kanus durch die Stromschnellen schlingerten und in mühevoller Arbeit um Felsen herumgeschleppt wurden. Inzwischen war Stanley

Empfang bei König Mtesa in Usavara: „Ich darf mir zugute halten, das noch junge Religionsgefüge ins Wanken gebracht zu haben." (Stanley)

Stanley am 1. Katarakt der Livingstone Fälle: Fast unüberwindbare Hindernisse

Kampf am Aruwimi: Mit der Flinte den Weg zum Kongo gebahnt

Stanley vor dem Rat Tembés in Ujiji

von dem Fluß regelrecht besessen: er verschwendete keinen Gedanken daran, ihn möglicherweise zu verlassen und die letzte kurze Reiseetappe über Land zurückzulegen. Am 2. Juni ertrank der letzte seiner weißen Reisegefährten in einem Strudel, aber Stanley kämpfte sich weiter durch. Seine Männer konnten jedoch nicht mehr. Ende Juli verließ Stanley den Fluß und legte die letzten 80 Kilometer zu Fuß zurück. Neun Tage später erreichte er Boma. Mit letzter Kraft kritzelte er noch eine kurze Mitteilung, die mit den Worten begann: „Am achten dieses Monats kam ich von Sansibar aus hier an, mit 115 Gefährten, in völliger Erschöpfung . . ."

Als Leopold von seiner Heldentat erfuhr, erholte sich Stanley gerade in Luanda und hatte den Kopf voller Pläne für den Aufbau Afrikas. Während die meisten Entdecker vor ihm ihre Forschungsergebnisse als Selbstzweck betrachtet hatten, sah Stanley sie lediglich als Vorspiel zu größeren Taten. Auf die Idee, kaum ein Jahr später in die Dienste des belgischen Königs einzutreten, ist er jedoch mit Sicherheit nicht gekommen.

Belgien — „Ein kleines Land mit kleinen Leuten"

Im Alter von 44 Jahren war Leopold seit 12 Jahren König von Belgien. Seit er erwachsen war, verfolgte er beharrlich das Ziel, ein Weltreich zu gründen. Er war ein gefühlsarmer, in sich gekehrter Mann, der für seine Frau und seine Töchter nicht viel übrig hatte. Nur ein einziges Mal zeigte er in der Öffentlichkeit seine Gefühle: bei der Beerdigung seines 9jährigen Sohnes brach er am Grab zusammen. Nach dem Tod des Jungen hatte er keinen Erben mehr und widmete sich nunmehr stärker seinem Ziel, eine Kolonie zu erwerben. Leopold hatte zwar eine Menge nützlicher Verbindungen, aber keine guten Freunde. Jeder seiner engen Mitarbeiter wurde irgendwann einfach entlassen. Einer von ihnen ließ sich zu dem Ausspruch hinreißen: „Er benutzt Menschen wie Zitronen: hat er sie ausgepreßt, wirft er

Am Tanganyika-See

die Schale fort." Das eine große Ziel war Leopold wichtiger als alles andere, und er setzte seine außergewöhnliche Intelligenz und seinen ganzen Ehrgeiz daran, es zu erreichen.

Das Königreich Belgien bestand erst seit einer Generation. Vorher waren die Belgier von Spanien, Österreich und dem Napoleonischen Frankreich beherrscht worden. Nach dem endgültigen Sturz Kaiser Napoleons wurde Belgien im Jahre 1815 Teil des Königreiches der Vereinigten Niederlande. Dieser Zusammenschluß brachte Belgien durch den Zugang zu den weltweiten Märkten der Holländer einigen Wohlstand; mit der Herrschaft der protestantischen Holländer konnten sich die katholischen Belgier jedoch nicht abfinden. Im Jahre 1830 kam es zu einem spontanen Aufstand, der zur allgemeinen Überraschung mit der Niederlage und dem Rückzug der Holländer endete.

Der junge Staat konnte jedoch nur mit dem Einverständnis der Großmächte fortbestehen. Einer der Staatsführer faßte die Lage so zusammen: „Als

Monarchie werden wir eine Macht, als Republik nur eine Vogelscheuche sein." Die anderen nahmen seine Rat gerne an. Nun mußte nur noch ein geeigneter Thronanwärter gefunden werden, und man entschied sich für Leopold von Coburg, den Favoriten der Briten. Im Jahre 1831 wurde er König Leopold I von Belgien, unter einer Verfassung, die ihm allerdings kaum unabhängige Befugnisse einräumte.

Die Coburgs waren ein relativ unbedeutendes deutsches Adelsgeschlecht und regierten ein kleines Herzogtum. Für einen jüngeren Sohn wie Leopold gab es nur eine Möglichkeit, es zu etwas zu bringen: eine gute Partie. In dieser Beziehung schien die Familie einigermaßen geschickt zu sein; als Leopold Prinzessin Charlotte, die Tochter des Prinzregenten von England (später Georg IV) heiratete, hatte er allem Anschein nach seine Schäfchen im Trockenen. Da es keine männlichen Erben gab, hatte seine Frau reelle Chancen auf den britischen Thron. Sie wurde bald schwanger, doch das Baby, ein Junge, wurde tot geboren, und einige Stunden später starb auch Charlotte.

Während seiner fünfzehn Jahre in London bewegte Leopold I sich mitten unter den gekrönten Häuptern Europas am Hofe des größten Imperiums der Welt. In Brüssel ging es weitaus bescheidener zu. Der kleine Kreis belgischer Politiker war in Auslandsangelegenheiten weder besonders bewandert noch sehr selbstbewußt. Sie befürchteten, daß der Griff nach überseeischen Besitzungen Belgiens Neutralität gefährden und größere Mächte vor den Kopf stoßen würde. Sie sahen nicht ein, warum sie Geld für obskure Kolonialprojekte ausgeben sollten, und befaßten sich lieber mit häuslichen Angelegenheiten, von denen sie etwas verstanden. Leopold war vollkommen entgegengesetzter Ansicht. Belgiens innenpolitische Affären langweilten ihn; sein Zuhause war die schillernde Welt der Diplomatie. Im Jahre 1832 machte Leopold I, in Heiratsangelegenheiten geschickt wie immer, die Tochter Louis-Philippes zu seiner zweiten Frau. Er war überzeugt, daß Belgien sich nicht einfach auf den „Fetzen Papier" verlassen könne, auf dem die Großmächte dem Land Neutralität bestätigt hatten, sondern daß es eine starke Verteidigung brauche, die jeden potentiellen Angreifer abschrecken würde. Leopold benutzte daher seine verfassungsmäßig garantierte Position als Oberbefehlshaber der Armee, und nahm die Verteidigungspolitik selbst in die Hand. Von diesem günstigen Ausgangspunkt verschaffte er sich mehr und mehr Einfluß auf die belgische Diplomatie. Diese inoffizielle Arbeitsteilung war beiden Seiten recht: der König überließ seinen Ministern die Innenpolitik, und sie ihm dafür eine tragende Rolle in der Außenpolitik.

Leopold I ging beim Erwerb von Kolonien sehr vorsichtig vor, was in erster Linie wirtschaftliche Gründe hatte. 1830 war die industrielle Revolution in Belgien bereits in vollem Gange, und in den 40er Jahren erlebten Kohle- und Stahlindustrie und der Eisenbahnbau einen starken Aufschwung, der durch die Investitionsbereitschaft des neuen und sehr aktiven Banksektors noch unterstützt wurde. Das Wachstum beschränkte sich jedoch ausschließlich auf die sogenannten Schwerindustrie, während ältere Industriezweige, die durch den Zugang zu holländischen Märkten und Niederländisch-Ostindien aufgeblüht waren, in größte Schwierigkeiten gerieten. Die flämische Textilindustrie war am schwersten betroffen. Ihrer traditionellen Märkte beraubt, konnte sie mit den billigeren und moderneren Waren aus England nicht konkurrieren und ging bankrott. Auf diese Weise wurde fast ein Drittel der flandrischen Bevölkerung 1847 zu Fürsorgeempfängern. Ob Leopold I sich um die Not der Bevölkerung scherte oder nicht, ist unklar, der Gefahr von

sozialen Unruhen war er sich jedenfalls bewußt. Belgien war das Land mit der größten Bevölkerungsdichte in Europa. Seine Zukunft hing davon ab, ob es seine Stellung als „Fabrik des Kontinents" weiter halten konnte. Während Großbritannien und Holland — beide ebenfalls klein und dicht besiedelt — sich auf gut florierende Absatzmärkte in aller Welt verlassen konnten, schien Belgien gefährlich isoliert zu sein.

Leopold I begann also, kaum daß er auf dem Thron saß, nach geeigneten Ländern Ausschau zu halten. In Gedanken spielte er unter anderem mit Abessinien, den Färöer Inseln, Westafrika, Kreta, Mittel- und Südamerika und der Karibik. 1845 wurden versuchsweise etwa 1000 Belgier als Siedler nach Guatemala geschickt, was sich als katastrophaler Fehlschlag erwies: viele von ihnen starben, und die übrigen kehrten, nachdem ihnen das Geld ausgegangen war, vollkommen niedergeschlagen nach Hause zurück. Der König startete immer neue Versuche, doch alle seine Pläne führten zu nichts. Jedes neue belgische Kabinett begegnete ihm mit der gleichen Skepsis, und als klugem Mann fehlte ihm die Besessenheit, die nötig gewesen wäre, um alle Schwierigkeiten zu überwinden und ein belgisches Kolonialreich zu gründen.

Sein älterer Sohn besaß diese Besessenheit. Leopold II, der Herzog von Brabant, bestieg den Thron im Jahre 1865. Er hatte den Scharfsinn, die Geduld und die Zielstrebigkeit seines Vaters geerbt, womit er es in der Welt weit bringen konnte. Darüber hinaus verfügte er aber auch über unbeugsamen Ehrgeiz, gewaltige Tatkraft und eine erstaunliche Fähigkeit, andere über seine eigentlichen Pläne im Unklaren zu lassen. Leopold I mochte steif und altmodisch sein, war aber beileibe kein unaufmerksamer Vater. Er beschrieb seinen Erben einmal so: „Leopold ist raffiniert und gerissen. Er geht niemals ein Risiko ein. Als ich neulich in den Ardennen war, beobachtete ich einen Fuchs, der ohne gesehen zu werden einen Fluß überqueren wollte. Zuerst steckte er eine Pfote ins Wasser, um zu prüfen, wie kalt es war, dann senkte er sie langsam, um zu sehen, wie tief es war, und dann machte er sich ganz vorsichtig und mit tausend Vorkehrungen auf den Weg quer durch den Fluß. Leopold ist genauso." Eine ausgezeichnete Charakterisierung, die nur einen Punkt außer Acht läßt: daß der Fuchs felsenfest entschlossen war, auf die andere Seite zu gelangen, ganz gleich, wie kalt oder tief das Wasser war.

Bereits zu Anfang seiner Laufbahn interessierte Leopold sich besonders für die Kolonialpolitik seines Vaters. Dem alten König war es sicher ganz recht, daß sein Sohn als halboffizieller Sprecher für

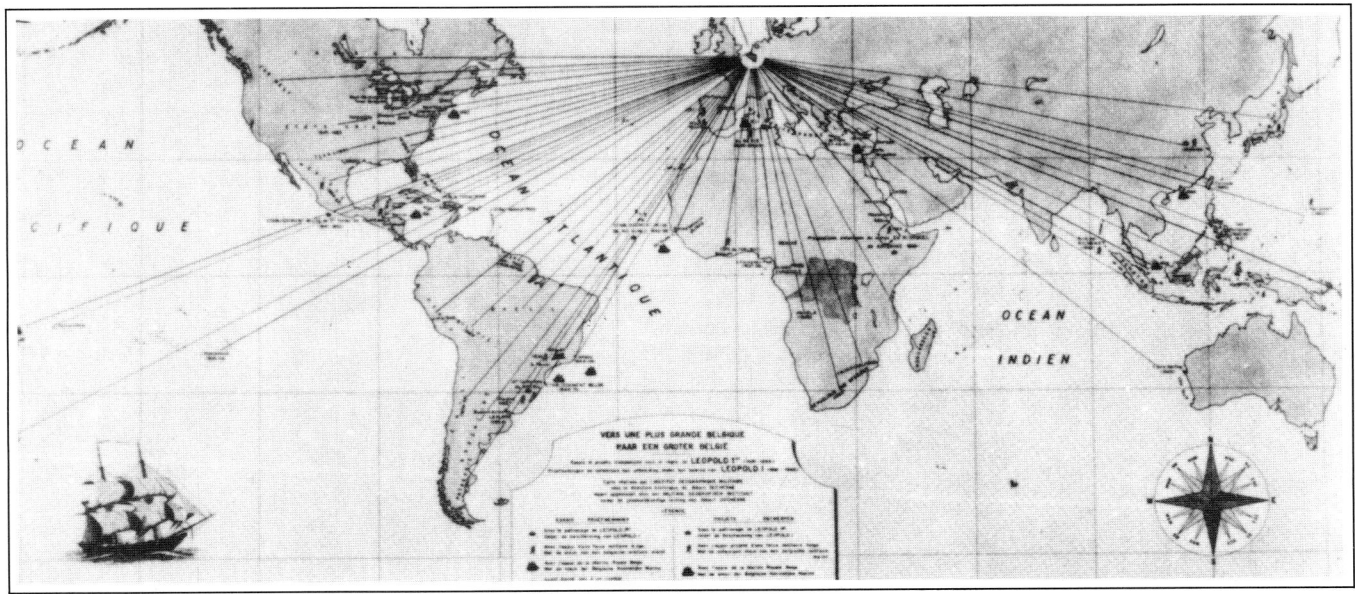

Kolonialpläne des belgischen Königshauses: Eine Geschichte von Frustrationen

ein unpopuläres Thema auftrat. Leopold war vom ersten Moment an von unverfälschtem Expansionsdrang beseelt, und er stieg viel tiefer in die Materie ein, als es sein Vater je getan hatte. Dies wurde bereits deutlich, als er mit 22 Jahren seine erste Rede vor dem Senat hielt. Er setzte sich darin für die Ausweitung belgischer Handelsbeziehungen ein und schlug die Einrichtung einer Schiffahrtslinie zwischen Antwerpen und dem Nahen Osten vor. „Wir verfügen über staatliche Mittel, und ich habe keine Hemmungen, dies auch zuzugeben," erklärte der junge Kronprinz. „Wir könnten unermeßlichen Nutzen aus ihnen ziehen. Wagen heißt gewinnen. Dies ist eines der Geheimrezepte für Macht und Größe, die unser Nachbar im Norden, die Vereinigten Holländischen Provinzen, hundert Jahre lang hielten".

Zunächst einmal mußte Leopold II die Schwierigkeiten überwinden, an denen sein Vater gescheitert war: die strikte Weigerung der Belgier, Geld für abenteuerliche Kolonialpläne auszugeben. Lange Zeit hatte er gehofft, sie würden sich seine Vision einer großartigen, schicksalhaften Bestimmung zu eigen machen. Gleichgültig wie entsetzlich beschränkt und kurzsichtig die meisten Belgier beim Thema Kolonien waren, verstand es Leopold doch einige wenige ausfindig zu machen, die seine Interessen teilten und ihn wirkungsvoll unterstützen konnten. Da war zum Beispiel Henri-Alexis Brialmont, ein Soldat, der niemals aktiv gewesen war; ein begabter Militärstratege, der einen großen Teil seines Lebens damit zubrachte, die Verteidigungseinrichtungen vor Antwerpen und der Meuse zu ent-

werfen. Sein größter Wunsch war es jedoch, Truppen auf fremdem Boden zu befehligen. Außerdem war er ein glühender Patriot, dem Leopold II 1863 schreiben konnte: „Belgien beutet die Welt noch nicht aus; den Geschmack daran müssen wir ihm erst beibringen." Brialmont tat sein Bestes. Als eifriger Schriftsteller verfaßte er reihenweise Bücher und Broschüren mit Titeln wie „Vollenden wir, was 1830 begonnen wurde", worin er für den Ausbau der belgischen Marine eintrat, damit belgische Händler afrikanische Märkte erobern könnten.

Leopolds zweiter Hauptmitarbeiter neben Brialmont war der hochdekorierte Berufsdiplomat Auguste Lambermont. In seiner Funktion als Generalsekretär im Außenministerium war er gleichzeitig dessen ständiger Leiter (dies ist fast wörtlich zu verstehen: er behielt seinen Posten 41 Jahre). Lambermont war ein überzeugter Anhänger des freien Welthandels und wurde, als außerordentlich fähiger Verwaltungsmann in wichtiger Position und Fachmann für Schiffahrtsverträge, deren juristische Spitzfindigkeiten für den Erfolg von Leopolds Plänen von größter Bedeutung sein sollten, ein unersetzlicher Mitarbeiter des Königs. Um 1865 vervollständigte Leopold den Kreis seiner engsten Mitarbeiter mit Emile Banning, der offiziell Archivar im Außenministerium war. Banning war ein Intellektueller, der sich über so obskure Dinge wie die „Bestimmung der Rassen" eine feste Meinung gebildet hatte. Manchen galt er als tatsächlicher Kopf von Leopolds Afrikaplänen. Diese Einschätzung wird Leopold allerdings nicht ganz gerecht, der sich zwar

Baron Lambermont: Spezialist für Rechtsfragen

Emile Banning: Interessiert sich früh für Afrika

den Verstand (und auch den Körper) anderer vortrefflich zunutze zu machen wußte, trotzdem aber stets seine eigenen Pläne verfolgte. Banning brauchte er in erster Linie, weil er Zugang zu umfangreichen Informationen hatte, und wegen seiner journalistischen Fähigkeiten.

Auch gegenüber seinen Gegnern machte der Kronprinz keinen Hehl aus seinen Kolonialplänen. Im Jahre 1860 brachte er ein Stück Marmor aus der Akropolis mit und überreichte es einem Politiker, der für seine erbitterte Haltung gegen Leopolds Kolonialpläne bekannt war. Der Marmorbrocken trug ein Bild Leopolds mit der Inschrift: „Belgien braucht Kolonien. Ein Souvenir aus Athen vom Herzog von Brabant für Finanzminister Frere-Orban."

Als König änderte er seine Taktik und offenbarte der Öffentlichkeit so wenig wie möglich über das Projekt, das seinem Herzen am nächsten lag. In seiner Eröffnungsrede im Parlament erwähnte er Kolonien mit keinem Wort, abgesehen vielleicht von dem rätselhaften Satz: „Das Gebilde, dessen Grundsteine der Kongreß gelegt hat, kann und wird weiter ausgebaut werden." Diese neue Zurückhaltung hatte möglicherweise etwas mit seiner überzogenen

Auffassung von Königswürde zu tun. Vielleicht kam ihm aber auch langsam der Verdacht, daß sein Gegenüber unheilbar engstirnig sei. In diesem Falle würde er eben auf eigene Faust handeln, und je weniger Leute davon wußten, umso besser.

Ein weiterer Grund war, daß Leopold sich inzwischen seine eigenen Gedanken über Kolonien machte. Männer wie Brialmont und Lambermont machten den Freihandel zur Heiligen Kuh, und der Erwerb überseeischer Besitzungen bedeutete für sie lediglich die Öffnung neuer Märkte. Der Besitz von Kolonien war ein Weg dorthin, aber gewiß nicht der einzige. Leopold war auf seine Mitarbeiter angewiesen und konnte es sich nicht leisten, sie vor den Kopf zu stoßen, indem er an den Grundfesten ihrer Weltanschauung rüttelte. Je mehr er aber nachdachte, umso mehr schien es ihm, als ob der Nutzen aus solchen Freihandelskolonien für seine Zwecke bei weitem zu langsam fließen und auch zu bescheiden ausfallen würde. Er wollte lieber um höheren Einsatz und größeren Gewinn spielen.

Leopold hatte sich immer schon besonders für den finanziellen Aspekt des Kolonialismus interessiert. Nachdem er 1862 selbst einmal die Archive in Sevilla durchstöbert hatte, schrieb er an Brialmont:

„Ich bin im Moment damit beschäftigt, die Archive über Indien nach dem Gewinn durchzusehen, den Spanien damals aus den dortigen Kolonien herausschlug, und den es heute noch macht." Zwei Jahre später machte er sich — gegen den Willen seines Vaters — auf die größte Reise, die er als Kronprinz unternahm. Sie führte ihn über Ägypten nach Ceylon, Indien, Burma, Singapur, Niederländisch-Indien und bis nach China. Auf dieser Reise hatte er reichlich Gelegenheit, sich mit der Art von Kolonialismus zu befassen, die ihn besonders interessierte, und seine Gedanken zu ordnen. Jetzt war er sich darüber klar, was für eine Kolonie er haben wollte: sie mußte reich an Rohstoffen sein und viele Einwohner haben, die gezwungen werden konnten, die Schätze des Landes für ihren Kolonialherren abzubauen. Kurz vorher hatte er unvorsichtigerweise zu Brialmont gesagt, das System der Zwangsarbeit in Java sei „der einzige Weg, diese faulen und korrupten Völker im Fernen Osten zu zivilisieren und ihnen Moral beizubringen." Leopolds Ansichten über Kolonialismus hatten ein Stadium erreicht, in dem er sie besser für sich behielt.

Ein Königreich für eine Kolonie

Doch wo würde er finden, was er suchte? Leopold war bereit, jedes Stück Land unter die Lupe zu nehmen, das Rohstoffe und Arbeitskräfte zu bieten hatte. Er hatte kein menschliches Interesse an Afrikanern oder Indonesiern; für ihn waren sie lediglich Mittel zum Zweck. Anfangs dachte er daran, einer alten zerfallenden Kolonialmacht ein geeignetes Gebiet abzukaufen, oder in irgendeinem heruntergekommenen Teil der Welt eine Art Pachtvertrag abzuschließen. China wäre genau richtig gewesen, doch hatten die anderen europäischen Mächte bereits mit der Öffnung des chinesischen Marktes begonnen, und deren Methoden schlossen Belgien aus. Das Vorhaben, Formosa zu pachten, fiel ebenfalls ins Wasser. Pläne mit so jungfräulichen Gebieten wie Borneo oder Neuguinea hätten das stillschweigende Einverständnis der britischen Regierung vorausgesetzt. Großbritannien hatte jedoch keine Veranlassung Leopold diese Länder zu überlassen, auch wenn es selbst keine Verwendung dafür hatte. Bei den Philippinen, damals im Besitz Spaniens, standen die Chancen schon besser. Nach 1868 war in Spanien ein politisches und finanzielles Chaos ausgebrochen, und daher war es möglich, daß ein Kauf zustande kam. Leopold verfolgte diesen Plan fünf Jahre lang, obwohl Jules Malou, der

Leiter der Société Générale und derzeit mächtigster Bankier in Belgien, ihm dringend davon abriet. Erst als die spanische Monarchie 1875 nach den Karlistenkriegen wiederhergestellt war, gab er seine Niederlage zu.

Noch im selben Monat schrieb er Lambermont, er werde seine Absicht, die Philippinen zu kaufen, fallenlassen. Der Brief endete mit den Worten: „Ich will versuchen unauffällig herauszufinden, ob vielleicht in Afrika etwas zu machen ist."

Von da an begann der König sich ernsthaft mit Afrika zu befassen. Vorher war sein Interesse trotz der Begeisterung Brialmonts nur halbherzig gewesen, und seine Reisen hatten stets an der Nordküste Afrikas geendet. Nun machte er sich die Mühe, die Fortschritte bei der Erforschung Afrikas zu verfolgen, trat der Geographischen Gesellschaft Paris bei und abonnierte sämtliche geographischen Magazine. Im Jahre 1875 bemühten sich die Entdecker gerade verstärkt darum, das Rätsel des Kongobeckens und seiner Meeresmündung zu lösen. Leopold verfolgte ihre Bemühungen so genau wie möglich und erkannte, daß es wohl bald keine weißen Flecke auf den Karten mehr geben würde. Er wußte, daß besonders Frankreich sich immer mehr für die Entdeckung Afrikas und überseeische Besitzungen interessierte. Außerdem war ihm klar, daß die öffentliche Meinung über Afrika in Europa und besonders in Großbritannien stark von Missionaren und Gegnern der Sklaverei beeinflußt wurde, und daß deren Einverständnis (oder zumindest ihr Verzicht auf Widerstand) die Voraussetzung für den Erfolg eines wie auch immer gearteten Projektes war.

Leopolds Handstreich war schlicht genial: er lud alle führenden europäischen Geographen und Entdecker zu einer Internationalen Geographischen Konferenz in den Brüsseler Königspalast ein. Nun wußte er genau, was er wollte. Sein Generalstabsplan für Afrika bestand aus drei Teilen: er wollte sich das Image eines Philanthropen und Mäzens der Wissenschaft zulegen, eines Menschenfreundes, der eifrig bemüht ist, die Sklaverei in Afrika abzuschaffen und den Kontinent den zivilisierten Einflüssen von Handel und Christentum zu öffnen; er wollte in aller Stille daran arbeiten, auf afrikanischem Boden Fuß zu fassen; er wollte eine Frontorganisation aufbauen, die beiden Zwecken gerecht werden sollte. Die eigentliche Arbeit konnte erst beginnen, wenn die Entdecker mehr über Afrika herausgefunden hatten, aber die Propagandakampagne sollte sofort starten. Da die Einladung von einem König ausgesprochen wurde, war mit großer Beteiligung zu rechnen.

Zu der Konferenz reisten Abordnungen aus Großbritannien, Frankreich, Deutschland, Österreich, Italien und Rußland an, und die illustre Versammlung strotzte vor Prominenz: Brigadekommandeur Sir Henry Rawlinson, Präsident der Königlichen Geographischen Gesellschaft und seine britischen Kollegen Sir Bartle Frere und Sir Rutherford Alcock, der Baron von Richthofen, Präsident der Geographischen Gesellschaft Berlin, und Vizeadmiral Baron de la Roncière-Le Noury, Präsident der Geographischen Gesellschaft Paris. Aus dem Kreis berühmter Entdecker kamen Nachtigal und Rohlfs aus Deutschland, der Marquis de Compiègne aus Frankreich, sowie Grant und Cameron aus England. Aus Missionarskreisen waren ebenfalls Teilnehmer angereist, wie Sir Thomas Fowell Buxton, Präsident der Gesellschaft gegen Sklaverei und zum Schutz der Eingeborenen, und Sir John Kennaway, Präsident der Kirchlichen Missionarsgesellschaft. Leopolds Verbündeter William Mackinnon, der Eigner der Britisch-Indischen Schiffahrtslinie, vertrat diskret die Geschäftswelt.

In seiner Eröffnungsansprache fand Leopold einen angemessenen würdevollen Ton. „Das Unternehmen, die Zivilisation in den Teil der Welt zu bringen, der von ihr bislang unberührt geblieben ist, und den Schleier der Dunkelheit, der ganze Völker noch umhüllt, zu zerreißen, darf mit Recht als unseres fortschrittlichen Zeitalters würdig bezeichnet werden. Ich bin glücklich, daß die Öffentlichkeit die Fortschritte mit solcher Anteilnahme verfolgt; wir haben die Zukunft auf unserer Seite." Dann schmeichelte er den Delegierten damit, daß sie diese Konferenz, deren Ziel das koordinierte Vorgehen der einzelnen Länder, gemeinsame Finanzierung und Vermeidung unnötiger Arbeit war, ins Leben gerufen hätten. Das neutrale und zentral gelegene Belgien eignete sich hervorragend als Versammlungsort: es erübrigt sich zu sagen, daß der Verdacht tieferliegender Motive gar nicht erst aufkam. „Unser Land mag vielleicht klein sein, meine Herren, aber wir sind glücklich und zufrieden damit... Wir wären bestens belohnt, wenn Brüssel der Hauptsitz dieser Zivilisationsbewegung werden würde." In Wahrheit war die Konferenz einzig und allein Leopolds Idee, und die belgische Regierung hatte fast nichts damit zu tun. Die Delegierten kauften Leopold seine Worte jedoch ohne Zögern ab.

Leopold schlug drei Verhandlungspunkte vor: Errichtung von Ausgangsstützpunkten unter anderem an der Küste Sansibars und nahe der Kongomündung;
Bau von Straßen ins Landesinnere, Errichtung von medizinischen und wissenschaftlichen Niederlas

Geographische Konferenz von Brüssel, 1876: „Muß ich betonen..., daß ich nicht von egoistischen Gedanken geleitet werde?" (Leopold II)

sungen sowie von „Versöhnungsstationen", um den Sklavenhandel zu beseitigen, Frieden zwischen den Eingeborenenhäuptlingen zu stiften und ein gerechteres Verwaltungssystem für sie aufzubauen;
Errichtung einer internationalen Dachorganisation und nationaler Komitees, um diese Ziele zu verwirklichen und sie der Öffentlichkeit bewußt zu machen, um auf diese Weise einen Appell an das Gewissen der Menschen zu richten, der „noch nie vergebens war, solange es um eine gute Sache geht".
Am Schluß seiner Rede verpflichtete der König sich dazu, „der großen Sache, für die Sie alle bereits so viel geleistet haben, in jeder von Ihnen gewünschten Weise dienlich zu sein."

Die Konferenzteilnehmer waren von Leopolds Rede begeistert. Die Idee, ihre Tatkraft nicht mehr nationalem Prestigedenken zu widmen, sondern sie in den Dienst eines internationalen Kreuzzugs unter einem so noblen Schirmherrn zu stellen, hatte in ihren Augen nur Gutes. Die Konferenz nahm alle Vorschläge Leopolds an und stimmte für die Einrichtung einer internationalen Behörde, der „Association Internationale Africaine" (Internationale Afrikavereinigung), AIA. Der volle Name lautete: Internationale Vereinigung zur Abschaffung der Sklaverei und zur Öffnung Zentralafrikas. Diese Vereinigung sollte von einer internationalen Kommission geleitet und einem vierköpfigen Exekutivkomitee unterstützt werden. Nach der Heimreise sollten die Abgeordneten in ihren Ländern jeweils gesonderte Nationalkomitees bilden. Leopold stimmte in aller Bescheidenheit dem Antrag zu, für die Dauer eines Jahres als erster Präsident der Organisation zu fungieren. Als zukünftige Regelung schlug er die Einführung des Rotationsprinzips vor, damit alle Länder der Reihe nach den Vorsitz übernehmen könnten und dem internationalen Charakter der Vereinigung Rechnung getragen werde. Danach befaßte man sich mit der bevorstehenden Arbeit und einigte sich auf einen Kompromiß: neben einem großangelegten Plan zur Öffnung Zentralafrikas, einschließlich dem Bau einer Verbindungsstraße von Sansibar zur Kongomündung mit Querstraßen nach Norden zur Nilquelle und nach Süden zum Sambesi, sollte es auch kleinere Projekte geben, in deren Rahmen einzelnen Entdeckern die Erforschung bestimmter Gebiete zugewiesen wurde.

In der Dunkelheit leuchtet ein goldener Stern

Selbst nach hundert Jahren ist die Umsicht, mit der Leopold seine Pläne verfolgte, schlicht verblüffend. Er ging mit Recht davon aus, daß die AIA als internationale Organisation wohl kaum sehr effektiv sein würde. Auch weiterhin würde jedes europäische Land in Afrika zunächst eigene Interessen verfolgen. Die AIA würde bloß auf dem Papier existieren, und das war Leopold gerade recht. Sollte irgend jemand unbequeme Fragen über das plötzliche Interesse des belgischen Königs an Zentralafrika stellen, hatte er eine glaubwürdige Ausrede. Über die Nationalkomitees machte Leopold sich keine großen Sorgen: unter den Mitgliedern würden sicher auch Freunde von ihm sein, die ihn über Ereignisse in London, Paris oder Berlin auf dem laufenden halten konnten, und die internationale Organisation konnte er leicht selbst im Auge behalten. Zwar war ihre Struktur nach außen hin eindrucksvoll, doch hatte sie den großen Vorteil, keiner unbequemen Institution wie einem Parlament oder Kabinett Rechenschaft schuldig zu sein. Ihre Aktivität würde sich genau in den Grenzen halten, die Leopold für richtig hielt.

Wenige Wochen später bekam die geographische Prominenz in Großbritannien bereits kalte Füße. Rawlinson, Frere und Alcock hatten den Köder geschluckt und waren nach London zurückgekehrt, um ihre Verpflichtung zu erfüllen und ein britisches Nationalkomitee einzurichten. Leopold schlug seinen Cousin Bertie, den Prinz von Wales, als zukünftigen Vorsitzenden vor. Aber die britische Regierung fing schon bald an, Fragen zu stellen.

Wer sollte die Außenposten der AIA schützen? Gab es wirtschaftliche Zusammenhänge? Konnte eine private Vereinigung tatsächlich die Aufgabe bewältigen, den Sklavenhandel abzuschaffen? Was sollte geschehen, wenn die AIA Maßnahmen ergriff, die Großbritannien nicht gutheißen konnte? Aufgrund dieser Überlegungen beschloß die Königliche Geographische Gesellschaft, eine von der Afrikavereinigung unabhängige Organisation zur Erforschung Afrikas einzurichten. Obwohl Leopold all seine Beziehungen bis hinauf zu Königin Viktoria in die Waagschale warf, um das britische Nationalkomitee zu erhalten, hatte er keinen Erfolg.

Abgesehen von Großbritannien schafften die anderen Teilnehmer der Konferenz es immerhin, ihre Nationalkomitees aufzustellen. Das deutsche Komitee gründete drei Niederlassungen am Tanganyikasee, ein Alleingang der Deutschen, der mit den von der AIA propagierten internationalistischen Zielen nichts zu tun hatte. Der Vorsitzende des französischen Komitees war Ferdinand de Lesseps, der begabte Ingenieur und Firmengründer, den Leopold schon viele Jahre kannte; doch auch die Franzosen gingen eigene Wege. (Das französische Komitee brachte 1897 die größte Summe für die Expedition von DeBrazza, Stanleys Hauptrivalen am Kongo, auf, obwohl DeBrazza merkwürdigerweise davon überzeugt war, seine Unternehmungen würden durch Leopolds Anhänger unter Führung von Lesseps behindert.) Das belgische Komitee war eine Sache für sich. Zwar brachte es beträchtliche Summen zusammen, geriet jedoch zunehmend zwischen die Fronten von Liberalen und Katholiken, die beide dem Komitee vorwarfen, sich von den anderen benutzen zu lassen. Dieses für die Belgier so typische Verhalten bestärkte Leopold in der Ansicht, daß er seine afrikanische Kolonie erst einmal ganz für sich haben wollte, bis seine Landsleute sich eines Tages vielleicht ihrer würdig erweisen sollten.

Die internationale Kommission, das eigentliche Kernstück des Projekts, kann nur auf eine kurze und ereignislose Geschichte zurückblicken. Im Juni 1877 trat das sogenannte Parlament der AIA zum ersten und letzten Male zusammen. Als erster Punkt der Tagesordnung wurde eine Expedition von Sansibar aus genehmigt, deren Ziel die Gründung einer Niederlassung am Tanganyikasee war. Jede höhere Erwartung wurde sofort mit dem Hinweis gedämpft, daß die Abschaffung der Sklaverei ein sehr langfristiges Projekt sei. Danach wandte man sich der vordringlichen Aufgabe zu, den nächsten Präsidenten zu wählen, und verfiel auf — Leopold. Wieder einmal nahm er die Wahl in aller Bescheidenheit „nur für kurze Zeit" an. Über die Abwesenheit der Briten wurde kein Wort verloren, aber dadurch war der Platz von Sir Bartle Frere im Exekutivkomitee freigeworden. An seine Stelle trat General Henry S. Sanford, der allgemein als der „General" bekannt war. Dies war aber anscheinend nur ein Ehrentitel: während des Bürgerkrieges hatte der amerikanische Staat Minnesota ihn als Generalmajor in sein Heer aufgenommen, weil er den Freiwilligen von Minnesota einige Gewehre geschenkt hatte. Die Kriegsjahre verbrachte Sanford dann in Belgien. Als amerikanischer Millionär und früherer Leiter der US-Botschaft in Brüssel wurde er einer der ergebensten und tüchtigsten Diener König Leopolds. Letzter Punkt der Tagesordnung war die Wahl einer Flagge. Ein Abgeordneter schlug taktlos den belgischen Löwen vor; ein anderer die Sphinx, als Symbol für das Ziel der AIA, das Rätsel Afrika zu lösen. Schließlich einigte man sich auf einen goldenen Stern auf blauem Grund, was Stanley später als die leuchtende Hoffnung inmitten afrikanischer Dunkelheit interpretierte. (Gegenüber einem Freund erwähnte Leopold, der Gedanke an einen Stern — „seinen Stern" — sei ihm eines nachts einmal gekommen.) Als die Kommission dann das Recht, Expeditionen zu genehmigen, dem Exekutivkomitee übertrug, hatte sie praktisch ihr eigenes Todesurteil unterschrieben. Sie hatte Leopolds Zweck erfüllt, und nun brauchte er sie nicht mehr.

Nun war Leopold also Alleinherrscher über eine internationale Scheinorganisation, in die kein Außenseiter Einblick hatte. Genau zu diesem günstigen Zeitpunkt gelang Stanley seine dramatische Reise von Sansibar quer durch Afrika bis zur Kongomündung am Atlantik. Jetzt war der König für ihn bereit. Nach der Landung in Genua fuhr Stanley mit dem Zug weiter nach Marseille. Auf dem Bahnhof erwarteten ihn zwei von Leopolds Mitarbeitern. Es waren Sanford und Baron Jules Greindl, ein kluger belgischer Diplomat, den Leopold zum Generalsekretär der AIA gemacht hatte. Diese beiden geleiteten Stanley zu einem festlichen Empfang, der zu seinen Ehren von der Geographischen Gesellschaft veranstaltet wurde. Es war nur die erste in einer Reihe von Festlichkeiten, die den derzeit besten Entdecker anläßlich seiner Rückkehr nach Europa erwarteten.

„Kaum angelangt," erzählte Stanley, „erfuhr ich, daß der König sich intensiv für Afrika einsetzen wolle und auf meine Hilfe baute." Stanley wollte sich aber nicht sofort festlegen lassen. Er war auf dem Weg nach England, wo er unangenehme Erinnerungen an die frühere Mißachtung durch die Königliche Geographische Gesellschaft auslöschen

und sie nicht nur dazu bringen wollte, ihn endlich als einen bedeutenden Entdecker anzuerkennen, sondern die herrschende Klasse Großbritanniens zur Unterstützung des Projektes bewegen wollte, den Kongo für Handel und Zivilisation zu erschließen.

Leopold war einigermaßen zuversichtlich, daß Großbritannien Stanleys Kongopläne letztlich verwerfen würde. Schon drei Jahre zuvor hatte Stanleys Vorgänger, der britische Entdecker David Cameron, das Kongobecken zu britischem Besitz erklärt, mit dem Ergebnis, daß die Londoner Behörden die Sache rückgängig gemacht hatten. In einem Kommentar zu Camerons Bericht hatte ein Angehöriger des Außenministeriums die Einstellung der Regierung dargelegt: „Der Bericht ist zwar interessant, doch werden Leutnant Camerons Ansichten über die Öffnung des Kongobeckens für britische Handelsunternehmen in unserer Generation kaum mehr in die Tat umgesetzt werden." Stanley sollte ebenfalls auf Gleichgültigkeit stoßen. Sein Ruhm als Entdecker stand nun außer Zweifel, und sogar die besonders versnobten und voreingenommenen unter den Mitgliedern der Geographischen Gesellschaft mußten zugeben, daß seine Kongofahrt ein enormer Erfolg war. Zwar war es großartig, die weißen Flecke auf der Landkarte zu erforschen, diese dann aber wirklich zu erschließen war eine ganz andere Sache. Die erste Hälfte des Jahres 1878 verbrachte Stanley, wann immer es die Arbeit an seinem neuen Bestseller „Durch den dunklen Kontinent" zuließ, mit ständig neuen Versuchen, Geschäftsleute und Politiker von der Notwendigkeit zu überzeugen, ihn wieder nach Afrika zu schicken, damit er im Namen Königin Viktorias Handel und Zivilisation an den Kongo bringen könne. Die Kaufleute in Liverpool und Manchester konnten allerdings keinen Sinn in den hierfür erforderlichen riesigen Investitionen sehen, und sowohl Disraeli als auch Salisbury fanden sein Vorhaben schlicht lächerlich.

Enttäuscht über die negative Resonanz in England wandte Stanley sich an den einzigen Mann in Europa, der seinen Traum teilte. Im Juni 1878 traf er Leopold zum ersten Mal. Wollte man irgend etwas für den Kongo tun, führte Stanley aus, so mußte zunächst einmal eine Eisenbahn zur Umgehung der Wasserfälle zwischen Stanley Pool und der Küste gebaut werden. Dieser Teil wäre rein wirtschaftlich begründet; die eher idealen Ziele der Afrikagesellschaft könnten dagegen mit der Gründung von Niederlassungen im Landesinneren vorangetrieben werden. Leopold hegte zwar Zweifel über die Finanzierbarkeit, beauftragte aber Greindl mit der Prüfung der diesbezüglichen Möglichkeiten. Die Holländisch-Afrikanische Handelsvereinigung, mit Sitz in Rotterdam und an der Kongomündung bereits fest etabliert, brachte einen Gegenvorschlag: es sollte ein Konsortium gebildet werden, das Pioniere aussandte, die die Vorausetzungen für den Bau einer Eisenbahn untersuchen sollten. Stanley war jedoch klar, daß solch ein Projekt katastrophal enden würde, solange es am oberen Flußlauf nicht einmal Wegstationen gab. Deshalb forderte er die Finanzierung einer kleineren Gruppe von Forschern unter seiner Leitung, die unter einem Fünfjahresvertrag für tausend Pfund jährlich ständig dort arbeiten sollte. Sanford, der inzwischen der wichtigste Vermittler zwischen Leopold und Stanley war, stimmte der Idee zu; er war bemüht, Leopolds Namen aus jeder rein geschäftlichen Transaktion herauszuhalten, und schlug deshalb zwei getrennte Expeditionen vor. Eine sollte im Namen der AIA Niederlassungen gründen, und die andere die geschäftlichen Aussichten untersuchen.

Wie jeder Kapitalist war Leopold stark profitorientiert, doch mußte er auch die Wirkung seiner Aktionen in der Öffentlichkeit bedenken. Man fand einen Kompromiß. Im November 1878 wurde Stanley erneut in den Brüsseler Königspalast eingeladen, wo er „verschiedene Persönlichkeiten von Rang aus den Wirtschafts- und Finanzkreisen in Großbritannien, Deutschland, Frankreich, Belgien und Holland" traf. Am 25. November wurde wieder einmal eine Idee Leopolds ins Leben gerufen, ein Konsortium mit einer Million Francs Kapital namens „Komitee zur Erforschung des oberen Kongo". Die Mitglieder einigten sich auf einen gemeinsamen Fond, mit dem „von einem philanthropischen und wissenschaftlichen Standpunkt aus die Zivilisation verbreitet und neue Betätigungsfelder für Handel und Industrie gesucht werden sollten, indem man gewisse Gebiete des Kongo untersuchte und erforschte". Leopold brachte den größten Beitrag in das Konsortium ein. Durch seinen Beauftragten, den belgischen Bankier Leon Lambert, zahlte er 260 000 Francs. Danach kam die holländische Gruppe mit einem Beitrag von 130 000 Francs. Die beiden britischen Mitglieder — James Hutton, ein Händler aus Manchester und William Mackinnon, ein Schiffseigner aus Schottland — zahlten beide je 30 000 Francs ein. Was immer Stanley sich auch gedacht haben mag, er arbeitete nun für ein rein wirtschaftlich orientiertes Unternehmen.

Stanley hatte vielleicht den Ruf, zu grob vorzugehen, aber in einem Fall wurde er sogar vom belgischen Botschafter in London getadelt, weil er „seinen Rivalen nicht einfach niedergeknallt" habe.

Dieser Rivale war der gebürtige Italiener Graf Savorgnan DeBrazza, ein Offizier der französischen Kriegsmarine. Im Gegensatz zu Stanley, der aus sehr ärmlichen Verhältnissen kam, stammte De Brazza aus einer angesehenen Familie, aber der Ansporn für ihre heldenhaften Taten war beiden gemeinsam: sie arbeiteten für den Ruhm eines fremden Landes. Im Kongo schließlich überkreuzten sich ihre Pläne.

DeBrazza erforschte die oberen Bereiche des Kongo, während Stanley sich daran machte, von der breiten Mündung aus am Flußufer entlang Niederlassungen aufzubauen. Der französische Offizier DeBrazza war sich weit mehr als Stanley darüber im klaren, was im Hinblick auf die internationale Machtpolitik auf dem Spiel stand. Als Stanley im Februar 1879 mit einem 5-Jahresvertrag des "Komi-

Savorgnan DeBrazza: Rettet für Frankreich die Kolonie Kongo/Brazzaville

tees zur Erforschung des Oberen Kongo" seine neuen Unternehmungen startete, wurde ihm klar, daß er vom Entdecker zum Verwalter geworden war. Er wollte die Entwicklung des Kongogebietes vorantreiben und beschloß, dieses Ziel mit Hilfe der Einrichtung einer Reihe von Niederlassungen entlang des Flusses zu erreichen. Letztlich beabsichtigte er, Möglichkeiten für eine dauernde Besiedlung dort zu schaffen. Obwohl er für den belgischen König arbeitete, wußte er nichts über das wahre Ausmaß von Leopolds ehrgeizigen Plänen. Daher begriff er auch nicht, warum der König solche Angst davor hatte, die Franzosen könnten ihm mit ihren Ansprüchen zuvorkommen. Leopold und seine Mitarbeiter in Brüssel wiederum erfaßten niemals das ganze Leid und die vielfältigen Schwierigkeiten, mit denen Pioniere in Afrika zu kämpfen hatten, und Stanley reagierte gekränkt auf die für sein Empfinden geringe finanzielle Unterstützung und die mangelnde Anerkennung seiner Arbeit.

Leopold investierte riesige Summen in die Expedition. Bereits zu Beginn, als Stanley auf seinem Weg gerade in Aden Zwischenstation machte, ging eine holländische Firma bankrott, die finanziell am "Komitee" beteiligt war. Leopold kaufte deren Anteile auf und Stanley setzte seine Reise wie geplant fort. In den drei Jahren von 1878 bis 1882 trieb Stanley sich selbst und seine Männer unerbittlich an. Er gründete das spätere Leopoldville, errichtete insgesamt fünf Niederlassungen, baute eine Straße rund um die Kongofälle und ließ auf dem oberen Kongo ein Dampfschiff und ein Segelboot zu Wasser. Damit hielt Stanley seine Pflicht für erfüllt und kehrte 1882 in der Hoffnung nach Brüssel zurück, seine Arbeit an einen Nachfolger weitergeben zu können. Zu seinem Leidwesen bestanden Leopold und der belgische Staatsbeamte Maximilian Strauch — der Stanley ebensowenig leiden konnte wie Stanley ihn — darauf, daß er nach Afrika zurückkehrte. Während Stanley an seinen Stationen gebaut hatte, hatte De Brazza am Nordufer des Stanley Pool am 3. Oktober 1880 mit Häuptling Makoko für Frankreich einen Vertrag abgeschlossen. In Paris war man entschlossen, diesen Vertrag zu ratifizieren und Leopold hegte größte Befürchtungen, daß das gesamte Kongobecken damit unter die Kontrolle Frankreichs geraten und seine Ansprüche unter den Tisch fallen würden.

Wie die anderen Entdecker, hatten sowohl De Brazza als auch Stanley auf ihren Reisen schwere Krankheiten durchgestanden. De Brazza jedoch, der

einige Monate vor Stanley nach Europa zurückgekehrt war, strotzte trotz seiner schlechten gesundheitlichen Verfassung vor Energie und setzte alles daran, den Franzosen — besonders am oberen Kongo — allumfassende Gebietsrechte zu verschaffen. Darum drängte Leopold Stanley wieder zur Rückkehr nach Afrika.

Nur widerwillig, durch seinen Vertrag gebunden, vom König unter Druck gesetzt und möglicherweise auch, weil er sich nicht geschlagen geben wollte, führte Stanley doch wieder eine Expedition nach Afrika. Mit einer Blitzaktion kam er De Brazza zuvor, und konnte dank der bewährten Mischung aus Versprechungen und Drohungen fast 400 Verträge mit den Häuptlingen abschließen, die an dem etwa 1600 km langen Streifen von der Kongomündung ins Landesinnere hin siedelten. Zu Beginn der Expedition wurde er aufgehalten, weil in den meisten von ihm eingerichteten Stationen Anarchie und Trägheit ausgebrochen waren. Stanley war gezwungen, allein um die Ordnung wiederherzustellen mehrere Monate dort zu verbringen. Erst dann konnte er wieder weiter ins Landesinnere vordringen.

Anfang 1884 verlor Leopold immer mehr das Interesse an den Bemühungen Stanleys. De Brazzas Vertrag war ratifiziert worden und der belgische König wollte nicht mit den Franzosen aneinandergeraten. Er sagte sich, genug sei genug; schließlich hatte er 400 Verträge unter Dach und Fach, etwa 120 Weiße lebten in dem Gebiet und vertraten die Interessen der AIA. Außerdem gab es noch die unermüdlichen Vorstöße des Königs selbst an der diplomatischen Front. Als die Pläne zum neuen Kongostaat auf der dünnen Grundlage der Niederlassungen und Verträge Stanleys in Brüssel zunehmend Gestalt annahmen, rief man ihn zurück. In Paris nährte man die törichte Hoffnung, daß Leopold auf die Dauer ein so riesiges Gebiet niemals kontrollieren könnte, und der jetzt noch winzige Staat letztlich Teil des französischen Kolonialreiches werden würde. Paris hatte sich bereits das "Vorkaufsrecht" gesichert, falls Leopold jemals den Wunsch verspüren sollte, seine afrikanischen Besitzungen zu veräußern. Demnach standen die Franzosen Leopolds Unternehmungen toleranter gegenüber, als es unter anderen Umständen der Fall gewesen wäre. Das unglaublich riesige Gebiet, das Leopold als zukünftigen "Kongostaat" ausersehen hatte — etwa 80 Mal so groß wie das Königreich Belgien selbst — wurde von Frankreich akzeptiert und ebnete den Weg zu den Gesprächen in Berlin.

Afrika
wird zum
Geschäft

2

Africa mit seinen besundern ländern/thieren/ vnnd wunderbarlichen dingen.

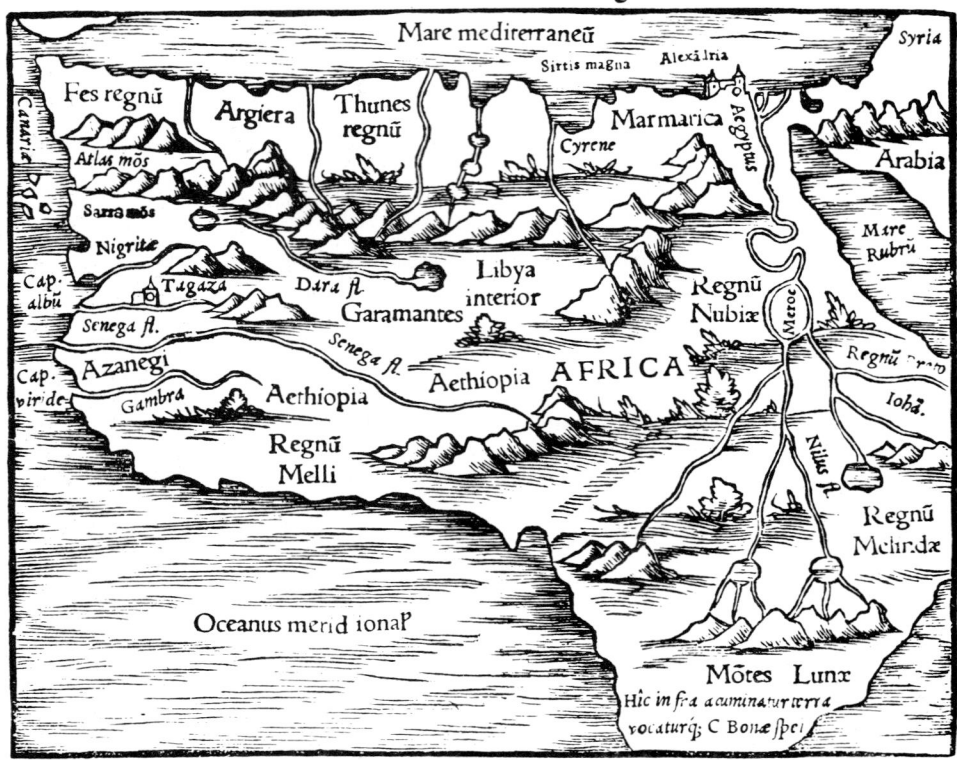

Neuw Africa.

Caput bone spei / das ist / ein trostliche schifflendung zwischen diser schifflendung vnd dem künigreich Melli werden vil seltzamer völcker gefunden/die doch nit alle bekant seind/dann es seind etlich so grimmig/daß man weder mit güte noch mit ru he mit jnen handlen kan/aber etlich die do wonen in dem Psittich land/haben sich anfenglichen do man zü jnen kommen ist/nemlich anno Christi tausent fünffhun= dert oder vmb die selbige zeit/bald begeben. Sie ghan in jrem land gantz nackend vnnd machen brot auß einer wurtzel die nenne sie Igname/sie seind arch nit gantz schwartz/schämen sich nit das sie gar nackend ghan/sie durch stechen den vndern läfftzen vnd setzen edel gestein in die löcher/jre heüser seind von holtz gemacht/vnd gedeckt mit blettern vnd ästen/vnd vndersetzt mit vilen höltzenen seülen. Im haus seind keine vnderscheidne gemach/ als kamern /kuchen/ stuben vnnd dergleichen/ sunder sie hencken etliche tücher von baumwullen gemacht/ weyt geweben / daß man dar durch sehen mag wie durch ein fisch garn/ in das hauß/ vnnd machen domit allerley gemach/ vnd brauchen das außgspannen netz für ein wand·

San Salvador, Hauptstadt des Kongoreiches: In der Blütezeit über 40 000 Einwohner

Die Afrika von den Kolonialmächten aufgezwungenen Grenzen sind ein so feststehender und vertrauter Bestandteil der Weltgeographie, daß man leicht vergißt, daß sie keineswegs naturgegeben oder gar das Ergebnis göttlicher Vorsehung sind. Noch im Jahre 1880 sah die Landkarte vollkommen anders aus. Zu diesem Zeitpunkt wurde Afrika noch zu mehr als 90% von Afrikanern regiert.

Im gesamten Gebiet zwischen der Sahara und dem Limpopo waren die Franzosen im Senegal die einzigen Europäer, die Hoheitsrechte über mehr als ein paar Kilometer landeinwärts beanspruchten. Die vier britischen Besitzungen in Westafrika — die Goldküste, Sierra Leone, Gambia und Lagos — waren nur winzige Küstenenklaven inmitten unabhängiger afrikanischer Staaten. Weiter südlich in Gabun hatten die Franzosen noch einen Stützpunkt, den sie aber eigentlich aufgeben wollten. Mehrere Jahrhunderte lang war Portugal in Guinea, Angola und Mozambique offiziell präsent gewesen. Da die Portugiesen aber nicht über die Mittel verfügten, diese „Provinzen" effektiv zu beherrschen, waren

sie nicht mehr als vage umrissene Einflußsphären. Im Jahre 1850 verkaufte Dänemark seine alten Sklavenfestungen an der Goldküste und verließ Afrika, und Holland folgte diesem Beispiel im Jahre 1872. Die gesamte Ostküste von Mozambique bis zum Roten Meer war unberührt von jeglichen europäischen Besitzansprüchen. Nur an der Südspitze des Kontinents siedelten bereits Weiße.

Der Grund, warum das Innere des tropischen Afrika von europäischen Invasoren verschont blieb, waren nicht nur die Malaria und das Fehlen zuverlässiger Landkarten. Um 1850 wären die Weißen dank der Eisenbahn, des Chinin und der Berichte der Entdecker sehr wohl in der Lage gewesen, den Kontinent zu erschließen. Zu dieser Zeit waren sie aber nicht mehr so sicher, was sie dort eigentlich wollten. Noch im 18. Jahrhundert war die Antwort einfach gewesen: Sklaven. An der Westküste konnte man sie billig und mühelos einkaufen, bezahlte mit ein paar Konsumgütern (Schußwaffen, Rum, Baumwollstoffe) und brachte sie mit dem Schiff über den Atlantik, um sie bei der Zuckerrohr- oder Baum-

Portugiesen in Afrika:
Lieben das lockere Leben

wollernte einzusetzen. Selbst wenn man schwere Verluste beim Transport einkalkulierte, erbrachte die menschliche Fracht auf den Sklavenmärkten in der Karibik, den USA und Lateinamerika doch noch ein Vielfaches ihres Kaufpreises. Mit dem Geld wurden in Amerika Rohstoffe gekauft, die wiederum nach Europa verschifft und dort gewinnbringend verkauft wurden.

Dieser sogenannte Dreieckshandel war von den Portugiesen erfunden, von den Engländern aber erst zur hohen Kunst entwickelt worden. Das ganze 18. Jahrhundert hindurch war es diese Form des Handels, mit dem die Kaufleute in Liverpool, Glasgow und Bristol ihren immensen Reichtum begründeten. Im Laufe der Zeit geriet der Sklavenhandel jedoch zunehmend ins Kreuzfeuer der Kritik. Durch die industrielle Revolution wurde Großbritannien respektabel: nun hing der Wohlstand des Landes nicht mehr von der krassesten Form der Ausbeutung ab. Das Protestantentum war auf dem Vormarsch, und seine Prediger verdammten die Sklaverei als eine

Greueltat im Angesicht Gottes und Adam Smiths'*. Als Schlüssel zu weltweitem Fortschritt galt nunmehr die Kombination von Freihandel und Evangelium, von europäischer Wirtschaftslehre und afrikanischer Tradition. Im Jahre 1807 setzten die Gegner der Sklaverei (Abolitionisten) sich im Parlament durch und erreichten, daß britischen Staatsbürgern der Sklavenhandel verboten wurde.

Niemand tritt so vehement für die Enthaltsamkeit ein wie ein ehemaliger Alkoholiker. Nachdem sie

---

* A. Smith: schottischer Ökonom, Begründer der liberalen & individualistischen Wirtschaftslehre

Arabischer Sklaventransport: Von den Europäern verdammt

Portugiesisches Fort St. Antonio: Hort des Sklavenhandels an der Küste Westafrikas

Fort Cape Coast: Die Engländer bemächtigen sich des transatlantischen Sklavenhandels und dann des Freihandels

das Laster der Sklaverei einmal aufgegeben hatten, wollten die Briten dessen Vorzüge auch keinem anderen mehr gönnen. Da ihre Überlegenheit auf See nach dem Sieg über Napoleon unbestritten war, machten sie sich daran, den Sklavenhandel völlig auszurotten. In westafrikanischen Gewässern wurden Kriegsschiffe der Königlichen Marine vor Anker gelegt, und die Briten nahmen sich das Recht heraus, ohne Rücksicht auf die Nationalität jedes Schiff zu durchsuchen, das des Transports von Sklaven verdächtigt wurde.

Die Rückendeckung durch ihre Antisklavenflotte bildete die Grundlage für Großbritanniens Machtposition in Westafrika. Zuerst bedeutete die Abschaffung der Sklaverei einen schweren Schlag für die Liverpooler Händler. Auf einen Streich verloren sie ihre Haupteinnahmequelle, und außerdem hatten sie einen großen Teil ihres Kapitals in westafrikanische Schiffahrtslinien und in ein teures Kommunikationssystem mit den an der Küste ansässigen

Eingeborenen investiert. Zum Schutz dieser Investitionen mußte dringend ein neues Exportgut gefunden werden, und im Palmöl glaubten die Händler eine vorläufige Antwort entdeckt zu haben. Die Händler übertrugen einfach das alte System auf den neuen Handel, und hatten es nicht nötig, selbst in die Wälder zu gehen, wo das Öl gesammelt wurde.

Am allerbesten florierte das Geschäft mit dem Öl im östlichen Nigerdelta, einem Gebiet voller Sümpfe und Flüsse, die den Europäern als Ölflüsse bekannt waren. In dieser Gegend gab es unabhängige afrikanische Stadtstaaten, deren Oberhäupter den Transport des Palmöls aus den Wäldern im Inland bis hin zu den an der Küste niedergelassenen Liverpooler Händlern organisierten. Streitigkeiten regelte man durch „Gerichtshöfe", die aus Vertretern beider Parteien gebildet wurden. Die Königliche Marine lag vor der Küste, um fremde Sklavenhändler abzufangen, und schickte nur in den seltenen Fällen ein Kanonenboot an Land, in denen ein außergewöhnlich

Palmölbereitung: Neue Quelle des Reichtums im Afrikageschäft

erbitterter Streit Schlichtung erforderte. Im allgemeinen waren die afrikanischen Mittelsmänner jedoch sehr gut in der Lage, ihre Einrichtungen den Erfordernissen des Exporthandels anzupassen.

Später wurden diese afrikanischen Häuptlinge und Geschäftsleute von der Kolonialverwaltung, der die „unverdorbenen" Völker Zentralafrikas lieber waren, verachtet und lächerlich gemacht. Man beschrieb sie als degenerierte Rasse, die ihre traditionellen Wertvorstellungen aufgegeben habe, ohne aber wahrhaft christlich zu werden. Der Kontakt mit der europäischen Kultur hatte in manchen Fällen tatsächlich sehr exzentrische Verhaltensweisen hervorgebracht, König Herzog Epraim IX. aus Duke Town (im heutigen Nigeria) wurde einmal zusammengestaucht, weil er dem britischen Konsul nur mit einem Hut bekleidet gegenübertrat. Beim nächsten Mal trug er rosa Hosen, einen Droschkenfahrerumhang, einen roten Zylinder und eine blaue Brille. Ein anderer Häuptling variierte seine Kleidung ebenso abenteuerlich. Bei manchen Gelegenheiten trug er einen mit Hermelin gesäumten Königsmantel, bei anderen nichts als eine Seemanns-

mütze. Sie legten sich auch teilweise lächerliche Namen zu, wie Jojo-Tiger, Indianerkönigin, Grün-Dublin, Steingesicht, Federknochen, Knochengesicht ... (zweifellos von den Händlern erfundene Abwandlungen der ursprünglichen afrikanischen Stammesnamen).

Viele unter ihnen waren allerdings äußerst gerissen, und waren sehr geschickt darin, das vielschichtige Zusammenspiel europäischer Wirtschaftsinteressen und afrikanischer Politik für ihre Zwecke zu nutzen. Das beste Beispiel hierfür ist der berühmte Jaja von Opobo, ein charmanter und intelligenter Mann, der

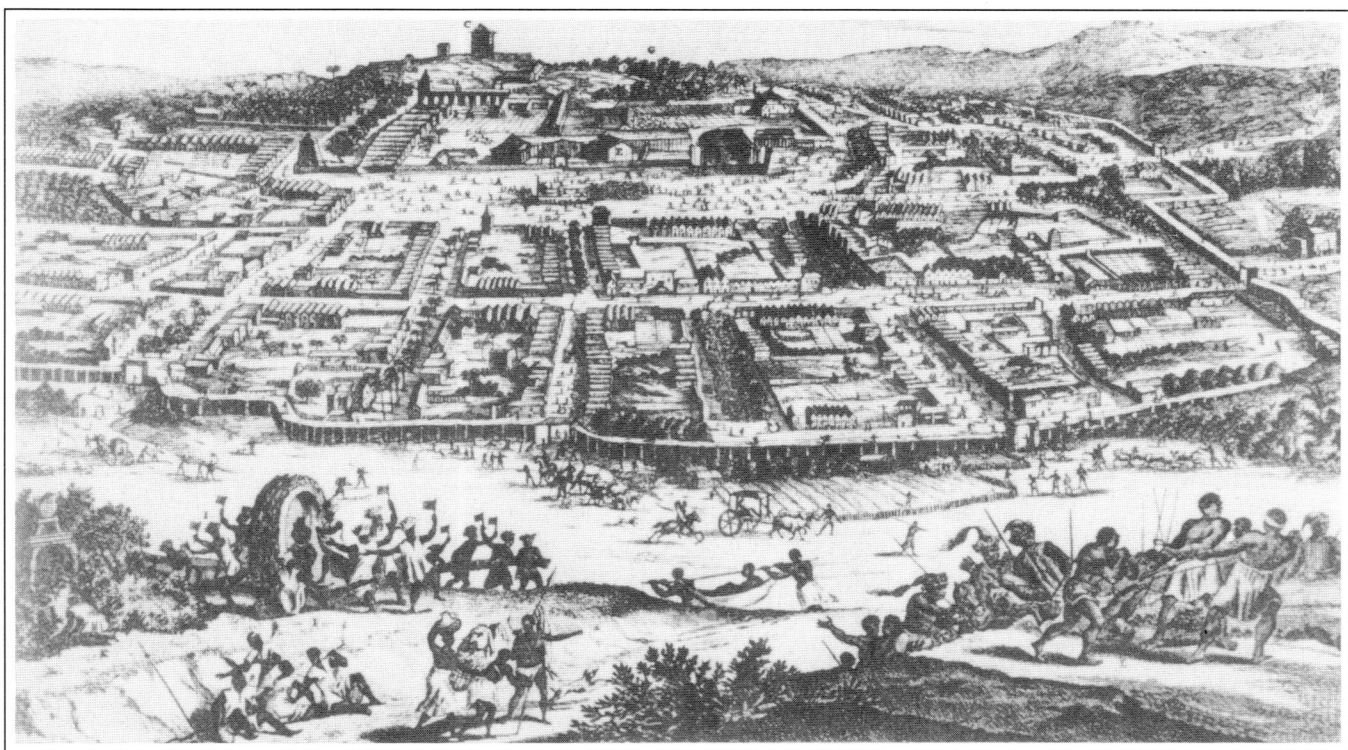

Loango (Gabun): Franzosen, Holländer und Briten gaben sich die Klinke in die Hand

Sultan Njoya (Kamerun): Degenerierte Rasse?

sich aus eigener Kraft hochgearbeitet hatte. Jaja servierte seinen europäischen Gästen vorzüglichen trockenen Champagner und schickte seine Kinder in England zur Schule. Er wurde im Stadtstaat Bonny im Nigerdelta geboren und nutzte seine hervorragenden kaufmännischen Fähigkeiten, um der Leiter eines der „Häuser" in Bonny zu werden. Diese Häuser waren konkurrierende Handelsverbände, die die Grundlage der Sozialstruktur in den Deltastädten bildeten. Als der Konkurrenzkampf zwischen den Häusern in Bonny bürgerkriegsähnli-

che Ausmaße annahm, siedelte Jaja sich weiter östlich am Ufer des Opobo an, wo er sich als unabhängiger Häuptling niederließ und in seinem Königreich ein Handelsmonopol aufbaute. Im Jahre 1873 wurde er von dem auf der Insel Fernando Po lebenden britischen Konsul per Vertrag anerkannt. 1880 hatte Jaja es bereits so weit gebracht, daß er von den europäischen Händlern einen Exportzoll (den sogenannten 'comey') von insgesamt 30 000 Pfund jährlich eintrieb. Die Kette von Liverpooler Firmen, die den Handel im Gebiet der Ölflüsse praktisch in der Hand hatten, regten sich über solche Praktiken natürlich furchtbar auf. Sie versuchten, sein Monopol zu brechen und den Zoll zu drücken, woraufhin Jaja den Fluß sperrte und all seine Produkte der Firma Miller Brothers aus Glasgow zuschob, dem einzigen außerhalb des Liverpooler Kartells operierenden Unternehmen. Es gelang ihm sogar, die europäischen Händler vollkommen auszuschalten und einige Öllieferungen auf eigene Verantwortung direkt nach Großbritannien zu bringen.

Jajas Geschichte hat jedoch kein glückliches Ende. 1886 wurde er durch Harry Johnston, den amtierenden britischen Konsul, nach Westindien deportiert. Dieses Vorgehen von zweifelhafter Legalität veranlaßte Lord Salisbury zu dem bissigen Kommentar: „Über die Prinzipien, die dieser Handlung zugrunde liegen, gibt es nichts zu diskutieren. Es läuft schlicht

Englischer Handel in Südnigeria:

und einfach darauf hinaus: gibt es Meinungsverschiedenheiten zwischen einem Händler und einem Eingeborenenhäuptling über ihre Rechte, wird der Häuptling eben deportiert." Die steile und ruhmreiche Karriere ist jedoch ein Beweis dafür, daß ein tüchtiger afrikanischer Geschäftsmann es unter der britischen Herrschaft, so wie sie bis in die 80er Jahre des letzten Jahrhunderts betrieben wurde, durchaus zu etwas bringen konnte.

Fünfzig Jahre lang blieb die Abschaffung des Sklavenhandels und die Entwicklung legitimer Handelsbeziehungen die unveränderte Grundlage dieser Politik. Der Erwerb neuer Kolonien war hierfür nicht erforderlich, und sogar das Kolonialministerium sprach sich dagegen aus. Im Jahre 1861 fühlte es sich zwar verpflichtet, Lagos zu annektieren, weil die dortigen Herrscher ungedingt den Sklavenhandel wieder einführen wollten, aber abgesehen von diesem Einzelfall blieb ihre Einstellung zu Afrika dieselbe wie schon 1840. Damals hatte der zuständige Minister geschrieben: „Selbst wenn wir den gesamten Kontinent beherrschen könnten, wäre dies doch nichts als ein nutzloser Besitz." Sollte das Kolonialministerium doch einmal vom Pfade der Genügsamkeit abweichen, war da immer noch das Finanzministerium, das sich energisch weigerte, die Mittel dafür herauszurücken. Öffentlichkeit und Politiker waren sich in diesem Fall einig.

Rückblickend wird deutlich, daß Großbritannien diesen zweifachen Vorteil, die Vorzüge des Handels ohne die Last der Verwaltungskosten, nur so lange genießen konnten, wie andere Europäer es zuließen. Bis in die 80er Jahre des letzten Jahrhunderts hinein war Frankreich der einzige potentielle Rivale. Abgesehen von seiner umstrittenen Kolonie im Senegal beschränkten sich Frankreichs Besitzungen in Westafrika auf einige verstreute, unwichtige Flecken an der Elfenbeinküste und in Gabun. Meistenteils lagen französische und britische Niederlassungen weit genug auseinander, um ernsthafte Rivalitäten zu verhindern. Als es Ende der 60er Jahre zu kleineren Auseinandersetzungen über die Kontrolle der

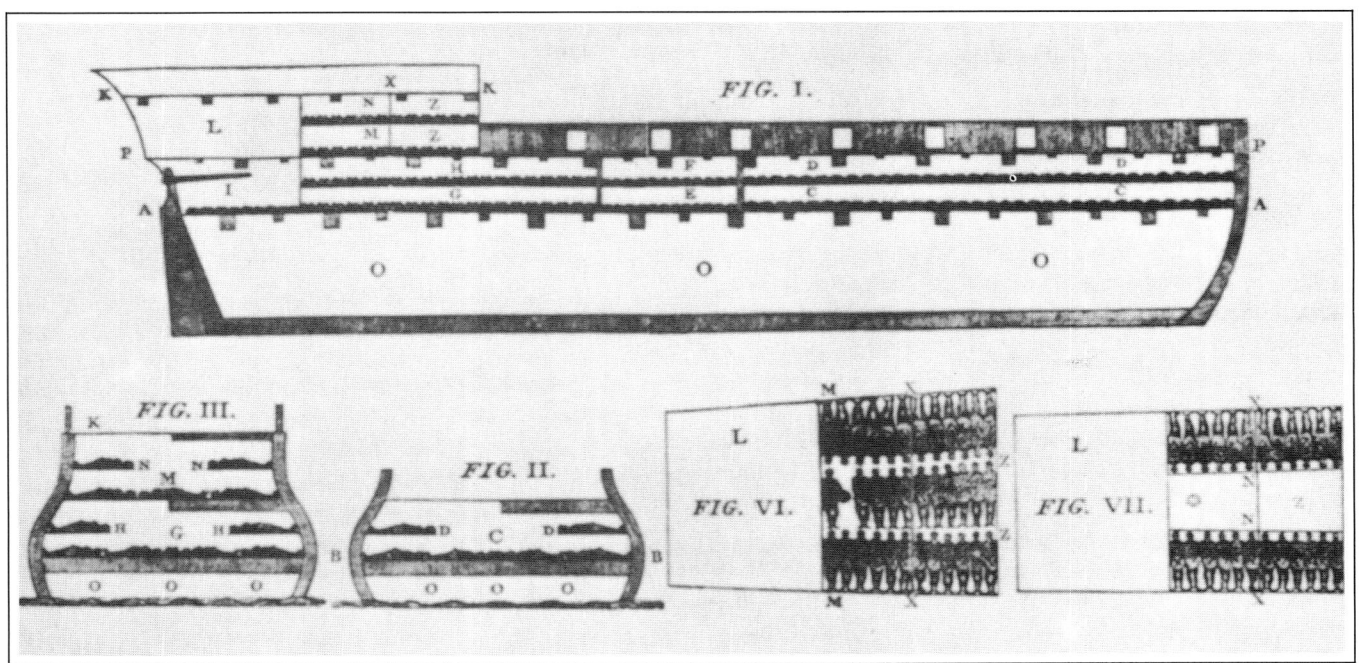

. . . Lange Zeit unter dem Monopol Jajas gelitten

FIG. I.

FIG. III.

FIG. II.

FIG. VI.

FIG. VII.

Querschnitt eines Sklavenschiffs um 1820: Wie Ware wurden die Sklaven auf mehreren Decks zusammengepfercht

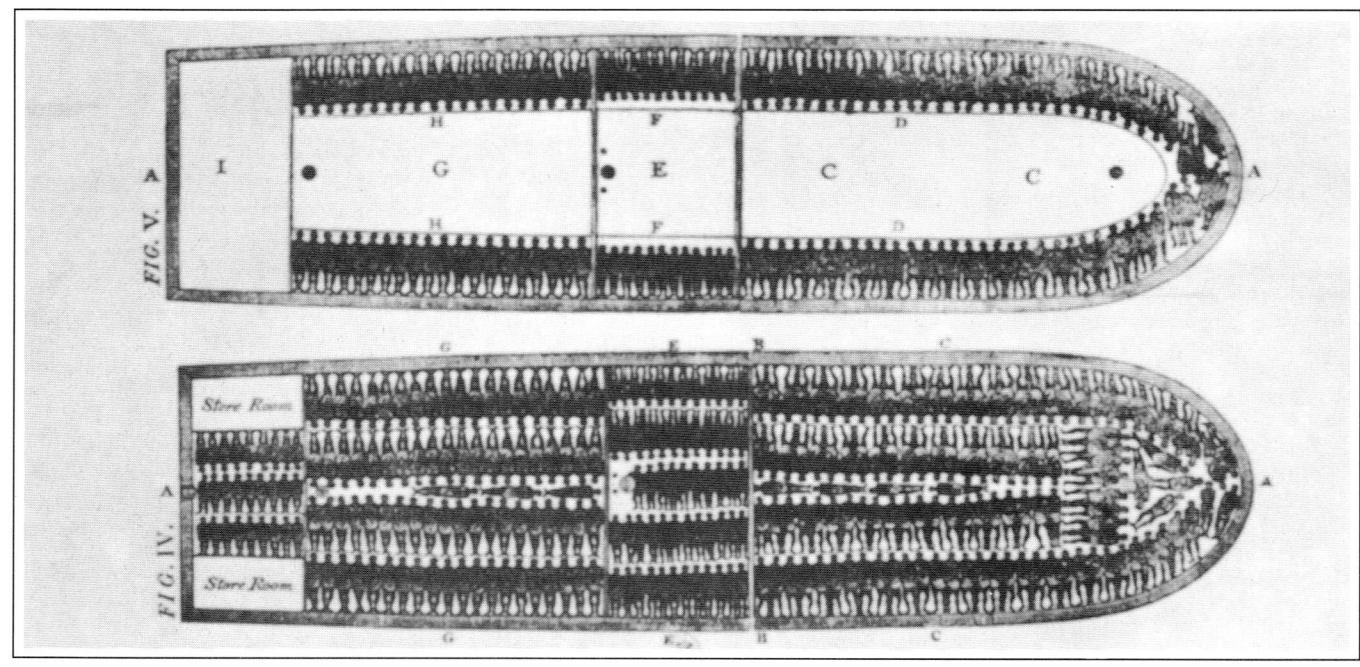

Sklavenschiff um 1820: Aufsicht von oben

Flüsse zwischen dem Senegal und Sierra Leone kam, lag es beiden Regierungen völlig fern, durch solche nebensächlichen Streitereien ihre freundschaftlichen Beziehungen in Europa zu gefährden. Die beste Lösung war ein Gebietstausch, und eine klare, übereinstimmende Abgrenzung der Einflußsphären. Die britische Regierung erklärte sich bereit, Gambia abzutreten — sogar damals eine ungewöhnliche Enklave im Senegal —, falls Frankreich auf seine Ansprüche im Süden verzichtete.

Solcherlei Vorschläge wurden von 1869 an den Diplomaten in Whitehall und am Quai d'Orsay genau überprüft, und 1876 stand man kurz vor einer umfassenden Einigung. Der Plan scheiterte jedoch an der bereits bekannten Front britischer Händler und Missionare, die sich zu einer Interessengruppe zusammengeschlossen und ein Mischmasch religiöser und wirtschaftlicher Argumente gegen die Aufgabe Gambias vorbrachten. Die afrikanischen Einwohner der gambischen Hauptstadt Bathurst schickten Protestbriefe nach London: sie hatten ein verständliches Interesse an britischer Herrschaft, da ihr Fortkommen schließlich von ihrer Kenntnis der englischen Sprache abhing und davon, daß sie mit Handel und Verwaltung britischen Stils inzwischen vertraut waren.

Angesichts der verzwickten Interessenkonflikte, die wenige Jahre später entstanden, muß man wohl zugeben, daß eine günstige Gelegenheit verspielt worden war. 1876 wollte kein europäisches Land sich näher mit Afrika einlassen. Dies waren eigentlich ideale Voraussetzungen für eine vernünftige Beilegung konkurrierender Forderungen. Hätte man den Tausch vollzogen, wäre die spätere Aufteilung Westafrikas vom Senegal bis zum Kongo — die Zerstückelung in nicht weniger als sechzehn Küstenstaaten und noch weiteren im Landesinneren — sehr wahrscheinlich nicht nötig gewesen, und die heutige politische Landkarte würde vollkommen anders aussehen.

Briten und Franzosen hatten ihre Meinungsverschiedenheiten über die Küste also nicht bereinigen können, und begannen alsbald auch woanders zu konkurrieren. Den Anlaß hierfür lieferte Frankreich, das sich vom Mittelmeer aus nach Süden und vom Senegal aus nach Osten dem legendären Westsudan und den großen islamischen Emiraten am oberen Niger zuwandte, die bisher vom Zugriff der Europäer verschont geblieben waren. Anders als die Briten, die sich mit dem Küstenhandel zufrieden gaben und selten einen Gedanken ans Landesinnere verschwendeten, spielten die Franzosen mit grandiosen Plänen zur Erschließung Zentralafrikas und waren fasziniert von der leuchtenden Vision eines sich vom Mittelmeer bis zum Senegal erstreckenden Reiches. Dem standen allerdings erhebliche Hindernisse im Wege. Zum einen waren die Entfernungen schier unüberwindbar, zum anderen lag der Westsudan im Einflußbereich mächtiger islamischer Herrscher.

Kapitän Luis Faidherbe, derzeit französischer Gouverneur im Senegal, schuf in den 50er Jahren die Voraussetzungen für das Vordringen ins Hinterland, indem er den unteren Teil des Senegal-Tales systematisch eroberte. Aber auch er verließ den Senegal, ohne mit El-Haj Omar, dem Herrscher des Tukulör-Reiches, fertig geworden zu sein, und seinen Nachfolgern fehlten sowohl seine Tatkraft als auch sein Einfallsreichtum. Durch den Krieg mit Preußen, die durch Bismarck erlittene Niederlage und den Zusammenbruch des 2. Kaiserreiches wurde Frankreich dann nachhaltig von Afrika abgelenkt. Doch bald erwachte eine neue Entschlossenheit zu beweisen, daß Frankreich immer noch eine große Nation sei. Da es keine Möglichkeiten mehr gab, ruhmreiche Taten in Europa zu vollbringen, blickten immer mehr Franzosen nach Übersee. Der Gedanke, daß Frankreich den Verlust von Elsaß und Lothringen durch den Erwerb entlegenerer Gebiete „wettmachen" könne, nahm zunehmend Gestalt an. Einige führende Politiker der 3. Republik, unter ihnen Leon Gambetta und Jules Ferry, setzten sich tatkräftig für diese Idee ein. 1880—81 war Ferry bereits Premierminister gewesen und hatte während der entscheidenden Phase von 1883—85, in die die Berliner Konferenz fiel, seine zweite Amtszeit. Im Jahre 1885 hielt er eine berühmte Rede, in der er seine Kolonialpolitik mit wirtschaftlichen Argumenten untermauerte und sie als „absolut notwendig" bezeichnete, um Frankreich neue Exportmärkte und neue Investitionsmöglichkeiten zu verschaffen.

Kapitän Faidherbe, französischer Gouverneur im Senegal: Kann den Widerstand El-Haj Omars nicht brechen

Da solche Ideen jetzt in Paris modern wurden, war für ehrgeizige Beamte in Westafrika der richtige Zeitpunkt gekommen, um den alten Traum von der französischen „mission civilisatrice" neu zu entfachen und den Westsudan zu erobern. Seit 1876 gab es im Senegal einen energiegeladenen Gouverneur, Oberst Louis Brière de L'Isle, der ein Bewunderer von Faidherbe war. Um den Einfluß Frankreichs zu vergrößern schlug Brière de L'Isle einen entscheidenden Schritt vor: den Bau einer Eisenbahn, die die Häfen von St. Louis und Dakar mit Bamako am oberen Niger verbinden sollte, das weit innerhalb des Tukulör-Gebietes lag. Eine 1879 von der französischen Regierung eingesetzte Kommission untersuchte dieses Projekt sowie den noch gewagteren Plan, eine Eisenbahnlinie quer durch die Sahara bis nach Algerien zu legen. Gleichzeitig befaßte sich der eigenwillige Marinekapitän Gallieni mit dem Problem, vor dem bereits Faidherbe gestanden hatte: wie sollte man mit dem Tukulör-Reich umgehen, das inzwischen von El-Haj Omars Sohn Ahmadu Seko regiert wurde? Man mußte sich zwischen Eroberung und Zusammenarbeit entscheiden.

Zunächst verlegte Gallieni sich auf die Demonstration von Stärke, versuchte es dann mit Diplomatie und schloß 1881 schließlich einen Vertrag mit Ahmadu, der Frankreich die Exklusivrechte für den Handel vom Senegal bis zum Niger einräumte.

Frankreichs Anstrengungen wurden von Ministern und Regierungsbeamten in Großbritannien mit leichter Belustigung verfolgt. Wenn Frankreich sein Geld für so schwachsinnige Projekte wie die Erschließung der Küste herauswerfen wollte — bitte sehr. Die Franzosen neigten bedauerlicherweise wirklich dazu, die goldenen Regeln des Freihandels zu mißachten. Bereits 1877 hatten sie die Sünde begangen, im Senegal besondere Zollvorschriften einzuführen, die dem Gesetz der Gleichbehandlung widersprachen, und aus den von Gallieni aufgesetzten Verträgen ergab sich die Absicht, ein rein französisches Wirtschaftsimperium aufzubauen. Auf lange Sicht würden derart entlegene Märkte jedoch kaum Gewinne bringen. Daher war es unnötig, sich mit Frankreich um Kolonien zu streiten, oder gar daran zu denken, den Niger der direkten Regierungsgewalt Großbritanniens zu unterstellen.

Vom Garten Allahs in die Niederungen der Ölflüsse

Einziges Portrait von Sir George Goldie: „Ich bin wie ein Pulverfaß"

Es gab jedoch einen hervorragenden Geschäftsmann in Großbritannien, der Frankreichs Aktivitäten genau beobachtet hatte und diese Ansicht ganz und gar nicht teilte: George Goldie, dem im Wettlauf um Afrika die gleiche Stellung zukommt wie Leopold oder Cecil Rhodes. Publicity war Goldie derart verhaßt, daß er alle seine Unterlagen stets verbrannte und seinen Kindern drohte, er werde sie aus dem Grab heraus verfolgen, falls sie selbst oder ein anderer mit ihrer Hilfe je über ihn schreiben würden. Aus diesem Grunde ist er vielleicht der am wenigsten bekannte der großen, unabhängigen Reichsgründer seiner Zeit. Er war es, der die Anfänge des heutigen Nigeria schuf, des bevölkerungsreichsten Landes in Afrika. Angesichts der tief verwurzelten Abneigung seiner Regierung gegenüber solchen Unternehmungen, ist diese Leistung umso bemerkenswerter.

Goldie wurde 1846 als jüngster von vier Söhnen eines bekannten Gutsbesitzers auf der Isle of Man geboren. Wie vieles an ihm ist auch sein Name geheimnisumwoben. Geboren wurde er als George Dashwood Goldie Taubmann. Als er 1887 geadelt wurde, entschied er sich für Taubman Goldie, und später ließ er den Namen Taubmann ganz fallen. Nach alter Familientradition begann er seine Laufbahn bei der Armee. Für die geregelte Karriere eines Königlichen Offiziers war er jedoch bei weitem zu exzentrisch und impulsiv.

„Ich war wie ein Pulverfaß," erzählte er einmal der späteren Herzogin von Wellington. „Bei der letzten Prüfung zur Offizierslaufbahn war ich stockbetrunken. Zwei Jahre später starb ein Verwandter und hinterließ mir sein Vermögen. Die so gewonnene Freiheit machte mich derart euphorisch, daß ich, ohne meine Papiere einzureichen, einfach abhaute und alles, was ich besaß, hinter mir zurückließ."

Goldie machte sich wie viele andere aus der britischen Oberschicht jener Zeit auf nach Ägypten, wo er sich leidenschaftlich in eine Araberin verliebte. „Drei Jahre lang lebten wir in der Wüste, im Garten Allah!" Ihr Paradies lag im ägyptischen Teil des Sudan, von wo aus Goldie zum westlichen Horizont blicken und sich in Gedanken mit dem Rest des Sudan befassen konnte, der für ihn eine riesige, vom Nil bis zum Niger reichende geographische und ethnische Einheit war. Dies war eine romantische Sichtweise, doch war Goldie nicht nur ein Träumer, sondern auch ein Mann der Tat. Als er einige Jahre später zum ersten Mal an den Niger fuhr, war er überrascht, daß es im gesamten Nigerbecken und am Tschadsee immer noch „keine Fremden gab, weder Händler, noch Soldaten, Missionare oder Reisende. . ."

Warum Goldie den Garten Allah verließ, ist geschichtlich nicht überliefert. Wieder in England führte er nach eigenen Worten ein nutzloses, ausschweifendes Leben, bis er 1875 doch wieder von Afrika angezogen wurde. Sein ältester Bruder heiratete die Tochter eines in Westafrika ansässigen britischen Kaufmannes, der als Leiter einer kleinen Firma namens „Holland Jacques" jahrelang am Niger Handel betrieben hatte. Da das Unternehmen in finanzielle Schwierigkeiten geraten war, beschloß Goldies Familie es aufzukaufen und zu versuchen, es wieder auf die Beine zu bringen. Diese Aufgabe erhielt George, der mit seinen 30 Jahren immer noch stellungslos war. Er änderte die Kapitalstruktur der Firma, übernahm selbst die Mehrheit der Anteile und machte sich auf den Weg, um das Geschäft an Ort und Stelle unter die Lupe zu nehmen.

Entlang des Flusses jenseits der Deltamündung hatte der britische Handel sich völlig anders entwikkelt als im Gebiet der Ölflüsse, das seit den Tagen der Sklaverei fest in der Hand Liverpooler Händler war. Der dortige Markt war nach einigen Fehlschlägen erst vor kurzer Zeit erschlossen worden. Er war klein, anfällig für politische Schwierigkeiten und nach wie vor abhängig vom Schutz eines einzigen Herrschers vom Stamm der Fulani, dem Emir von Nubien, dessen eigene Machtposition jedoch auch nicht sicher war. Außerdem stieß der Handel auf den erbitterten Widerstand der Mittelsmänner des an der Küste gelegenen Stadtstaates Brass, die den Niger als ihr angestammtes Gebiet betrachteten. Im Jahre 1876 verfaßte König Ockiah von Brass ein Protestschreiben an das britische Außenministerium: „Wir haben es sehr schwer, an allen anderen Flüssen... gehören ihnen die Märkte, und warum sollte man ausgerechnet für meinen Fluß eine Ausnahme machen. Nirgendwo können wir Bananen oder süße Kartoffeln anpflanzen, und wenn wir nicht handeln können, müssen wir verhungern. Wir wollen, daß die von uns aufgebauten Märkte zwischen dem Niger und der Ostküste auch weiterhin uns gehören." Die Einwohner von Brass gingen ein paar Mal so weit zu versuchen, Schiffe der Handelsgesellschaft zu versenken, und provozierten damit den Einsatz britischer Kanonenboote.

Goldie fand heraus, daß vier Firmen — alle britisch — in einen teuren Konkurrenzkampf um den alleinigen Vertrieb von Elfenbein und Palmöl verstrickt waren, mit dem Ergebnis, daß keiner von ihnen mehr seine Gesamtkosten decken konnte. Seine Lösung war ein Monopol. Obwohl er die kleinste Firma hatte, konnte er die anderen zu einer Fusion überreden, und das Guthaben der einzelnen Unternehmen wurde in einer Organisation, der United Africa Company (Vereinigte Afrikanische Gesellschaft, UAC) zusammengefaßt. Diesen bemerkenswerten Handstreich verdankte er ausschließlich seinem Durchsetzungsvermögen. So wie Lady Dorothy Wellesley ihn beschreibt, „...schlecht aussehend, hager, fast ausgezehrt, mit stählernen Nerven, einer Adlernase und stechenden Augen...", war es bestimmt kein Vergnügen ihm an einem Verhandlungstisch gegenüberzusitzen.

Der Zusammenschluß löste zwar die momentanen Probleme, doch tauchte fast sofort eine neue Bedrohung auf. Französische Händler versuchten in sein mühsam erkämpftes Monopol einzudringen. Im Jahre 1882 eroberten zwei französische Gesellschaften sich beträchtliche Anteile am begrenzten Geschäft und störten gleichzeitig die äußerst anfälligen Beziehungen zu afrikanischen Herrschern, indem sie um deren Gunst warben. Rücksichtslos wie immer rief Goldie den totalen Preiskrieg gegen die

französischen Firmen aus, in der Hoffnung, sie so zu einem Rückzug zu zwingen. Gleichzeitig achtete er jedoch auf Anzeichen der Bereitschaft zu einem eventuellen friedlichen Zusammenschluß.

Doch auch eine weitere Fusion konnte nur kurzfristig Abhilfe schaffen, schließlich stand der Handel weiteren Eindringlingen offen. Goldie stand in Wirklichkeit vor demselben Problem wie König Leopold: wie sollte er eine Kolonie kaufen, wenn seine Regierung absolut dagegen war? Genau wie Leopold griff auch er zu ungewöhnlichen Mitteln, und schlug die Verleihung einer Königlichen Charter* vor. Eine solche Chartergesellschaft würde alle seine Probleme beseitigen. Er könnte ungestört seinen Geschäften nachgehen, beliebig die Preise festsetzen, nach eigenem Gutdünken jederorts Märkte öffnen und schließen, und afrikanischen Völkern notfalls gewaltsam seinen Willen aufzwingen. Außerdem würden der britischen Regierung keinerlei Kosten entstehen, da der Gewinn aus einem solchen Monopol die Verwaltungskosten des Handelsimperiums abdecken würde. Auf diese Weise wäre Goldie politisch und finanziell in der Lage, sein Vorhaben, ins Landesinnere vorzudringen, ungehindert durch ängstliche Wohltäter oder knauserige Whitehall-Beamte zu verwirklichen.

Bereits vorher hatte es in der britischen Geschichte mächtige Chartergesellschaften gegeben, wie zum Beispiel die East India Company, die Hudson's Bay Company und viele andere. Damals war es das einzige Bestreben des britischen Imperiums gewesen, Monopolgewinne zu erzielen. 1870 hatten die wenigen noch existierenden Gesellschaften ihren politischen Einfluß verloren und waren nur noch ganz normale Handelsfirmen. Für Philanthropen und Anhänger liberaler Wirtschaftstheorien, deren Ansichten nun richtungsweisend waren, repräsentierten Chartergesellschaften alles, was sie verachteten: Monopole, Korruption, Privilegien, die Unterdrückung unterlegener Völker. Goldie hielt all dies für Blödsinn. Er war überzeugter Atheist und verbreitete gerne den Witz, er sei nach Afrika gegangen, um dem Klang der Kirchenglocken zu entfliehen. Für die sentimentale Vermischung von Christentum und Kommerz empfand er nichts als Verachtung. Da er an die Evolutionstheorie glaubte, hatte er auch keinerlei Skrupel hinsichtlich des moralischen Rechts des Starken, dem Schwachen notfalls gewaltsam seinen Willen aufzuzwingen. Er wies darauf

---

* Ein Freibrief, der in der Realität nicht nur das Recht der wirtschaftlichen Nutzung eines bestimmten Territoriums umfaßte, sondern die Firmen auch mit Befugnissen einer souveränen Regierung ausstattete.

hin, daß auch die Macht der Afrikaner selbst auf Gewalt begründet sei. Das afrikanische System der Sklavenjagd sei der wahre Grund dafür gewesen, daß der wirtschaftliche und soziale Fortschritt auf dem Kontinent brachliege. Daher hätten Europäer nicht nur das Recht, sondern die Pflicht zum Eingreifen — genau wie jeder Mann verpflichtet sei, einen Kerl niederzuschlagen, der auf der Straße eine Frau oder ein Kind mißhandelt.

Dies waren allerdings schon die Feinheiten der Goldie'schen Philosophie. Früher als jeder andere in Afrika hatte er durchschaut, daß man mit Hilfe einer Chartergesellschaft genau das verwirklichen konnte, was zur Zeit gefragt war: billig erkaufter Imperialismus. Es dauerte kaum zehn Jahre, da waren die Royal Niger Company in Nigeria, die British South Africa Company in Simbabwe und Sambia, die Imperial British East Africa Company in Kenia und Uganda, die Deutsch-Ostafrikanische Gesellschaft in Tansania und die Deutsche Kolonial-Gesellschaft für Südwestafrika in Namibia dabei in aller Ruhe Steuern einzuziehen, Armeen aufzustellen und Kriege auszutragen, ohne daß die europäischen Länder, die ihnen die Rechte hierzu leichten Herzens verliehen hatten, sich sonderlich darum kümmerten. Eine wahrhaft bemerkenswerte Renaissance.

Im Jahre 1886 erhielt auch Goldie seine Chartergesellschaft, doch dies gehört in ein späteres Kapitel unserer Geschichte. Auf dem Papier verfügte die neue Gesellschaft über die eindrucksvolle Summe von einer Million Pfund, obwohl der tatsächliche Wert des Vermögens und des neu eingezahlten Bargeldes kaum 200 000 Pfund erreichte. Das Direktorium war nicht minder beeindruckend. Zum ersten Mal in seiner Karriere wurde Goldie klar, daß er für einen respektablen Rahmen sorgen mußte. Er brachte den früheren liberalen Politiker Lord Aberdare dazu, mit einer privaten Investition von 800 Pfund einzusteigen und den Vorsitz zu übernehmen. Aberdare war sowohl mit Premierminister Gladstone als auch mit Außenminister Lord Granville gut befreundet. Sein Name verlieh der Gesellschaft einen Hauch von Solidität und sozialem Prestige, der für einen Mann wie Granville, einen älteren konservativen Adeligen, sehr wichtig war. Granville glaubte fest daran, daß außenpolitische Angelegenheiten, wie alles andere im Leben, in aller Ruhe und im trauten Kreise alter Familienfreunde geregelt werden sollten.

Lord Aberdare standen Türen offen, die einem Emporkömmling wie Stanley verschlossen blieben. Premierminister Gladstone war so wenig an dieser würdelosen Angelegenheit interessiert, daß er sich nicht einmal die Zeit nahm, die Urkunde zu lesen, als sie ihm zur Unterschrift vorgelegt wurde. Wie Goldie später erzählte, stopfte er das Dokument in die Tasche seines Mantels und ließ diesen später in einem Zug liegen, sodaß ein neues Exemplar hergestellt werden mußte.

Auch der allgegenwärtige James F. Hutten, der das Geld für Stanleys erste Kongoexpedition aufgetrieben hatte, und als engagierter Gegner der Übergabe Gambias an Frankreich aufgetaucht war, gehörte zum Direktorium. Hutton, eigentlich Baumwollhändler von Beruf, war Mitglied des Parlaments und Präsident der Handelskammer von Manchester. Bald schon sollte er eine bemerkenswerte Rolle beim Kampf gegen den britisch-portugiesischen Kongovertrag spielen. Im Außen- und Kolonialministerium war Hutton eine vertraute Erscheinung; er hatte ausgezeichnete Verbindungen in den europäischen Hauptstädten und war durchaus bereit, diese gegebenenfalls auch gegen die britische Politik einzusetzen. Als ehrwürdiges Mitglied der Geschäftswelt von Manchester trat er für den Freihandel ein, doch waren seine Grundsätze dehnbar genug, bei entsprechenden Erfolgsaussichten die Zusammenarbeit mit eingeschworenen Monopolisten wie Goldie und Leopold zuzulassen.

Hulk an der westafrikanischen Küste: Ohne Häfen waren die Handelsschiffe auf Hulks angewiesen, um ihre Waren zu löschen

Goldies Weitblick, seine sorgfältige Planung und seine schnelle Reaktionsfähigkeit standen in krassem Gegensatz zu dem unschlüssigen Hin und Her, das die britische Regierung bei dem Versuch, der französischen Bedrohung entgegenzutreten, veranstaltete. Doch gerade diese Schwäche der britischen Politik war Goldies Chance. Als Jules Ferry 1883 erneut Premierminister wurde, bestand an Frankreichs Plänen kein Zweifel mehr. Ferry begann damit, einen Keil zwischen die Goldküste und Lagos zu treiben. Dann befahl er, in Porto Novo und anderen Orten des damals als Sklavenküste bekannten Gebietes die französische Flagge zu hissen. Dieses Stück Land wurde später die französische Kolonie Dahomey und ist heute Benin. Als nächstes schickte er ein Kanonenboot nach Bonny, dem größten Stadtstaat im Bereich der Ölflüsse, wo er versuchte, die Mittelsmänner zum Abbruch der altehrwürdigen Verbindung mit Großbritannien zu bewegen und stattdessen ein Schutzabkommen mit Frankreich zu unterschreiben. Dieser Versuch schlug fehl, aber der unternehmungslustige Kapitän Mattei, Direktor einer französischen Handelsniederlassung und Goldies größter Konkurrent am Niger, führte die Kampagne weiter.

Der britischen Konsul Edward Hewett auf Fernando Po bemühte sich unterdessen, die Kontrolle über das riesige ihm unterstellte Gebiet — von den Ölflüssen über den Niger bis Kamerun — nicht zu verlieren. Er machte sich Sorgen über die eventuellen Folgen von DeBrazzas Aktivitäten in Gabun, unmittelbar südlich von Kamerun und befürchtete, DeBrazza könnte ebenfalls am Niger interessiert sein und sich möglicherweise auf den Weg machen, um mit den dortigen französischen Händlern gemeinsame Sache zu machen.

Langsam aber sicher rang die britische Regierung sich zu der Ansicht durch, daß etwas geschehen müsse. Aber was? Das Kolonialministerium lehnte es rundweg ab, den Kauf einer Kolonie auch nur in Erwägung zu ziehen. Lord Derby, der politische Kopf des Ministeriums, vertrat die Ansicht, man könne böse Absichten eines Gegners am besten mit völliger Untätigkeit durchkreuzen. Im Außenministerium hielt man irgendeine Form von Protektorat für die beste Lösung.

Das Konzept hierfür bestand aus lauter Nichtigkeiten und Gummiparagraphen. Bei enger Auslegung hieß es lediglich, daß es afrikanischen Herrschern innerhalb der britischen Einflußsphäre untersagt werden sollte, ohne britische Zustimmung einem Ausländer irgendwelche Rechte abzutreten. Im Jahre 1883 hatten die Briten einzig und allein das Ziel, andere Europäer von Afrika fernzuhalten. Theoretisch brauchten sie dazu nur die Kontrolle der außenpolitischen Beziehungen des betreffenden afrikanischen Landes zu übernehmen und sich die Entscheidungsbefugnis über alle Maßnahmen vorzubehalten, die Ausländer betrafen. Von da aus war es praktisch nur ein kleiner Schritt zur Übernahme weiterreichender Befugnisse. So wie das Ringen um Afrika verlief, war es vollkommen klar, daß Protek-

torate mit der Zeit unweigerlich zu Kolonien werden würden.

Im Jahre 1883 hatte ein Protektorat — was immer das genau war — aus der Sicht des Außenministeriums den großen Vorteil, daß es kein Geld kosten würde. Für die Mehrheit der britischen Kabinettsmitglieder war dieser Aspekt sicherlich ausschlaggebend, als sie im November endlich beschlossen, Kamerun, das Gebiet der Ölflüsse und das Nigerdelta zu britischem Schutzgebiet zu erklären. Dummerweise stellten sie eine Bedingung, die die Durchführung dieser Entscheidung in Frage stellte: die ganze Sache sollte das Finanzministerium keinen Pfennig kosten. Die Aufgabe, dieses Protektorat aufzubauen und zu verwalten, fiel Konsul Hewett zu. Nach eigener Schätzung würde er zunächst 8000 Pfund für Geschenke an Häuptlinge und weitere Ausgaben im Rahmen der Vertragsabschlüsse benötigen, plus jährlich 5000 Pfund für laufende Kosten, hauptsächlich für die Gehälter der Vizekonsuln.

Der Schatzkanzler weigerte sich, auch nur minimal von der Kabinettentscheidung abzuweichen, es sei denn, die Händler am Niger würden die laufenden Kosten übernehmen. Diese Einstellung kam Goldie gerade recht. Granville befragte seinen Freund Lord Aberdare zur Haltung der Händler und erklärte dabei ausdrücklich, es sei ausgeschlossen, daß das Parlament jemals die Mittel zur Verfügung stellen würde, um französische Konkurrenten zu verdrängen. Daraufhin vertraute Aberdare diese Information Goldie und Hutton an, die über das Ansinnen der britischen Regierung, ihnen Verwaltungskosten aufzubürden, höchst empört waren. Dennoch machten sie den nützlichen Vorschlag, den wichtigsten Mann der National African Company, David McIntosh, zum unbezahlten Vizekonsul zu ernennen, der sicher gern bereit sei, im Namen der Regierung Verträge abzuschließen. Obwohl dem Außenministerium vollkommen klar war, daß McIntosh seine Position zum Aufbau eines Handelsmonopols benützen würde, sahen sie sich gezwungen, den Vorschlag anzunehmen.

Unterdessen lungerte der Pechvogel Hewett ein halbes Jahr in London herum und verfolgte den wütenden Kampf der Bürokraten um sein Budget. Erst im Mai 1884 wurde eine Lösung gefunden und Hewetts bescheidene Forderung auf jährlich 3625 Pfund für laufende Kosten heruntergedrückt. Dieses Geld holte das Außenministerium herein, indem es Konsulate in Sumatra und Ragusa schloß und einigen anderen das Personal kürzte. Gleichzeitig spuckte das Finanzministerium in einem Anfall von Großzügigkeit 5790 Pfund für Geschenke an Häuptlinge aus.

Hewett kehrte mit einem Haufen Vertragsvordrucken nach Afrika zurück, in denen zum Dank für die Überwachung der Außenbeziehungen und der Gerichtshoheit über Europäer Fortschritt und Zivilisation, britischer Schutz sowie Handels- und Religionsfreiheit versprochen wurden. Im Juni sauste er die Küste entlang, hielt Häuptlingen im Gebiete der Ölflüsse so ein Dokument unter die Nase und hoffte, seine Geschenke wie Gin, Stoffe und Perlen wären verschwenderisch genug, um es mit den Geschenken der Franzosen aufnehmen zu können. Die Häuptlinge standen der Freihandelsklausel allerdings äußerst mißtrauisch gegenüber, weil sie zu Recht annahmen, daß dies die Konkurrenz der Europäer bedeutete. Jaja von Opobo wußte viel zu gut über die britischen Geschäftspraktiken Bescheid, als daß er einen Vertrag mit solchen Bedingungen unterschrieben hätte. Er bestand darauf, daß Hewett ein Schreiben mit folgendem Inhalt aufsetzte:

„bezüglich des im Vertragsvordruck verwendeten Begriffs „Protektorat" ... will die Königin euer Land und eure Märkte weder an sich nehmen, noch zulassen, daß ein anderes Land sie euch fortnimmt. Sie beabsichtigt, euch in ihren Schutz und ihr Wohlwollen einzuschließen und die Regierung eures Landes euch selbst zu überlassen."

Hewett wollte schnelle Ergebnisse sehen und war darum bereit, die Freihandelsklausel fallenzulassen. Im Juli konnte er bereits eine ansehnliche Menge unterschriebener Verträge vorweisen.

In Kamerun, seiner nächsten Station, hatte er kaum Grund, Schwierigkeiten zu erwarten. Seit vierzig Jahren hatten britische Baptisten dort Missionsarbeit geleistet, und die wichtigsten Häuptlinge, König Bell und König Akwa, hatten schon wiederholt an Königin Viktoria geschrieben und sie flehentlich gebeten, sich ihrer anzunehmen. Im Jahre 1881

sandten sie einen kläglichen Hilferuf an Premierminister Gladstone: „Wir sind es leid, unser Land selbst zu regieren. Jede Auseinandersetzung führt zu Kriegen und bedeutet oft den Verlust vieler Menschenleben. Wir glauben deshalb, daß es das Beste sein wird, das Land euch Briten zu übergeben, weil ihr unserem Land bestimmt Frieden, Zivilisation und den christlichen Glauben bringen werdet. Wir sind auch bereit, unsere heidnischen Bräuche aufzugeben ..." Jahrelang hatte die Londoner Regierung nie darauf geantwortet, und als Hewett am 19. Juli 1884 den Kamerunfluß hinauffuhr, kam er genau fünf Tage zu spät. Doch was dort im Wind flatterte war nicht die französische Trikolore, sondern die Flagge eines völlig neuen Rivalen: der deutsche Reichsadler. Es war der berühmte Entdecker Gustav Nachtigal, der auf direkte Anweisung Reichskanzler Bismarcks dem verblüfften Konsul zuvorgekommen war.

Für Goldie war das Fiasko in Kamerun nur eine Bestätigung dessen, was ihm schon längst klar gewesen war. Wollte er seine Stellung am Niger halten, mußte er unverzüglich an mehreren Fronten gleichzeitig zum Angriff übergehen. Schon überkam ihn die Schreckensvision einer deutsch-französischen Zusammenarbeit in Kolonialfragen. Eine große internationale Konferenz aller Mächte lag bereits in der Luft, und der Niger würde gewiß auf der Tagesordnung erscheinen. Großbritanniens Verhandlungsposition nahm sich bedenklich schwach aus, und es bestand die Gefahr, daß der Fluß irgendeiner Art von internationaler Kontrolle unterstellt werden würde. Hierdurch wären Goldies Pläne sämtlich in Frage gestellt. Ein Wettlauf mit der Zeit begann. Zwischen Juli und Oktober arbeiteten Hewett, McIntosh und andere Angestellte aus Goldies Firma wie besessen daran, alle Häuptlinge am unteren Niger vertraglich an sich zu binden.

Goldie hatte unterdessen den Wirtschaftskrieg gegen die Franzosen verschärft und sogar sein Privatvermögen in die Waagschale geworfen, um sie in die Knie zu zwingen. Am 1. November teilte Goldie dem Außenministerium mit, daß seine National Africa Company, die an die Stelle der United Africa Company getreten war, jetzt „die einzige Gesellschaft am Niger" sei. Am 12. November erteilte der Kolonialausschuß des Kabinetts Goldie die Erlaubnis, überall dort die britische Flagge zu hissen, wo die Gesellschaft den alleinigen Rechtsanspruch hatte. Dieser Erfolg kam noch rechtzeitig. Drei Tage später trafen sich die Abgeordneten der Mächte in Berlin zur ersten Sitzung der Kongo-Konferenz. Goldie war zwar kein offizieller Regierungsabgeordneter, nahm aber trotzdem an der Konferenz teil.

Palast des Manga Bell während der deutschen Kolonialzeit

„Auf, freudige Germanen"

3

Deutsche Afrikareisende: Von allen Seiten ins Innere des Kontinents

Reichskanzler Fürst Bismarck: „Ich will gar keine Kolonien"

Fürst Bismarck war ein Hüne von einem Mann, der gewaltige Mengen essen und trinken konnte, und dessen Machthunger mindestens ebenso gewaltig war. Im Jahre 1880 war jedoch durch nichts zu erkennen, daß er Appetit auf ein Stück vom „afrikanischen Kuchen" hatte, der Leopold so verlockend erschien. „Das hier ist mein Afrika", pflegte er zu ehrgeizigen deutschen Kolonialisten zu sagen, und zeigte auf die Europakarte. Kolonien hielt er für völlig überflüssig. „Ich will gar keine Kolonien", sagte er 1871 einmal zu seinem Sekretär. „Man braucht sie zu nichts weiter, als einträgliche Ruheposten zu schaffen, und mehr holt England zur Zeit aus seinen Kolonien auch nicht heraus. Würden wir Deutschen uns Kolonien zulegen, wären wir wie der polnische Edelmann, der unter seinen seidenen Gewändern nicht einmal ein Unterhemd anhat." Auch zehn Jahre später hatten sich seine Auffassungen noch nicht verändert. Obwohl Bismarck seine wahren Absichten oft verschleierte, gab es keinen

Grund zu der Annahme, daß er Frankreich und Großbritannien um ihre Kolonien beneidete. Es war ihm vielmehr gerade recht, daß andere Mächte durch Kolonialstreitigkeiten von ihm abgelenkt wurden. Im Jahre 1884 änderte er plötzlich seine Meinung und übernahm die Schutzherrschaft über ein paar kleine und scheinbar unattraktive Landstriche an der afrikanischen Küste.

Das unerwartete Eingreifen der Deutschen und die Auswirkungen von Leopolds Aktivitäten am Kongo rückten Afrika wieder ins Blickfeld europäischer Diplomatie. Lord Salisburys Bemerkung hierzu ist nur leicht übertrieben: „Als ich 1880 das Außenministerium verließ, verschwendete kein Mensch einen Gedanken an Afrika. Als ich 1885 wieder zurückkehrte, stritten sich die Europäer fast darüber, wer welchen Teil Afrikas erhalten sollte." Salisbury war Realist, der die Regeln des neuen Spiels mit Namen Afrika schnell begriffen hatte. Während er nur leicht überrascht darüber war, sich nun viel mit weit entfernten afrikanischen Ländern befassen zu müssen, waren so mildtätige Liberale wie Gladstone und Lord Granville vollkommen verblüfft, obwohl sie es doch gewesen waren, die während der kritischen Jahre, in denen erste Anzeichen von Afrikafieber bei europäischen Regierungen auftraten, für die britische Außenpolitik verantwortlich gewesen waren. Als die Berliner Konferenz 1884 bereits im vollen Gange war schrieb Gladstone: „Ich war vollkommen entgeistert, als ich feststellen mußte, daß einige unserer nüchternsten Politiker sich allen Ernstes mit Problemen befaßten, wie dem Bergland hinter Sansibar einen unaussprechlichen Namen zu geben. Hierfür muß es wohl irgendeinen Grund geben, der mir bisher entgangen ist."

Im Laufe des Jahres 1884 begann das diplomatische Karussell sich immer schneller zu drehen. Obwohl die mächtigen Briten, Franzosen, Deutschen und Portugiesen sich mit ihm drehten, hatte es ein Außenseiter, der König von Belgien, erst richtig in Schwung gebracht. Stanleys Unternehmungen am Kongo veranlaßten Frankreich zu einem Konkurrenzkampf, den es nach allen Regeln der Kunst aufbauschte. Ganz gegen ihre Gewohnheit stilisierten die Franzosen den Vertrag zwischen De Brazza und Häuptling Makoko zu einem Ereignis von nationaler Bedeutung hoch. Anstatt ihn einfach auf die übliche Weise zu veröffentlichen, wurde er im November 1882 dem Abgeordnetenhaus zur Ratifizierung vorgelegt und einstimmig unter Applaus angenommen. Daß die schwache geschäftsführende Regierung unter Duclerc beschloß, die momentane Beliebtheit De Brazzas für ihre Zwecke zu nutzen, stand in engem Zusammenhang mit Ereignissen in Ägypten. Während der letzten sechs Jahre hatten Frankreich und Großbritannien das Land, obwohl es offiziell noch zum Osmanischen Reich gehörte, praktisch regiert, indem sie gemeinsam die Finanzen des Khediven kontrollierten. Als diese Regelung durch einen Aufstand nationalistischer Offiziere unter Arabi Pasha ins Wanken geriet, konnte Frankreich aufgrund einer politischen Krise in Paris die Briten nicht bei der Bombardierung Alexandrias unterstützen. Daß man Großbritannien allein das Feld überlassen hatte, wurde in Frankreich als nationale Schande empfunden. Es schadete der Regierung, löste tiefe und nachhaltige Verbitterung über das niederträchtige ′Albion′ aus, und weckte in mancher französischen Brust den Wunsch nach „Entschädigung". Der Kongo hatte für Frankreich zwar nicht dieselbe strategische Bedeutung wie Ägypten, bot dafür aber die Gelegenheit, patriotischen Dampf abzulassen.

Leopold und Frankreich agierten, Großbritannien und Portugal reagierten. Das britische Kabinett hatte nicht im geringsten die Absicht, sich irgendwelche Verwaltungskosten für den Kongo aufzuhalsen, und maß Leopolds Anstrengungen nur wenig Bedeutung zu. (In einem Brief an Premierminister Gladstone bezeichnete Außenminister Lord Granville 1884 die „Afrikavereinigung der Belgier" verächtlich als „diese undefinierbare Vereinigung".) Den Briten ging es nur darum, sich den Zugang zum expandierenden Handel am Kongo zu erhalten, und das Letzte, was sie wollten, war, diesen der Kontrolle der protektionistischen Franzosen zu überlassen.

Die Portugiesen fühlten sich noch stärker bedroht. Portugal hatte seine besten Tage als europäischer Pionier in Afrika längst hinter sich. Vor genau 400 Jahren, im Jahre 1483, war der Seefahrer Diego Cao in die weite Flußmündung des Kongo hineingesegelt und hatte damit den vorläufig südlichsten Punkt der bemerkenswerten portugiesischen Reisen erreicht.

Im Laufe der Jahrhunderte ging es mit Portugal langsam aber stetig bergab. Doch obwohl das Land unfähig war, seine Kolonien souverän zu beherrschen, hielt es unvermindert hartnäckig an ihrem Besitz fest. Als De Brazza 1883 zu seiner zweiten Kongoexpedition aufbrach, war Portugal im Norden der Provinz Angola nicht mehr offiziell vertreten, und das Gebiet selbst, dessen Grenzen zum Landesinneren hin längst nicht klar definiert waren, zerfiel mehr und mehr. Trotzdem bestand Lissabon weiterhin darauf, daß der gesamte Küstenstreifen zwischen 8° und 5° 12″ südlicher Breite, einschließlich beider Ufer des Kongo und der heutigen Enklave Kabinda nördlich des Flusses, portugiesisches Staatsgebiet seien.

Großbritannien hatte diese Forderungen, in erster Linie wegen Portugals üblem Ruf als Sklavenhändler, nie anerkannt. Der 1856 amtierende Außenminister Lord Clarendon gab bekannt, daß jeder Versuch der Portugiesen, ihr Küstengebiet über das einige Kilometer nördlich des 8. Breitengrades gelegene Ambriz hinaus zu vergrößern, auf den Widerstand der britischen Marinestreitkräfte stoßen werde. Zwanzig Jahre später gab es am Atlantik zwar keinen Sklavenhandel mehr, aber inzwischen betrachtete man Portugal als Hindernis bei der Durchführung legitimer Geschäfte, und die Briten verweigerten ihm weiterhin die Anerkennung.

Im Jahre 1876 wurde Robert Morier, ein energiegeladener und selbstbewußter Diplomat, Gesandter in Lissabon und setzte Verhandlungen über einen umfassenden Vertrag in Gang, der allen Streitigkeiten über Afrika zwischen Briten und Portugiesen ein Ende bereiten sollte. Morier war weitsichtiger als seine Kollegen und machte sich Sorgen darüber, daß Portugals Schwäche schon bald die Aufmerksamkeit anderer Nationen erregen würde. Deshalb sollten die Briten als erste eingreifen, Portugals Gebietsforderungen anerkennen, da „große Kolonien in Afrika ihrem Nationalstolz schmeicheln", und zum Dank dafür ein liberales Handelregime mit gemeinsamer Kontrolle des Flusses aufbauen. In einem kurzen Bericht an das Außenministerium schrieb er 1877: „Zur Zeit gibt es vier große Landbesitzer in Afrika: uns selbst, Portugal, Ägypten und Sansibar. Ägypten und Sansibar machen hübsch brav, was wir ihnen vorschreiben. Ich bin überzeugt, daß wir auch die Portugiesen mit einigem guten Zureden dahin bringen können, nach unserer Pfeife zu tanzen. (Es ist ja nicht besonders schwer einigen Neigungen nachzugeben, die eigentlich ins 16. Jahrhundert gehören.) Wenn sie erst einmal die Beschränkungen für Handel und Verwaltung aufgehoben haben ... steht dem Kapital und den Unterneh-

mungen der Menschheit ein riesiges Küstengebiet zur Verfügung, von dem wir als erste werden profitieren können ..." Morier war seiner Zeit voraus: seine Vorschläge scheiterten zunächst am Stolz der Portugiesen und an der Unschlüssigkeit der Briten.

De Brazzas Aktivitäten am Kongo führten, zusammen mit der Begeisterung in Frankreich, schließlich dazu, daß das Gebiet der Kongomündung die längste Zeit Niemandsland gewesen war. Am 18. November 1882 wurde der Vertrag mit Makoko den französischen Abgeordneten zur Ratifizierung vorgelegt. Am selben Tag wies der portugiesische Außenminister De Serpa Pimentel seinen Vertreter in London an, nochmals darauf zu drängen, daß Großbritannien die portugiesische Gebietsforderung zwischen 8° und 5° 12" südlicher Breite voll anerkannte. Nun hatten Gladstone und Granville eine Antwort parat. In den Augen der Briten war Portugal gegenüber den Franzosen am Kongo das kleinere Übel. In seiner Antwort ließ Granville die Frage historischer oder juristischer Gültigkeit bei-

DeBrazza 1882 am Nordufer des unteren Kongos: Afrikanische Demut vor dem neuen Herrn

seite und hob dagegen lobend Portugals Zusicherung hervor, daß es „Afrika auf keinen Fall isolieren, sondern es vielmehr der Zivilisation und dem Welthandel öffnen wolle."

Der Rahmen einer eventuellen Vereinbarung war demnach abgesteckt. Zum Dank für annehmbare Zoll- und Handelsabkommen der Portugiesen, die britischen Kaufleuten den Zugang zum Markt garantierten, würde Großbritannien Portugals Gebietsrechte anerkennen. Trotzdem dauerte es nochmal mehr als ein Jahr, bis der Vertrag wirklich geschlossen wurde. Trotz ihrer schwachen Verhandlungsposition und der zunehmenden Bedrohung durch Frankreich hüteten sich die Portugiesen schwer vor irgendwelchen Zugeständnissen, die ihre Möglichkeiten, ins Innere des Kongo vorzudringen, beschneiden würden. Immer noch hingen sie dem alten Traum einer quer durch Afrika von Angola bis Mozambique reichenden portugiesischen Kolonie nach. Der Vorschlag der Briten, eine aus allen interessierten Ländern bestehende internationale Kommission aufzustellen, um den Kongo für alle schiffbar zu machen, wurde von Lissabon glattweg abgelehnt, wo man auf einer ausschließlich britisch-portugiesischen Kommission bestand. Die britische Regierung warnte immer wieder davor, daß ein Vertrag, den die anderen Länder nicht akzeptieren, völlig wertlos sei. Portugal versuchte verzweifelt, sich alle Möglichkeiten offen zu halten. Während es mit Großbritannien in Verhandlungen stand, wandte es sich inoffiziell an Frankreich, in der Hoffnung dort bessere Bedingungen zu ergattern. Doch die Franzosen lehnten schon die zugrundeliegende Forderung Portugals, die Anerkennung seiner Souveränität an der Atlantikküste, ab. So war Portugal schließlich gezwungen, Großbritannien in fast allen Streitpunkten nachzugeben. Der einzige Punkt, in dem die Portugiesen kein Stück zurücksteckten, war die internationale Flußkommission. Die Briten mußten ihre bösen Ahnungen bezüglich der Reaktion der anderen Mächte beiseite schieben und auf den Vorschlag einer rein britisch-portugiesischen Kommission eingehen.

Im Februar 1884 wurden die langwierigen und schwierigen Verhandlungen abgeschlossen, und am 26. des Monats unterzeichneten beide Regierungen den Vertrag. Unmittelbar danach stellte sich heraus, daß die britische Regierung sich vollkommen verkalkuliert hatte. Der Vertragsschluß löste einen Entrüstungssturm aus, der ein neues Kapitel in der europäischen Afrikapolitik einleitete. Britische Minister mußten sich langsam und widerstrebend an den Gedanken gewöhnen, daß Freihandel in Afrika nicht auf die althergebrachte Weise mit einem Minimum staatlicher Kontrolle verwirklicht werden konnte. Seit dieser Zeit mußte die Flagge früher oder später unweigerlich dem Handel überallhin folgen.

Schon vor Vertragsabschluß hatte die Londoner Regierung befürchtet, daß sie auf erbitterten Widerstand stoßen werde. Im April 1883 brachte Jacob Bright, Parlamentsabgeordneter für Manchester, im Unterhaus einen Antrag ein, der seine Mißbilligung über jede Vereinbarung mit Portugal ausdrückte, die den Status quo am Kongo ändern würde. Die Handelskammern von Manchester und vielen anderen Städten, deren Kaufleute Portugal den Schutz des Freihandels nicht zutrauten, stellten sich hinter Bright. Da die Regierung eine Niederlage befürchtete, gab Premierminister Gladstone erstmalig das Versprechen, daß jeder Vertrag vor der Ratizierung im Parlament diskutiert werden würde. Britische und portugiesische Diplomaten lieferten sich über die Wirtschaftsklauseln des Vertrages eine harte Schlacht, in der es unter anderem um die völlige Gleichstellung britischer und portugiesischer Handelsgüter ging.

Dies war den Händlern jedoch nicht genug. Kaum war der Vertrag aufgesetzt, beschloß die Handelskammer von Manchester die totale Opposition. Sie schickte Rundschreiben an Gruppen von Geschäftsleuten und Parlamentsabgeordneten und forderte sie darin auf, die Ratifizierung zu verhindern. Am 6. März schrieb sie an Granville, man sei „einstimmig der Ansicht, daß die Ratifizierung dieses Vertrages dem britischen Handel in Afrika größten Schaden zufügen werde, wenn er nicht sogar den völligen Ruin bedeute ..." Die anderen führenden Handelszentren wie Birmingham, Glasgow, London und Liverpool schlossen sich Manchester an. Auch Missionare und Menschenfreunde stimmten in den Chor ein; Arthur Pease, Präsident der Gesellschaft zur Abschaffung der Sklaverei, bemängelte in einem Brief an Granville die „ineffektive und korrupte" portugiesische Verwaltung in Afrika und behauptete, daß von Angola aus immer noch Sklavenhandel betrieben werde. Der Präsident der „Vereinigten Baptisten" warf Portugal vor, protestantische Missionare fernzuhalten, und riet dem Außenminister, nicht auf eine Ratifizierung hinzuwirken.

Viele dieser Aktionen trugen die Handschrift eines Mannes, der durch den Vertrag viel zu verlieren hatte: König Leopold II. Obwohl es Frankreich und nicht Leopold war, dem Briten und Portugiesen zuvorkommen wollten, hätte die Anerkennung portugiesischer Herrschaft über beide Flußufer Leopolds Hoffnungen gänzlich zunichte gemacht. Wie ein Jurist damals sagte, wurde „König Leopolds Gebiet in eine Flasche gesteckt, die England mit einem portugiesischen Korken verschloß." Der König mobilisierte all seine Verbindungen in England bis hinauf zum Prince of Wales, um diese Gefahr in den Griff zu bekommen.

Auf diplomatischer Ebene war es das Beste, Granville mit Argumenten zu versorgen, mit deren Hilfe er Portugals Forderungen nach Gebieten im Landesinneren beschneiden könnte. Besonders alarmierend fand Leopold den Vorschlag der Geographischen Gesellschaft Lissabon, man solle zunächst die Entwicklung der portugiesischen Kolonialpolitik abwarten, und davon die Entscheidung über territoriale Ansprüche im Landesinneren abhängig machen. (Der Vorstand der Gesellschaft, der Diplomat und Gelehrte Luciano Cordeiro, war einer der wenigen, die unbequeme Fragen über Leopolds tatsächliche Pläne mit dem Kongo zu stellen pflegten). Es reichte jedoch lange nicht aus, die etwas ausgefalleneren Forderungen der Portugiesen zu bekämpfen, sondern der ganze Vertrag sollte verhindert werden. Hierfür waren Geschäftsleute wesentlich geeigneter als Diplomaten. Es war kein Zufall, daß einer von Leopolds engsten britischen Verbündeten James F. Hutton war, jener führende westafrikanische Händler, der zusammen mit William Mackinnon aus Glasgow, ebenfalls einem guten Freund des Königs, zu den größten Gegnern der Verhandlungen und später des Vertrags selbst gehörte. Hutton, der 1884 Präsident der Handelskammer von Manchester war, befand sich in der idealen Position, um eine nationale Kampagne gegen die Ratifizierung zu organisieren.

Im April war der Widerstand gegen den Vertrag in Großbritannien derart gewachsen, daß sogar das Fortbestehen der liberalen Regierung in Gefahr war. Am 23. April warnte Lord Edmond Fitzmaurice, der Parlamentarische Staatssekretär im Außenministerium, davor, daß seine Regierung, sofern sie die Ratifizierung nicht aufschiebe, im Unterhaus eine Niederlage erleben werde. Solch eine Niederlage wäre „beim gegenwärtigen Stand der Dinge sehr ernst, und in parteipolitischer Hinsicht besonders für Manchester äußerst riskant." Die Regierung nahm diesen Rat an, und wieder einmal mußten die Diplomaten Lissabon beibringen, daß der Vertrag geändert werden müsse. Hauptsächlich ging es darum, daß die Briten auf ihren anfänglichen Vorschlag zurückgriffen, eine internationale Kontrollkommission für den Kongo einzurichten.

Die feindselige Haltung der übrigen Mächte in Europa war weitaus schwerwiegender. Die Franzosen waren sich natürlich schon lange darüber im klaren,

daß es hier schlicht und einfach darum ging, sie vom Kongo fernzuhalten. Am 4. März berichtete der französische Botschafter in London, Weddington, Ministerpräsident Ferry, daß der Vertrag „den Briten die Garantie liefern solle, daß weder Frankreich noch ein von Frankreich geleitetes internationales Konsortium die Kongomündung besetzen werde." Die französische Regierung schickte umgehend eine Protestnote nach Lissabon, während französische Diplomaten in anderen Hauptstädten mit der Behauptung Unruhe schürten, der Vertrag sei lediglich ein Versuch der Briten, das gesamte Kongogebiet durch die Hintertür zu ihrem Protektorat zu machen. Der Einspruch der Franzosen und kleinerer Länder wie Holland hätte für sich genommen den Vertrag noch nicht verhindern können. Der einzige Mann in Europa, der hierzu mächtig genug war, hieß Bismarck. Am 7. Juni teilte er Granville sein Urteil mit — ein Todesurteil. „Ich glaube nicht", schrieb der deutsche Reichskanzler, „daß

Großfriedrichsburg: Preußens Gloria an der Goldküste mußte Anfang des 18. Jahrhunderts an die Holländer verkauft werden.

der Vertrag allgemein anerkannt werden wird, nicht einmal mit den jetzt von der Regierung Ihrer Majestät vorgeschlagenen Änderungen."

Daß Bismarck die britische Regierung derart herabsetzte, hatte nichts mit dem Kongo selbst zu tun, denn er war ebenso wenig wie diese daran interessiert, dort Gebietsforderungen zu stellen. Die Vorkehrungen zum Schutz britischen Handels hätten leicht auf den deutschen Handel ausgedehnt werden können. Warum schwang er sich dann plötzlich zum Herr über das Schicksal Afrikas auf?

Angesichts späterer Demonstrationen von extremem Deutschnationalismus ist man vielleicht versucht, Bismarck als denjenigen zu sehen, der die Geister rief und ihnen dann zu Willen sein mußte. Es gab sicher viele Deutsche, deren Herzen bei der Vorstellung der jungfräulichen Tropen, die ihrer männlichen Umarmung harrten, schneller schlugen.

„Manches Eiland lockt und lauscht"

Bismarck interessierte sich zwar nicht für Bananenbäume, aber die wirtschaftlichen Argumente für Kolonien konnte man nicht so leicht beiseite schieben. Die explosionsartige Industrialisierung, die um 1850 in Deutschland eingesetzt und sich 25 Jahre lang ohne nennenswerte Pause fortgesetzt hatte, erlebte auch hier eine Krise. Im Jahre 1873 verfiel die Wirtschaft in eine Depression, die abgesehen von kurzen Unterbrechungen 15 Jahre andauerte. Das Problem bestand in mangelnder Nachfrage: der heimische Markt konnte den ständig steigenden Nachschub aus deutschen Fabriken nicht mehr aufnehmen und durch den großangelegten Eisenbahnbau, der den Boom ausgelöst hatte, sanken die Transportkosten, was ausländische Konkurrenten auf den Plan lockte. 1879 löste das Eintreffen amerikanischen Getreides einen Preissturz bei den einheimischen Produkten aus. Bismarck, der selbst Großgrundbesitzer war, und dessen Einkünfte aus einer seiner größten Ländereien in einem einzigen Jahr um 60% fielen, konnte den totalen Zusammenbruch der deutschen Landwirtschaft vorhersehen. Aus diesem Grunde schaffte er den Freihandel ab und erhob Schutzzölle auf landwirtschaftliche Produkte und industrielle Erzeugnisse. Solche Zölle waren aber nur eine vorübergehende Lösung. Das Zauberwort hieß Export. Mehr und mehr Industrielle glaubten, das Problem der Überproduktion könne durch Kolonien leicht und schnell gelöst werden.

Propagandablatt der deutschen Kolonialbewegung

Veröffentlichungen zum Thema Kolonien fanden zu dieser Zeit ein breites Publikum. Im Jahre 1881 gab der Hamburger Anwalt Wilhelm Hübbe-Schleiden, früher selbst Händler in Afrika, das Buch „Deutsche Kolonisation" heraus, in dem er „eine exklusive Kulturpolitik in überseeischen Ländern" forderte. Sie allein, so schrieb er, sei im Stande „unserem Volksleben und dem Wohlstande unserer Nation eine normale Fortentwicklung zu sichern".

Ohne Kolonien werde unabwendbar die „alles verschlingende Revolution unter uns ausbrechen". Friedrich Fabri, der für die in Südwestafrika operierende Rheinische Missionsgesellschaft Missionsstationen inspizierte, stellte im Titel seines bekanntesten Buches die Frage: „Bedarf Deutschland der Kolonien?" Auch seine Antwort war ein schallendes JA.

Fabri wußte stets genau, was er wollte, und er war ein Typ, der Gewehre ebenso gut verkaufen konnte wie Gebetsbücher. Er hatte vergeblich versucht, Bismarck zur Unterstützung seiner missionarischen Handelsgesellschaft in Südwestafrika zu bewegen. Als die Gesellschaft bankrott war, steckte Fabri seine ganze Energie in die Organisation kolonialer Interessengruppen.

Im Januar 1881 entstand unter seiner maßgeblichen Beteiligung der „Westdeutsche Verein für Kolonisation und Export". In der Einladung hieß es: „Immer lebhafter wird in Deutschland das Bedürfnis überseeischer Kolonien empfunden, die dem Kapital sichere und hohe Rente, der Industrie vermehrten Absatz, Handel und Schiffahrt neue Gelegenheit zu gewinnbringender Tätigkeit eröffnen." Weshalb, so wurden die Großindustriellen gefragt, schien sozialdemokratisches Gedankengut in Großbritannien weniger gefährlich? Hauptsächlich, weil das britische Weltreich grenzenlosen Raum für wirtschaftliche Aktivitäten bot.

Weitere regionale Gesellschaften dieser Art wurden gegründet, und mit der zweiten Welle wirtschaftlicher Depression im Jahre 1882 erhielt die Bewegung nationale Bedeutung. Der Deutsche Kolonialverein (DKV) entwickelte sich bereits kurz nach seiner

Afrikahändler und Kolonialpolitiker Adolph Woermann: „Wo man Zivilisation schaffen will, bedarf es eines scharfen Reizmittels."

Gründung zur Dachorganisation sämtlicher Kolonialvereinigungen. Bei seiner Gründung im Dezember hatte er schon 200 Mitglieder, deren Zahl 1883 auf 3260 und im Jahre 1884 dann auf 9000 anstieg.

Der DKV unterhielt engen Kontakt zum Außenministerium in Berlin und zu Heinrich Kusserow, der offiziell für deutsche Handelsinteressen im Ausland zuständig war. Ziel des Vereins war das Aufspüren von Ländern, in denen deutsche Handelsniederlassungen gegründet werden könnten. Dann sollte „der Schutz des Reiches" gefordert werden, ohne jedoch finanzielle Unterstützung zu verlangen. Kusserow war mit diesem Vorhaben vollkommen einverstanden. Er eignete sich gut als Verbindungsmann zwischen der Reichsregierung und den Bankiers und Geschäftsleuten, die auf Kolonien aus waren. Sein Schwiegervater von Hansemann war der Leiter der in Berlin führenden „Diskonto-Bank" und interessierte sich besonders für die Investitionsmöglichkeiten in Neuguinea. Seine Kollegen im Außenministerium machten sich fortwährend über Kusserows Vorliebe für dieses entlegene Gebiet lustig, und nannten den Südpazifik nur noch „Kusserowien".

Die Mitglieder des DKV repräsentierten das weite Spektrum der deutschen Geschäftswelt und konnten einige der bekanntesten Persönlichkeiten vorweisen. Diejenigen Mitglieder mit dem größten praktischen Interesse an Kolonien waren die Händler und Schiffseigner der Hansestädte, besonders Hamburg. Dort war es allen voran die Familie Woermann. Deren 1837 gegründete Firma hatte bereits im Jahre 1854 ihre erste afrikanische Faktorei (ein Handelsdepot) in Liberia aufgebaut und machte sich in den 60er Jahren in Gabun und Kamerun breit. Im Jahre 1884 befand sich die Firma unter Leitung von Adolph Woermann, dem Sohn des Gründers Karl Woermann, und unterhielt 22 Handelsposten an der afrikanischen Küste. Die Gesellschaft verband Handel und Schiffahrt und hatte Anfang der 80er Jahre eine Schiffahrtslinie eingerichtet, deren Dampfschiffe regelmäßig alle westafrikanischen Häfen anliefen.

Hamburgs Handel mit Westafrika, der verglichen mit seinen weltweiten Handelsbeziehungen relativ klein war, wuchs sehr schnell: zwischen 1871 und 1883 hatten sich die Importe fast verdreifacht, und die Exporte waren um 560% angestiegen. Das am meisten von Hamburg nach Afrika gelieferte einzelne Gut war hochprozentiger Alkohol: im Jahre 1884 machte er fast zwei Drittel des gesamten Handels aus. Für die Alkoholgewinnung, die von der preußischen Regierung als Absatzmöglichkeit für überschüssiges Getreide subventioniert wurde, war

Erste Faktorei der Fa. Woermann in Kamerun: Kaum mehr als Schnaps und Waffen im Handelsdepot

Deutsche Kolonialidylle von Deutsch-Südwestafrika bis Deutsch-Ostafrika: In mehreren Kolonialkriegen den guten Massa mit Stumpf und Stiel ausgerottet

der afrikanische Markt tatsächlich lebenswichtig. Im Jahre 1884 gingen 40% des weltweit produzierten Alkohols nach Afrika. Bismarck, der selbst große Destillationsbetriebe besaß, war sich über seine Bedeutung vollkommen im klaren. 1876 sagte er: „Ich erkenne die hohe wirtschaftliche Bedeutung, welche die Spirituosenindustrie für einen großen Teil Deutschlands hat, in vollstem Maße an und werde wie seither so auch in Zukunft jede Gelegenheit ergreifen, sie zu unterstützen."

Adolph Woermann war tief in den Handel mit Rum und Gin verstrickt. Über den Alkoholgenuß und seine Konsequenzen machte er sich nicht die geringsten Sorgen: „Ich meine, daß es da, wo man Zivilisation schaffen will, hier und da eines scharfen Reizmittels bedarf." Andere waren da skeptischer.

Deutsche Flaggenhissung in Duala/Kamerun am 14. Juli 1884: Den Briten zuvorgekommen

Woermann-Niederlassung in Lagos (Nigeria): Rund um den Kontinent ein Netz von Stützpunkten für die Kolonialexpansion

Als Dr. Nachtigal auf dem Weg noch Togo und Kamerun war, um dort zur Unterstützung der Woermannschen Firma die deutsche Flagge zu hissen, stellte er angeblich die etwas zynische Frage: „Und was will man eigentlich dort? Die Hamburger Schnapsinteressen stärken."

Woermann war nicht nur Händler, sondern auch Politiker, der jahrelang in der Hamburger Bürgerschaft und im Reichstag aktiv gewesen war. Anfangs vertrat er die orthodoxe Freihandelsdoktrin der meisten Hamburger Händler, und bestritt, im Gegensatz zu den Vorschlägen von Hübbe-Schleiden, daß eine Kolonie in Kamerun jemals ein gewinnbringendes Projekt sein könne. 1883 machte er sich jedoch zunehmend Sorgen über die Konkurrenz zwischen Briten und Franzosen in Westafrika und über die zunehmende Tendenz zu einem Monopol, das deutsche Händler eventuell ausschließen könnte.

Im März dieses Jahres schickte er der Regierung in Berlin ein Memorandum mit bemerkenswerten Anregungen. Sein weitreichendes Programm enthielt unter anderem folgende Vorschläge:

— Verträge mit Großbritannien und Frankreich, um Deutschland gleiche Rechte in den Kolonien zu sichern;
— Verträge über Schutz und bevorzugte Behandlung mit unabhängigen Häuptlingen, besonders am Niger;
— regelmäßige Besuche von Kanonenbooten, um vertraglich garantierte Rechte zu sichern, unterstützt durch die Errichtung eines Seestützpunktes auf Fernando Po;
— Entsendung eines hauptberuflichen Konsuls an die Goldküste;
— Neutralisierung der Kongomündung;
— Einrichtung einer „Handelskolonie" in der Bucht von Biafra, östlich der Nigermündung.

Woermanns Vorschläge drangen bis zu Fürst Bismarck vor, der wissen wollte, ob sie auch die Unterstützung der Hamburger Händlerschaft finden würden. Daraufhin legte Woermann sein Memorandum der Hamburger Handelskammer vor: dort wurde es mit nur zwei Gegenstimmen als offizielle Richtlinie angenommen und im Juli nach Berlin zurückgesandt.

Der Antrag Woermanns führte zu einem radikalen Meinungsumschwung in Hamburg. In die allenthalben lauter werdende Propaganda stimmten jetzt auch diejenigen ein, die am meisten zu verlieren hatten. Von diesem Zeitpunkt an wußte Bismarck, daß Hamburg, wenn die internationalen Bedingungen gerade günstig für den Griff nach einer Kolonie waren, zustimmen würde. Dies war sowohl in finanzieller als auch in politischer Hinsicht ein bedeutender Punkt, da Bismarck die Finanzen des Reiches auf keinen Fall mit Kolonien belasten wollte, sondern sie sämtlich den Geschäftsleuten aufzuhalsen gedachte. Daher muß das Woermann Memorandum wohl als einer der Höhepunkte im Wettlauf um Afrika gesehen werden. Seine Initiative sicherte ihm die Freundschaft Bismarcks, verschaffte ihm eine Hauptrolle bei der Abfassung von Nachtigals Anweisungen und machte ihn zum fachkundigen Mitglied der deutschen Delegation auf der Berliner Konferenz.

Bismarcks Wandel zum Kolonialpolitiker vollzog sich in zwei Schritten. 1883 setzte er sich für größeren Schutz deutscher Händler ein, hielt jedoch an dem Glauben fest, dies könne immer noch auf der Basis inoffizieller Herrschaftsausübung geschehen. Erst als seine vorsichtigen Annäherungsversuche an Großbritannien erfolglos blieben, ging er zu offenem Expansionismus über.

Zu diesem Bruch kam es ironischerweise ausgerechnet über einen Küstenstreifen, der damals als einer der unattraktivsten in Afrika galt. Im November 1882 traten ein Tabakhändler aus Bremen und ein Spekulant zweifelhaften Rufes mit Namen F. A. E. Lüderitz an das Außenministerium heran und baten um Schutz für eine geplante Handelsstation in Südwestafrika. Lüderitz hatte herausgefunden, daß der gesamte 1600 Kilometer lange Küstenstreifen zwischen den Flüssen Oranje und Kunene noch von keinem Europäer beansprucht worden war. Einzige Ausnahme bildete der Hafen von Walvis Bay, den Großbritannien erst kürzlich besetzt hatte. Da er dort reiche Mineralienvorkommen vermutete, dachte er sich einen ehrgeizigen Plan aus, um dieses unberührte Gebiet zu erschließen. Ohne den Schutz der Regierung, so erklärte er dem Außenministerium, würden die Briten nicht zulassen, daß er Waffen an die Eingeborenen verkaufe und die reichen Mineralschätze hebe.

Bismarck reagierte außerordentlich vorsichtig. Dem britischen Außenminister ließ er mitteilen, daß er einen wirksamen Schutz Englands für in diesem Gebiet lebende Deutsche sehr schätzen würde. Nur wenn dies nicht möglich sei, behalte es sich Berlin vor, diesen Schutz seinerseits eintreten zu lassen. Der Reichskanzler wies seinen Sohn Herbert, derzeit erster Legationsrat der Londoner Botschaft, an, nochmals zu betonen, daß Deutschland nicht auf überseeische Besitzungen aus sei und britischen Interessen keinesfalls in die Quere kommen wolle. Inoffiziell ließ er verlauten, Lüderitz könne nicht mehr erwarten als gelegentliche Besuche von Kano-

Bremer Kaufmann F. A. E. Lüderitz: Erfolglos im Westafrikahandel

nenbooten. Die britische Regierung erwiderte, sie würde sich um die deutsche Faktorei kümmern, falls sie nicht zu weit von Walvis Bay entfernt sei, und bat um nähere Einzelheiten.

Unterdessen hatte Lüderitz jedoch schon auf eigene Faust gehandelt. Er schickte seinen Mitarbeiter Heinrich Vogelsang nach Kapstadt, von wo aus er mit Lüderitz' Schiff „Tilly" nach Norden segelte. Am 10. April 1883 warf er Anker in der Angra Pequena Bay, die Lüderitz für seine zukünftige Kolonie ausersehen hatte. Nachdem er dort nur einige britische Robbenjäger vorfand, machte Vogelsang sich auf den Weg nach Bethanien, dem Sitz Häuptling Joseph Fredericks', wo schon seit etwa 40 Jahren eine Missionsstation war. Er brachte den Häuptling dazu, ihm den Hafen von Angra Pequena und das umliegende Land im Radius von 8 Kilometern für 1000 Pfund in Gold und 200 Gewehre zu verkaufen. Am 1. Mai wurde der Vertrag unterschrieben, und 10 Tage später hißte Vogelsang die deutsche Flagge.

Lüderitz war höchst zufrieden. Blühender Küstenhandel und reichhaltige Kupferminen lagen für ihn bereit, die Tausende deutscher Siedler anlocken würden, die ihrerseits die afrikanische Bevölkerung innerhalb kurzer Zeit zu „Schuldnern und Sklaven" degradieren würden. Bismarck dagegen war wütend über die Unverfrorenheit, mit der Lüderitz ohne offizielle Ermächtigung des Reiches die deutsche Flagge gehißt hatte. Seiner Meinung nach sollte Lüderitz zwar wie jeder andere Deutsche im Ausland den Schutz des nächstgelegenen Konsulats genießen, hatte jedoch keineswegs das Recht, die Regierung mit einer Gebietsforderung in Schwierigkeiten zu bringen. Er befahl ihm, sich mit den Briten gut zu stellen, wies seinen Botschafter in London aber gleichzeitig an, etwas über die Haltung der britischen Regierung zu Angra Pequena in Erfahrung zu bringen.

Das britische Außenministerium verfaßte eine Erklärung, nach der Großbritannien weder Ansprüche auf Angra Pequena habe noch Gerichtshoheit darüber besitze. Hiermit war die Lage korrekt beschrieben; die Mitteilung wurde jedoch nie abgesandt. Das Kolonialministerium befürchtete eine negative Reaktion der in Kapstadt ansässigen Politiker, deren Kolonie sich bis zum Oranje-Fluß erstreckte. Schließlich teilte man der deutschen Botschaft mit, daß, „obwohl die Regierung Ihrer Majestät nicht den Anspruch auf Souveränität im gesamten Landesgebiet erhebe ... sie es doch als Verletzung ihrer legitimen Rechte betrachten würde, wenn eine andere Nation die Souveränität oder Gerichtshoheit über das Gebiet zwischen dem südlichsten Punkt des portugiesischen Herrschaftsgebietes ... und der Grenze der Kapkolonie beanspruchte."

Dies war ein schwerer Schlag für Bismarck, der zudem eine Mischung aus Arroganz und Unfähigkeit zum Ausdruck brachte, die er unmöglich hinnehmen konnte. Er schickte eine offizielle Anfrage an die britische Regierung, in der er in scharfer Form Auskunft darüber verlangte, wie Großbritannien deutsche Händler zu schützen gedenke. Ende 1883 gab er seinem Meinungsumschwung Ausdruck: „Überall, wo England nicht tatsächlich Jurisdiktion ausübt und unseren Angehörigen ausreichenden Schutz gewährt, [müssen wir] diesen Schutz selbst in die Hand nehmen." Es erschien Bismarck ratsam, „rechtzeitig auf Arrangements mit der englischen Regierung Bedacht [zu] nehmen, durch welche die deutschen Eigentumstitel gegen spätere Anfechtungen sichergestellt werden."

Granville erhielt Bismarcks Anfrage am 21. Dezember 1883, und selbst dann hätte die Situation durch eine prompte und eindeutige Antwort noch gerettet werden können. Die britische Regierung jedoch, wie immer auf Formen bedacht, wollte jegliche Aktivitäten im Zusammenhang mit Südwestafrika der Kolonialregierung am Kap aufhalsen. Die dortigen Politiker antworteten umgehend, sie würden eine Annektierung des Gebietes begrüßen, wollten aber keinesfalls die Verwaltungskosten dafür übernehmen. Kurz darauf geriet die Kapkolonie in eine politische Krise, die bis zum Antritt einer neuen Regierung im Mai jeglichen Fortschritt unmöglich machte. Weder Granville noch der untätige Lord Derby im Außenministerium hatten Mumm genug, den ständigen Verzögerungen ein Ende zu bereiten. Sie ließen Bismarck einfach warten. Als die Regierung am Kap am 29. Mai endlich verkündete, sie sei nun bereit das gesamte Gebiet bis Walvis Bay zu übernehmen und auch zu finanzieren, war es längst zu spät. Zu diesem Zeitpunkt war Gustav Nachtigal auf dem Kanonenboot „Möwe" bereits unterwegs nach Westafrika, um Kamerun und Togo einzunehmen; damit nicht genug, hatte Bismarck am 24. April sein berühmtes Telegramm an den deutschen Konsul in Kapstadt gesandt, mit dem er die Siedlungen von Lüderitz offiziell dem Schutz des deutschen Reiches unterstellte. Damit war Deutschland zur Kolonialmacht geworden.

Es gibt kein besseres Beispiel dafür, daß der Beginn des Wettlaufs um Afrika anfänglich vom Zufall bestimmt wurde. Lüderitz war wohl kaum das, was man sich unter einem Reichsgründer vorstellte. Man kann ihn weder als Persönlichkeit noch in seinen Leistungen mit Leopold oder Goldie vergleichen, doch wurde er von demselben Wunsch getrieben: von dem Traum, aus den unberührten Ressourcen Afrikas Profit zu schlagen. Obwohl er sein Ziel verfehlte und auf der Suche nach Gold kläglich ertrank, entwickelte sein Traum ein Eigenleben. Die Kolonie, die er gegen den Willen der damaligen Politik Berlins gründete, sollte später einmal das deutsche Südwestafrika werden, Schauplatz des vielleicht blutigsten Krieges, den eine europäische Macht im Zeichen kolonialer Unterdrückung je geführt hat. Nach der Niederlage der Deutschen 1918 gaben die Siegermächte diese Kolonie ohne große Umstände an Südafrika weiter. Offiziell hatte Südafrika zwar vom Völkerbund ein Mandat erhalten, doch blieb Südwestafrika nichts weiter als eine Kolonie. Inzwischen war sie allerdings ein wertvoller Besitz: 1908 hatte man Diamanten gefunden, und fünf Jahre später brachte deren Produktion bereits 58 Millionen Mark ein. Ein Jahrhundert ist vergangen, seitdem Lüderitz von den Wellen verschlungen wurde. Und immer noch streitet man sich um den Besitz seiner Kolonie, dem heutigen Namibia, zu dessen Reichtümern inzwischen Uran, Kupfer und andere Schätze hinzugekommen sind.

Natürlich war es Bismarck und nicht Lüderitz, der die Entscheidung traf, ein deutsches Kolonialreich zu gründen. Es ist sinnlos, sich über die Gründe für seinen Meinungsumschwung den Kopf zu zerbrechen. In Deutschland hatten nur einige wenige Kapitalisten ein unmittelbares Interesse an Kolonien. Wenn seine Europapolitik es erfordert hätte, wäre der Reichskanzler ihren Forderungen gegenüber weiterhin hart geblieben. Er hätte sich nie von Lüderitz oder Woermann benutzen lassen. Die Annahme, er habe freiwillig einen Streit mit Großbritannien über Angra Pequena heraufbeschworen, um den Franzosen eine Freude zu machen, ist ebenso unsinnig wie der Gedanke, daß er mit seiner Kolonialpolitik den Sozialdemokraten Stimmen wegschnappen oder dem Kronprinz und seiner englischen Frau eines auswischen wollte. Tatsache ist, daß Bismarck überhaupt keine Pläne mit Afrika hatte. Er war ein Opportunist und machte seine Politik stets von der jeweiligen Lage der Dinge abhängig. Am liebsten wartete er einfach ab, bis „die Hand Gottes ihm einen Weg zu weisen schien, den er dann eilends beschritt." Ende 1883 schien Gott eindeutig auf Afrika zu zeigen.

Der Faktor Afrika gewann in der europäischen Machtpolitik anscheinend zunehmend an Bedeutung, und als einer der führenden Staatsmänner in Europa konnte Bismarck es sich nicht leisten, ihn zu ignorieren. Zu viele andere streckten bereits ihre Hände danach aus. Als er dies erkannt hatte, zögerte er keine Sekunde länger. Abgesehen von allem anderen würden Kolonien ihn vielleicht auch beim Volk beliebt machen: zumindest hätte er damit einen Knüller für die 1884 geplanten Reichstagswahlen. In Hamburg aber würden sie auf jeden Fall gut ankommen, wo man sich gerade dazu durchgerungen hatte, der deutschen Zollunion beizutreten.

Die diplomatische Situation war außerordentlich günstig für ein Unternehmen in Afrika. 1884 funktionierte Bismarcks Bündnissystem in Ost- und Mitteleuropa fast perfekt, und das Dreikaiserbündnis zwischen Deutschland, Rußland und Österreich-Ungarn verhinderte die Gefahr, vor der er die größte Angst hatte: einen Zusammenschluß zwischen Rußland und Frankreich. Im März 1884 wurde es für drei weitere Jahre verlängert. Die zweite Säule des Bismarck'schen Systems war der Zweibund mit Österreich. Dieses Bündnis wurde 1882 durch den Beitritt Italiens gestärkt (was hauptsächlich auf Frankreichs Einmarsch in Tunesien hin geschah, den Bismarck insgeheim gefördert hatte). Da ihm weder von Osten noch von Süden Gefahr drohte, konnte er auf den undankbaren Versuch verzichten, Großbritannien in sein System einzubeziehen. Jahrelang hatte er gehofft, daß Frankreichs wachsendes Interesse an Kolonien die „Erinnerung an Sedan auslöschen werde, genau wie nach 1815

auch Waterloo in Vergessenheit geraten war". Heimlich unterstützte er Frankreichs Unternehmungen in Afrika, ging jedoch nie so weit, daß er sich die Briten zum Feind machte. Jetzt bot sich die Gelegenheit, einen Schritt weiter zu gehen. Das ungeschickte Vorgehen der Briten in Angra Pequena bot ihm einen idealen Vorwand für einen Streit, ohne daß gleich lebenswichtige Interessen der Briten davon betroffen würden. Es ermöglichte ihm jedoch, sich in Kolonialangelegenheiten mit den Franzosen gegen die Briten zu verbünden. Der britisch-portugiesische Kongovertrag war fast allen ein solcher Dorn im Auge, daß er sich leicht beliebt machen konnte, wenn er ihn unterlief. (Sogar Hutton schrieb Bismarck von Manchester aus, daß er sich auf seine Unterstützung gegen die britische Regierung verlassen könne.) Die Hamburger Händler wollten eine Kolonie in Kamerun, und diesen Gefallen konnte er ihnen ohne große diplomatische Verrenkungen tun.

„Afrika existiert für uns gar nicht"

Im Frühjahr und Frühsommer 1884 kämpfte Bismarck an allen drei Fronten. Nun traten Woermann und Kusserow auf den Plan. Kusserow hatte im Nachtrag zu Woermanns Memorandum bereits vorgeschlagen, einen Sonderbeauftragten des Reiches nach Westafrika zu schicken, der — abgesehen von der Errichtung einer Kolonie — die deutschen Händler mit allen erdenklichen Mitteln unterstützen sollte. Bismarck war einverstanden. Er schreckte immer noch vor einem regelrechten Landerwerb zurück; zunächst sollte genauestens überprüft werden, welche Gebietsrechte andere Länder beanspruchten oder teilweise besaßen. Ende März wurde Dr. Nachtigal zum Reichskommissar für die westafrikanische Küste ernannt. Seine erste Aufgabe war es, nach Lissabon zu reisen, wo er den vorläufigen Befehl entgegennahm, die Westküste entlangzufahren und die dortige Situation des deutsches Handels zu überprüfen. Weiterhin sollte er die Insel Fernando Po auf ihre Eignung als Seestützpunkt hin untersuchen, sich Kenntnisse über die Absicht der Briten verschaffen, das Gebiet zu annektieren (zu dieser Zeit verhandelte Konsul Hewett in London noch über den Vertrag) und Verträge schließen, um deutschen Händlern gleiche Rechte zu sichern.

Bismarck wollte immer noch nicht offiziell mitmischen. Kusserow gegenüber sagte er: „Bevor unsere Schiffe mit Nachtigal nicht ihre Aufträge ausgeführt

Lüderitzbucht in Deutsch-Südwest-Afrika: Durch Diamantenfunde reich geworden

haben, müssen wir tun, als ob Afrika für uns gar nicht existierte. Vor allem keine Zeitungsartikel mehr, bis Nachtigal gehandelt hat." Gleichzeitig streute er Gladstone und Granville sorgfältig Sand in die Augen. Am 20. April teilte der deutsche Botschafter dem britischen Außenminister feierlich mit: „Ich habe die Ehre, Euer Lordschaft mitzuteilen, daß der Generalreichskonsul Dr. Nachtigal von meiner Regierung den Auftrag erhalten hat, in den nächsten Monaten die Westküste Afrikas zu bereisen, um das Außenministerium in Berlin umfassend darüber zu informieren, wie es um den deutschen Handel an der Küste bestellt ist. Zu diesem Zweck ... wird Dr. Nachtigal sich mit den Behörden der dortigen britischen Besitzungen in Verbindung setzen und ist im Namen der Reichsregierung befugt, Verhandlungen über bestimmte Fragen zu führen. Gemäß meinen Anweisungen möchte ich Euer Exzellenz darum bitten, den britischen Behörden in Westafrika entsprechende Empfehlungen zukommen zu lassen."

Armer Granville. Er glaubte immer noch, daß Machtpolitik ein Spiel zwischen alten Freunden sei und vertraute der mündlichen Zusicherung, Nachtigals Unternehmen sei eine reine Informationsreise

ohne politische Absichten. Daher plädierte er auch ohne weiteres dafür, ihm die Unterstützung britischer Behörden zu gewähren. Seine Leichtgläubigkeit trieb die jüngeren und realistischeren unter seinen Kabinettskollegen schier zur Verzweiflung. Joseph Chamberlain schrieb an Sir Charles Dilke: „Die Sache mit Kamerun macht einen ganz krank. Wenn wir beim Handelsministerium oder in der Kommunalverwaltung unsere Arbeit nach dem Vorbild des Außenministeriums verrichteten, hätten wir beide den Strick verdient."

In Berlin entwickelten sich die Dinge immer schneller. Am 28. April, vier Tage nach seinem Telegramm an Kapstadt, setzte Bismarck sich mit Lüderitz, Woermann und Kusserow zusammen und besprach mit ihnen, auf welche Weise das Reich effektiven Schutz gewähren sollte. Sie schlugen vor, daß die Firmen zunächst Verträge mit den dortigen Häuptlingen abschließen sollten, in denen diese ihr Land der Firma abtraten und es der Herrschaft des Reiches unterstellten. Dann sollte der Reichskommissar das Küstengebiet zwischen Niger und Gabun erwerben, indem er die Flagge hißte und es offiziell zu deutschem Gebiet erklärte. In der offiziellen Proklamation sollte es klar und deutlich heißen: dieses

Land ist jetzt deutsches Eigentum (das heißt Privatbesitz unter der allumfassenden Souveränität des Kaisers).

Bismarck war zufrieden. Seine Anweisungen für Nachtigal gingen sogar noch weiter und erlaubten ihm, dort eine ständige Garnison sowie eine deutsche Verwaltung aufzubauen. Der Zusatz, dies sei „keine direkte politische Besetzung" blieb jedoch bestehen. Diese Einschränkung läßt vermuten, daß Bismarck noch leise Zweifel plagten, ob sein Vorgehen auch wirklich klug sei. Falls dies zutraf, war es allerdings schon zu spät. Alle folgenden Schritte, die für eine wirksame Besetzung nötig werden würden, waren bereits vorprogrammiert. Kamerun und Togo wurden von Anfang an wie Reichsprovinzen regiert.

Woermann erfuhr als erster in Deutschland von Nachtigals erfolgreicher Mission und gab die Nachricht sofort an die Wilhelmstraße und den Reichskanzler weiter. Man sollte die zentrale Rolle von Woermann, Lüderitz und ihren Freunden als Wegbereiter des Kolonialismus, wie auch als Verfasser eines Großteils der einzelnen politischen Maßnahmen nicht außer Acht lassen. Vielleicht haben ihre Aktivitäten den jeweiligen Ländern, deren Herrscher ihre wirtschaftlichen Ambitionen in den 80er Jahren legitimierten, letztendlich Gewinne eingebracht, vielleicht aber auch nicht. Insgesamt gesehen spielten die Märkte und Rohstoffe des tropischen Afrika für die Wirtschaft der einzelnen europäischen Länder zu jener Zeit keine große Rolle. Einige dieser „Pioniere" setzten ihr Vermögen aufs Spiel und verloren. Angetrieben wurden sie alle von der Aussicht auf Profit, die schließlich auch die Politiker zum Eingreifen zwang.

Nach Bismarcks entschiedenem „Nein" zum britisch-portugiesischen Vertrag, den Granville am 26. Juli endgültig abschrieb, hatte Großbritannien keine blasse Ahnung, was mit dem Kongo geschehen sollte. Der Reichskanzler wußte allerdings ebensowenig etwas damit anzufangen. Somit war der Kongo wieder ein weißer Fleck auf der Landkarte geworden, der nach einer „internationalen" Lösung verlangte. Das war Musik in Leopolds Ohren.

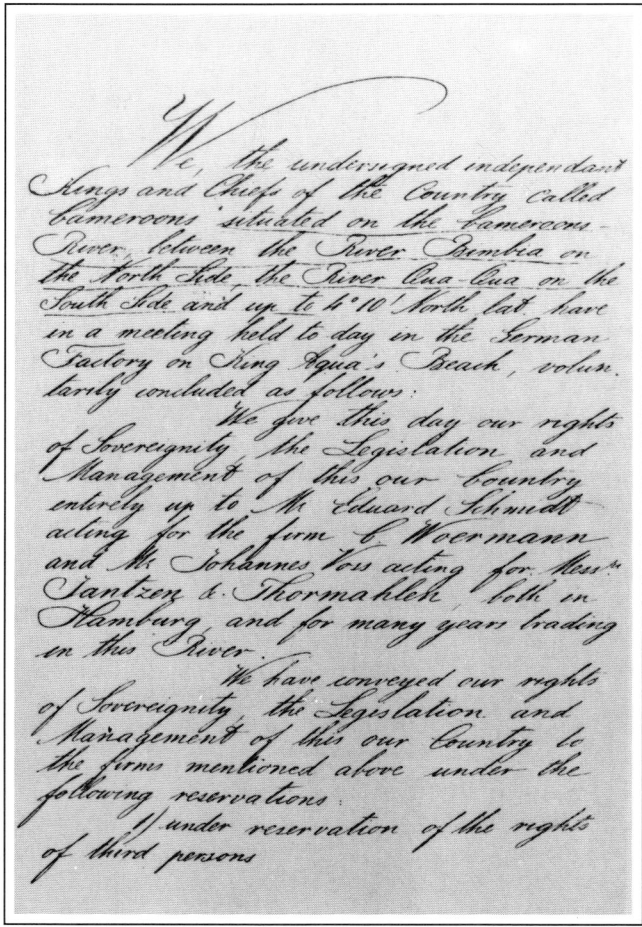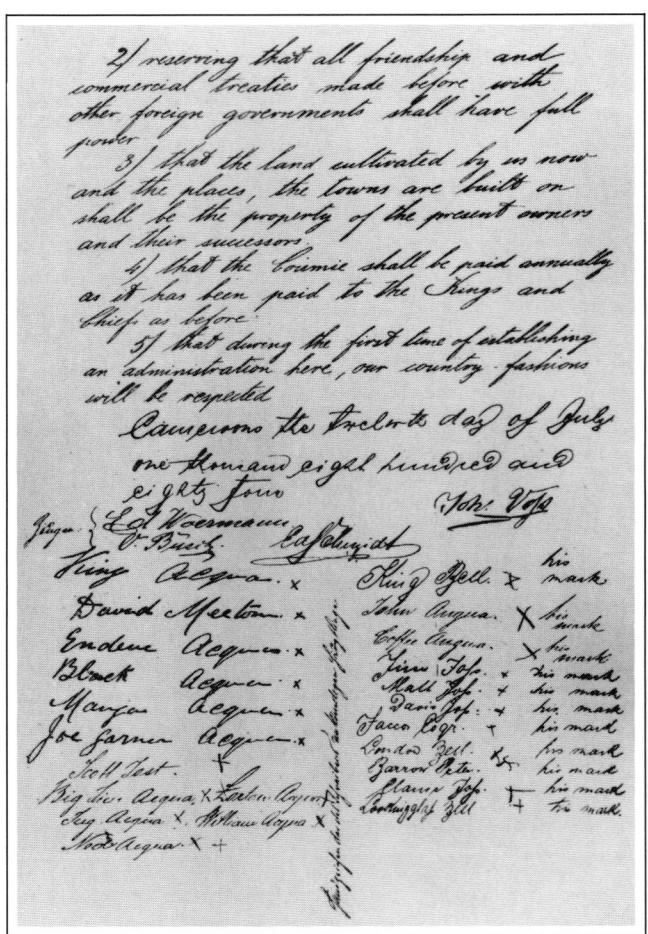

Die Hamburger Firmen Woermann und Jantzen & Thormählen erwerben Hoheitsrechte in Kamerun und garantieren Landrechte und Sitten und Gebräuche der Kameruner: Für den deutschen Kaiser ab sofort deutsches Land.

Leopold
rührt die Trommeln

4

Stanley bei Vertragsverhandlungen in Wangata: Im Eilschritt Gebietsansprüche sichern

Anfang 1884 hatte Leopold seine Pläne für den Kongo so gut wie möglich vorbereitet. Stanley hatte seine Aufgabe erfüllt; fünf Jahre lang hatte er sich unermüdlich durch den Dschungel geschlagen und eine Straße von der Küste bis zu der Stelle gebaut, von der aus der Fluß schiffbar war. Auf dem Stanley Pool hatte er eine Reihe Dampfschiffe vor Anker gelegt, und stromaufwärts in Richtung der Stanley-Fälle auf einer Strecke von ungefähr 2000 Kilometern eine Kette Niederlassungen eingerichtet. Mehr als vierhundert Häuptlinge hatten sich überreden lassen, der einen oder anderen von Leopolds dubiosen Gesellschaften oder Vereinigungen Landrechte abzutreten. Für den Augenblick war der goldene Stern der Internationalen Afrikavereinigung (AIA) die einzige Flagge entlang des Kongo, mit Ausnahme vom Dorf Makokos am Nordufer von Stanley Pool, wo DeBrazza die französische Trikolore aufgezogen hatte.

Leopolds schwache Stelle war nicht Afrika, sondern Europa. Im Rahmen diplomatischer Konventionen erschien sein Ansinnen, Herrscher auf afrikanischem Boden zu werden, völlig abwegig. Was seine „Vereinigung" auch immer darstellte — eine Frage,

die abgesehen von seinen engsten Mitarbeitern kein Mensch zuverlässig beantworten konnte — ein souveräner Staat war sie jedenfalls nicht. Leopolds Widersacher in Frankreich, Portugal und selbst in Belgien beharrten auf dem Standpunkt, laut Internationalem Recht könne keine private Vereinigung jemals Hoheitsrechte über ein Staatsgebiet erwerben. Ein in Paris herausgegebenes Blatt faßte es so zusammen: „Man muß sich doch fragen, was die Afrikavereinigung eigentlich ist? Wer verbirgt sich hinter diesem geheimnisvollen Nachbarn? Ist sie eine Privatgesellschaft? Eine Macht, ein neuer Staat? Sie ist nichts dergleichen. Was ist sie dann? Eine Organisation, die sich als Staat aufspielt und Hoheitsrechte eines Staates verlangt! Vom internationalen Standpunkt aus betrachtet ist sie ein Unding, eine Mißgeburt. Denkt man an die Zukunft, ist sie ein gefährlicher Unsicherheitsfaktor. Heute noch ein Rätsel, kann sie schon morgen eine Überraschung sein."

Im Grunde waren Leopolds Schwierigkeiten diplomatischer und nicht juristischer Natur. Was er brauchte, war politische Anerkennung und nicht die vorteilhafte Meinung irgendwelcher Völkerrechtsexperten. In einem Brief an Stanley schrieb er im Mai 1884: „Solange wir nicht jemanden vorweisen können, der von den europäischen Staaten anerkannt wird, ist DeBrazza mit seinem Wanderstab, der französischen Flagge und einigen Reden vor Weißen in Leopoldville wesentlich mächtiger als Stanley mit seiner Unterstützung durch Krupp und all dem Kriegsgerät, seinen getreuen Anhängern und der Hilfe von Eingeborenen etc...."

Leopolds diplomatisches Genie zeigte sich in der Tatsache, daß er es von einer aussichtslos anmutenden Position her fertigbrachte, den Großmächten letztlich alle gewünschten Zugeständnisse abzuringen. Er setzte darauf, daß ihre Rivalitäten und ihr gegenseitiges Mißtrauen zusammen mit ihrer Abneigung gegen die gewaltigen Kosten afrikanischer Unternehmungen ihm seine Chance geben würden. Da er sieben Jahre zuvor so prompt auf die Entdeckungsreise Stanleys eingegangen war, hatte er genau den Zeitpunkt erwischt, zu dem ein so ungewöhnliches Abenteuer eventuell erfolgreich sein würde. Anfang 1884 hatte er jedoch noch einen langen Weg vor sich.

Der Ort, den Leopold sich als Ausgangspunkt seiner Kampagne für die Anerkennung als rechtmäßiger

General H. S. Sanford: Wohltäter Leopolds

Herrscher Afrikas auswählte, war so brillant wie ungewöhnlich. Er entschied sich für die Vereinigten Staaten. Bevor nicht das britisch-portugiesische Problem gelöst war, fielen Versuche in Europa sowieso aus. Die Amerikaner jedoch, die wenig über Afrika wußten, könnten auf die richtige Verhandlungstaktik vielleicht positiv reagieren. In General H. S. Sanford hatte König Leopold genau den richtigen Mann für diese Aufgabe. Als ehemaliger Diplomat der USA verfügte Sanford über die richtigen Kontakte in Washington. Außerdem war er ein ergebener Bewunderer und Angestellter Leopolds, und nachdem er Stanley zum ersten Mal auf dem Bahnsteig in Marseille gesehen hatte, von den wirtschaftlichen Möglichkeiten am Kongo begeistert. Seit 1877 Mitglied des Exekutivkomitees der AIA, hatte er sich den nützlichen Ruf eines Wohltäters der Menschheit erworben, obwohl auch er in Afrika hauptsächlich Geld machen wollte. (Später gründete er ein eigenes Wirtschaftsunternehmen, — die Sanford Expeditionsgesellschaft — die erste, der Leopold exklusive Rechte am Kongo überschrieb, nachdem er zur Vergabe solcher Privilegien erst einmal berechtigt war.) Außerdem war der General ein geschickter Propagandist, immer gesellig und gastfreundlich, dessen elegante Abendgesellschaften in Washington berühmt waren.

König Leopold und General Sanford bereiteten ihre Kampagne sorgfältig vor. Im Oktober 1883 setzten sie einen Brief an Präsident Chester A. Arthur auf, in dem sie die Verpflichtung der Vereinigung zum Freihandel hervorhoben. Weiter versprachen sie, unter ihrer großzügigen Verwaltung werde amerikanischen Staatsbürgern gleichermaßen das Recht zugestanden, Land zu kaufen und Handel zu treiben, wie es allen andern Ländern auch zustehe. Einen Monat später machte sich Sanford auf die Reise quer über den Atlantik. In seinem Gepäck befanden sich das königliche Schreiben und eine dicke Aktentasche mit Dokumenten, mit denen er in Washington Eindruck schinden sollte.

Sanford kam am 27. November 1883 in New York an und fuhr sofort weiter nach Washington, wo er dem Präsidenten Leopolds Brief übergab und beim Außenminister Frederik T. Frelinghuysen vorsprach. Kaum angekommen, begann er die Verwirrung zu stiften, die sich für den König als vorteilhaft erweisen würde. Der Außenminister erklärte, er stehe der Arbeit der Vereinigung positiv gegenüber und stimme auch der Neutralisierung der Kongomündung uneingeschränkt zu. Bezüglich der Anerkennung äußerte er sich allerdings besorgt darüber, daß die „Staaten" sich noch nicht genügend stabilisiert hätten. Dieser Kommentar beweist, daß die

Amerikaner überhaupt nichts begriffen hatten: irgendwie verstanden sie Stanleys Niederlassungen, die in Wirklichkeit nur ein paar schäbige Hütten mit einer Fahnenstange waren, als die Anfänge unabhängiger afrikanischer Republiken, die solange von einer freundlichen Vereinigung behütet werden sollten, bis sie zivilisiert genug wären, um alleine mit der Welt fertig zu werden. Dieses verlockende Bild stammte direkt aus Leopolds Unterlagen für die Geographische Konferenz in Paris 1875, hatte mit der Wirklichkeit jedoch ebensowenig gemeinsam wie der König mit dem Weihnachtsmann.

Am Ende der Unterredung schlug Frelinghuysen vor, Sanford solle doch einen kurzen Bericht über den Kongo schreiben, den der Präsident auf der eine Woche später angesetzten jährlichen Rede zur Lage der Nation mitverlesen sollte. Der General beeilte sich, dieser Aufforderung Folge zu leisten, und das Außenministerium leitete den Text ohne Veränderungen ans Weiße Haus weiter. Man braucht sich wohl nicht darüber zu wundern, daß der am 4. Dezember im Kongreß verlesene Bericht ein rosarotes Bild von Leopolds Unternehmen zeichnete.

Und obwohl der Präsident die Frage der Anerkennung nicht direkt ansprach, wies er doch darauf hin, daß die USA dieser Arbeit weder gleichgültig zuschauen noch die Interessen der beteiligten Amerikaner (gemeint waren wohl Sanford und Stanley) außer Acht lassen könnten. Es gelte Wirtschafts- und Siedlungsinteressen im Kongogebiet vor jeglicher Intervention oder politischen Kontrolle einer einzelnen Nation zu bewahren. Was das bedeuten sollte, war klar: wenn man es schon keinem einzelnen Staat überlassen wollte, den Kongo zu regieren, warum sollte man diese Aufgabe nicht dem netten Leopold mit seiner magischen Mischung aus Profit und Philantropie überlassen?

Mit dem Wohlwollen der Regierung im Rücken konnte die Angelegenheit zur endgültigen Entscheidung dem amerikanischen Senat vorgelegt werden. Sanford, der inzwischen die New Yorker Handelskammer dazu überredet hatte, bei Präsident Arthur gegen den britisch-portugiesischen Vertrag zu protestieren und auf Anerkennung der AIA zu drängen, hatte bereits vorher dem Senator John T. Morgan vom Ausschuß für Auslandsangelegenheiten „hilfreich" zur Seite gestanden, als dieser für den Kongreß einen Bericht über die AIA anfertigen mußte. Darin wurde der Vertrag von Vivi ausdrücklich als ein Akt der AIA bezeichnet, obwohl er doch im Namen des Comité d'Etudes unterzeichnet worden war. Aus den dem Senator vorliegenden Papieren ging jedoch eindeutig hervor, daß es sich dabei um

zwei vollkommen getrennte Organisationen handeln mußte. Entweder entging Morgan diese Tatsache, oder er zog es vor, sie zu ignorieren.

Ebenso merkwürdig war es, daß Morgan in seinem Bericht bereits vom Bestehen der sogenannten freien Staaten ausging. Seiner Ausdrucksweise mußte man entnehmen, daß die Häuptlinge der AIA nur begrenzte Befugnisse gegeben hatten, um die Regierung ihrer Territorien zu verbessern. Es war keine Rede davon, einer „neuen aufstrebenden Macht" Rechte abzutreten, sondern nur davon, sie zum Wohle aller einem gemeinsamen Vertreter zu delegieren. Glaubte man der Darstellung Morgans, so waren die freien Staaten — womit er die Häuptlinge meinte — die Herren und die AIA ihr Diener. Frelinghuysen war jedoch anderer Ansicht. In seinen Augen bemühte die AIA sich, die freien Staaten ins Leben zu rufen, und er glaubte, die Anerkennung der USA könne auf dem kurzen Wege dahin von Nutzen sein. (Die Verwirrung nahm kein Ende: als William Tisdel einige Zeit später zum amerikanischen Vertreter der „Staaten der Kongovereinigung" ernannt wurde, sah Frelinghuysen sich genötigt klarzustellen, daß „weder das Außenministerium noch der Kongreß beabsichtigt hätten, ihnen die Regierung der Staaten der Kongovereinigung zu übertragen, da es uns klar war, daß diese als politische Einheit noch nicht existierten ... Hier war man der Ansicht, die im Kongreß und Umgebung ansässigen Menschen seien dabei, demokratische Staaten aufzubauen und arbeiteten verstärkt an der Verwirklichung dieses Zieles.")

Am 10. April wurden Sanfords Bemühungen von Erfolg gekrönt. In einer geheimen Sitzung beschloß der Senat die Empfehlung auszusprechen, der blaugoldenen Flagge den Status einer befreundeten Macht zuzuerkennen. Der Rest war reine Formsache. Am 22. April tauschten die Regierung der USA und die AIA Erklärungen aus, wodurch Leopolds Vereinigung zum ersten Mal diplomatische Glaubwürdigkeit erhielt. Endlich fühlte sich Leopold sicher genug, um sie bei ihrem richtigen Namen zu nennen. Fortan war es die Internationale Kongovereinigung AIC — ein Name, der bisher tabu gewesen war — deren „humane und großmütige Ziele" die glühende Zustimmung der USA für sich gewonnen hatten.

Die Entscheidung der Amerikaner, Leopold anzuerkennen, ist ein Paradebeispiel für einen auf Unwissenheit und Wunschdenken basierenden Akt der Diplomatie. Ein höherer Beamter des britischen Außenministeriums kommentierte die Nachricht mit den Worten: „Das war eine Riesendummheit." Die

'Times' gab sich zynischer und schimpfte: „ . . . die Erklärung der USA riecht nach einer ausgemachten Gaunerei — einer unmoralischen sogar —, die in internationalen Beziehungen neu ist und mit dem Völkerrecht nichts zu tun hat . . ."

Die Briten waren natürlich nicht objektiv, da der britisch-portugiesische Vertrag mit dieser Entscheidung Washingtons wieder ein Stück in die Ferne gerückt war. Tatsächlich waren fast alle Einzelheiten, mit denen die Amerikaner ihren Entschluß begründet hatten, von Grund auf falsch. Sie hatten sowohl den Charakter als auch den Namen der Organisation, deren Flagge sie nun ehrerbietig grüßten, absolut mißverstanden. Sie hatten sich von einem falschen Vergleich mit Liberia täuschen lassen, das zwar wirklich ein Produkt der Wohltätigkeit war, aber kaum als leuchtendes Beispiel dienen konnte. Sie hatten geglaubt, eine größere Zahl freier, schwarzer Republiken mit ins Leben zu rufen, die allerdings nur in der Phantasie existierten. Der einzig reale Aspekt bei der ganzen Sache war der Zugang der Amerikaner zum Kongomarkt. Es ist wirklich blanke Ironie, daß ausgerechnet die am meisten vom Protektionismus gezeichnete Nation dem größten Monopolisten dieser Zeit ihre Unterstützung zukommen ließ, in dem Glauben, er verteidige den Freihandel. Nicht einmal Präsident Arthurs Bemerkung, der leitende Direktor der AIA sei Amerikaner, entsprach der Wahrheit. Erst ein Jahr später nahm Stanley die amerikanische Staatsbürgerschaft an, allerdings nur aus taktischen Gründen, um seine Buchrechte gegen private Verleger zu schützen. Eingelullt in Whiskeydunst und Zigarettenrauch, hatten sich die Amerikaner von Sanford das Bild des Königs vorgaukeln lassen, das dieser selbst für sich entworfen hatte. Das Bild des Verteidigers eines freien Afrika. Schon bald sollten sie denselben Fehler im Kongo noch einmal begehen.

Leopold zog dreifachen Nutzen aus der Anerkennung der USA. Er konnte nun mehr Druck gegen die gefürchtete Lösung der Briten ausüben; sie öffnete ihm die Türen der Diplomaten; und sie ermöglichte es ihm, einige seiner eigenen Leute in die offizielle Delegation der Vereinigten Staaten auf der Berliner Konferenz einzuschleusen. In dem folgenden sehr wichtigen Jahr waren es allen voran die Amerikaner, die Leopold begeistert unterstützten.

Die Kampagne in Washington war ein Meisterwerk der Verkaufskunst gewesen. In Europa mußte man subtiler vorgehen, und bereits einen Tag, nachdem die amerikanische Erklärung unterschrieben worden war, vollführte Leopold den geschicktesten Schachzug seines Lebens. Am 23. April leitete er

Frankreichs Premierminister Jules Ferry: Ersatz für das 1871 verlorene Elsaß/Lothringen in Afrika?

einen Briefwechsel mit dem französischen Premierminister und Außenminister Jules Ferry ein, der Frankreich praktisch dazu zwang, die Internationale Kongovereinigung als legitime Macht am Kongo anzuerkennen. Diese beiden Briefe verdienen es, in voller Länge zitiert zu werden, da sie die diplomatische Gerissenheit König Leopolds höchst anschaulich vermitteln:

Brüssel, den 23. April 1884

Sehr geehrter Herr Präsident,

im Namen der unabhängigen Niederlassungen und Staatsgebiete, die sie im Kongotal und am Niari-Kwilu Fluß gegründet hat, erklärt die Internationale Kongovereinigung in aller Form, daß sie diese Besitzungen unter dem Vorbehalt gesonderter Abkommen zwischen der AIC und Frankreich über die Grenzen und Bedingungen ihres jeweiligen Vorgehens, an keine andere Macht abtreten wird. Zum erneuten Beweis ihrer freundschaftlichen Gefühle für Frankreich möchte die AIC ihnen hiermit jedoch den Vorzug lassen (das heißt das Vorkaufsrecht einräumen), falls die Organisation durch unvorhersehbare Umstände eines Tages gezwungen sein sollte, ihre Besitzungen zu veräußern.

(gezeichnet) Strauch

Paris, den 24. April 1884

Ihre Königliche Hoheit,

ich erlaube mir hiermit, den Empfang Ihres Briefes vom 23. April zu bestätigen, in dem Sie mir als Präsident der Internationalen Kongovereinigung Zusicherungen und Garantien anbieten, die unsere herzlichen und gutnachbarlichen Beziehungen im Kongogebiet konsolidieren sollen. Ich habe ihre Erklärung mit größter Zufriedenheit zur Kenntnis genommen, und habe meinerseits die Ehre Ihnen mitzuteilen, daß die französische Regierung die freien Niederlassungen und Gebiete der Vereinigung anerkennen und der Ausübung Ihrer Befugnisse nicht im Wege stehen wird.

(gezeichnet) Jules Ferry

Mit diesem Piratenstück nahm Leopold seinem einzigen ernsthaften Rivalen den Wind aus den Segeln, indem er ihm ein Angebot machte, das ihn selbst keinen Pfennig kostete. Schließlich hatte er nicht die Absicht, seine Besitzungen je zu veräußern.

König Leopold hatte ein ausgezeichnetes Gespür für die Regeln, nach denen der Machtkampf in Afrika ausgetragen wurde. Im Gegensatz zu den Amerikanern und der allgemeinen Öffentlichkeit war Ferry sich über die wahre Natur der AIC vollkommen im klaren. Kurz danach sagte er zum deutschen Botschafter: „Diese Afrikavereinigung ist niemand anders als der König von Belgien; ohne ihn würde sie sich *in Luft auflösen; wir haben es einzig und allein mit ihm zu tun.*" Ferry befürchtete allerdings, daß der König sich übernommen habe und die teuren Kongokolonien nicht lange halten könne. Doch wer sollte an seine Stelle treten, wenn er zum Abgang gezwungen sein würde? Ferry argwöhnte, dies könnten die Briten sein. Schließlich gab es den britisch-portugiesischen Vertrag immer noch, und nach Ansicht der Franzosen war er bloß das Deckmäntelchen für Großbritanniens ehrgeizige Pläne am Kongo. Ferry spekulierte also darauf, daß sein Vorkaufsrecht diese Gefahr ein für alle mal beseitigen werde.

Doch wie schon so viele vor ihm unterschätzte auch Ferry den König. Er wäre besser beraten gewesen, hätte er auf einer Zusicherung bestanden, daß die AIC ihre Gebiete niemals verkaufen werde. Das auf den ersten Blick so attraktive Vorkaufsrecht stempelte Frankreich in den Augen der anderen Mächte zum Buhmann ab. Keiner von ihnen wollte den Kongo den Franzosen überlassen. Da Frankreich nun der Erbe Leopolds war, blieb ihnen nichts anderes übrig, als den König in Ruhe zu lassen. Die Berufspolitiker in London hatten schnell begriffen, worum es ging. Percy Anderson, Leiter der neugegründeten Afrikaabteilung im britischen Außenministerium, war wohl der einzige britische Politiker, der sich die Mühe gemacht hatte, Leopolds Manipulationen im Auge zu behalten. Im März 1884 schrieb er einen Bericht über „das Wesen der Gesellschaft König Leopolds", in dem er ganz richtig folgerte, daß die AIC ein „höchst gewöhnliches, privates Unternehmen" sei, das nicht auf Hoheitsrechte, sondern auf den Aufbau eines „absoluten Handelsmonopols" aus sei.

Als er von dem Abkommen zwischen Leopold und Ferry erfuhr, wußte er, daß es Großbritannien nicht mehr mit der formlosen und bescheidenen Regierung zu tun hatte, die die USA anerkannt hatten, sondern mit einem ganz anderen Kaliber — einem von Frankreich unterstützten „nouvel Etat indépendant", einem neuen unabhängigen Staat.

Die Franzosen hatten sich ja immer geweigert, in der AIC mehr als eine wohltätige Organisation zu sehen. Ferry äußerte sich in seinem Brief mit keinem Wort zur Frage diplomatischer Anerkennung, und anscheinend glaubte er, in diesem Punkt noch frei entscheiden zu können. In Wirklichkeit hatte er sich jedoch schon unfreiwillig festgelegt. Falls die AIC berechtigt war, Hoheitsrechte an Frankreich abzutreten, mußte sie naturgemäß auch in der Lage sein, diese zu erwerben.

Die Erfolge in Washington und Paris stärkten Leopolds Position, doch gab es immer noch einen Mann in Europa, dem er auf Gnade und Ungnade ausgeliefert war: Reichskanzler Bismarck. Bisher hatte Bismarck Leopold und seiner Vereinigung keine große Beachtung geschenkt, doch machten die Neuigkeiten aus den USA ihm bewußt, daß er mit Leopold rechnen mußte. Umgehend bat er seinen Botschafter in Brüssel, ihn umfassend zu informieren. Dann ließ er in gewohnter Manier Artikel in die zahme „Norddeutsche Allgemeine Zeitung" setzen, in denen scharfe und unfreundliche Fragen zu dieser geheimnisvollen belgischen Organisation gestellt wurden. Woher nahm sie ihre Befugnisse? Warum hatte sie ihren Namen geändert? Hierdurch wollte er Leopold zwingen, an die Öffentlichkeit zu treten. In erster Linie wollte er jedoch genaue Einzelheiten über die Finanzierung der AIC und über Stanleys Verträge mit den Häuptlingen erfahren.

Seine Erkundigungen brachten ihn zu der Überzeugung, daß die USA bei der Anerkennung des genauen Wortlautes der Erklärung viel zu nachsichtig gewesen waren. Tatsächlich blieben den amerikanischen Staatsbürgern die exklusiven Handelsrechte, die die AIC für sich selbst in den Verträgen festgeschrieben hatte, versagt.

Bloß keinen Streit mit den Franzosen

Bis zu diesem Zeitpunkt hatte Bismarcks Kongopolitik sich darauf beschränkt, dem britisch-portugiesischen Vertrag, den die Hamburger Händler unter Leitung von Woermann so heftig attackiert hatten, die Unterstützung zu versagen. Nachdem dieser Vorschlag nun endgültig vom Tisch war, mußte die Zukunft des Gebietes auf andere Weise von den Mächtigen geregelt werden. Zuerst dachte der Reichskanzler sogar daran, den Kongo eventuell dem aufstrebenden deutschen Reich in Afrika einzuverleiben. In einer Unterredung mit dem Entdecker Gerhard Rohlfs am 11. Mai stellte er drei Möglichkeiten zur Diskussion: Leopolds Unternehmen mit allem Drum und Dran aufzukaufen; den König zu entschädigen, eine Art Protektorat auszurufen und an Stelle der Kongovereinigung eine deutsche Firma dort einzurichten; oder zumindest dafür zu sorgen, daß Deutschland die gleichen Vorrechte wie alle anderen Länder erhielt. Die einzige Möglichkeit, die er nicht in Betracht zog, war regelrechte Kolonisierung.

Ursprünglich hatte Bismarck geplant, Rohlfs in einer Sondermission nach Brüssel zu schicken und die verschiedenen Möglichkeiten genauer zu untersuchen. Am 14. Mai erreichte ihn allerdings die Nachricht vom Abkommen zwischen der AIC und Frankreich, woraufhin er den Gedanken, den Kongo für Deutschland zu kaufen, sofort fallenließ. Damit würde er Frankreich vor den Kopf stoßen, und das gute Einvernehmen mit den Franzosen war ein wesentlicher Aspekt in seiner Afrikapolitik, die in Gedanken langsam Gestalt annahm. „Wir wollen keinen Streit mit den Franzosen in Afrika", schrieb er. „Damit haben wir hier am Rhein bereits genug."

Bismarck fiel auf Leopolds Maskerade als Wohltäter der Menschheit keinen Augenblick herein. Und dennoch machte der Reichskanzler — trotz seiner bemerkenswerten Klarsicht — bei der Einschätzung des Königs einen Fehler. Er hielt ihn für einen kurzfristigen Spekulanten, der seinen Besitz bei der ersten gewinnbringenden Gelegenheit verkaufen würde. Bismarck ging davon aus, daß Frankreich früher oder später das Kongogebiet übernehmen würde. Die diplomatischen Erfordernisse in Europa machten es ihm unmöglich, als direkter Rivale

Frankreichs aufzutreten, und darum konzentrierte er sich darauf, die AIC und auch jeden anderen zukünftigen Besitzer auf die Wahrung absoluten Freihandels am Kongo festzulegen. Als er König Leopold am 4. Juni mitteilte, Deutschland sei zu Gesprächen über die Anerkennung bereit, war dies eine der Bedingungen.

Leopold seinerseits unterschätzte Bismarck ganz und gar nicht. Die Unterstützung der Deutschen war für ihn lebenswichtig — und er war bereit, dem Kanzler jedes gewünschte Zugeständnis zu machen. Allerdings wollte er dies nicht kampflos tun, was Bismarck zu der Bemerkung veranlaßte: (Der König) „gehe mit einem so naiven und anspruchsvollen Egoismus vor, als ob er ein Italiener wäre, der voraussetzte, daß man „pour ses beaux yeux" (um seiner schönen Augen willen) außerordentlich viel tun würde, ohne ein Äquivalent zu verlangen."

Leopold wußte, daß Bismarck viel zu schlau war, um auf die Art von Propaganda hereinzufallen, die die Amerikaner so bereitwillig geschluckt hatten. Daher versorgte er ihn mit umfassenderen und genaueren Informationen. Zu diesem Zweck spannte er wieder eimal einen seiner heimlichen Mitarbeiter ein, einen in Berlin lebenden Journalisten namens Victor Gantier. Als Auftakt zu seiner Kampagne schrieb Gantier einen anonymen Artikel in der „Norddeutschen Allgemeinen Zeitung", der mit einer wohlüberlegten Drohung an die Adresse der Hamburger Händler endete: sollte die Vereinigung von den Mächten nicht anerkannt werden, gäbe es immer noch die Möglichkeit, ihre Gebiete an Frankreich abzutreten. Hierdurch erfuhr die Öffentlichkeit zum ersten Mal von Leopolds heimlicher „kleiner Absprache" mit Paris, wie es der französische Botschafter in Berlin ausdrückte.

Als nächstes wandte Gantier sich an Kusserow im Außenministerium. Er übergab ihm eine dicke Akte mit Geheimpapieren über die AIC und deutete an, dies sei ein günstiger Moment für Deutschland mit einer kurzen amtlichen Pressemitteilung seine Unterstützung für Leopold bekanntzugeben. Kusserow fand die Idee nicht schlecht und setzte ein Schreiben auf, das der Reichskanzler unterzeichnen sollte. Bismarck lehnte dies jedoch mit der Begründung ab, er wünsche keine öffentliche Diskussion, solange Nachtigal noch mit seiner Expedition nach Westafrika unterwegs sei. Trotzdem las er sich Gantiers Unterlagen sorgfältig durch. Das interessanteste Papier von allen war ein Memorandum, in dem Leopolds Gier nach Landbesitz ungeschminkt zum Ausdruck kam. Darin wurde die Vision eines Reiches beschrieben, das weit über Stanleys Vertragsgrenzen hinausging. Die Grenze, die nicht nur das gesamte Kongobecken einschließlich beider Seiten der Flußmündung umfassen sollte — für sich genommen schon ein riesiges Gebiet —, sondern einen Durchgang zum Indischen Ozean und die von Ägypten abgestoßenen Teile des Südsudan noch dazu, sollte von Europa gesichert werden. Auf diese Weise sollte der Sklavenhandel „mit der Wurzel" ausgerottet werden. Bismarck hielt dies größtenteils für Hirngespinste. An den Rand des Abschnitts über den Sklavenhandel schrieb er nur das eine Wort „Schwindel" hin. Der größte Fehler des Königs war seiner Ansicht nach, daß er zu hoch reizte. „Wenn man so präzisiert, so wird Europa — ‚wer ist das' — darüber nie einig werden."

Das Erstaunliche daran ist, daß Bismarck, obwohl er Leopolds Plänen reserviert gegenüberstand und obwohl er den König als Persönlichkeit nicht sonderlich schätzte, sich wenige Wochen später höchst persönlich für die Anerkennung der AIC einsetzte. Am 23. Juni teilte er dem Reichstag mit, er sei bereit, den Aufbau eines unabhängigen Staates am Kongo zu unterstützen, jedoch unter der Voraussetzung, daß Freihandel und ungehinderter Transportverkehr zugesichert blieben. Eine Zeitlang versuchte Leopold noch, sich aus den Verpflichtungen auch für zukünftige Besitzer herauszuwinden und machte geltend, daß die volle Anerkennung seitens der Franzosen hierdurch erschwert werde. Als er jedoch einsah, daß der Kanzler in diesem Punkt unbeugsam blieb, gab er nach und überreichte Gerson von Bleichröder, dem Bankier und Finanzberater Fürst Bismarcks, am 8. August einen Brief, worin er dem Reichskanzler „alles, was seine Hoheit für richtig halten" versprach. Danach mußten nur noch einige Einzelheiten erledigt werden, und am 8. November unterzeichneten Oberst Strauch und der deutsche Botschafter in Brüssel ein Abkommen, wodurch das Deutsche Reich als erste Macht in Europa das merkwürdige Privatgebiet voll anerkannte, das Leopold unter solchen Mühen aufgebaut hatte.

Bismarck war davon überzeugt, einen geschickten diplomatischen Schachzug getätigt zu haben. Er glaubte, deutschen Händlern maximalen Handlungsspielraum verschafft zu haben, wodurch er seine vornehmste Aufgabe erfüllt hatte, „den Schutz unserer Staatangehörigen". Wieder einmal hatte Leopold seine Schwäche ausgenutzt, um das zu bekommen, was er wollte. Aus einem Bericht des französischen Botschafters in Berlin läßt sich entnehmen, wie er das fertig gebracht hatte:

„Fürst Bismarck zeigte mir eine Landkarte, die er von König Leopold erhalten hatte. Darauf war das Gebiet

Oberst Strauch: Verhandlungen mit dem Deutschen Reich

eingezeichnet, über das die belgische Vereinigung Hoheitsrechte erwerben wollte. Es war ein riesiges Viereck, das sich über den gesamten Bereich des oberen Kongo erstreckte, den ganzen Flußlauf von den Wasserfällen im Westen bis zum Gebiet der großen Seen im Osten; man könnte fast sagen ganz Zentralafrika, das Herz des Kontinents.

Natürlich ist das ein riesiges Gebiet, sagte Fürst Bismarck zu mir, aber was gehen uns diese Ambitionen im Grunde schon an. Solange die Gesellschaft uns Handelsfreiheit zusagt, können wir von einer Expansion der gesellschaftlichen Unternehmungen schließlich nur profitieren. Ich weiß zwar nicht genau, was diese belgische Vereinigung ist oder was aus ihr werden wird, aber sicher wird es ihr nicht gelingen, sich sehr ernsthaft zu etablieren. Jedenfalls wird sie uns immer einen nützlichen Vorwand liefern, um unbequeme Konkurrenten und lästige Forderungen von uns abzuwälzen, mit denen wir selbst nicht so gut fertig würden."

Für Leopold kam Bismarcks Anerkennung gerade rechtzeitig. Der Reichskanzler hatte alle Mächte zu einer Sitzung nach Berlin eingeladen, die bereits eine Woche später beginnen sollte. Erster Punkt der Tagesordnung war der Kongo.

Die Kongokonferenz

5

Am 15. November 1884 hob sich der Vorhang für das seltsame, fast surrealistische Diplomatenstück, das als Berliner Westafrikakonferenz in die Geschichte einging. Es lief dreieinhalb Monate lang, und bis zum heutigen Tag gehen die Meinungen darüber auseinander, ob es als Tragödie oder als Komödie zu betrachten ist. Den meisten europäischen Historikern bedeutet sie nicht mehr als eine winzige Fußnote in den Annalen der europäischen Diplomatie. In den Augen der Afrikaner markiert sie jedoch einen herausragenden und düsteren Meilenstein in der Weltgeschichte, dessen unheilvolle Auswirkungen auch ein Jahrhundert später noch spürbar sind. Diese unterschiedliche Beurteilung ist nicht das Ergebnis objektiver Diskussion, sondern einzig und allein eine Frage des Standpunkts. Daß an einer Konferenz über die Zukunft ihres Kontinents nicht ein einziger Afrikaner teilnahm, betrachteten die Europäer im Jahre 1884 als Folge der natürlichen Ordnung. Die Afrikaner beurteilen es im Jahre 1984 jedoch als einen Akt ungeheuerlicher Arroganz.

Schauplatz der Konferenz war der große Festsaal im Obergeschoß des Kanzleramtes in der Wilhelmstraße. Als wichtigste Requisiten in diesem Raum gab es einen hufeisenförmigen Tisch, dessen offenes Ende dem Garten zugewandt war und eine fünf Meter hohe Afrikakarte. Die Hauptrollen waren mit den Botschaftern und Ministern der vierzehn Teil-

Berliner Kongo-Konferenz im Reichskanzleramt: Verhandelt wird hinter den Kulissen

Unser Stolz.

Wie stehn wir nun in der Welt da?

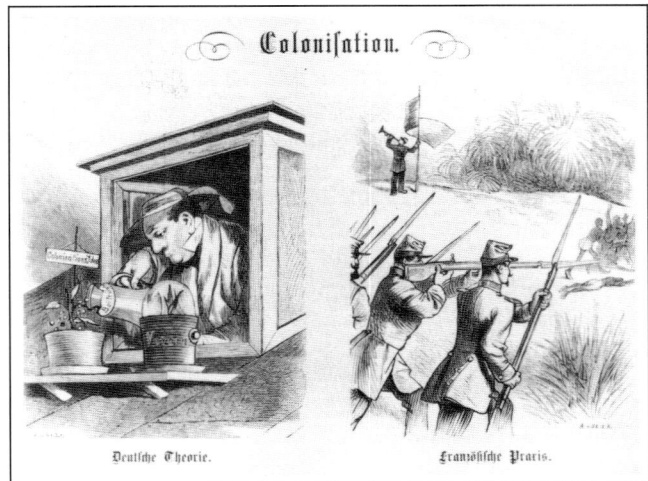

Colonisation.

Deutsche Theorie.   Französische Praxis.

nehmerländer besetzt. Sowohl die Eröffnungs- als auch die Schlußversammlung wurde von Bismarck selbst geleitet, und seine Stellvertreter übernahmen den Vorsitz über die acht weiteren offiziellen Sitzungen. Hinter den Kulissen scharten sich massenhaft Statisten — Geschäftsleute und Abenteurer — von denen jeder seinen eigenen Profit in einem ganz bestimmten Teil von Afrika im Auge hatte, und die allesamt hofften, ihre Regierung würde ihnen dabei zu Hilfe kommen. Der hartnäckigste und ehrgeizigste unter diesen Geschäftsleuten konnte allerdings nicht teilnehmen, da er zufällig der König von Belgien war. Kein anderer als er hatte das Geschehen jedoch inspiriert, und er war es auch, der den größten Nutzen aus dieser Veranstaltung ziehen sollte.

Bei den vierzehn Mächten, die sich in der Wilhelmstraße an einen Tisch setzten, handelte es sich um Deutschland, Österreich-Ungarn, Belgien, Dänemark, Spanien, die USA, Großbritannien, Frankreich, Italien, die Niederlande, Portugal, Rußland, die Union Schweden-Norwegen, und das Osmanische Reich. Nur vier von ihnen — Frankreich,

Deutschland, Großbritannien und Portugal — interessierten sich ernsthaft für deren Ausgang; zwei andere — USA und Belgien — waren Schachfiguren Leopolds. Alle übrigen waren nur zu dem Zweck eingeladen worden, der Konferenz einen großartigen Rahmen zu verleihen und ihre Entschlüsse mit einem oberflächlichen Glanz von Rechtmäßigkeit zu versehen.

Zum ersten Mal hatten die europäischen Staaten es damals für nötig gehalten, sich auf einer ordentlichen Zusammenkunft gegenseitig ihre kolonialen Rivalitäten einzugestehen. Aber aus welchem Grund waren sie von ihrem üblichen Verhalten abgewichen, Streitigkeiten still und leise hinter verschlossenen Türen zu regeln? So seltsam es klingt, kam der Vorschlag zu einer Kongokonferenz ursprünglich ausgerechnet von der schwächsten der beteiligten Nationen: Portugal.

Bismark war sich über die Vorzüge dieser Idee sofort im klaren. Da er den britisch-portugiesischen Vertrag endgültig zu Fall gebracht hatte, war er dazu verpflichtet, eine eigene Lösung für das Machtvakuum am Kongo anzubieten. Merkwürdigerweise gefiel der große Verfechter der Realpolitik sich plötzlich in der Rolle, das Völkerrecht in Afrika gegen die von Großbritannien beanspruchte Defacto-Vorherrschaft zu verteidigen. Er sonnte sich in der Vorfreude darauf, dem Staatsmann, den er am wenigsten leiden konnte, eins auszuwischen: dem unerträglichen Moralapostel und Liberalen, den er nur „Professor" Gladstone nannte. Mit einer großen, internationalen Konferenz könnte er der Welt auf eindrucksvolle Weise vor Augen führen, daß die langen Jahre inoffizieller britischer Überlegenheit in Afrika vorüber waren.

Der Reichskanzler griff Portugals Vorschlag auf und machte ihn sich zu eigen. Im März 1884 führte sein Leib- und Magenfinanzier Gerson von Bleichröder ein inoffizielles Telefongespräch mit dem französischen Staatsoberhaupt Jules Ferry, dessen spätere Bemerkungen über dieses Gespräch seine verschwörerische Natur zum Ausdruck brachte. „Dieser gerissene, fast blinde alte Jude ist Bismarcks Vertrauensmann, sein heimlicher Kurier. Er überbrachte mir eine geheime — ganz persönliche — Nachricht... ‚Der alte Herr möchte Sie wissen lassen, daß wir freundlich, sehr freundlich gesonnen sind, und daß wir Ihnen unsere Freundschaft noch mehr unter Beweis stellen wollen. Das wird noch kommen... Dies soll ich Ihnen im Auftrag des Fürsten mitteilen. Öffentlich kann er das nicht zeigen; wenn er zu viel sagte, würde er Ihre Position nur schwächen.‘" „Gladstone", fügte der Bankier hinzu, „ist dem Fürsten absolut *verhaßt*. Sie können sich nicht vorstellen, wie sehr. Er mag ihn als Mensch nicht, und er verabscheut seine Pläne... Er findet ihn dumm und gefährlich." Dann kam der wesentliche Teil der Nachricht, die Bleichröder Ferry ins Ohr flüsterte: „Man wird sich Frankreich zuwenden müssen. Frankreich kann die Dinge nicht einfach laufen lassen." Falls Ferry irgend etwas von Deutschland brauche, solle er sich direkt an den Kanzler wenden.

Bismarck beabsichtigte, zum Dank für eine Verständigung in Westafrika, bei den Franzosen die Hoffnung auf Unterstützung ihrer Politik in Ägypten aufrecht zu erhalten. Er wies Dr. Nachtigal an, er solle nach seiner Ankunft an der westafrikanischen Küste darauf achten, französischen Interessen nicht in die Quere zu kommen. Am 18. März vergewisserte er sich der Reaktion der Franzosen, und zwar nur der Franzosen, auf den Vorschlag einer Konferenz.

Ferry stimmte dem Vorhaben vorsichtig zu, und von da an waren beide Nationen den ganzen Sommer 1884 über damit beschäftigt, das Programm zu entwerfen. Dies war durchaus nicht einfach, da ihre jeweiligen Interessen in Afrika bei weitem nicht identisch waren. Deutschland forderte Freihandelsgarantien in Verbindung mit neuen Richtlinien, die die Mächte zwingen würden, ihre Ansprüche auf afrikanisches Gebiet mit effektiver Herrschaftsausübung an Ort und Stelle zu untermauern. Frankreich war zwar auch für den Freihandel am Kongo, nicht aber in seinen eigenen und auch nicht unbedingt in seinen zukünftigen Besitzungen. Bismarck wollte unbedingt zu einer Einigung gelangen und schlug Kompromisse vor: das Prinzip des Freihandels sollte nur südlich des Äquator gelten, um Frankreich im Senegal Schwierigkeiten zu ersparen. Frankreich hielt sich zwar immer noch zurück, die

Bankier Gerson Bleichröder: Leib- und Magenfinanzier von Bismarck

Aussicht auf deutsche Unterstützung in Ägypten war allerdings zu verlockend, als daß man das Angebot hätte ablehnen können.

Auf Varzin, Bismarcks liebstem Landsitz, und in Berlin fanden im August die entscheidenden vertraulichen Vorverhandlungen mit Frankreich statt, in denen der Reichskanzler, sein Staatssekretär des Auswärtigen von Hatzfeld und der französische Botschafter Baron de Courcel mit Hilfe der vom Baron bereitgestellten Karten das Programm der Konferenz zusammenstellten. Nach Abschluß der Gespräche hatte man sich auf drei Diskussionsgrundlagen geeinigt:

I. Freier Handel am Kongo, und zwar nicht nur auf dem Fluß selbst, sondern auch im Kongobecken — was je nach Definition ein riesiges Gebiet sein konnte;
II. Freie Schiffahrt auf Kongo und Niger unter internationaler Kontrolle;
III. Festlegung bestimmter Richtlinien, die beachtet werden sollten und anhand derer über die Effektivität zukünftiger Besetzungen an der afrikanischen Küste entschieden werden konnte.

Die Franzosen bestanden darauf, daß sich die Tagesordnung auf prinzipielle Fragen beschränkte, und keinerlei Gebietsansprüche diskutiert werden sollten. Mit der Unterstützung der Deutschen im Rücken setzten sie darauf, bei persönlichen Verhandlungen mit ihren Rivalen — Leopold und Portugal am Kongo, Großbritannien am Niger — besser abzuschneiden als bei öffentlichen Gesprächen zwischen vierzehn Nationen an einem Tisch. Diese Beschränkung führte dazu, daß Anspruch und Wirklichkeit in Berlin weit auseinanderklafften. Jeder Teilnehmer wußte, daß die Zusammenkunft katastrophal enden würde, wenn man nicht einmal die Frage lösen könnte, wem was am Kongo gehörte. Da die Konferenz sich damit nicht befassen konnte, mußten außerhalb begleitende Verhandlungen geführt werden. Die offiziellen Vertreter waren also dazu verdammt, Däumchen zu drehen, bis diese Auseinandersetzungen beendet worden waren.

Die britische Regierung blieb von diesen Vorbereitungen vollkommen ausgeschlossen. Erst einige Wochen später hörte Granville durch den deutschen Botschafter von dem ursprünglichen Vorschlag der Portugiesen und erst Anfang Oktober wurde ihm mitgeteilt, daß Deutschland und Frankreich in Berlin eine Konferenz abhalten wollten. Da man Granville nur eine kurze Anfrage unter die Nase hielt,

Gladstones Kabinett (1880–1885):
„Dumm und gefährlich"

mit der Bitte um sofortige Mitteilung, ob seine Regierung teilnehmen werde oder nicht, und da er nur so knapp wie möglich in die Tagesordnung eingeweiht wurde, beschränkte sich der britische Außenminister darauf zu antworten, daß er die Einladung prinzipiell begrüße, da Großbritannien und Deutschland beide dem Freihandel verpflichtet seien. Bevor er die Einladung offiziell annahm, bat er jedoch um nähere Einzelheiten.

Um den Kongo machten britische Regierungsvertreter sich keine großen Sorgen; mit dem neuen Protektorat am Niger sah es allerdings anders aus. Auf gar keinen Fall wollten sie sich am Konferenztisch völlig unvorbereitet den vereinten Kräften von Frankreich und Deutschland aussetzen und das Risiko eingehen, sich in ein Gebiet dreinreden zu lassen, das sie als eindeutig britische Sphäre betrachteten. Außerdem standen sie Bismarcks Vorstellungen von „effektiver Besetzung" äußerst mißtrauisch gegenüber, die möglicherweise allerlei mühsame und teure neue Verpflichtungen mit sich bringen würden.

Bismarck ließ sich mit einer Antwort Zeit. Er schien sogar fest entschlossen, die Konferenz auch bei einer Absage der Briten durchzuziehen. Erst Ende Oktober ließ er Granville wissen, daß der Niger nicht in derselben Weise behandelt werden sollte wie der Kongo. Granville nahm daraufhin Anfang November die Einladung an in der Erwartung, daß die „Rechte Großbritanniens am unteren Niger ... gewahrt bleiben" und der Grundsatz der effektiven Besetzung noch nicht zur Anwendung kommen sollte.

Was zu dieser Zeit wirklich in Granville vorging, läßt sich einer Bemerkung seines Kabinettskollegen Sir Charles Dilke entnehmen: „Plessen, der preußische chargé d'affaires in London, hatte Lord Granville mit einer Einladung zu einer Konferenz in Berlin einen Schrecken eingejagt. Er sagte jedoch, er sei sehr erleichtert gewesen, als er herausfand, daß es auf dieser Konferenz — wie er sagte — nur um den Kongo gehen sollte. In Wirklichkeit handelte es sich jedoch um die berühmte Afrikakonferenz, die praktisch über die Zukunft des gesamten schwarzen Kontinents entscheiden würde." Als die Delegierten in Berlin zusammenkamen, war man in Europa allgemein der Ansicht, daß Großbritannien eine Demütigung, wenn nicht noch Schlimmeres, widerfahren würde: Nach den Worten der Londoner Zeitung „Spectator" würden „Blitz und Donner" auf die Briten niedergehen.

Unter den Konferenzteilnehmern befand sich keine auch nur annähernd so starke Persönlichkeit wie

Bismarck. Die Szene 1884 unterschied sich vom Berliner Kongreß 1878, als sich die wichtigsten Staatsmänner Europas getroffen hatten, um über den Osten zu verhandeln. Afrika galt als nicht wichtig genug, als daß Regierungsoberhäupter oder Außenminister selbst teilgenommen hätten. Hiermit entging der Weltöffentlichkeit die Gelegenheit, Bismarck und Gladstone bei ihrem Kampf um die Vorherrschaft bei der Zivilisierung des afrikanischen Kontinents zu beobachten. Es gab keine Wiederholung der berühmten Begegnung zwischen Bismarck und Disraeli, bei der der „Alte Jude" wie gebannt dasaß und zusah, wie Bismarck mit einer Hand Kirschen und mit der anderen Krabben in sich hineinstopfte und sich gleichzeitig darüber beklagte, daß er den Kongreß bald verlassen und sich in Kur begeben müsse. Im Jahre 1884 wurden die Delegierten der Mächte von ihrem jeweiligen ständigen Vertreter in Berlin angeführt und — falls nötig — von einer Reihe fachkundiger Berater unterstützt.

Somit mangelte es der Konferenz an der unmittelbaren Spannung eines Gipfeltreffens. Ihr Gegenstand war anderer und viel subtilerer Natur: ein vielfältiges Zusammenspiel ehrgeiziger Abenteurer und vorsichtiger Regierungsbeamter. Die Abenteurer — Leopold und Stanley, DeBrazza, Goldie, Lüderitz, Woermann — trieben die Erschließung Afrikas voran, wobei jeder von ihnen seinem persönlichen Traum vom Reichtum nachjagte. Die Beamten in ihrem Kielwasser wurden zwischen zwei widersprüchlichen Geboten hin und her gerissen. Einerseits wollten sie Ausgaben und Verwaltungskosten senken; andererseits mußten sie ihre Regierungen gegen konkurrierende Mächte verteidigen. In Berlin trafen all diese unterschiedlichen Interessen aufeinander. Die Anwesenheit der Abenteurer, von denen sich einige als Berater oder fachkundige Abgeordnete getarnt hatten, sorgte dafür, daß die Konferenz mehr wurde als nur ein gewöhnliches diplomatisches Ergebnis. Ihr Handeln lieferte den besten Anhaltspunkt dafür, worum es hier eigentlich ging.

Der Hauptakteur des Stückes jedoch blieb die ganze Zeit hinter den Kulissen und bis zuletzt wurde nicht einmal sein Name erwähnt. Aber auch dieses Mal überließ Leopold nichts dem Zufall. Natürlich konnte er nicht persönlich erscheinen — das wäre unter seiner königlichen Würde gewesen. Dafür hatte er aber in die Flure und Versammlungsräume der Wilhelmstraße eine Menge Anhänger eingeschleust. Er verfolgte den Ablauf der Konferenz mit gespannter Aufmerksamkeit von Brüssel aus und deckte seine verschiedenen Vertreter mit einer endlosen Reihe telegraphischer Anweisungen ein.

Offiziell wurde die belgische Delegation von Graf von der Straten-Ponthoz geleitet, einem älteren Berliner Gesandten, der nicht zu Leopolds privatem Kreis zählte. Der König bewältigte dieses kleine Problem, indem er dem Grafen seine beiden engsten Mitarbeiter, Auguste Lambermont und Emile Banning, zur Seite stellte. Leider hatte die belgische Regierung, die erhebliche Zweifel hatte, ob sie Leopolds ehrgeizige Pläne in Afrika überhaupt unterstützen sollte, die Delegation angewiesen auf jegliche Eigeninitiative zu verzichten und dem allgemeinen Konsens des Treffens zu folgen. Wie Banning in seinen Memoiren schrieb, wäre ihre Reise angesichts solcher Befehle reine Zeitverschwendung gewesen. Im letzten Augenblick schafften sie es noch, diese Instruktionen durch wesentlich flexiblere Anweisungen zu ersetzen, die sie selbst zusammengestellt hatten. Nach ihrer Ankunft in Berlin verfuhren sie nach dem klassischen Rezept für erfolgreiche Ausschußarbeit und zogen vollständige Vertragsentwürfe über Navigationsgesetze und andere ausgefeilte, detaillierte Vorschläge aus der Tasche, die ihnen bei den Gesprächen mit Fachleuten einen wesentlichen Vorteil verschafften. Bei der ersten Sitzung wurde Lambermont die Schlüsselfunktion des Protokollführers übertragen, dessen Aufgabe es war, der Gesamtkonferenz die Beschlüsse der einzelnen Ausschüsse wiederzugeben, in denen die eigentliche Arbeit getan wurde.

Leopold gab sich jedoch nicht damit zufrieden, die belgische Delegation mit seinen Leuten zu besetzen, sondern brachte es tatsächlich auch noch fertig, die Delegation der USA zum Sprachrohr seiner ureigensten Interessen zu machen. Die Amerikaner, deren außenpolitischer Grundsatz lautete, sich aus europäischen Verwicklungen herauszuhalten, hätten an einer solchen Zusammenkunft normalerweise niemals teilgenommen. Sie waren aber nach Berlin eingeladen worden, weil sie die erste Nation gewesen waren, die Leopolds Vereinigung anerkannt hatte. Der neue amerikanische Gesandte in Deutschland war ein geschwätziger, wichtigtuerischer Rechtsanwalt namens John A. Kasson. Auf dem Weg zu seinem Amtsantritt machte er in Belgien Station, wo Leopolds amerikanischer Busenfreund Henry S. Sanford ihn auf seinem Schloß bewirtete, und auch der König ihm eine Audienz gewährte. Nachdem der US-Außenminister Frelinghuysen ihm die Teilnahme an der Konferenz gestattet hatte, kam Kasson die Idee, Sanford zu der amerikanischen Delegation hinzuzuziehen.

Sanford war mehr als bereit dazu und wurde auf der zweiten Sitzung der Konferenz als vollwertiger Delegierter der USA aufgeführt.

Hinter den Kulissen handeln die Geschäftsleute

Auf der Konferenz fiel Sanford vor allem dadurch auf, daß er darauf bestand, daß jeder Staat, der die Kontrolle über den größten Teil des Kongo übernimmt, auch das exklusive Recht erhalten müsse, entweder eine Eisenbahn zur Umgehung der Wasserfälle zu bauen, oder einer Gesellschaft zu diesem Zweck ein Monopol zu erteilen. Dieser Vorschlag war ein früher Hinweis auf Leopolds monopolistische Ambitionen. Obwohl diese Idee auf den erbitterten Widerstand von Frankreich und Portugal stieß, ließ Sanford sich nicht davon abbringen. Schließlich wurde der Vorschlag von den Ereignissen überrollt: als Teil einer Gebietsvereinbarung mit Portugal bekam Leopold, was er wollte. Laut dieser Vereinbarung erhielt seine Vereinigung das Recht, mit Einverständnis der Portugiesen diese Eisenbahn zu bauen. Merkwürdig ist und bleibt jedoch, daß ein amerikanischer Delegierter so offen für die Interessen eines königlichen Unternehmers eintreten konnte.

Kasson wollte auch Stanley als fachkundigen Berater in die US-Gruppe einberufen. Diese Idee bereitete dem König wirklich Sorgen. In Afrika war Stanley ausgesprochen nützlich, in Europa konnte er sich seiner jedoch nie ganz sicher sein, da er bedauerlicherweise dazu neigte, seine eigene Meinung zu vertreten. Leopold war sich darüber im klaren, daß Stanley die Hoffnung, der Kongo werde eines Tages britisches Eigentum sein, nie ganz aufgegeben hatte. Trotz seiner persönlichen Abneigung gegen Stanley glaubte Sanford jedoch, daß es alles in allem nützlich sein könnte, den Entdecker in Berlin dabei zu haben. Leopold stimmte trotz seiner Befürchtungen zu. Er befahl Stanley aber, sich an die Anweisungen Sanfords zu halten und ohne Zustimmung des Generals kein Wort zu sagen. Bismarck stimmte der Teilnahme Stanleys vorbehaltlos zu. Der Reichskanzler wußte, daß Stanleys Anwesenheit die Aktualität der Konferenz steigern und die Begeisterung der Deutschen für Kolonien weiter anheizen würde. (Charles Lowe, damaliger Berliner Korrespondent der „Times" ging sogar noch weiter und mutmaßte in seinen Memoiren, daß Bismarck in Stanley „einen Mann sah, der ihm in vielen Dingen ähnelte — so etwas wie ein Gegenstück.")

Bismarcks Einschätzung erwies sich als zutreffend. Von allen Seiten wurde Stanley als wichtigste Persönlichkeit der Konferenz gepriesen. Fast jeden Tag war er Ehrengast auf einem Bankett, Ball oder Empfang, wodurch er unzählige Gelegenheiten erhielt, seine Abenteuer in Zentralafrika zu beschreiben und seine Zuhörer mit unglaublich optimistischen Voraussagen über die Handelsmöglichkeiten am Kongo zu begeistern. In der Presse wurde lang und breit über seine gesellschaftlichen Verpflichtungen berichtet: 24. November: Mittagessen mit Fürst Wilhelm von Preußen; am Abend desselben Tages: Abendessen mit Bismarck (unter den Gästen befand sich auch Woermann); 25. November: Ehrengast auf einem großartigen Festbankett am Kaiserhof, einer gemeinsamen Veranstaltung der Geographischen und der Anthropologischen Gesellschaft...

Leopolds Befürchtungen, Stanley werde sich die Zunge verbrennen, erwiesen sich als unbegründet. Außerhalb der Konferenz setzte er sich, sowohl in seinen öffentlichen Reden als auch in privaten Mitteilungen an die Presse, unermüdlich für die Belange der Vereinigung ein. Im Rahmen der Konferenz, an deren Vollversammlungen er als bloßer Fachberater nicht teilnehmen konnte, waren die Ausschußsitzungen seine große Chance. Eine der ersten Aufgaben der Mächte war die Abgrenzung des Gebietes am Kongo, in dem Freihandel garantiert werden sollte. Die Frage wurde einem Ausschuß übertragen, in dem Stanley sich für eine enorme Ausdehnung stark machte, die fast 200 km der Atlantikküste sowie das gesamte Gebiet quer durch das Landesinnere bis zum Indischen Ozean einschloß.

Auch hinter den Kulissen war Stanley aktiv und bereitete alles für die so wichtigen Gebietsverhandlungen zwischen der Vereinigung, Frankreich und Portugal vor. Am 9. Dezember flog er eigens nach London, um bei der britischen Regierung für seine Vorstellungen zu werben. Diese hatte sich inzwischen fast dazu durchgerungen, dem Beispiel der USA und Deutschlands zu folgen und die Vereinigung anzuerkennen. Einige Tage später, als die gemeinsame Opposition von Frankreich und Portugal Leopolds Plänen bereits den endgültigen Garaus zu machen drohte, veröffentlichte die „Times" einen Brief Stanleys an James F. Hutton. Hierin wurde dargelegt, daß die Anerkennung, die Festlegung der Grenzen und die Neutralität für die Vereinigung von größter Bedeutung seien, um sie vor Angriffen zu schützen. Der Brief schloß mit einer angstvollen Warnung: falls es auf der Konferenz nicht zu einer Lösung dieses Problems kommen sollte, würde „das Kongobecken für lange Zeit in der Versenkung verschwinden".

Eine weit weniger auffallende, aber nicht minder wichtige Rolle hinter den Kulissen von Berlin spielte George Goldie. Er war besonders an dem zweiten großen Tagesordnungspunkt interessiert, der sich mit der Freiheit der Schiffahrt auf Kongo und Niger befaßte. Eine diplomatische Niederlage in diesem Punkt wäre sowohl für Großbritannien als auch für Goldie selbst eine Katastrophe gewesen. Wie bereits beschrieben, war Goldie derjenige gewesen, der Großbritannien in letzter Sekunde eine führende Stellung am Niger verschafft hatte, indem er französische Händler rücksichtslos aus dem Geschäft drängte. Das gemeinsame Projekt von Bismarck und den Franzosen, die Freiheit der Schiffahrt auf dem Fluß durch eine internationale Kommission überwachen zu lassen, würde seine Pläne vollständig zunichte machen. Er zielte auf ein Monopol ab, mit dem er die Verwaltungskosten einer riesigen privaten Kolonie abdecken wollte. Der britische Botschafter Sir Edward Malet ließ von Anfang an keine Zweifel daran aufkommen, daß Großbritannien einer internationalen Kontrolle niemals zustimmen werde. Malet war der erste Redner nach Bismarcks Eröffnungsansprache. Er wies darauf hin, daß der dortige Handel fast ausschließlich durch Initiative der Briten aufgebaut worden wäre und sich nun allein in ihren Händen befände, und daß „die größten Stämme dem offiziellen Schutz Großbritanniens unterstellt worden sind".

Man kann sich natürlich fragen, ob ein Häuptling wie Jaja Malets Worten über das Zustandekommen britischer Schutzherrschaft wohl zugestimmt hätte — aber Jaja war in der Wilhelmstraße ja nicht dabei. Großbritannien vertrat den Standpunkt, es sei mit der Freiheit der Schiffahrt im Prinzip vollkommen einverstanden, und würde es sogar gerne auf allen afrikanischen Flüssen verwirklicht sehen, wolle am Niger allerdings persönlich und allein dafür sorgen. Bismarck gab der Forderung der Briten nach, den Kongo und den Niger getrennt zu behandeln. Da das deutsch-französische Bündnis ihm unter den Händen zerbrach, gab de Courcel kampflos auf. Die internationale Kommission am Niger geriet damit stillschweigend in Vergessenheit.

Frankreichs Niederlage in diesem Punkt bedeutete, daß die Briten den einzigen diplomatischen Kampf, an dem ihnen wirklich gelegen war, gewonnen hatten. Für Goldie war der Sieg sogar noch größer. Die Akte über die freie Schiffahrt auf dem Niger, die die britische Delegation aufsetzte und die am 18. Dezember von der Konferenz angenommen wurde, schien den Briten als der Schutzmacht schwerwiegende Verpflichtungen aufzubürden. Goldie hatte keinesfalls die Absicht, sich an diese strengen Vor-

schriften zu halten. Mit einem lächerlich einfachen Trick gelang es ihm, die in Berlin beschlossenen gesetzlichen Auflagen zu umgehen. In dem Gesetz war stets von Schiffahrt, nie aber von Handel die Rede. Goldie machte daraufhin geltend, daß der Begriff Schiffahrt sich nur auf die Fortbewegung auf dem Wasser beziehe; sobald ein Schiff aber an Land festgemacht habe, befände es sich auf dem Gebiet seiner „Chartered Company" und müsse ihr demnach Abgaben zahlen. Diese juristischen Haarspaltereien bescherten Goldie und der britischen Regierung später ernsthafte Schwierigkeiten mit Deutschland. Zunächst einmal paßten die Bedingungen der Berliner Generalakte Goldie jedoch wunderbar in den Kram. Ohne die Überwachung durch eine internationale Kommission waren sie völlig wirkungslos. Da sie der britischen Regierung aber scheinbar Verpflichtungen auferlegte, war Whitehall dazu gezwungen, sie zu erfüllen. Das oberste Ziel der britischen Regierung war die Einsparung von Kosten, und daher wurde Goldies Vorschlag einer „Chartered Company" als die billigste Lösung nunmehr unwiderstehlich. Die Berliner Konferenz konsolidierte demnach nicht nur die Machtposition der Briten am unteren Niger; sie gab auch Goldies Ehrgeiz einen mächtigen Aufschwung und muß daher als wichtiger Schritt in Richtung auf die Gründung des späteren Nigeria betrachtet werden.

Die anderen britischen Geschäftsleute, die ihre Teilnahme an der Konferenz für wichtig hielten, waren John Holt, A. L. (später Sir Alfred) Jones, F. W. Bond und E. H. Cookson. Sie waren in erster Linie für Leopold und die Internationale Kongovereinigung von Bedeutung. Sie betrachteten Leopold im Vergleich mit Frankreich oder Portugal als das kleinere Übel und hatten sich zu einer Vereinigung zusammengeschlossen, die sich den reichlich melodramatischen Titel „Congo District Defence Association" (Verteidigungsorganisation für das Kongogebiet) zugelegt hatte. In Wirklichkeit verteidigten sie natürlich nicht das „Kongogebiet", sondern britische Handelsprivilegien.

Der wichtigste „fachkundige Berater" der deutschen Delegation war Adolph Woermann, genau derjenige Geschäftsmann, der Bismarck — zusammen mit Lüderitz — zum Wettlauf um Kolonien angespornt hatte. Inzwischen arbeitete er nicht nur eng mit Kusserow zusammen, dem engagiertesten Beamten in der deutschen Delegation, sondern sogar mit dem Reichskanzler selbst. Als bei den deutsch-französischen Gesprächen über Einfuhrzölle in der Freihandelszone am Kongo ein Stillstand drohte, da Kusserow darauf bestand, sie völlig zu verbieten, und Courcel genauso hartnäckig dagegen war, ret-

Schnaps blieb ein profitables Geschäft

tete Woermann die Situation mit dem Vorschlag, das absolute Zollverbot solle nur für 20 Jahre gelten und danach erneut verhandelt werden.

Woermanns Anwesenheit als Großexporteur von Kartoffelschnaps erwies sich auch als nützlich bei der Zurückweisung britischer und italienischer Vorschläge, den Alkoholhandel zu verbieten oder einzuschränken. Die diesbezügliche Resolution der Konferenz ist ein meisterhaftes Beispiel für inhaltslose diplomatische Wortklauberei:

„ . . . in ihrem Wunsch, die Eingeborenen vor dem Übel starken Alkoholgenusses zu bewahren, beabsichtigen die Mächte . . . zu einer Einigung darüber zu kommen, wie man Schwierigkeiten, die sich eventuell hieraus ergeben könnten, in einer Weise regeln könnte, die sowohl humanitären Zielen als auch den legitimen Handelsinteressen gerecht wird."

(Die portugiesische Delegation verlieh diesem Entschluß noch einen Hauch schwarzen Humors, indem sie vorschlug, daß nicht nur die Einfuhr hoch-

prozentigen Alkohols, sondern auch die von „Fesseln, Peitschen und jeglichem anderen Zubehör des Sklavenhandels" verboten werden sollte.) Rein äußerlich veranlaßte die gesunde und starke Erscheinung Woermanns die „Preußische Kreuz-Zeitung" zu der Bemerkung, er sei der lebende Beweis dafür, daß das Klima am unteren Kongo für Europäer nicht gefährlicher sei als das in anderen Teilen der Welt. Dieser Hinweis war besonders bemerkenswert, da Woermann nur ein einziges Mal, 1872, selbst in Westafrika gewesen war. In derselben Zeitung konnte man auch lesen, es sei vielleicht ratsam, auch Gifte auf die Liste der verbotenen Einfuhrgüter zu setzen — dieser Vorschlag ist gar nicht einmal so dumm wie er scheint, wenn man an die Vorbereitungen der CIA zur Ermordung Patrice Lumumbas 1960 denkt, in deren Verlauf auch Gift in den Kongo eingeführt wurde.

Zu den Persönlichkeiten, die die Delegation ihres Landes unterstützten, gehörte auch der portugiesische Geograph und erklärte Gegner Leopolds Luciano Cordeiro. Seit Jahren bemühte er sich schon darum, die Vereinigung zu entlarven und ihre Ansprüche zu diskreditieren. Cordeiros unversöhnliche Abneigung gegen das Unternehmen des Königs veranlaßte Courcel, ihm den Spitznamen „Ausschuß für Öffentliche Sicherheit" zu geben. Offizieller Leiter der portugiesischen Delegation war der liebenswürdige Berufsdiplomat Marquis de Penafiel; aber der Mann, der Portugals traditionelle Ansprüche auf Vorrechte in Afrika auf der Grundlage seiner ehemaligen Ruhmestaten am besten repräsentierte, war der frühere Kabinettsminister Serpa de Pimentel.

Unter den Botschaftern war Baron de Courcel — sowohl was Kenntnisse als auch was Persönlichkeit anging — die dominierende Figur. Er war ein geschniegelter, eleganter Diplomat und gehörte zu den wenigen, die Fürst Bismarck bei persönlichen Begegnungen standhalten konnten. Auch das französisch-deutsche Übereinkommen war eher ihm als Außenminister Ferry zu verdanken. Zu Beginn der Konferenz erwartete man allgemein, daß Frankreich auf Kosten der Briten einen Triumph feiern werde; Courcel wurde zum Vorsitzenden des vorbereitenden Ausschusses gewählt und mit der Kleinarbeit betraut. Er war ein guter Vorsitzender, und seine Schuld war es gewiß nicht, daß die angebliche Übereinstimmung deutscher und französischer Interessen Punkt für Punkt einer näheren Überprüfung nicht standhielt. Aus französischer Sicht begann die Niederlage bereits damit, daß sie sich bei der Begrenzung des Kongobeckens nicht durchsetzen konnten. Es stellte sich heraus, daß Bismarck sein Bekenntnis zum Freihandel tatsächlich ernst gemeint hatte; im Laufe der Konferenz wurde ihm klar, daß „Frankreichs Gier nach Landbesitz", wie er es selbst einmal ärgerlich formulierte, den deutschen Handel noch mehr bedrohte als die britische Politik, die immerhin noch vom Manchester-Liberalismus gekennzeichnet war. Dies führte zu zweierlei Ergebnissen: Deutschland rückte näher an Großbritannien heran, und Bismarck unterstützte von da an mit all seinen Kräften König Leopold, den er noch für den zuverlässigsten Treuhänder des Freihandelsprinzips am Kongo hielt. Derart in die Defensive gedrängt, wandte Courcel sich notgedrungen an das verachtete Portugal, das nun sein einziger Verbündeter gegen die gemeinsamen Kräfte von Deutschland und Großbritannien und die verschiedenen Handlanger Leopolds war.

Bismarcks politische Kehrtwendung, mit der er Courcel den Rücken zuwandte, war für den britischen Vertreter Sir Edward Malet dagegen ein Glück. Am Vorabend der Konferenz waren seine Aussichten wahrhaft düster gewesen. Er hatte erst kurz zuvor als Nachfolger des im August verstorbenen Lord Ampthill die Botschaft in Berlin übernommen, nachdem dieser dort zehn Jahre lang britische Interessen vertreten hatte, und schon sah es so aus, als werde seine erste größere Aufgabe schlecht ausgehen. Als Persönlichkeit konnte er dem geistreichen und vornehmen Courcel kaum das Wasser reichen. Seine Erfolge trugen ihm jedoch die allgemeine Hochachtung ein, da Großbritannien in Berlin in wesentlichen Punkten nicht an Boden verlor.

Der Anwesenheit Malets gebührt allein deshalb schon Beachtung, weil er den Anstand besaß, auf das Fehlen afrikanischer Teilnehmer an der Konferenz hinzuweisen. In seiner Eröffnungsrede sagte er: „Ich kann nicht darüber hinwegsehen, daß in unserem Kreis keine Eingeborenen vertreten sind, und daß die Beschlüsse der Konferenz dennoch von größter Wichtigkeit für sie sein werden." Solche Worte hatten zugegebenermaßen keine praktische Bedeutung, da europäische Mächte einschließlich Großbritanniens keinesfalls die Absicht hatten, den Leitsatz „was gut fürs Geschäft, ist auch gut für Afrika" in Frage zu stellen. Zumindest aber zeigte Malet schwache Anzeichen von Weitsicht, indem er anmerkte, daß die Öffnung des Kongomarktes den dortigen Afrikanern absolut keine Vorteile bringen würde, „wenn die Freiheit des Handels in Ermangelung vernünftiger Kontrollen zur Zügellosigkeit verkommen würde". Was unter „vernünftiger Kontrolle" zu verstehen war, wurde in Berlin nicht näher besprochen und ist ein Jahrhundert später immer noch ungeklärt.

Malet hatte das Glück, einen guten Beraterstab zu haben. Zu ihnen gehörte auch H. P (später Sir Percy) Anderson, der seit der Gründung im Jahre 1883 Leiter der neuen Afrikaabteilung im Außenministerium war. (Die Einrichtung dieser Abteilung war eine Zeiterscheinung, und löste die alte „Abteilung für Sklavenhandel" ab). Zu den ersten Aufgaben Andersons gehörte es, das „furchtbare Durcheinander" um den britisch-portugiesischen Vertrag zu entwirren. Im Gegensatz zu den meisten seiner Kollegen machte er sich mit Begeisterung über das neue afrikanische Schachspiel her und wurde ein ausgezeichneter Spieler — nach den Worten eines sachkundigen Beobachters der einzige, der es mit Weltmeister Leopold aufnehmen konnte. Anderson beabsichtigte, Macht und Ansehen der Briten in Afrika zu erhalten. In Berlin hatte er zum erstenmal die Gelegenheit seine Fähigkeiten auszuprobieren, und zwar zu einem Zeitpunkt, da seine politischen Vorgesetzten in London gerade erst begriffen, daß das Spiel bereits im Gang war.

Ein mageres Ergebnis im Namen des Allmächtigen

Durch die Konferenz wurden alle die Mächte und alle die Schlüsselpersönlichkeiten in einer europäischen Stadt versammelt, die am Wettlauf um Afrika teilnahmen. Nach monatelanger Kleinarbeit brachten die teilnehmenden Mächte ein feierliches Dokument heraus, die Generalakte von Berlin. Von der Präambel dieser Akte mußte man den Eindruck gewinnen, es handele sich hier um ein bedeutsames neues Gebilde des Völkerrechts. Im „Namen des Allmächtigen Gottes" erklärten die Mächte, sie

„wünschten in gutem und gegenseitigen Einvernehmen solche Bedingungen zu schaffen, die der Entwicklung von Handel und Zivilisation in bestimmten Gebieten Afrikas am meisten förderlich sein würden, und allen Nationen die Vorteile freier Schiffahrt auf den beiden größten afrikanischen Flüssen mit Zugang zum Atlantik zu sichern; da sie weiterhin wünschen, zukünftigen Mißverständnissen und Streitigkeiten vorzubeugen, die sich aus neuerlichen Besetzungen ('prises de possession') an der afrikanischen Küste ergeben könnten, und da sie gleichzeitig um Mittel und Wege bemüht sind, das moralische und materielle Wohlbefinden der eingeborenen Völker zu verbessern, haben sie beschlossen..."

Was hatten sie denn nun beschlossen? In Bezug auf den ersten Punkt, die Freiheit des Handels auf dem Kongo, zogen sie zunächst grobe Linien auf der Karte, um ein riesiges Gebiet Afrikas abzugrenzen, in dem absolute Handelsfreiheit herrschen sollte. Dieses Gebiet umfaßte nicht nur das heutige Zaire und die Volksrepublik Kongo (ehemals Belgisch-Kongo und Französisch-Kongo), sondern auch Teile der heutigen Staaten Angola, Gabun, Kamerun, Sambia, Malawi, Tansania und Uganda. Für die Dauer von mindestens zwanzig Jahren wurden die Erhebung von Zöllen und jegliche Art von Monopolen verboten, und in der Akte wurden der internationalen Flußkommission weitreichende Befugnisse eingeräumt, mit denen gesichert werden sollte, daß diese hehren Ziele auch in der Praxis umgesetzt wurden. In der Berliner Akte wurden weder Leopold noch eine seiner Vereinigungen auch nur erwähnt; zum Zeitpunkt ihrer Unterzeichnung hatten dieselben Mächte die Vereinigung jedoch bereits als eine souveräne Institution anerkannt und

das riesige Freihandelsgebiet am Kongo ihrer wohlwollenden Fürsorge anvertraut.

Innerhalb weniger Jahre brachte es Leopold dann fertig, sein privates afrikanisches Königreich in ein gigantisches monopolistisches Konzessionssystem zu verwandeln. Sogar das Verbot von Einfuhrzöllen wurde bald schon wieder abgeschafft: innerhalb von sechs Jahren hatte Leopold die Mächte dazu gebracht, einen 10%igen Zoll zu gestatten. Die internationale Flußkommission wurde erst gar nicht aufgestellt. Die Berliner Abgeordneten vergaßen ganz einfach, Vorkehrungen für ihre Einrichtung zu schaffen oder Mittel aufzutreiben, mit denen sie hätte finanziert werden können. Leopold hatte demnach zwanzig Jahre völlig freie Hand um eines der seinerzeit größten Privatvermögen anzuhäufen. Als die belgische Regierung schließlich gezwungen war, seinem Regime ein Ende zu bereiten, geschah es nicht, weil er alle Vorschriften der Berliner Generalakte gebrochen hatte, sondern weil die Öffentlichkeit seine Greueltaten nicht länger dulden mochte.

Die dritte Grundlage der Konferenz, die sich auf die effektive Besetzung bezog, brachte ganze zwei Sätze hervor:

Artikel 34. Jede Macht, die künftig außerhalb ihres bestehenden Herrschaftsgebietes einen Landstrich an der Küste des Afrikanischen Kontinents in Besitz nimmt, oder die bislang keine solchen Besitzungen inne hatte, soll diese erhalten können; genauso soll eine Macht, die dort ein Protektorat ausruft, einen solchen Akt nach Ankündigung bei den Signatarmächten der vorliegenden Akte vornehmen können, um es ihnen so zu ermöglichen, falls nötig eigene Forderungen geltend zu machen.

Artikel 35. Die Signatarmächte der vorliegenden Akte sind sich der Verpflichtung bewußt, ihre Autorität in den von ihnen besetzten Gebieten an der Küste des afrikanischen Kontinents so zu sichern, daß ihre Rechte ausreichend geschützt sind und nötigenfalls auch die Freiheit des Handels und der Durchreise unter den allgemein anerkannten Bedingungen geschützt werden können.

Diese beiden sorgfältig formulierten Artikel, deren Ausarbeitung fast einen Monat gedauert hatte, enthielten die sogenannten Grundregeln für den Wettlauf um Afrika, für die Bismarck sich so abgemüht hatte.

Die erste Klausel über vorherige Ankündigung war reine Formsache; sie sagte nichts darüber aus, was geschehen sollte, wenn zwei Mächte dasselbe Gebiet beanspruchten, und überließ die Regelung solcher Interessenkonflikte den traditionellen Spielre-

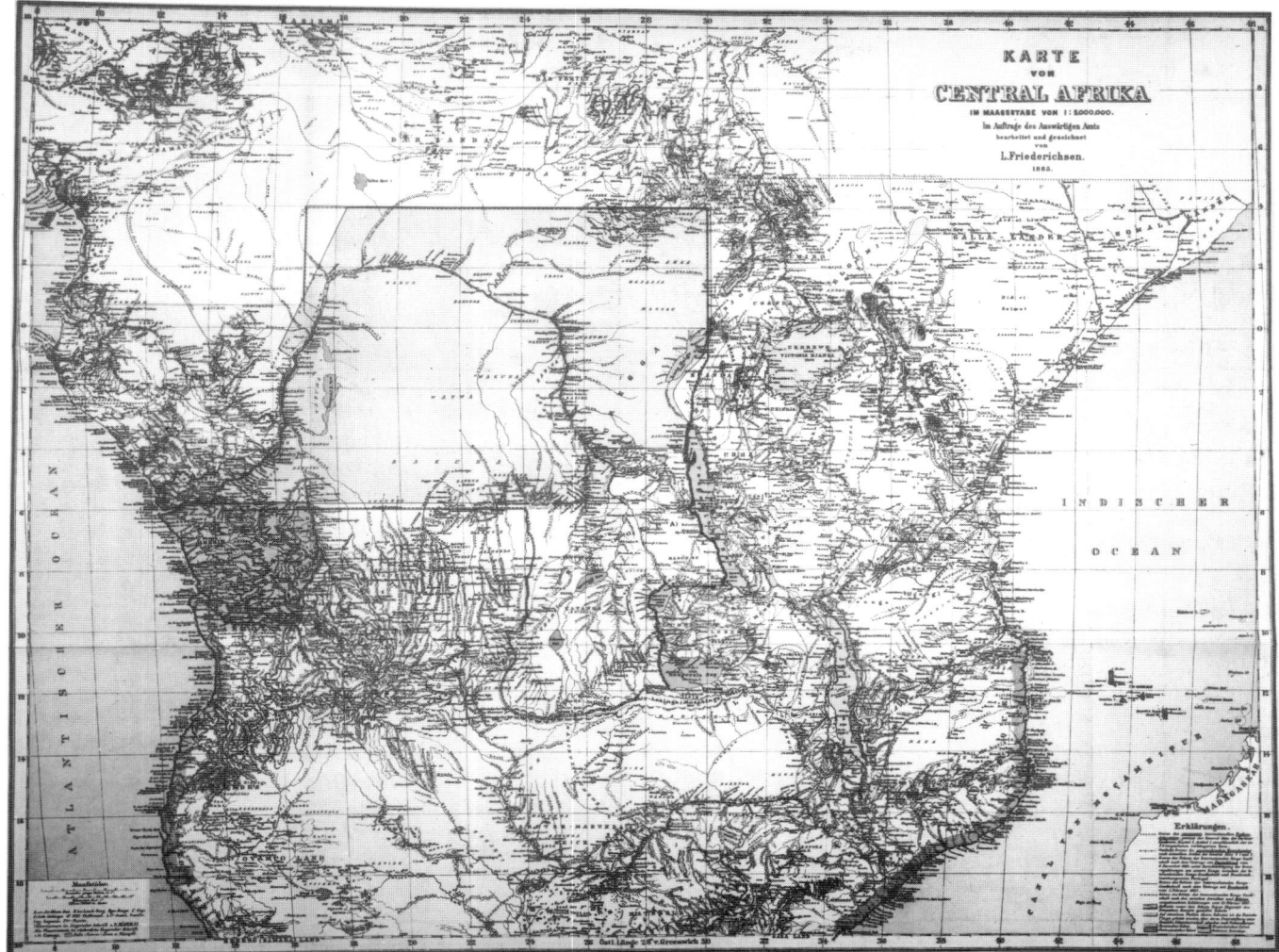

geln der Diplomatie. Die zweite Klausel über effektive Besetzung setzte die Verpflichtungen der Besatzungsmacht fest, die jedoch dank der Bemühungen Großbritanniens nur sehr ungenau definiert wurden. Außerdem bezogen sich die Regeln nur auf neue Besetzungen an der Küste, die inzwischen größtenteils in den Händen der einen oder anderen Macht waren. Was aber, wenn sie im Landesinneren aufeinandertreffen würden? Hierfür boten die in Berlin formulierten Regeln keine Richtlinien an.

Während die Diplomaten mit juristischen Haarspaltereien beschäftigt waren, geschahen andere Dinge, die sich als weitaus wirlichkeitsnaher und verheerender für Afrika herausstellen sollten. Der Wettlauf selbst kam nun richtig in Schwung. Er spielte sich auf zwei Ebenen ab: in europäischen Kanzlerämtern und in afrikanischen Städten und Dörfern.

Frankreich hatte sich bekanntlich dagegen gesträubt, auf der Konferenz Gebietsforderungen zu besprechen. Das Problem, wer der „Besitzer" des Kongo sein sollte, konnte jedoch nicht beiseite geschoben werden; hierfür mußte umgehend eine Lösung gefunden werden. Als die Konferenz bereits lief, war es Bismarck, der parallele Verhandlungen über Gebietsfragen eröffnete und darauf bestand, daß sie noch während der Laufzeit der Konferenz ein Ergebnis hervorbringen müßten. Diese Gespräche begannen im Dezember in Berlin, wurden im Januar in Paris fortgesetzt und gingen im Februar in Berlin weiter. Dort gelangte man am 14. zu einer Entscheidung, woraufhin die Konferenz selbst zwölf Tage später ebenfalls enden konnte.

Die drei Teilnehmer am Spiel um kongolesisches Land waren Frankreich, Portugal und der belgische König, während Großbritannien und Deutschland das Ganze aus einiger Entfernung beobachteten und nur eingriffen, wenn es nötig war, um Streit unter ihnen zu vermeiden. Leopold wurde als erster aktiv. Er hatte die größte Angst davor, daß das Bündnis zwischen Frankreich und Deutschland zusammen mit dem im Laufe der Konferenz wachsenden Verständnis zwischen Frankreich und Portugal ihn letztendlich ausbooten würde. Stanley mußte nach London reisen: die AIC sollte das gesamte rechte Kongoufer von der Küste bis einschließlich dem rechten Ufer des Stanley Pool erhalten; Portugals Forderungen sollten an der Küste entlang bis zum südlichen Ufer, dann landeinwärts den Fluß entlang bis nach Nokki, einige Kilometer vor der Mündung, anerkannt werden; das linke Ufer stromaufwärts von Nokki sollte der AIC gehören; die Grenze nördlich des Flusses zwischen der AIC und den Franzosen sollte Frankreich Zugang zum oberen Kongo nahe Brazzaville gewähren.

Leopold war sich sehr wohl bewußt, daß diese Regelung für die Franzosen ein Schlag ins Gesicht war. Schließlich hatte DeBrazza in seinem Vertrag mit Makoko nicht nur das nördliche, sondern auch das südliche Ufer des Stanley Pool einbezogen. Falls Frankreich diese Position verlassen würde, bot er an, seine Forderung auf den Niari-Kwilu zurückzunehmen, wo Stanley DeBrazza ein Schnippchen geschlagen hatte. Hierfür sollte Frankreich allerdings eine Entschädigung zahlen. Dieselben Vorschläge unterbreitete Stanley getrennt hiervon auch noch der deutschen Regierung, und Lambermont und Strauch machten Staatssekretär Hatzfeld dringend auf die Notwendigkeit aufmerksam, die Sache schnell zu regeln, solange die Konferenz noch andauerte.

Für Leopold war damit die Stunde der Wahrheit gekommen. Würde Bismarck mitspielen und Frankreich und Portugal dahingehend beeinflussen, daß sie ihm den Zugang zur See gewährten, den er zur Erfüllung seines Traumes so verzweifelt brauchte?

Mehrere Tage lang war alles in der Schwebe. Angesichts schwindender Hoffnungen und — nach den Worten seines besten Biographen Neal Ascherson „Vor Schmerz und Angst schreiend" — spielte der König seinen letzten Trumpf aus und drohte, sich ganz zurückzuziehen und den Kongo als gefährliches Machtvakuum zurückzulassen.

Noch am selben Tag (20. Dezember), an dem Leopold eine verzweifelte Botschaft an Strauch verfaßte, wurde die Krise auf wunderbare Weise überwunden. Courcel teilte Deutschland mit, Frankreich sei bereit, den Kongo mit Portugal und der Vereinigung zu teilen. Man einigte sich darauf, die Gespräche über die Weihnachtstage auszusetzen, und am Silvesterabend fanden sich Emile Banning und Eugene Pirmez, ein Mitglied der belgischen liberalen

Partei, bei keinem Geringeren als Jules Ferry in dessen Pariser Büro ein. Die Gebietsfrage war bald schon geklärt durch einen Kompromiß über die Stelle, an der Frankreich Zugang zum Kongo erhalten sollte. Das Hauptproblem lautete nunmehr, ob Frankreich Entschädigung dafür zahlen mußte, daß Leopold sich vom Niari-Kwilu zurückzog, oder, falls dies nicht geschehe, der Vereinigung erlaubt werde, in Frankreich eine Kongoanleihe mit der gigantischen Summe von sechs Millionen Francs anzubringen. Diese Regelung erschien Ferry akzeptabel, aber Leopold forderte darüber hinaus, daß Frankreich seine günstige Position als Portugals letzter verbliebener Freund dazu nutzte, Lissabon zur Anerkennung seiner Ansprüche auf das rechte Kongoufer wie auch das linke Ufer zu überreden. Ferry sagte dies zwar scheinbar zu, aber er hielt sein Wort nicht. Die Portugiesen weigerten sich wie üblich, auch nur ein bißchen nachzugeben, und wurden insgeheim von Ferry in ihrer Haltung unterstützt. Wieder einmal sah es so aus, als werde die Vereinigung „wie eine Nuß zwischen den Kiefern eines Nußknackers" zerquetscht.

Ungeduld auf den Kanonenbooten

Doch dieses Mal war Leopold gar nicht direkt gefährdet. Die Zeichen standen nunmehr günstig für ihn. Am 5. Februar 1885 wurden zwischen Frankreich und der Vereinigung eine Konvention zusammen mit einer Zusatzvereinbarung unterzeichnet, in der die französische Regierung versprach, zwischen ihr und Portugal zu vermitteln. Leopold hatten seinen größten Rivalen neutralisiert. Daraufhin wurden die Gespräche wieder nach Berlin verlegt, wo es um das Hauptproblem ging, wie man die Portugiesen dazu bringen könnte, ihren Stolz herunterzuschlucken. Bismarck sagte einmal, man sollte belgische und portugiesische Botschafter wie eine englische Jury in einen Raum sperren, bis sie zu einem Entschluß gekommen wären. Bald erkannten er und die anderen jedoch, was getan werden mußte. Am 13. Februar teilten die drei Großmächte Portugal offiziell mit, falls es weiter auf seinen Forderungen bestehe, würde es völlig leer ausgehen.

Die Portugiesen wußten zwar, daß die Schlacht verloren war, bestanden aber um ihrer Ehre willen auf einem Zugeständnis: Die Enklave Kabinda, ein

Landstrich nördlich des Kongo, der zu dieser Zeit keinen wirtschaftlichen Wert hatte, den die Portugiesen in ihrer Verfassung aber als königliche Apanage bezeichneten, sollte als Teil von Angola anerkannt werden. Die Mächte sahen keinen Grund, Portugal diese Bitte abzuschlagen. Sie konnten damals schlecht wissen, daß man eines Tages dort Öl finden würde und Kabinda der reichtste Teil Angolas werden würde. Am 15. Februar unterzeichneten die Vereinigung und Portugal eine Konvention, die die Gebietsfragen zur allseitigen Zufriedenheit regelte.

Auf diese Weise erhielt Leopold Kongo-Zaire, legte Portugal die Grenzen des heutigen Angola fest und schuf Frankreich die Grundlagen für sein Kongo-Brazzaville. Diese Transaktionen fanden fast ausschließlich hinter verschlossenen Türen statt, während die Presse fieberhaft Spekulationen darüber verbreitete, wer wohl letztlich was besitzen würde.

Heutige Geschichtsforscher mögen die zentrale Bedeutung der Berliner Konferenz für den Wettlauf um Afrika in Frage stellen, der italienische Korrespondent der „Times" verspürte keine solchen Zweifel. Am 5. Dezember 1884 schrieb er:

„Was Portugal und die von ihm beanspruchten Gebiete zwischen Ambriz und der Kongomündung angeht, kann man sich kaum vorstellen, wie es seine Souveränität dort halten will, ohne erst einmal die Konferenzbeschlüsse über den dritten Programmpunkt abzuwarten, und daraufhin in höchster Eile den Kommandeur eines Panzerschiffes anzuweisen, gemäß den neuen Regeln afrikanisches Gebiet effektiv zu besetzen. Und Frankreich wird zweifellos dasselbe tun. Erst nach Schluß der Konferenz wird sich herausstellen, was der Wettlauf um Afrika wirklich bedeutet."

Am 21. Februar 1885 brachte die gleiche Zeitung einen am 5. Februar verfaßten Bericht aus St. Paul de

Die Landung der deutschen Truppen am Kamerun.

(Aus der „Kölnischen Zeitung".)

Die Einnahme von Hickory-Stadt.

König Acquas Stadt, 22. December 1884. Mit solchen Dampfern wie „Fan" und „Duala" gelangt man für gewöhnlich in zwei Stunden vom Ankerplatze unserer Kriegsschiffe bis nach König Bells Stadt und König Acquas Stadt. Mit den vielen Booten im Schlepptau benöthigten wir aber beinahe drei Stunden, um diese Entfernung zurückzulegen. Auch mußten Capitän Voß, welcher die „Duala" und Herr Maas, welcher den „Fan" steuerte, die äußerste Vorsicht anwenden, weil es doch sehr unangenehm gewesen wäre, wenn wir gerade bei dieser Gelegenheit auf eine Untiefe gerathen wären. Als wir uns Joß Stadt, dem Hauptsitze der Aufständischen, näherten, flatterte über dem Orte eine weiße Fahne, das Zeichen der Unterwerfung. Die Ereignisse, von denen der Leser des Weiteren hören wird, beweisen, daß das eitel Hinterlist und Verrätherei war. Wer aber hat den Schwarzen diese Kriegslist angerathen? Deutsche haben es ganz gewiß nicht gethan.

Der vom Admiral ausgearbeitete Plan ging zunächst dahin, daß zunächst die am rechten Ufer des Kamerun-Flusses gelegene König Hickory-Stadt behufs Abfangung des Häuptlings Lock Priso umstellt werden sollte, indem die „Bismarck"-Leute im Nordosten, die „Olga"-Leute im Süden jener vorspringenden Landzunge, auf welcher Hickory-Stadt liegt, landeten. Nach geschehener Vereinigung sollte man alsdann flußabwärts zum gegenüberliegenden linken Ufer fahren und dort gemeinsam die Stadt des Häuptlings Elami Joß angreifen. Joß Stadt liegt südwestlich von der von den Aufständischen niedergebrannten Stadt König Bells und ist eigentlich bloß ein Theil derselben. Bei der Annäherung an König Bells Stadt und König Acquas Stadt bemerkten wir, daß die englischen Hulks und alle am Lande gelegenen Gebäude der englischen Mission die englische, die deutschen Factoreien dagegen die deutsche Flagge aufgezogen hatten. Die am Lande gelegene Factorei von Jantzen u. Thormählen (die Beamten wohnen auf der Hulk „Luise") hatte sogar über die Toppen geflaggt. Alle von uns geschleppten Boote stellten, während über „Fan" und „Duala" nach wie vor die schwarz-weiß-rothe Fahne wehte, die deutsche Kriegsflagge auf. Da westlich von Hickory-Stadt ein kleiner Wasserarm, auf dem die Aufständischen hätten entfliehen können, in den Mungo-Creek mündet, so wurde ein Kutter der „Olga" unter dem Unter-Lieutenant zur See Hoffmann dorthin abgesandt. Ich will aber gleich hier erwähnen, daß Lieutenant Hoffmann nichts zu thun bekam, indem die Aufständischen, soweit sie nicht schon vorher die Stadt geräumt hatten, in nördlicher Richtung entflohen. Zwischen Hickory-Stadt und der flußaufwärts von König Acquas Stadt gelegenen Dido-Stadt herrschte reges Leben. Nicht nur schwammen dort Dutzende von Fischerbooten, sondern es verkehrten auch große, bunt angestrichene Kriegs-Canoes herüber und hinüber. Kurz bevor wir selbst landeten, spielte sich vor unsern Augen eine aufregende Scene ab. Zwei große Canoes suchten dicht vor dem „Fan" von Hickory-Stadt nach Dido-Stadt herüberzukommen. Es wurden aber ein Kutter und die Dampfpinasse des „Bismarck" zur Verfolgung abgesandt. Die Schwarzen ruderten wie verzweifelt, so daß ihre Canoes gleich Pfeilen dahinschossen. Ein paar blinde Schüsse vermochten nicht, sie zum Stillehalten zu bewegen. So schnitt also die Dampfpinasse dem einen Canoe den Weg ab. Die drei Insassen sprangen ins Wasser und schwammen, wie ich niemals vorher Menschen habe schwimmen sehen — etwa mit der Geschwindigkeit eines laufenden Pferdes. Erst nach geraumer Zeit wurden sie vom Kutter eingeholt und gefangen genommen. Die Dampfpinasse aber bohrte das andere Canoe in den Grund und fischte von seinen Insassen auf, wen man eben fischen konnte.

Um 9 Uhr 30 Minuten stieg ich mit den Offizieren der „Olga" vom „Duala" in die Boote, in denen bisher bloß die Mannschaften gesessen hatten. Um 9 Uhr 35 Minuten sprangen wir heraus, wobei wir noch ein klein wenig durchs Wasser waten mußten, um an Land zu gelangen. Rechts von uns lag Hickory-Stadt, aber da wir dieselbe umstellen sollten, so stieg ich mit Capitän-Lieutenant Riedel, den ersten Zug unter Seconde-Lieutenant v. Egel begleitend, eine kleine buschbewachsene, südwestlich von Hickory-Stadt gelegene Anhöhe heran. Um 9 Uhr 40 Min. fiel von unserer Seite der erste Schuß auf Neger, die ihre Gewehre schwingend zu entkommen suchten und trotz des Anrufens nicht stillhanden. Bald krachte es rings umher und auch von jener Seite her, wo die „Bismarck"-Leute kurz vor uns gelandet waren. Aufwärts weiter eilend sah ich den ersten Todten, den Rücken von Blut überströmt, im Grase liegen. Etwa 100 Schritte weiter hörte ich das Geschrei eines Kindes, das wohl von seiner fliehenden Mutter verlassen worden sein wird. Hoffentlich hat die arme Mutter das arme Ding später wiedergefunden. Wären wir nicht beim Rückmarsch wegen der zur Eile drängenden Gefangennahme eines Deutschen, den wir befreien wollten, gezwungen worden, den kürzesten Weg einzuschlagen, so würden wir das Kind wohl mitgenommen und einer Mission übergeben haben. Einstweilen stürmte alles durch Gras und Buschwerk vorwärts, den Anweisungen von Dr. Passavant und Dr. Pauli folgend, welche uns als Führer dienen sollten, ebenso wie Dr. Buchner und Herr Schmidt den „Bismarck"-Leuten. Ein zweiter Neger fällt, ein dritter. Wir sind im Dorfe, zwischen durch ansehnliche Zwischenräume getrennte Bambu- und Binsenhäuser gänzlich menschenleer zu sein scheinen. Doch nein! Da stürzt gerade vor uns ein Schwarzer hervor und legt das Gewehr an die Backe. Zwei Matrosen springen hinter einen Baum und zielen. Gleichzeitig krachen Schüsse und der Neger stürzt, im Fallen sich überschlagend, mitten in der Straße zu Boden. Zwei Minuten später photographirte ihn Stabsarzt Dr. Fischer, der im ganzen etwa ein Dutzend Aufnahmen machte. Der Gefallene trug die aus Kokosfasern gefertigte braune, aber in der Form dem baierischen Raupenhelm gleichende Kriegsmütze der hiesigen Dualastämme. Seine reiche Kleidung verrieth ihn als einen Vornehmen, wenn nicht als einen Häuptling. Er trug Miniégewehr und Schwert; seine Patrontasche enthielt Pulver und gehacktes Blei, mit dem die hiesigen Dualas viel lieber als mit Kugeln feuern. Das Haus des Gefallenen, dessen Thür mit dem Kolben aufgeschlagen wurde, war für die Verhältnisse der Eingeborenen reich ausgestattet und enthielt unter anderm einen künstlich geschnitzten Canoe-Aufsatz (Canoe-Schnabel), den wir als Trophäe mit uns nahmen. Ernstlichere Arbeit gab es für uns nicht mehr und fast mit Neid hörten wir das starke Schießen auch aus den Geschützen und der Revolver-

kanone seitens der „Bismarck"-Leute. Man hatte uns bloß sehr schwachen und sozusagen gar keinen Widerstand geleistet. Auch ergab die Durchsuchung der Häuser, deren Thüren aufgeschlagen, die aber sonst unversehrt gelassen wurden, daß nur wenig Aussicht vorhanden war, Lock Priso hier noch zu finden. Hickory-Stadt war genommen. Aber wo blieben die „Bismarck"-Leute? An der andern Seite des Ortes hinderte uns ein Mangrove-Dickicht, in das sich, nach dem Stimmengewirr zu urtheilen, viele Schwarze geflüchtet hatten. Am weiteren Vordringen, so ernstlich es auch versucht wurde. Die Vereinigung mit den „Bismarck"-Leuten erwies sich als unmöglich, weil die uns von einem trennende wassergefüllte und mit Mangrove-Dickicht bestandene Niederung von jenen Ortskundigen, welche die kleinen Situationspläne angefertigt hatten, nicht in Rechnung gezogen war. Wir marschirten in anderer Richtung, als von woher wir gekommen waren, und fanden ein mit Pulver und Waffen vollgepfropftes Haus, das vielleicht als eine Art von Arsenal hatte dienen sollen. Anfänglich begann man die Pulverfässer, etwa 20 an der Zahl, aufzuschlagen und ihren Inhalt auf den Boden zu schütten. Da das aber zu lange dauerte, wurde Feuer an das Haus selbst gelegt und während wir weiter marschirten, tönte beständig das Knallen explodirender Pulverfässer in unsere Ohren. Als wir uns dem Strande näherten, flohen in größter Hast, aber selbstverständlich unbehelligt bleibend, einige Weiber, die man der bei der üblichen Kleidung wegen aus der Entfernung bloß daran, daß sie keine Waffen trugen, als solche erkennen konnte. Wir gelangten an einem großen, theilweise sogar aus Stein erbauten Hause, das, als Dr. Passavant es als dasjenige des Häuptlings Lock Priso erklärt hatte, ebenfalls den Flammen überliefert wurde. Noch erhielt ein mit Gewehr ertappter Neger einen Schuß durch den Arm, dann um 10 Uhr 30 schwieg auf unserer Seite das Feuer und um 10 Uhr 40 auch auf Seiten der „Bismarck"-Leute.

Mit den Offizieren hatte ich mich gerade, um nach den „Bismarck"-Leuten und ihren Booten auszuschauen, zum Rande jenes Plateaus begeben, zu dem man vom Flußufer hinaufsteigt, als wir eine von Kru-Negern geruderte Gigg bemerkten, in der Herr Wölber von der Firma C. Woermann stand, uns zurufend, daß man bei König Bells Stadt einen Deutschen gefangen genommen und die deutsche Flagge heruntergerissen habe. Capitän-Lieutenant Riedel ordnete nunmehr die Wiedereinschiffung an, die, da die Boote bei der Ebbe wegen weit draußen lagen, nicht ganz ohne Schwierigkeit von statten ging. Als auf der „Duala" die Nachricht von der Gefangennahme des Woermannschen Agenten in König Bells Stadt bestätigt wurde, als wir erfuhren, daß die Dampfpinasse bereits Erkundigungen habe einziehen wollen, aber durch heftiges Gewehrfeuer zurückgetrieben worden sei, beschloß Capitän-Lieutenant Riedel auf eigene Verantwortung, mit seiner Handvoll Leute die Rettung der Gefangenen zu versuchen. Als ich um die Erlaubniß bat, an dieser neuen Expedition Theil nehmen zu dürfen, glaubte Capitän-Lieutenant Riedel mich darauf aufmerksam machen zu müssen, daß das Unternehmen voraussichtlich ernsterer Natur sein werde, als dasjenige des Vormittags. Ich erwiderte, daß meine Sache sei und daß ich mich auf eigene Verantwortung ihm anschließen wolle. Leider fehlte es uns an Führern, denn Dr. Passavant war unwohl geworden

---

Loanda in Angola, der ein alarmierendes Ausmaß von Bewegungen in den dortigen sonst sehr ruhigen Gewässern vermeldete:

„Die britischen Kanonenboote „Boadicea" und „Forward", das französische Depeschenboot „Dumont d'Urville", die österreichische Korvette „Helgoland" und das holländische Kriegsschiff „Atchin" sind nun hier. Italienische, deutsche und spanische Kriegsschiffe werden täglich erwartet. Die Nachricht über die Entscheidung der Westafrikakonferenz wird hier wahrscheinlich über ein Sondernachrichtenboot eintreffen, das vom Kap der Guten Hoffnung her kommen wird. Die portugiesische Flotte ist äußerst aktiv, und ihr Kommandeur hat bereits Vorkehrungen getroffen, die portugiesische Flagge zu hissen."

Aus allen Teilen des Kontinents kamen Berichte und Gerüchte über das Vorgehen der einen oder an-

Preußischen (Kreuz-) Zeitung.

und Dr. Pauli kannte die Wege nicht in dem Maße, wie es wünschenswerth gewesen wäre. Als alle Boote zur Stelle waren, leistete die „Dualla" wieder Schleppdienste und legte sich dann des größern Schutzes wegen hinter die „Hulk" von Jantzen u. Thormählen.

Ehe ich nun zur Schilderung des Angriffs auf Joß' Stadt übergehe, möchte ich hier anschließen, daß die Offiziere des „Bismarck" die Herren Schmidt und Dr. Buchner, von denen der erstere am Tage vorher ein schweres Fieber überstanden hatte, während der letztere, krank von Alt-Calabar zurückkehrend, sich bloß mit beträchtlicher Anstrengung für die Strapazen des Zuges aufzurichten vermochte. Um 9 Uhr 10 Minuten umfuhren die Boote des „Bismarck" die Hickory-Spitze und begannen, von schwachem Feuer aus den Hütten der Eingebornen empfangen, um 9 Uhr 30 Minuten südlich von der englischen Mission die Landung. Einige Salven brachten das feindliche Feuer fürs erste zum Schweigen, während gleichzeitig von den Booten aus mehrere Granaten in die Richtung, wo man das Haus des Königs vermuthete, geschleudert wurden. Nach dem Hornsignal „Sammeln" formirte sich in drei Zügen, von denen der erste unter den Lieutenants Scherr und Kölle am Strande, der zweite (das Gros) unter Lieutenant Graf Moltke gegen die Stadt selbst und der dritte unter Lieutenant Meyer behufs Abfangung der Fliehenden in nordwestlicher Richtung vorgingen. Die Stadt, die man hier vor sich hatte, war die durch eine mangrovebestandene Niederung von Hickory-Stadt getrennte „alte Stadt von Hickory Bell" (old King Bells Town), welche ebenfalls zu des Häuptlings Leck Priffo Machtbereich gehört.

Bei der Durchsuchung der Häuser erhielten unsere Truppen mehrfach Feuer und gelangten dann eine Anhöhe aufwärts, wo die Häuser seltener wurden in Buschwerk, wo auch noch mehrere bewaffnete und fliehende Neger erschossen wurden. An der andern Seite der erwähnten Anhöhe herunterersteigend, gelangte man zu jener selben Sumpfniederung, welche auch die „Olga"-Leute unpassirbar gefunden hatten. Auf dem Rückmarsch wurde die menschenleere Stadt angezündet. Das Feuer verbreitete sich so schnell, daß es große Flächen ausgetrockneten Grases ergreifen einen förmlichen Prärienbrand verursachte und die Truppen zum Einschlagen einer andern Richtung zwang. Man marschirte durch die brennende Stadt, als Lieutenant Bachmann bei Köln einen großen Haufen bewaffneter Neger bemerkte (12 Uhr 10 Min.). Er gab schon den Befehl zu feuern, bemerkte aber noch rechtzeitig, daß eine deutsche Flagge geschwenkt wurde. Es war König Bell mit seinen Schaaren, alle in kriegerischem und phantastischem Aufputz. König Bell selbst hat zu viel Verstand und Geschmack, um sich mit fremdem Tand zu behängen, und trug dementsprechend den landesüblichen, mit schwarzem Affenfell überzogenen Kriegshelm, der sowohl an antike wie an modern baierische Vorbilder erinnert. Aber bei seinen Begleitern bemerkte man einen französischen Küraßierhelm, mehrere dreispitzige Hüte aus dem vorigen Jahrhundert und einen Landwehrhelm mit der Aufschrift: „Mit Gott für König und Vaterland." In nicht sehr großer Entfernung von der kleinen englischen Missionskirche fanden unsere Offiziere einen hübschen freien Platz, auf dem abgekocht werden sollte. Aber die Krieger Bells hatten die Zwischenzeit schon weidlich zum allergründlichsten Plündern und zum Anzünden auch der

in der Nähe der englischen Missionskirche gelegenen Hütten benutzt. Um ihr Treiben ein wenig zu überwachen, wurde ein halber Zug Matrosen-Infanterie zum Durchstreifen der brennenden Stadt ausgesandt. Bells schwarze Krieger sollen beim Brennen, beim Plündern, beim Niederschießen des auf den Weiden umherirrenden Viehs eine Wildheit gehaust haben, wie man sie sonst bloß von Indianern zu erwarten gewohnt ist.

Soweit man sich darüber vergewissern konnte, waren fünf oder sechs Neger gefallen; von unseren Leuten hatten einige Schrammschüsse davongetragen, so beispielsweise Lieutenant v Holzendorff einen Schrammschuß quer über die Brust. Um 1 Uhr 50 Minuten war zum Sammeln geblasen worden und alles war wieder beim ursprünglichen Landungsplatz vereinigt, als die erste Nachricht eintraf, daß die Olga-Leute stark engagirt seien und sich beinahe verschossen hätten. Sofort wurde Proviant ausgetheilt und mit der Ausschiffung begonnen. Aber inzwischen fing das Dach der englischen Missionskirche von einer der durch Bells Leute angezündeten Hütten Feuer und auch das steinerne Missionshaus gerieth in Gefahr, indem die Veranda zu glimmen begann. Capitän Karcher ließ daraufhin einen Zug Matrosen-Infanterie unter Lieutenant Scherr an Land zurückkehren, um womöglich den Brand des englischen Missionshauses zu verhindern, andernfalls aber beim Ausräumen behülflich zu sein. Thatsächlich ist denn auch der Brand auf das Dach der englischen Missionskirche beschränkt geblieben. Um 2 Uhr 20 Minut n waren alle Leute eingeschifft und die Boote wurden theils vom „Fan", theils von der Dampfpinasse geschleppt. Das Brandungsboot nahm als das letzte den Zug, der die englische Mission Hülfe geleistet hatte, und außerdem vier Versprengte auf, die sich beim Rückmarsch im Buschwerk verirrt hatten. Da man beim Einschiffen aus Häusern und Buschwerk abermals Feuer erhalten hatte, so wurden noch ein halbes Dutzend Granaten geschleudert. Dann ging es so schnell als möglich nach König Bells Stadt hinüber zur Unterstützung des Landungscorps von der „Olga".

Die Erstürmung von Joß' Stadt.

König Acquas Stadt, 22. December 1884. Ueber das Landungscorps der „Olga" ist bis zu dem Zeitpunkte berichtet worden, wo die unsere Boote schleppende „Dualla" sich hinter die Hulk von Jantzen u. Thormählen gelegt hatte. Die Offiziere und diejenigen Mannschaften, die sich an Bord des kleinen Dampfers selbst befunden hatten, sprangen in die Boote und unter kräftigen Ruderschlägen ging es vorwärts. Aber kaum waren wir einige Minuten aus dem Schutze der Hulk heraus, als wir auch schon gegen 12 Uhr das erste Feuer erhielten und mehrere Kugeln sogar durch das Sonnensegel des Bootes, in dem ich mich befand, hindurchschlugen. Unsere Leute griffen, so weit sie nicht rudern mußten, zu den Gewehren, und begannen das Feuer zu erwidern, das vornehmlich von einer über der deutschen Factorei von König Bell gelegenen Anhöhe herzurühren schien. Noch waren wir recht weit vom Strande entfernt, als unser Boot aufstieß und uns zwang, bis an die Brust ins Wasser zu springen. Größte Eile war geboten, denn die Kugeln pfiffen uns rechts und links um die Ohren, aber die schlammige Natur des Grundes, auf dem mit vorwärtsgehen mußten, verursachte, daß es doch wohl einige Minuten dauerte, bis wir aus dem Wasser waren. Alles eilte zu der blau angestrichenen, unfern vom Strande

gelegenen Woermannschen Factorei, wo hinter einer den Hof einschließenden Steinmauer Deckung genommen wurde. Es war 12 Uhr 20 Minuten — begann eine fürchterliche Kanonade. Der Feind hielt auf dem etwa 100 Fuß über uns gelegenen Abhang eine durch Bäume gesicherte äußerst starke Stellung besetzt. Aber gegen das Feuer von oben würde die oben erwähnte Mauer uns vollauf Deckung gegeben haben. Anfänglich begriff ich nicht, daß trotzdem zwei Leute verwundet wurden. Erst im weiteren Verlaufe des Gefechts und namentlich am folgenden Tage, als das ganze Gelände mit Ruhe durchmustert wurde, begriff ich, daß der Feind von den englischen Missionen aus und unter dem Schutze der englischen Flagge unsere Stellung beherrschen konnte. Unsere Leute feuerten vielleicht etwas zu hastig und richteten daher weniger aus, als es sonst wohl der Fall gewesen wäre. Leider war vom Admiral so ausdrücklich als nur irgend möglich befohlen worden, alles englische Grund-Eigenthum sowohl in Hickory Stadt als in Joß Stadt unberührt zu lassen und wenn möglich nicht einmal zu betreten. Leider sage ich, denn wir würden sonst, ehe wir hätten erwarten können, aus englischen Häusern heraus Feuer zu bekommen, nicht so viel Leute verloren haben. Die Kugeln umsausten uns von drei Seiten her und, wie einige Matrosen vielleicht irrthümlicherweise behaupteten (ich selbst habe es nicht feststellen können), auch von der vierten Seite, nämlich dem englischen Missionshause selber. Unter diesen Umständen gab Capitän-Lieutenant Riedel, als eben der zweite Mann verwundet war, um 12 Uhr 40 Minuten den Befehl zu stürmen. Auf das Hornsignal „Avanciren" ordnen sich die Züge, die Offiziere eilen mit gezogenem Säbel voraus und unter einem rasenden Feuer von oben geht es mit „Hurrah, hurrah!" hinauf. Ich habe selten ein leidenschaftlicheres, wilderes Bild gesehen. Wie die Teufel klettern unsere Matrosen aufwärts, jenem Feinde entgegen, den sie in seiner gedeckten Stellung mit ihrem Gewehren nicht hatten erreichen können. Etwa auf der Mitte des Abhangs stürzt einige Schritte vor mir ein Mann zu Boden und bleibt, das Gesicht nach unten, mitten auf dem Wege liegen. (Eine Kugel war ihm durch den oberen Theil des Kopfes gegangen, er starb in der nächstfolgenden Nacht. Als ich mich umwandte, um zu sehen, was unsere Boote und den Geschütze machten, sah ich von Lieutenant v. Ernsthausen Hand, in welcher er den Revolver trug, Blut rinnen (ganz leichte Schramme.) Aber im selben Augenblick schlug ihm eine Kugel den Hahn zerschmetternd, den Revolver aus der Hand. Ich bewunderte ihn, als er die Waffe so ruhig wieder aufhob, als ob es ein in einem Ballsaal liegendes Schnupftuch gewesen wäre. Aber der Leser möge nicht glauben, daß der Sturm auf die Anhöhe so viel Zeit erfordert hätte, als er zum Lesen der Beschreibung gebraucht. Genau weiß ich die Zeit nicht anzugeben, aber ich glaube, daß wir in zwei bis drei Minuten oben waren. Und jetzt zum erstenmal sah ich den Feind. Unseren Kugeln hatte er Stand gehalten, aber nicht dem „Hurrah, Hurrah". Noch mochten die vordersten Matrosen etwa 20 Schritt von der Hochebene entfernt sein, da sah ich hinter einem jener drei die Anhöhe krönenden Riesenbäume ein halbes Dutzend schwarzer Gestalten hervorspringen. Sie liefen, wie man eben läuft, wenn es das Leben gilt. Wir waren oben. Wir sahen die Rinde der Bäume zerfetzt von unsern Kugeln. Aber von drei Seiten empfing uns

---

deren europäischen Macht: Deutschland plane St. Lucia Bay in Zululand zu übernehmen, was eigentlich den Briten vorbehalten war; die spanisch-afrikanische Gesellschaft habe fast 500 km an der sehr fischreichen westafrikanischen Küste zwischen Kap Bogador und Cabo Blanco annektiert; der deutsche Reisende, Herr Flegel, plane mit Unterstützung der Hamburger Firma Jantzen & Thormählen Goldies Vormachtstellung anzugehen und am

Niger Fabriken aufzumachen (er empfahl Gin in Dosen, Rum in Flaschen und Fässern und Gewehre als geeignete Importgüter); die Italiener seien auf dem Weg zum Horn von Afrika ...
Einige dieser Geschichten beruhten auf Tatsachen. Während die Konferenz noch lief machte sich zum Beispiel eine britische Expedition unter Sir Charles Warren auf den Weg nordwärts von Südafrika nach Betschuanaland, um dort ein britisches Protektorat

auszurufen und so deutsche Expansionsmöglichkeiten ostwärts von Südwestafrika aus zu beschneiden. Die brandneue deutsche Kolonie Kamerun erlebte gar den ersten Einsatz von Kanonenbooten gegen aufbegehrende „Eingeborene" unter König Akwa.

Während die deutsche Marine den Eingeborenen alles über Kommerz, Kirche und Kultur beibrachte, verfaßten die Diplomaten in der luxuriösen und friedvollen Atmosphäre der Wilhelmstraße immer noch wohlgesetzte Phrasen. Am 26. Februar war es endlich Zeit, zu einem Ende zu kommen. In der Abschlußsitzung erlebte man Fürst Bismarck so feierlich wie selten. Der Reichskanzler trug die Interims-Uniform seines Kürassier-Regiments. „In der Eröffnungsrede", schrieb die Berliner Kreuzzeitung, „gab der Fürst, nachdem er der Befriedigung darüber Ausdruck gegeben, daß es gelungen sei, über die drei Punkte des Conferenz-Programms eine Einigung zu erzielen, eine kurze Übersicht über die von der Conferenz jetzt in dem Acte Général zusammengefaßten Beschlüsse und hob besonders die

hochherzigen Bestrebungen des Königs der Belgier hervor, dessen eigenste Schöpfung, der im Centrum Afrikas gebildete Staat, schon heute von fast allen Nationen anerkannt, gestützt durch die Beschlüsse

Während der Verhandlungspause Weihnachten 1884: Deutsche Politik der verbrannten Erde in Kamerun

der Conferenz, der Sache der Humanität in jenen der Zivilisation noch nicht erschlossenen Ländern die wertvollsten Dienste leisten würde." Danach nahm er Platz und der Doyen des Diplomatischen Korps, Graf de Launay aus Italien, dankte ihm im Namen aller Delegierten für seine unschätzbare Arbeit. Fürst Bismarck teilte daraufhin mit, daß die Internationale Kongovereinigung den Beschlüssen der Konferenz beigetreten sei. Danach führte Bismarck die Delegierten zu einer langen, an der Gartenseite des Saales aufgestellten Tafel, wo die vierzehn Urkunden zur Unterschrift vorbereitet lagen. Wie die Kreuzzeitung weiter berichtet, „[lautet] der Anfang der in französischer Sprache verfaßten Urkunde wie bei jedem Staats-Vertrage: Au nom de Dieu Tout-Puissant, darauf folgend die Namen der Souveräne... Die beiden Anfangsbuchstaben, die für die erste Stelle in Betracht kommen S (für Sa Majesté) und L (für le Président) nach Mustern des besten Stils des 16. Jahrhunderts in Kupfer geschnitten sind reich mit Blumen und Ranken umgeben... Wie alle Staatsverträge ist auch diese Urkunde auf Pergament hergestellt, in Groß-Folio."

Im Namen von vierzehn Mächten leisteten zwanzig Delegierte ihre Unterschrift; es war nur recht und billig, daß hierzu auch Henry Shelton Sanford gehörte, ehemaliger Botschafter und der Mann, der nicht zu bescheiden war, um sich vor Freunden als der eigentliche Urheber der Berliner Konferenz zu bezeichnen. Dann wurde Champagner gereicht — und alles war vorbei.

Angesichts dessen, was wirklich erreicht worden war, nahm die Zeremonie sich mehr als absurd aus. Einziges reales Ergebnis war der herausragende Platz, den Leopold sich erobert hatte. Betrachtet man die Konferenz als ein Kapitel in der Entwicklung des Völkerrechts, ist die Berliner Generalakte nicht einmal das teure Papier wert, auf das sie gedruckt wurde. Im Grund blieb alles beim Alten. Die einzige scheinbare Neuerung, die eine effektive internationale Kontrolle über den Kongo-Fluß vorsah, wurde niemals in die Tat umgesetzt.

Bismarck ließ auch keinen Donnerblitz auf Mr. Gladstone niedergehen. Es wurde ihm bald klar, daß sein Übereinkommen mit Frankreich auf der Grundlage angeblicher gemeinsamer Interessen in Afrika eine Illusion war. Nachdem er in Südwestafrika seinen Willen durchgesetzt hatte, stellte sich heraus, daß seine Interessen viel eher mit Großbritannien übereinstimmten. Anders als Frankreich hatten weder Deutschland noch Großbritannien jemals versucht, am Kongo Land zu erwerben. Beide sollten — zumindest auf dem Papier — das Prinzip

Bismarck bei der feierlichen Unterzeichnung der Kongo-Akte in Kürassieruniform: Militärisch stramm

des Freihandels so weit wie möglich verbreiten; Frankreich wollte es beschränken. Entgegen allen Absichten und Vorhaben starb die kurzlebige Entente diesseits und jenseits des Rheins in Berlin, und wurde einen Monat nach Ende der Konferenz, als Jules Ferry abgesetzt wurde, endgültig zu Grabe getragen.

Die wahre Bedeutung der Konferenz liegt in den Konsequenzen für Afrika. Ohne sich über ihr Tun wirklich klar zu sein, legten die Berliner Delegierten die Grundsteine für die beiden größten und am meisten mit Konflikten beladenen Nationalstaaten des heutigen Afrika: Kongo-Zaire und Nigeria. Rückblickend scheint ihr Verhalten ein erstaunliches Beispiel für kollektive Nachlässigkeit zu sein, besonders, da so edle Beteuerungen zum Wohle der Eingeborenen unablässig von den Lippen der Delegierten perlten.

In Berlin begann man mit der Festlegung politischer Grenzen quer durch Afrika. Man ging dort weit genug, um den Begriff „Berliner Grenzen" zu rechtfertigen, als eine Kurzformel für die Umrisse, die sich

Leopoldville 1882: Eine klägliche Ansammlung von Hütten

im Laufe der folgenden fünfzehn Jahre herauskristallisieren sollten.

Der Berliner Konferenz sollte man aber nicht nur wegen ihrer politischen Auswirkungen gedenken. Sie stellt ebenfalls einen Meilenstein in der wirtschaftlichen Ausbeutung Afrikas dar.

Wenn die Berliner Delegierten es mit ihren Versprechungen, die Vorteile des Handels nach Afrika zu bringen, ehrlich gemeint hätten, hätten sie sich auch mit der Frage befassen müssen, wie man den Handel treibenden Afrikanern genügend Raum zugestehen könnte. Natürlich geschah nichts dergleichen. Das neue Zeitalter des Kolonialismus, dessen Geburtsstunde durch die Zusammenkunft in Berlin auf so dramatische Weise symbolisiert wurde, verzeichnete einen entschiedenen Schritt in die entgegengesetzte Richtung. In Zukunft hatten die Afrikaner die Kosten europäischer Herrschaft zu tragen, die möglichst auch noch Profit bringen sollte.

In seinem Buch „Der Kongo und die Gründung eines Freistaates" berichtet Stanley über sein langersehntes Treffen mit dem berühmten Häuptling Makoko, der ihm durch den Vertrag mit DeBrazza so viel Sorgen bereitet hatte. Dieses Treffen war von größter Bedeutung; nach Stanleys eigenen Worten war er beeindruckt von „der Tatsache, daß Makoko über die Zukunft des Kongostaates entscheiden sollte." Als er Makoko kennengelernt hatte, war er beruhigt. „So ein winziger Mann, nur 1,50 Meter groß, mit einem so treuherzigen, unschuldigen Ausdruck in seinem hageren, kleinen Gesicht, wird sich sicherlich von seiner Gutgläubigkeit übermannen lassen und sich von etwas Tuch und Freundlichkeit bestechen lassen." In der Tat erwies Makoko sich als sehr aufgeschlossen. Er war bereit, Stanleys Bitten nachzugeben und ihn auf seinem Land eine Stadt errichten zu lassen — eine Stadt, die erst Leopoldville und später Kinshasa heißen sollte.

Dann sagte Makoko etwas, das auch ein Jahrhundert später noch eine traurige Ironie in sich birgt: „Vergiß nicht, mein Freund, daß dies unser Land ist!" Die Zukunft des Kongo lag jedoch nicht in Makokos, sondern in Leopolds Händen.

Das Wettrennen um Afrika

6

Während der ersten 75 Jahre des 19. Jahrhunderts stellten europäische Mächte jedes Jahr neue Gebietsforderungen von etwa 210 000 km² Umfang in verschiedenen Teilen der Welt. Nach 1880 steigerten sich diese Forderungen plötzlich noch mehr, und von da an bis zum Ausbruch des I. Weltkrieges im Jahre 1914 erhöhte sich die Rate auf 620 000 km² pro Jahr, da die Europäer nunmehr Kolonien in Afrika, Asien und dem Pazifik beanspruchten. Zu dieser Zeit wurde auch die Aufteilung Afrikas vorgenommen, die allgemein als das Wettrennen um Afrika bezeichnet wird. Dies alles fand praktisch in den 10 Jahren nach der Berliner Konferenz statt; 1895 sah Afrika bereits aus wie ein riesiges Puzzlespiel. 1914 hatte man es geschafft, fast überall in den Kolonien jeglichen Widerstand zu unterdrükken. Die Reiche der Kolonialmächte umfaßten zusammengenommen etwa 80% der Erdoberfläche. Rechnete man die „Einflußsphären" noch hinzu, dann ging die Kontrolle der europäischen Imperialmächte sogar darüber hinaus.

Dieser Prozeß hatte bereits um 1500 begonnen und war eine Folge der europäischen Entdeckungsreisen, die Amerika und Indien in die Reichweite europäischer Aktivitäten rückten. Afrika, der einzige Kontinent, dessen Inneres größtenteils noch unentdeckt war, wurde im 19. Jahrhundert das Ziel von Abenteurern, Entdeckern, Händlern, Missionaren und Regierungen.

Im Grunde ging es darum, die Reichtümer der Welt neu zu verteilen. Die alten Mächte Großbritannien, Frankreich und Portugal waren gezwungen, ihren Besitz zu verteidigen und gleichzeitig die Neulinge davon abzuhalten, in bislang nicht beanspruchte oder frei werdende Gebiete vorzudringen.

Es liegt in der Natur der Politik, daß solche Herausforderungen zuerst zu diplomatischem Geplänkel und schließlich zum Krieg führen. Im letzten Viertel des 19. Jahrhunderts bewegte man sich noch auf diplomatischem Parkett. Die Berliner Konferenz und die diplomatischen Gespräche im Jahre 1884 waren ein Teil dieses Schauspiels. Kaum war die Konferenz beendet, begann ein Hin- und Herschieben von Grenzen und Gebieten. Jedes Land, das an dem Spiel teilnahm, bemühte sich eifrig, Ansprüche zu erheben und deren Anerkennung durchzusetzen, oder diese Anerkennung gegen andere Besitzungen einzutauschen.

Die damaligen beiden Supermächte, Frankreich und Großbritannien, hatten ihre afrikanischen Besitzungen während der vergangenen 20 Jahre „angeglichen". Frankreich hatte sich dabei von seinen westafrikanischen Gebieten aus ostwärts bewegt

und hoffte dadurch, seine Kontrolle quer durch Zentralafrika bis in den Sudan ausdehnen zu können. Die Festigung der westafrikanischen Positionen wurde in London noch geduldet, eine Annäherung an den Sudan und damit an den wunden Punkt Ägypten jedoch nicht. Nach dem Zusammenbruch der „Imperial East Africa Company" hatte Großbritannien im Jahre 1893 die Schutzherrschaft über Buganda übernommen und es benutzte diese Macht, um das Gebiet des heutigen Uganda zu kontrollieren. Die Eisenbahnverbindung zwischen Uganda und Ägypten war ein fester Bestandteil der britischen Strategie. Ein Zusammenstoß britischer und

Treffen zwischen Kitchener und Marchand in Faschoda (Sudan): Knapp an einem englisch-französischen Kolonialkrieg vorbeigesteuert

französischer Interessen war somit vorprogrammiert; als es so weit war, überkreuzten sich ihre Pläne ausgerechnet im Sudan. Im Jahre 1896 autorisierte der französische Außenminister Gabriel Hontaux eine etwa 150 Mann starke Expedition vom französischen Gabun aus nach Osten. Sie hatte den Befehl, den Sudan einzunehmen. Gleichzeitig beschlossen auch die Briten, das Land an sich zu reißen, und Sir Herbert Kitchener erhielt die Anweisung, von Ägypten aus nach Süden vorzudringen. Das Zusammentreffen der beiden Kräfte war ein kritischer Moment in der Geschichte der europäischen Eroberung Afrikas, der jedoch gelöst wurde, weil keiner von ihnen den Krieg wollte. Man einigte sich auf einen Kompromiß: über der Fashoda-Festung wurden drei Flaggen gehißt, die ägyptische,

Europäisches Vordringen in Afrika

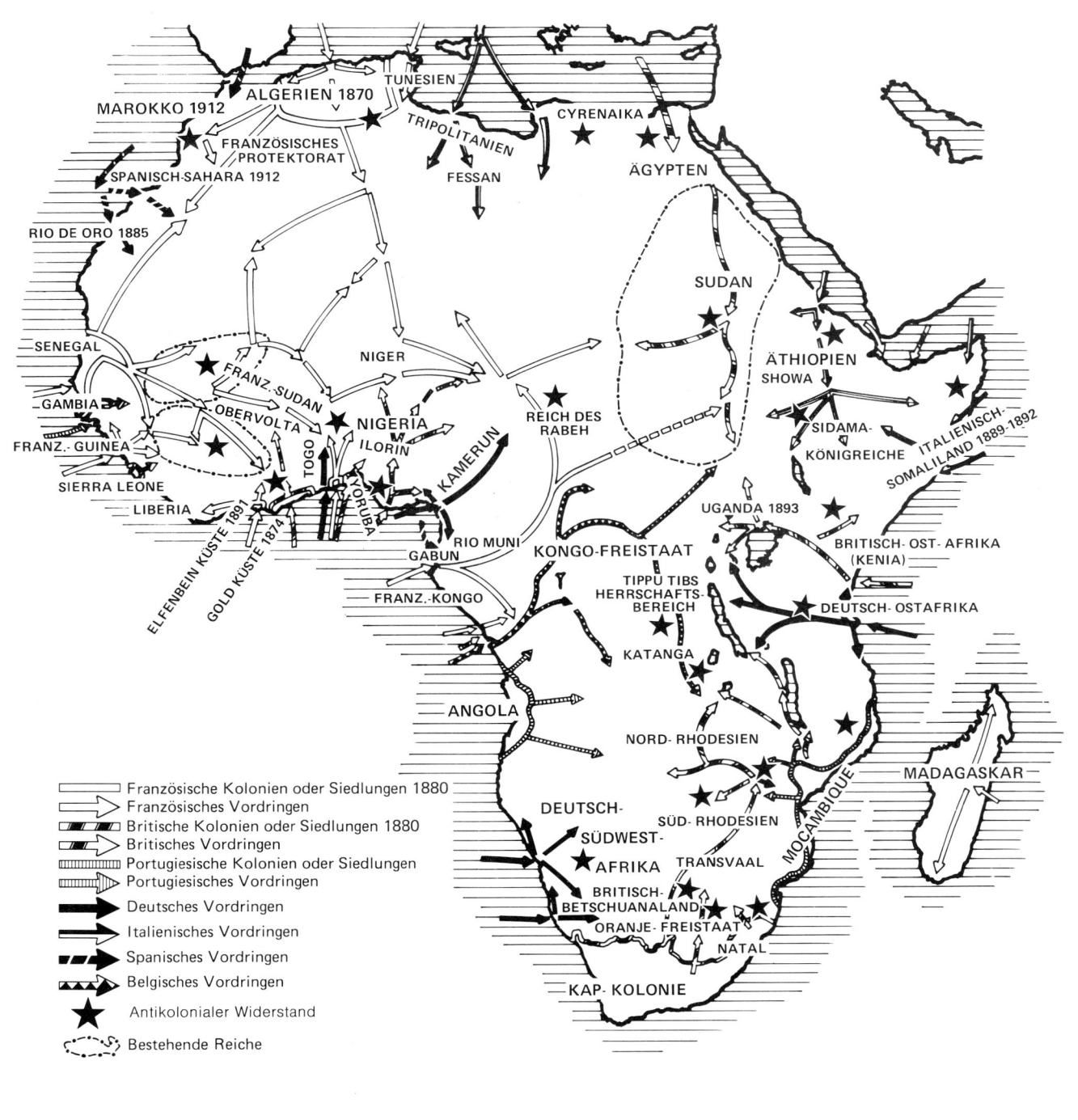

MAROKKO 1912
ALGERIEN 1870
TUNESIEN
TRIPOLITANIEN
CYRENAIKA
FRANZÖSISCHES PROTEKTORAT
FESSAN
ÄGYPTEN
SPANISCH-SAHARA 1912
RIO DE ORO 1885
SUDAN
ÄTHIOPIEN
SHOWA
SENEGAL
NIGER
FRANZ.-SUDAN
GAMBIA
OBERVOLTA
REICH DES RABEH
SIDAMA-KÖNIGREICHE
ITALIENISCH-SOMALILAND 1889-1892
FRANZ.-GUINEA
NIGERIA
ILORIN
SIERRA LEONE
TOGO
KAMERUN
LIBERIA
YORUBA
UGANDA 1893
BRITISCH-OST-AFRIKA (KENIA)
ELFENBEIN KÜSTE 1891
GOLD KÜSTE 1874
RIO MUNI
GABUN
KONGO-FREISTAAT
DEUTSCH-OSTAFRIKA
FRANZ.-KONGO
TIPPU TIBS HERRSCHAFTS-BEREICH
KATANGA
ANGOLA
NORD-RHODESIEN
MADAGASKAR
DEUTSCH-SÜDWEST-AFRIKA
SÜD-RHODESIEN
MOÇAMBIQUE
TRANSVAAL
BRITISCH-BETSCHUANALAND
ORANJE-FREISTAAT
NATAL
KAP-KOLONIE

Französische Kolonien oder Siedlungen 1880
Französisches Vordringen
Britische Kolonien oder Siedlungen 1880
Britisches Vordringen
Portugiesische Kolonien oder Siedlungen
Portugiesisches Vordringen
Deutsches Vordringen
Italienisches Vordringen
Spanisches Vordringen
Belgisches Vordringen
Antikolonialer Widerstand
Bestehende Reiche

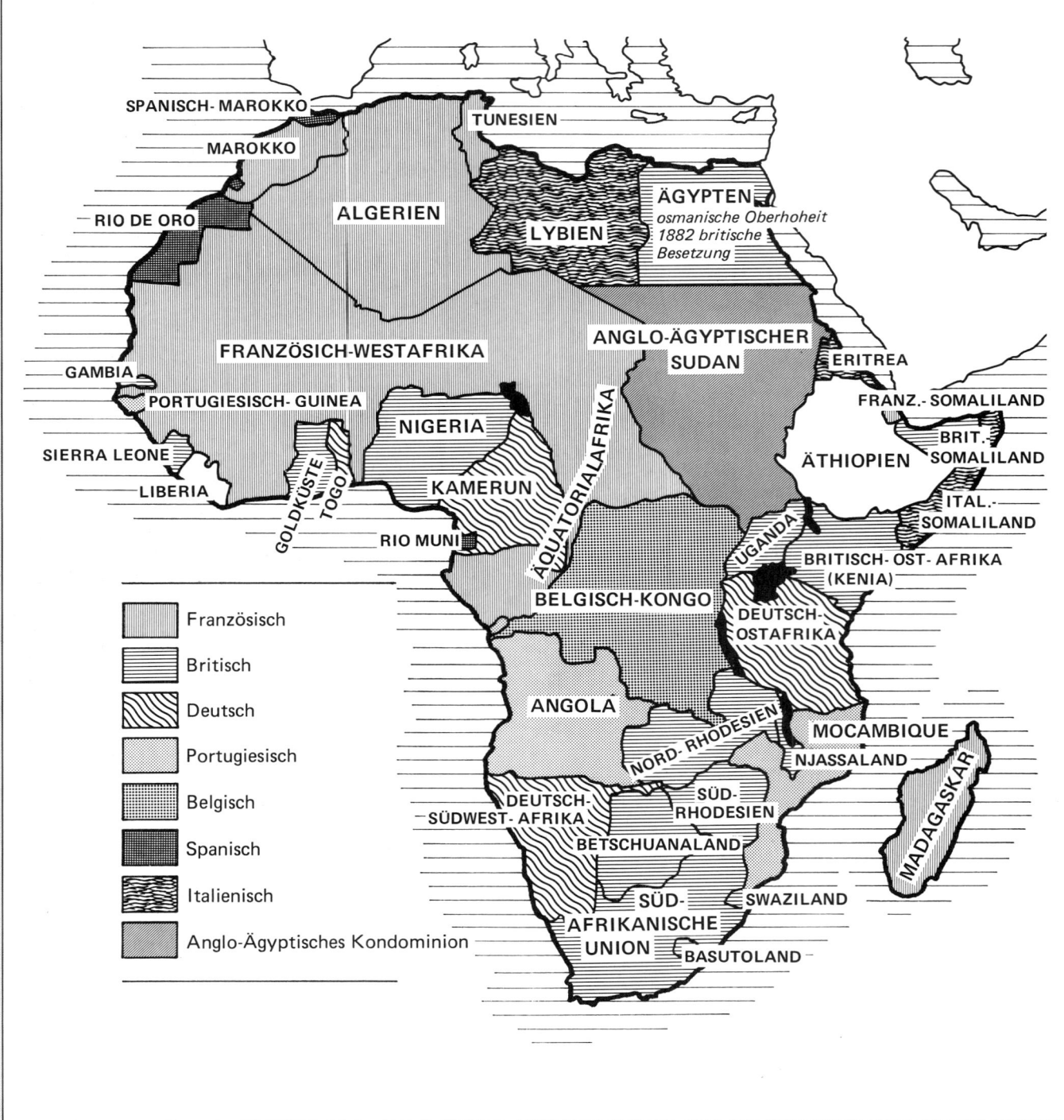

Die Aufteilung Afrikas
1880—1913

SPANISCH- MAROKKO

MAROKKO

RIO DE ORO

TUNESIEN

ALGERIEN

ÄGYPTEN
osmanische Oberhoheit
1882 britische
Besetzung

LYBIEN

FRANZÖSICH-WESTAFRIKA

ANGLO-ÄGYPTISCHER
SUDAN

ERITREA

GAMBIA

PORTUGIESISCH- GUINEA

FRANZ.- SOMALILAND

SIERRA LEONE

NIGERIA

ÄTHIOPIEN

BRIT.
SOMALILAND

LIBERIA

GOLDKÜSTE

TOGO

KAMERUN

RIO MUNI

AQUATORIALAFRIKA

ITAL.-
SOMALILAND

UGANDA

BRITISCH- OST- AFRIKA
(KENIA)

BELGISCH-KONGO

DEUTSCH-
OSTAFRIKA

ANGOLA

NORD- RHODESIEN

MOCAMBIQUE

NJASSALAND

MADAGASKAR

DEUTSCH-
SÜDWEST- AFRIKA

SÜD-
RHODESIEN

BETSCHUANALAND

SWAZILAND

SÜD-
AFRIKANISCHE
UNION

BASUTOLAND

Französisch

Britisch

Deutsch

Portugiesisch

Belgisch

Spanisch

Italienisch

Anglo-Ägyptisches Kondominion

die britische und die französische. Als Grenze zwischen britischem und französischem Einflußgebiet wählte man die Wasserscheide von Kongo und Nil.

Da sie mit ihrem Gebietszugewinn zufrieden waren, nahmen die Briten gegenüber den Franzosen eine zugänglichere Haltung ein, und sie erklärten sich zu diplomatischen Manövern bereit, die 1904 schließlich zur britisch-französischen Allianz gegen Deutschland führten. Fashoda war demnach der Endpunkt der Positionskämpfe zwischen Frankreich und Großbritannien. Diesem Waffenstillstand folgte Anfang des 20. Jahrhunderts die endgültige Zerstückelung Nordafrikas. Frankreich wollte unbedingt Marokko erwerben und Italien dabei helfen, Kontrolle über Libyen zu erlangen, beabsichtigte aber auch Spanien ein Einflußgebiet zuzuschustern. Obwohl 1911 deutsche Truppen in Algier auftauchten, als die Franzosen gerade einen marokkanischen Aufstand eindämmen mußten, konnte Frankreich Casablanca und das dazugehörige Hinterland besetzen. Man einigte sich darauf, Frankreich den größeren Teil Marokkos zuzugestehen, während Deutschland einen Teil von Französisch-Kongo erhielt. Zur selben Zeit wurde Italien bei seinem Streit mit der Türkei um Libyen unterstützt, und Spanien dehnte seinen Schutzbereich über den Rio de Oro in Richtung zur südlichen Landesgrenze Marokkos aus.

In Westafrika ging das Gerangel um Gebiete nach der Konferenz mit der Befestigung bereits bestehender Besitzungen einher. Deutschland konzentrierte sich daher auf eine feste Verankerung in Togo und Kamerun, das erst nach größerem Blutvergießen eingenommen wurde, als die Konferenz bereits im Gange war. Großbritannien und Frankreich rückten beide von ihren westafrikanischen Stützpunkten aus nach Norden und Osten vor. Großbritannien fe-

Dr. Carl Peters auf Expedition in Ostafrika: „Ich werde durch diesen Coup nicht nur meine ganze Zukunft in großartige Bahnen bringen, ich tue auch eine große vaterländische Tat"

stigte seine Position im Gebiet des Niger, während Frankreich seinen großen Traum von einer zusammenhängenden Kette von Besitzungen von Algerien bis zum Kongo entwickelte, der durch die Verbindung der französischen Gebiete am Tschadsee mit anderen Besitzungen Frankreichs in Erfüllung ging.

Im Westen gewann Frankreich am meisten Land hinzu, indem es Französisch-Westafrika und Französisch-Äquatorialafrika zu seinen Küstengebieten hinzufügen konnte, während Großbritannien sich auf den Aufbau Nigerias konzentrierte.

An der Ostküste rivalisierten in erster Linie Deutsche und Briten miteinander. Sansibar wurde eigentlich von den Briten kontrolliert, obwohl Deutschland ihre Vorherrschaft dort stark bedrohte. Die Deutschen ließen sich in Deutsch-Ostafrika — Tansania — nieder, und im Jahre 1886 kam es zwischen den beiden Ländern zu einer Einigung, nach

Vertragsunterzeichnung zwischen der British East Africa Company und Chief Kamiri 1889: Vor der Unterzeichnung Blutsbruderschaft mit Kamiri

der in diesem Gebiet zwei Einflußsphären geschaffen wurden. Dennoch fühlte sich Großbritannien durch das Vordringen der Deutschen an den Viktoriasee bedroht, der nahe am Oberlauf des nach Ägypten fließenden Nil lag.

Diese Angst veranlaßte Großbritannien schließlich zur Besetzung Bugandas am Ufer des Viktoriasees mit Hilfe der „Imperial East Africa Company" und der darauffolgenden Ausdehnung über die Grenzen des britischen Schutzgebietes hinaus. Der britisch-deutsche Vertrag von 1890 regelte die Angelegenheit — wenn schon nicht im Sinne der Eingeborenen, die nicht befragt wurden — zumindest zur Zufriedenheit der beiden Kolonialmächte. Gemäß diesem Abkommen erhielt Großbritannien die Kontrolle über das heutigen Uganda und die Anerkennung seiner Interessen an den Inseln Sansibar und Pemba, und trat dafür die Nordseeinsel Helgoland an Deutschland ab. Außerdem erhielt Deutschland die Erlaubnis, die Gebiete Karagwe und Haya in Tansania, Ruanda und Urundi (Burundi) zu erwerben.

Italien hatte ebenfalls ein weitgestecktes Ziel: Äthiopien. In diesem Fall wurde jedoch zum ersten Mal eine europäische Macht von einem afrikanischen Land besiegt.

Britische Kolonialmafia im südafrikanischen Kimberley 1890. Stehend von links nach rechts: J. A. Grant, J. W. Moir, J. Thomson. Sitzend von links nach rechts: J. R. Maguire, H. Johnston, Cecil Rhodes, A. R. Colquhoun

An der Kolonisierung Zentralafrikas waren in erster Linie die Briten von ihrem Stützpunkt am Kap, die Portugiesen, die Burenrepubliken Oranjefreistaat und Transvaal, und die Deutschen beteiligt. Die Gebietsforderungen waren teilweise aus dem Traum von den immensen Reichtümern in dieser Region entstanden, der durch die Diamantenfunde in West-Griqualand und dem Transvaal und durch Berichte

von Goldfunden in Matabeleland ausgelöst worden war. Aber auch Machtkämpfe spielten eine Rolle. Als die Briten ihren Einfluß auf das spätere Betschuanaland ausdehnten, sowie auf Nord- und Südrhodesien und Njassaland, wurde es Deutschen und Franzosen allmählich mulmig. Gleichzeitig waren einige der britischen Unternehmungen aber eine Reaktion auf die Freundschaft zwischen Deutschen und Buren. Die Briten befürchteten, dies könne zu einer Expansion der Deutschen über ihre südwestafrikanischen Besitzungen hinaus quer durch den Kontinent bis an die Ostküste führen, und solchen Möglichkeiten wollten sie beizeiten Einhalt gebieten. In dieser Phase gründete Großbritannien die Kronkolonie Basutoland (Lesotho) und annektierte außerdem Zululand.

Nach den Vorgängen in Fashoda fühlten die Briten sich stark genug, um im Jahre 1899 den katastrophalen Krieg gegen die Burenrepublik anzufangen, wodurch London dem Vordringen der Deutschen und der Verbindung zwischen Deutschen und Buren Einhalt zu gebieten hoffte.

Auch Portugal war beunruhigt über die Ausdehnung der Briten in Zentralafrika, und die Portugiesen machten sich sowohl von Osten als auch von Westen ins Landesinnere auf, um neue Gebiete einzunehmen. Im Osten rückten sie von Mozambique nach Manicaland und im Westen von Angola aus in einen Teil von Barotseland vor. Immer mehr Konflikte traten auf, und schließlich war man gezwungen, sich auf recht unglückselige Grenzen zu einigen.

Solche Einigungen waren nicht immer leicht. Wie bereits vorher erwähnt, war die Aufteilung Afrikas in den zehn Jahren nach 1885 vorgenommen worden. Übrig blieb jetzt nur noch die Aufgabe, die Gebiete der einzelnen Mächte sorgfältig gegeneinander abzugrenzen. Zu diesem Zweck mußte das Land genau vermessen und Abkommen getroffen werden. Landvermesser und Dienstleute arbeiteten auf schwierigem und fremdem Gelände und litten genau wie die Missionare und Entdecker unter dem ungewohnten Klima und schweren Krankheiten.

Das Vorgehen bei der Aufteilung Afrikas in einzelne Länder läßt sich am Beispiel Sambias, dem früheren Gebiet Nordrhodesien, demonstrieren. Die Manöver der verschiedenen am Wettlauf um dieses Gebiet beteiligten Parteien und die daraus resultierende Festlegung der acht Grenzen Sambias macht dieses Land zum Paradebeispiel eines Opfers europäischen Expansionismus. Es war dazu bestimmt, hundert Jahre später ein typisches Land der Dritten Welt zu werden.

Leopolds
Kautschuk-Kongo

7

Was wurde nun aus dem Kind der Berliner Kongo-Konferenz, diesem international sanktionierten Privatstaat König Leopolds II von Belgien, den ein gewisser Sir Francis Winton am 1. Juli 1885 in dem Stützpunkt Vivi ausrufen ließ? Leopold hatte schon vor der Berliner Konferenz gegenüber Eingeweihten mit seinen Vorstellungen nicht hinter dem Berg gehalten. „Es ist nicht unser Plan", so schrieb sein Mitarbeiter Strauch an Stanley, nachdem sie die ausländischen Gesellschafter der Internationalen Afrikavereinigung ausgebootet hatten, „eine belgische Kolonie zu gründen, sondern einen mächtigen Negerstaat herzustellen als einen republikanischen Bund freier Neger, der vollständig unabhängig ist, und daß der König, von dem die Idee zur Bildung derselben ausgeht, das Recht besitzt, den Präsidenten zu ernennen, der in Europa leben sollte". Weiter hieß es in dem Brief: „Man denke daran, an Gesellschaften Konzessionen zu vergeben zum Bau von allgemein nützlichen Werken oder vielleicht auch daran, Anleihen aufzunehmen." (Letzteres wohl für den Fall, daß die großen Gesellschaften kein Interesse zeigen sollten. Tatsächlich borgte sich der belgische König das nötige Geld für sein philantropisches Werk dann beim belgischen Steuerzahler).

Die Konturen des Leopoldinischen Systems waren also bereits vorher klar erkennbar: nicht mehr Afrikaner sollten das Herz Afrikas bewirtschaften, sondern Konzessionsgesellschaften und über beiden thronte ein Präsident, der — nach allem, was man wußte — nur Leopold heißen konnte. Doch das war bislang alles nur ein verwegener Traum eines nach Macht und Ruhm süchtigen Monarchen gewesen. Jetzt erst, nach der Anerkennung durch die verschworene Gemeinschaft der Kolonialmächte und der Gründung des Freistaats, konnte aus dem kolonialen Abenteuer ein lohnendes Wirtschaftsunternehmen werden, und in der Schaffung der dafür notwendigen Voraussetzungen erwies sich der belgische König als ein wahrer Meister seines Fachs.

Unmittelbar nach der Gründungsprozedur in Vivi erließ Leopold ein Dekret, das zwischen verwaisten und benutzten Ländereien unterschied. Alle verwaisten Ländereien wurden 1889 in das Eigentum des Freistaats überführt. Natürlich waren die meisten dieser Ländereien nicht im entferntesten verwaist und ohne Eigentümer; sie lagen nur brach und wären in ein, zwei oder drei Jahren von den afrikanischen Bauern wieder gerodet und bepflanzt worden. Bei den Dekreten Leopolds handelte es sich um nichts anderes als groß angelegte Bauernfängerei, das die Afrikaner um ihren angestammten Grund und Boden brachte. Nicht genug damit: 1891 wurden die Afrikaner dazu verpflichtet, ihr Elfenbein

nur noch an den Freistaat zu verkaufen und ein Jahr später wurde diese Regelung auf den Kautschuk ausgedehnt. Wie man sieht, konnte von einem republikanischen Bund freier Neger keine Rede sein. Der Freistaat hatte viel mehr mit dem europäischen Absolutismus des 17. Jhdts. gemein.

Als absoluter Herrscher über den Kongo war Leopold zum größten privaten Grundbesitzer der neueren Geschichte geworden. Immerhin entsprach die Fläche des königlichen Freistaats einem Viertel des europäischen Kontinents. Die beträchtlichen Ländereien, die er sich selbstherrlich überschrieben hatte, übertrafen um ein Vielfaches das, was andere europäische Monarchen oder aufstrebende Kapitalisten ihr eigen nennen konnten. Auch der Reichtum dieses Landes war sagenumwoben. Stanley hatte auf seinen Vortragsreisen quer durch Europa in farbenfrohen Bildern auf die Gold- und Silberlager, auf reiche Kupfer- und Eisenminen hingewiesen. Unerschöpflich seien die Vorräte von Kautschuk, Pfeffer, Kaffee und Gewürzen. Das Gebiet, führte er aus, enthalte fast 200 000 Quadratkilometer Seeareal und das zweitgrößte Flußbecken der Welt. Solche Berichte hatten wesentlich dazu beigetragen, die Begierde der Europäer auf das Innere Afrikas noch zu steigern.

Die Frage war, wer sollte diese Schätze heben? Eine Besiedlung durch belgische Staatsbürger stand Ende des 19. Jhdts. nicht mehr zu Debatte, weil es in Belgien mittlerweile wieder genügend Arbeit in den Fabriken gab. Es blieb daher nur die Nutzbarmachung der afrikanischen Arbeitskraft, von der auch Leopold realistischerweise annahm, daß sie nicht wohlfeil auf der Straße liegen würde. Er behalf sich daher mit einem weiteren Dekret, daß die Zwangsarbeit anordnete, was man im allgemeinen mit dem vornehmen und hochtrabenden Begriff „Erziehung zur Arbeit" umschrieb. Erst auf dieser Grundlage konnte der Freistaat wachsen und gedeihen.

Eigentümlicherweise begab sich der weitgereiste belgische Monarch niemals selbst in sein neues Reich. Er war demzufolge fast ausschließlich auf die Berichte seiner Mitarbeiter, allen voran Stanley, angewiesen. Hin und wieder wurden einzelne Afrikaner auch nach Europa verschifft und der Öffentlichkeit als Anschauungsobjekte dargeboten. So hatte Leopold auf der Antwerpener Weltausstellung die Gelegenheit, einen ehrsamen Dorfschulzen und Federviehhöker aus der Station Vivi mitsamt seiner vier Frauen in Augenschein zu nehmen. Diese die europäischen Gemüter belustigende Zurschaustellung der Schwarzen aus Afrika gehörte jedoch zu den seltenen Ausnahmen. Wenn die Europäer in

Kolonialausstellung in Antwerpen: Massa zúm Anfassen

Afrika auf Schwarze trafen, wehte in jenen Jahren
bereits ein anderer Wind. Stanley hatte auf seinen
Reisen immer wieder nackte und brutale Gewalt an-
gewandt, um von der Bevölkerung, die vom Sklavenhandel gebeutelt war, Träger und Nahrungsmit-
tel für seine Karawanen abzupressen. Reisende, die
im Jahr 1884 die belgische Faktorei in Boma besuchten, berichteten, daß sie mit stereotyper Regel-
mäßigkeit das Wehgeschrei der gezüchtigten
Schwarzen hören konnten, die an einen Dachträger
der Schmiede gefesselt waren und unter den Schlä-
gen mit der Flußpferdpeitsche nicht selten leblos
zusammenbrachen. Ein deutscher Leutnant gab zu
Protokoll: „Hier wie überall richtet sich der Haß
der Eingeborenen gegen die Belgier, welche diessel-
ben verlockt hat, die Verträge zu unterzeichnen, deren Inhalt sie nicht kannten, und welche sie jetzt
nicht als bindend anerkennen wollen." Noch deut-
licher hatte ein alter Neger zu Stanley gesagt: „Geht
fort! Geht fort! Fremde sind alle schlecht." Und be-
schwörend hatte er hinzugefügt. „Wir haben nichts

'Karte vom Kongo und dem Land der Kaffern'

— nichts!" Einen geschäftstüchtigen Amerikaner wie Stanley, der tatsächlich davon träumte, 90 Millionen unbekleidete Afrikaner mit europäischen Trödelwaren auszustaffieren, konnte das freilich nicht abschrecken.

Die Afrikaner am unteren Kongo hatten ihre Erfahrungen mit den Europäern bereits hinter sich und wußten nur zu gut, was ihnen blühte. Über vier Jahrhunderte waren verstrichen, seitdem die ersten Europäer die Mündung des Kongoflusses erreicht hatten. Die Portugiesen bemühten sich in der Mitte des 15. Jahrhunderts um die Erforschung der Westküste Afrikas. Lange vor Amerika entdeckten sie den Äquator für die Europäer, und König Johann nahm den Titel Seigneur de la Guinée an. 1485 schließlich umschiffte Diego Cao das Cap Santa Catarina und stieß auf das Volk der Bakongo. Portugal wurde zur ersten großen Kolonialmacht der Neuzeit, während die Engländer vor den Küsten der Nordsee noch das Segeln übten. Die Deutschen

konnten immerhin darauf verweisen, daß ihr Geograph Martin Behaim an der Expedition Diego Caos teilgenommen hatte, und auf Wunsch des Magistrats seiner Heimatstadt Nürnberg fertigte Behaim einen Erdglobus zur Erinnerung an dieses denkwürdige Ereignis an. Im Jahr 1492 kamen sogar zwei deutsche Drucker in das Reich der Bakongo, dessen Hauptstadt in ihrer Blütezeit 40 000 Einwohner zählte, um die moderne Druckereitechnik einzuführen.

Dabei war es keineswegs so, daß das Volk der Bakongo besonders hilfsbedürftig gewesen wäre. Im Gegenteil: nach damaligen Vorstellungen handelte es sich um ein begütertes Reich. Der Schuh drückte woanders. Nur mit Mühe konnte sich das feudale Oberhaupt der Bakongo gegen die Machtintrigen seiner Rivalen behaupten. Dom Affonso glaubte allen Ernstes daran, er und vielleicht auch seine Untertanen könnten aus dem Bündnis mit den Eroberern der Weltmeere großen Nutzen ziehen. Daher nahm er das Angebot des portugiesischen Königs, Techniker und katholische Missionare zu entsenden, gerne an. Nach europäischem Vorbild wurde eine Verfassung ausgearbeitet und mit Ungeduld erwartete der afrikanische Monarch die Modernisierung seiner Armee. Man könnte sich in dieser Hinsicht an das Hilfsgebahren europäischer Staaten gegenüber dem unabhängigen Afrika des 20. Jahrhunderts erinnert fühlen, wären es nicht Sklaven gewesen, mit denen Dom Affonso die Hilfe der Portugiesen bezahlen mußte. „Wir können nur vermuten", schrieb er nach einigen Jahren schlimmer Erfahrungen dem portugiesischen König, „wie groß der Schaden ist, seit die Händler täglich unsere Untertanen ergreifen. Sie ergreifen sie, um sie zu verkaufen und so groß ist ihre Verdorbenheit und Unzüchtigkeit, daß unser Land völlig entvölkert ist." Sein Hilferuf nach Lissabon verhallte ungehört; er wurde die portugiesischen Teufel, die er zwar nicht gerufen, aber willkommen geheißen hatte, nicht mehr los. Die portugiesischen Sklavenhändler wurden dann im 17. Jhdt. von den Holländern abgelöst und diese wiederum von den Briten und den Franzosen. Zwischen 1860 und 1885, Jahrzehnte nach dem offiziellen Verbot des Sklavenhandels, wurden noch schätzungsweise 2000 Sklaven aus dem Kongo nach Amerika verschifft.

Kein Wunder also, wenn der zitierte deutsche Leutnant Schultz beim Besuch eines Dorfes in Streit mit den Einwohnern geriet, insultiert und angegriffen wurde. Nicht besser erging es den von Leopold aus der belgischen Armee übernommenen und nach Afrika geschickten Soldaten und Offizieren, die das, was man auf der Berliner Kongo-Konferenz „effek-

Antisklavereikonferenz von Brüssel (1889—1890) oder wie man die Beschlüsse von Berlin auf den Kopf stellt

Ostafrikanische Elfenbeinhändler um 1880: Araber erschließen als erste das Innere Afrikas

tive Okkupation" genannt hatte, in die Tat umsetzen mußten. Je weiter diese Truppen in das Innere des Kongo vorstießen, auf desto heftigeren Widerstand trafen sie. Besonders am mittleren und oberen Kongo wehrten sich die Einheimischen und die arabischen Händlerdynastien gegen die ihnen auferlegte Zwangsarbeit und die Unterbrechung des Elfenbeinhandels mit der Ostküste Afrikas. Vorbei waren die Zeiten, als die Afrikaner ungehindert Palmöl, Erdnüsse und Elfenbein in den Höfen der aus Brettern gezimmerten Handelsniederlassungen gegen Baumwollerzeugnisse, Eisen-, Töpfer- und Glaswaren eintauschen konnten. Das neue Regime verlangte Zwangsabgaben — Brot, Milch, Eier und

gelegentlich auch Frauen; Verwaltungsstationen, Telegraphenleitungen und Eisenbahnen mußten gebaut werden. Gegen all das setzten sich die Kongovölker heftig zur Wehr.

Unter dem Motto „Tod dem Sklavenhandel der Araber. Es lebe der Kongostaat!" ließ König Leopold schließlich einen wahren Vernichtungsfeldzug führen, um die Kongolesen zur Bezahlung der Steuern und zur Philantropie der Arbeit zu zwingen. Den Segen dazu hatte ihm 1890 die internationale Anti-Sklavereikonferenz erteilt, die sich die Befreiung der Afrikaner von den arabischen Sklavenhändlern auf die Fahnen geschrieben hatte. In einem seiner letzten genialen Schachzüge hatte Leopold die Signatarstaaten von Berlin zu einer Anschlußkonferenz nach Brüssel eingeladen. Geschickt hatte er die Erhebung von Einfuhrzöllen mit der Frage der Unterdrückung des arabischen Sklavenhandels verknüpft und so mehrere Fliegen mit einer Klappe geschlagen. Mit Hilfe der Einnahmen aus den Zöllen sollte der Kampf gegen die Sklavenhändler finanziert werden. In Wirklichkeit ging es um viel mehr. Durch die Zölle konnte Leopold ziemlich ungeniert die lästige ausländische Konkurrenz in seinem Freistaat ausschalten. Der erste Schritt zur Beendigung des Freihandels war damit getan. Außerdem ließen sich dadurch die letzten afrikanischen und arabischen Widerstandsnester ersticken. Gerade am oberen Kongo lockte das gewinnträchtige Elfenbein, auf das jeder Billard- und Klavierspieler in Europa angewiesen war.

William Stairs („Blaue Nase"): Im Auftrag der Compagnie du Katanga Yeke-König Msiri erledigt

Expedition Delcommune 1893: Erinnerungsphoto der Eroberer nach der Rückkehr in Lissabon

Zwei Jahre sollte es dauern bis man die Befreiung der Bevölkerung von den Sklavenhändlern feiern konnte. Dabei wurden Dörfer niedergebrannt, Gärten verwüstet und tausende Menschen gemordet. Die Afrikaner erlebten zum ersten Mal die Überlegenheit Kruppscher Geschütze und automatischer Maximmitrailleusen, denen sie nichts entgegensetzen konnten, als ihren Willen zum Widerstand. Trotzdem konnten sie sich in einigen Gebieten bis 1924 der „effektiven Okkupation" entziehen.

Wie ernst es Leopold wirklich mit der Bekämpfung des Sklavenhandels meinte, zeigte sich dann beim Bau der ersten kongolesischen Eisenbahn. Der Bau einer Eisenbahn war ein alter Traum Stanleys gewesen, für den sich aber auf der Berliner Kongo-Konferenz niemand hatte begeistern können. Sie sollte das zeit- und menschenraubende System der Transportkarawanen überflüssig machen und war vor allem nötig, um die Stromschnellen am Unterlauf des Kongo zu überwinden. Nur so konnten die Schätze des Landesinneren die Küste erreichen. Im März des Jahres 1890 wurde mit den notwendigen Erdarbeiten begonnen. Auch einige der in kolonialen Angelegenheiten engagierten deutschen Unternehmen hatten sich daran finanziell beteiligt: so die Berliner Diskonto-Gesellschaft und das bekannte und Bismarck verpflichtete Bankhaus Bleichröder, dessen Chef Gerson von Bleichröder in der Kongofrage vermittelt hatte.

Einen Beitrag ganz besonderer Art zum Bau dieser Eisenbahn leistete das Hamburger Handelshaus Wölber und Brohm. Wölber und Brohm verfügten traditionell über außerordentlich gute Beziehungen zum König von Dahomey, den sie mit Waffen versorgten. Für König Béhanzin waren Waffenkäufe zu einer Existenzfrage geworden, seit Frankreich die Eroberung seines Reiches ganz offen betrieb. Der

Bau der ersten Eisenbahnlinie von Matadi nach Stanleypool: „Wir hoffen, daß nun eine Ära des Friedens und des Wohlstandes beginnt" (Père Prévers 1898): Tausende afrikanische Arbeiter an Hunger und Krankheit gestorben

Präsident der kongolesischen Eisenbahn Chemin de Fer du Congo, Monsieur Urban, machte sich diese Zusammenhänge wiederum zunutze und bot dem König den Kauf von Sklaven an, die sich jener durch kleine Überfälle in der Umgebung seines Königreichs leicht beschaffen konnte. Indessen wurde jeder Überfall Béhanzins von den Franzosen als Vorwand zur Vernichtung des Reiches von Dahomey genommen. Béhanzin war freilich schon so in sein Schicksal verstrickt, daß ihm keine andere Wahl blieb als dem Angebot von Urban zuzustimmen. Das schmutzige Geschäft der kongolesischen Eisenbahn nahm seinen Lauf. Zu Tausenden wurden schwarze Arbeitssklaven zu dreißig oder vierzig aneinandergefesselt und, mit einer Urkunde des deutschen Konsuls in Weidah versehen, die bescheinigte, daß es sich um „freiwillige" Kontraktarbeiter handele, in den Kongo verfrachtet. Als ein sozialdemokratischer Redakteur in Hamburg schrieb, deutsche Kaufleute würden sich in Westafrika am Skla-

venhandel beteiligen, wurde er vor Gericht zitiert und wegen Beleidigung zu zwei Wochen Gefängnis verurteilt.

„Freiwillige Kontraktarbeiter" beim Bau der Kongolesischen Eisenbahn

Kläger war allerdings nicht die Fa. Wölber und Brohm, sondern die Fa. Woermann, deren Schifffahrtslinie die angeblich freigekauften Sklaven auch weiterhin nach Matadi verschiffte, um das große zivilisatorische Eisenbahnprojekt vollenden zu können, das den meisten von ihnen den Tod brachte.

Das einmal eroberte Territorium übertrug Leopold II, der sich selbst den größten Happen vorbehielt, ganz nach Plan den eigens zu diesem Zweck gegründeten Konzessionsgesellschaften. Bereits im Dezember 1886 hatte der belgische König durch seinen Mitstreiter Albert Thys, zu dessen höheren Ehren Thysville entstand, die Compagnie du Congo pour le Commerce et l'Industrie ins Leben gerufen. Innerhalb von knapp fünfzehn Jahren wurden weitere 27 belgische Gesellschaften geschaffen, an denen über mehr oder weniger verschlungene Pfade auch der König und sein Freistaat finanziell beteiligt waren. Sechs davon waren Konzessionsgesellschaften nach dem leuchtenden Vorbild der „Chartergesellschaft" von Cecil Rhodes. Neben Leopold wurden sie zu den eigentlichen Herrschern über den Kongo.

Die unbestrittene Königin der Konzessionsgesellschaften hieß ABIR, Anglo-belgische Kautschukgesellschaft. Kautschuk war ein Zauberwort jener Zeit. Es stand für unermeßlichen Reichtum. Das wußte man sowohl in Brüssel im königlichen Palast von Laeken als auch in der damaligen kongolesischen Hauptstadt Boma, aus der über zwei Jahrhunderte ganze Flotten mit schwarzem Elfenbein in die neue Welt gesegelt waren, und wo es die Händler wenig kümmerte, ob man Gewehre aus Birmingham, Branntwein aus Hamburg oder Tabak und Fische aus Amerika kaufte und verkaufte, solange nur der Preis stimmte. Der Kautschuk wurde schon in Matadi auf die Schiffe einer Liverpooler Reederei verladen, die diesen wichtigen Grundstoff der europäischen Industrie nach Amsterdam transportierte. Täglich trafen an den Laderampen Matadis die mit Kautschuk beladenen Züge der kongolesischen Eisenbahn aus den Konzessionsgebieten am oberen Kongo ein, so daß sich auch die Investitionen in die Eisenbahn bezahlt machten.

Die ABIR-Gesellschaft war 1892 in Antwerpen entstanden. Zu ihren Gesellschaftern zählten so ehrwürdige Herren wie die Grafen van der Burgh und d'Oultremont, der Baron Dhanis, Leopolds Minister von Eetvelde sowie der Bankier Browne de Tiège, der den Anteil des belgischen Königs treuhänderisch und diskret verwaltete. Sofort nach ihrer Gründung erhielt die ABIR eine Konzession im zentralen Kongo zwischen den Flüssen Lopori und Maringa, in der ihr der Kongo-Freistaat für 30 Jahre alle Rechte übertrug. Statt, wie bisher, ihre Steuern an den Staat Leopolds abzuführen, mußte die Bevölkerung nun den Latex für die ABIR sammeln. Die Konzession besagte auch, daß der Kongostaat Verwaltungsposten errichten und die Munition so-

Die Amazonen des Königs von Dahomey: Neid der Europäer?

Villa Beau-Séjour in La Romée 1900: An der Wand die Waffen der Besiegten

Abliefern des Kautschuk in Munene: Endpunkt eines modernen Sklavensystems

wie die Waffen für die Ordnungstreitkräfte der Gesellschaft zur Verfügung stellen mußte. Als Gegenleistung wurden dem Staat fünfzig Prozent der Aktien zugestanden und damit auch das Recht auf 50% der Dividenden.

Es dauerte fast ein Jahr bis die ABIR in Basamkusu ihren ersten Posten eingerichtet hatte. Damals benö-

tigte man noch zwei Wochen um die beschwerliche Strecke von Leopoldville am Stanley Pool dorthin zu bewältigen. Sobald eine Verwaltungsstation erbaut war, begann ein Angestellter der Gesellschaft mit einem Troß von Soldaten eine Liste der in der Umgegend lebenden Männer anzufertigen, die ab sofort alle 14 Tage vier Kilogramm getrockneten

Mongo-Frauen in der ABIR-Konzession: Von der brutalen Zwangsarbeit erledigt

Immer häufiger kam es vor, daß die Angestellten Hiebe mit der aus Nilpferdleder gefertigten Chicotte austeilten, statt den Arbeitern die wertlosen Messingstäbe auszuhändigen, die sie als Gegenwert für ihre geldbringende Arbeit erhielten.

Das System der ABIR war von vorherein auf den höchsten Gewinn ausgerichtet. Jeder der Agenten erhielt nur ein schmales Salär und lebte im Grunde genommen von der zweiprozentigen Kommission, die sich nach den abgelieferten Mengen an Kautschuk bemaß. Erfüllte er die ihm vorgeschriebene Quote oder übertraf sie gar, dann konnte er einen bescheidenen Reichtum erwerben, der ihm den trostlosen Aufenthalt im abgelegenen Busch versüßte. Auch der Distriktkommissar war nur ein Handlanger. Wir erwarten von Ihnen, heißt es in einem Brief des Gouverneurs an einen seiner Kommissare, daß Sie einen weiteren Beweis ihrer Tätigkeit und Ergebenheit liefern, indem Sie in dem Ihrem Befehl unterstehenden Distrikt die höchste Ausbeute an Produkten erzielen, deren es möglich ist, habhaft zu werden.

Einen Mann, der eine solche Stellung gekündigt, seine Laufbahn geopfert und sich geweigert hätte, dieses unwürdige System auszuführen, das schon ausgeheckt worden war, bevor er seinen Platz darin fand, hätte man in Belgien töricht genannt. Und solche Menschen gab es im Kongo noch nicht einmal im Priestergewand der katholischen Kirche. Kein Wunder also, daß es durch die Dörfer gellte „Matafi pilamoko akufi — Kautschuk, das ist der Tod!"

Dafür brachte die ABIR-Gesellschaft geradezu traumhafte Renditen. Man sprach vom Hundertfachen des eingesetzten Geldes. Allein im Jahre 1900

Kautschuk-Lager in Baringa

Kautschuk abliefern mußten. In jedem Dorf wachte ein schwarzen Capita (Unteragent) über das Einsammeln. Unter seiner Aufsicht zogen frühmorgens die Arbeitskolonnen in die tropischen Wälder, die Augen auf der Suche nach den latexspendenden Lianen. Die Pflanzen wurden angeritzt, um den langsam austretenden Saft zu gewinnen, aus dem man in Europa die neuartigen Pneus für Fahrräder fertigte. Die Arbeit verlangte den Männern alles ab. Mal mußten sie bis zum Bauch durch die Sümpfe der Flußniederungen stapfen, mal war es nötig, auf den Baumkronen herumzuklettern, um an die kostbare Flüssigkeit zu kommen. Mit der Zeit wurden die Gummipflanzen in der näheren Umgebung selten. Die Einheimischen mußten nun einen Marsch von ein bis zwei Tagen in Kauf nehmen, ehe sie an die Stellen gelangten, wo die Kautschukpflanzen noch in ausreichender Menge vorhanden waren.

Leutnant Lothaire, 1895: Unglücklicherweise einen Europäer erhängt

konnte der Staat unter dem unverfänglichen Haushaltstitel „Produits de Portefeuille" 2,5 Mio Francs aus Steuern und Dividenden verbuchen.

Selbstverständlich mußte ein derartiger Erfolg auch die Frage nach den Ursachen aufwerfen. Bereits 1895 hatte Walter Stapleton von der British Missionary Society über Regierungssoldaten berichtet, die eine kleine Stadt geplündert und zerstört hatten. Zwei Männern und zwei Kindern waren dabei die Hände abgehackt worden. Aber bei den Missionsgesellschaften hielt man zunächst still, weil man es sich mit der Regierung des Freistaats nicht verderben wollte. Es hagelte erst gewaltige diplomatische Proteste der Berliner Signatarstaaten als der im Dienst von Leopold stehende Leutnant Lothaire versehentlich den unglücklichen Elfenbeinhändler Stokes, der sich als Untertan Englands für sicher gehalten hatte, erhängte, weil er angeblich Aufständische mit Waffen versorgt haben sollte. Kaum war über die Angelegenheit Gras gewachsen, verstarb der liebenswerte Österreicher Rabinek auf dem über zweitausend Meilen langen Weg zum Appellations-

gericht in Boma. Rabinek hatte für die Hamburger Firma Deuss gearbeitet. Prompt verlangten die deutsche Presse, der Kolonialverein und die Handelskammern eine Revision der Kongo-Akte.

Mittlerweile hatten sich auch die englischen Kaufleute mit den humanitären Interessen verbunden. Im November 1901 hatte nämlich der Gerichtshof von Libreville die Klage der englischen Firma John Holt gegen die französischen Konzessionsgesellschaften abgewiesen. John Holt und die Fa. Hatton & Cookson hatten lange vor der Ankunft der Franzosen mit den Afrikanern des damaligen französischen Kongo Handel getrieben und fühlten sich in ihren auf der Kongokonferenz weihevoll verabschiedeten freihändlerischen Auffassungen verletzt, als eine der neuen Konzessionsgesellschaften Handelsgüter ihrer Firma beschlagnahmen ließ. Holt hatte in Westafrika ein Vermögen verdient und war ehrlich genug zuzugeben, daß er sein Glück den Afrikanern verdankte. Nun mußte er um seine Firma bangen, denn das Gericht sah keinen Verstoß gegen die in Berlin niedergelegte Kongo-Akte. Holt war da ganz anderer Auffassung, denn die Afrikaner mußten ja an die Konzessionsgesellschaften verkaufen, auch wenn sie lieber zu höheren Preisen an

John Holt: „Verdanke mein Glück den Afrikanern"

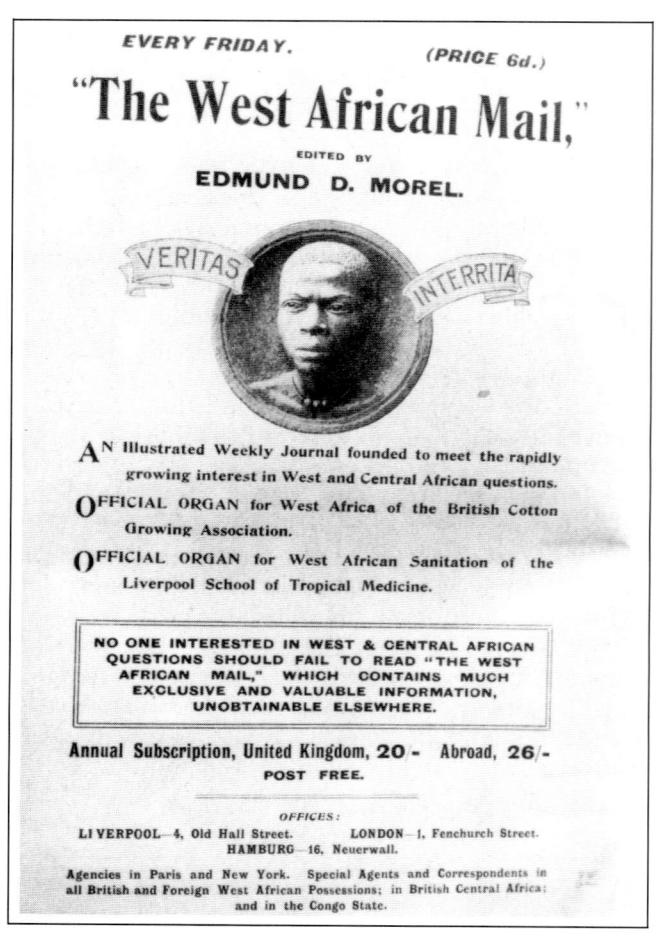

Edmund Dene Morel: Freihändler gegen Monopolisten

die englischen Händler verkauft hätten. Konzessionsgesellschaften und Freihandel schlossen sich demnach gegenseitig aus. Holt hatte zwar Recht, aber das Konzessionssystem machte sich zu diesem Zeitpunkt bereits überall breit und die Richter beugten sich nur dem Zug der Zeit.

Edmund Dene Morel, ein Mitglied der afrikanischen Sektion der Handelskammer von Liverpool und freier Journalist, wurde der Wortführer der Antikongo-Bewegung. Seine Vorstellungen von einem freien Afrikaner, der seine Produkte zum höchsten Preis verkaufen kann, waren weder neu noch besonders originell. Was ihn aber auszeichnete, war seine Ausdauer im Kampf gegen die Konzessionsgesellschaften und Leopold II. Im August 1904 erhielt Morel auch Nachrichten aus dem Konzessionsgebiet der ABIR, in denen Missionare der Congo Balolo Mission schwere Anschuldigungen erhoben. Frühere Beschwerden der Missionare gegenüber den staatlichen Behörden hatten nicht gefruchtet. Zum ersten Mal hatte ein früherer Angestellter der Gesellschaft 1901 schwere Anschuldigungen gegen seine ehemaligen Arbeitgeber erhoben. Roger Case-

ment, der britische Konsul in Luanda, ging diesen Vorwürfen nach und fand sie bestätigt. Missionare konnten Zeugen vorführen, die angaben, daß die unteren Chargen der ABIR auf Befehl ihrer Vorgesetzten Menschen getötet hätten. Es stellte sich bald heraus, daß es auch in anderen Konzessionsgebieten zu weitverbreiteten Grausamkeiten gekommen war. Wieviele Afrikaner dem Raubbau der Konzessionsgesellschaften im Kongo zum Opfer fielen, ließ sich im Nachhinein freilich nicht mehr genau feststellen. Morel schätzte aber 1906, daß die Bevölkerung im Kongo jährlich um mindestens 100 000 dezimiert worden war. Das Leopoldinische System raffte damit innerhalb von knapp zwanzig Jahren mehr Menschen hin, als es der berüchtigte Sklavenhandel während des ganzen 18. Jhdts. vermocht hatte.

Leopold war aufgrund der alarmierenden Berichte von Casement und Morel schließlich gezwungen, eine Untersuchungskommission einzusetzen. Noch während ihres Aufenthalts im Kongo erarbeiteten die Kommissionsmitglieder Reformvorschläge, um die Auswüchse abzustellen.

Palmfrüchte: Raubbau an Mensch und Natur

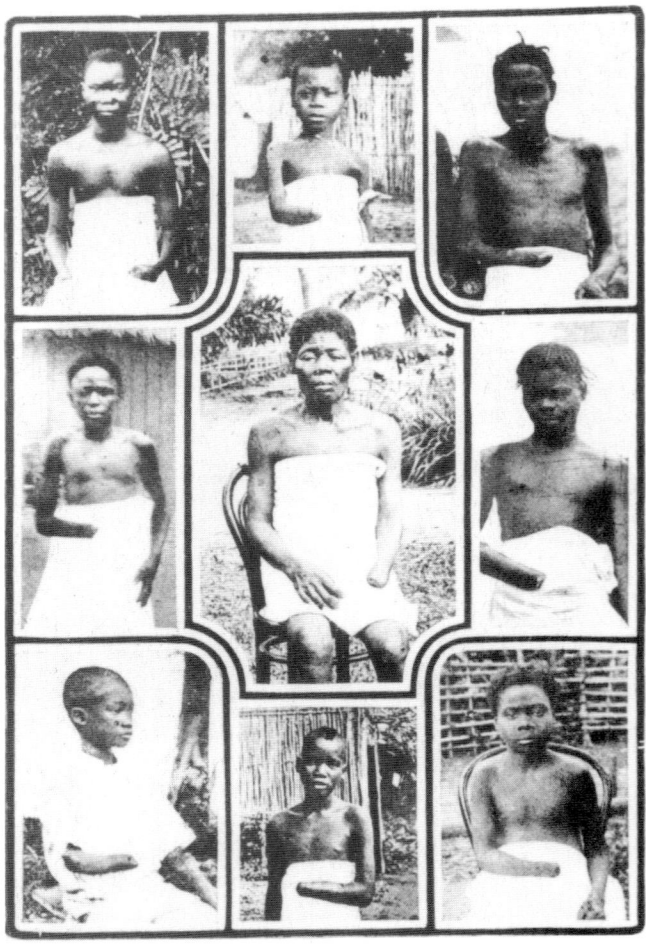

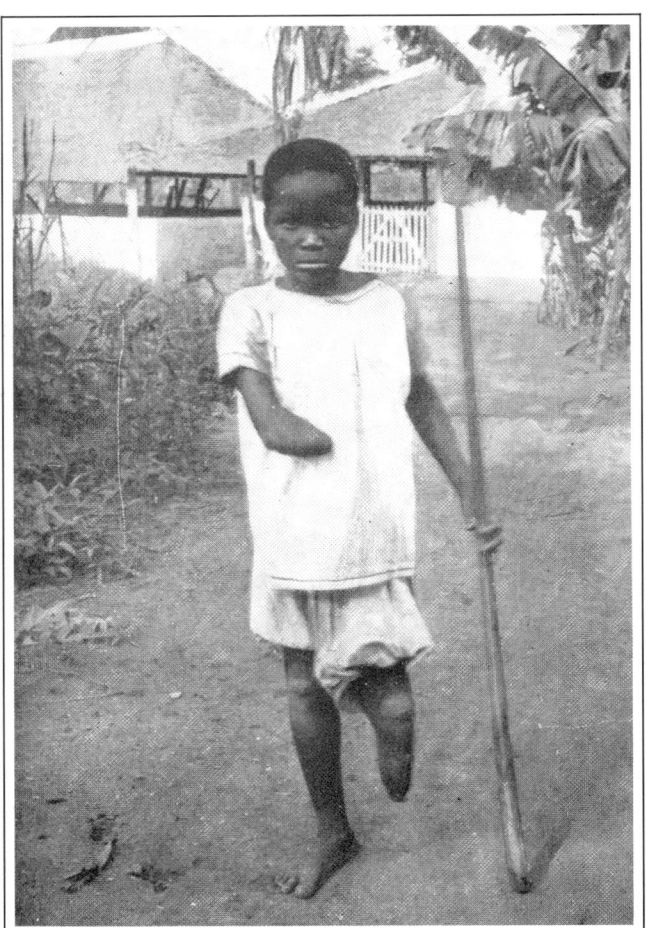

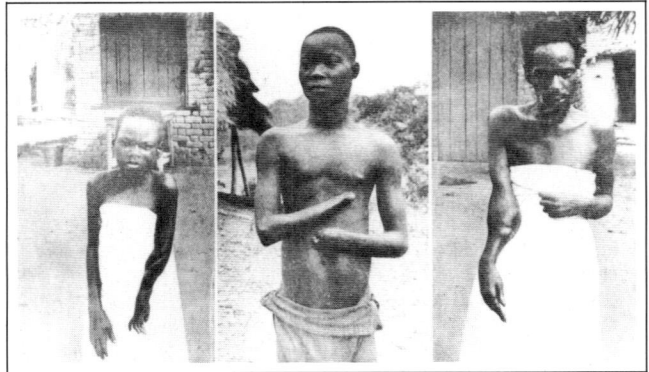

Hunderttausende verkrüppelt und getötet

Zwei Monate später reiste der Königliche Hochkommissar an den Lopori, um sich ein erstes Bild über die Reformmaßnahmen zu machen. Der ABIR-Direktor Delvaux teilte ihm jedoch schlichtweg mit, die Gesellschaft würde derartige Vorschläge nicht akzeptieren. Da Delvaux wußte, daß König Leopold ein starkes Interesse an der Kautschukproduktion hatte, konnte er dies ohne Gefahr tun. „Alles," so teilte der belgische Kolonialpolitiker Wauters dem deutschen Gesandten in Brüssel mit, „was von den Kongomißbräuchen erzählt wird, ist wahr. Ich könnte noch viel schlimmeres mitteilen. Schuld trägt der Umstand, daß der König sich des ganzen Unternehmens bemächtigt hat und es nach freiem Belieben durch seine Leute ausbeutet. Er braucht viel Geld für seine hochfliegenden Pläne."

Leopold II. setzte sich mit allen Mitteln gegen die Anklagen zur Wehr. In New York bemühte sich sein Rechtsanwalt Henry Kowalsky die Geschichten über Verstümmelungen und Morde als üble Nachrede, Lügen und Erfindungen naseweiser Amerikaner darzustellen. Sein Brüsseler „Bureau de Presse" verfaßte entsprechende Zeitungsartikel, die über bestochene Journalisten in die einschlägigen großen Tageszeitungen lanciert wurden und ahnunglose Eisenbahnfahrer fanden in den belgischen Schlafwagen Pamphlete mit dem vielversprechenden Titel „La vérite sur le Congo." Daneben versuchte der belgische Monarch mit geschickter Hand englische und amerikanische Unternehmen für den Kongo zu

Soldaten der Force Publique und belgische Offiziere:
Für jede ausgehändigte Kugel eine abgeschnittene Hand

gesellschaft Union Minière überreden, und auch der durch südamerikanische Minen reich gewordene Amerikaner Daniel Guggenheim begann sich für die Förderung von Diamanten im Südosten des Kongo zu interessieren. Kupfer und Diamanten standen gegen die unwiderlegbaren Beweise der Photographien mit einem Kodak-Apparat. Wer würde siegen?

Ein Abgeordneter hatte 1903 eine Resolution in das britische Parlament eingebracht, in der His Majesty's Government zur Aufnahme von Verhandlungen mit den Signatarmächten der Kongoakte aufgefordert wurde, weil Leopold II. fortwährend die Freihandelsgarantien verletzt habe. Die britische Regierung antwortete nach einigem Hin und Her mit einer Note an die Teilnehmerstaaten der Berliner Konferenz und bat um eine Lösung der Kongofrage. Weder aus Berlin noch aus Paris kam eine Antwort. Beide wollten nicht veranlaßt werden, vor der eigenen Tür zu fegen. Und selbst in England

gewinnen. Morel konnte zunächst vereiteln, daß die am Pranger stehende ABIR in britischen Besitz überging und somit allen Angriffen aus Großbritannien der Boden moralischer Empörung entzogen worden wäre. Aber wenig später bissen viel größere Fische an. Robert Williams, ein schottischer Ingenieur und persönlicher Freund von Cecil Rhodes, ließ sich zu einer Beteiligung an der neuen Kupfer-

wendete sich allmählich das Blatt. Der Präsident der Liverpooler Handelskammer, Sir Alfred Jones, wußte sehr wohl, was ihm seine Schiffahrtslinie zum Kongo wert war. Im Schatten der Weltpolitik und der Wirtschaftsinteressen blieb der belgische König ungeschoren.

Leopolds Gummiregime drohte von ganz anderer Seite Gefahr. Der Kautschuk neigte sich 1904 bereits zu Ende. Ein Posten, der noch vor Jahren mehrere Tonnen im Monat produziert hatte, kam nunmehr auf magere 50 oder 60 Kilogramm. Als die ABIR, wie die anderen Konzessionäre, versuchte, die Produktion mit Gewalt wieder zu erhöhen, weigerten sich die Dorfbewohner. Capitas wurden angegriffen und getötet. Strafexpeditionen der Bambote (Soldaten) endeten meist damit, daß die Kongolesen in die Wälder flüchteten und ihre Dörfer verlassen zurückblieben.

Klammheimlich schlug die ABIR 1906 vor, ihre Konzession wieder an den Freistaat abzutreten. Nach einer Reihe von Geheimverhandlungen unterzeichnete Leopold II. am 12. September 1906 das Übernahmeabkommen, in dem der ABIR bis zum Jahr 1952 Prämien zugesichert wurden. Leopold glaubte offensichtlich einen guten Handel abgeschlossen zu haben, denn ein Jahr später teilte er den Aktionären der ABIR mit, bis 1909 könne wieder mit normalen Erträgen gerechnet werden. Als ein staatlicher Beauftragter jedoch nach einer Bestandsaufnahme mit seinen 650 Soldaten nach Boma zurückkehrte, konnte auch er nur melden, daß es fast keinen Kautschuk mehr gab. Leopold war der betrogene Betrüger.

Dennoch hatte der belgische König bis zu seinem Rücktritt 1908 und der Übernahme durch den belgischen Staat einen vortrefflichen Schnitt gemacht. Bereits 1906 war dem führenden Kopf der belgischen Kongoreformer, Victor Cattier, aufgefallen, daß der Kongo-Freistaat zur Deckung des Defizits über fünf Mio. Pfd. Sterling aufgenommen hatte, während sich das tatsächliche Minus in den Kassen auf nur eine Million belief. Was war aus der Differenz geworden? Außerdem hatte der König phantastische Einnahmen auf dem für ihn reservierten Kronland erzielt. Wenigstens eine dreiviertel Million, so schätzte Cattier, hatte der verschwenderische Monarch für den Kauf von Ländereien in Brüssel und Ostende ausgegeben. Hunderttausende belgischer Franken flossen in die luxuriöse Residenz an der französischen Mittelmeerküste bei Kap Ferrat, die er für seine Geliebte Baronesse Vaughan hatte errichten lassen. Wo immer möglich zierten Triumphbögen und Statuen Straßen und Plätze, um

Steuereintreibung 1925: Geld zur Entschädigung Leopolds

an sein bedeutendes Werk zu erinnern, und ganz nebenbei war er stiller Teilhaber des Suez-Kanals geworden.

Letzten Endes war es dann das belgische Parlament, das dem auf dem Sterbebett liegenden Leopoldinischen Regime den Todesstoß versetzte. Am 15. November 1908 konnten die Kongoreformer ihren Sieg feiern. Aus dem Freistaat wurde eine richtige belgische Kolonie; Belgien wurde verspätet zur Kolonialmacht. Es war freilich nur ein Pyrrhussieg. Leopold, dessen Prestige bis in die Grundfesten erschüttert worden war, gelang es, dem belgischen Staat für seinen Verzicht eine fürstliche Entschädigung in Höhe von 50 Mio. Franken und das Versprechen seine Prachtbauten auf Staatskosten vollenden zu dürfen, abzutrotzen. Sein Kolonialsystem blieb im Grunde unangetastet. Weder an der Verwaltung noch an den Konzessionsgesellschaften wurde gerüttelt. Noch 1923 sah eine Kommission zum Schutze der Eingeborenen sechzig Tage Zwangsarbeit für normal an und erst 1954 wurden die letzten administrativen Formen der Zwangsarbeit abgeschafft. Mit den Zwangseintreibungen von Kautschuk und anderen Produkten brach man, nachdem sich der Raubbau nicht mehr lohnte. 1913 wurde den Kongolesen wieder gestattet mit ihren landwirtschaftlichen Produkten zu handeln, aber die Preise setzte nach wie vor der Staat fest. Neu waren vor allem das Kupfer, der Kobalt und das Uran, deren reichhaltige Lagerstätten in Katanga den Kautschuk rasch vergessen ließen. An den Einheimischen wurde keine Wiedergutmachung geübt. Sie mußten sich mit ihrer ausgeplünderten Landwirtschaft und einem zusammengebrochenen sozialen Gefüge von Autorität und Gerechtigkeit abfinden.

Mobutu:
Der Erbe Leopolds

8

Fast sechzig Jahre waren vergangen, seit Leopold II im Kongo seinen Hut nehmen mußte, und vor fünf Jahren, im Juni 1960, hatte auch die belgische Kolonialversammlung das Handtuch geworfen und die Kolonie in die Unabhängigkeit entlassen. Allerdings waren viele Kongolesen im November 1965 davon überzeugt, daß es so etwas wie Unabhängigkeit im Kongo noch nicht gab. Das lag nicht allein daran, daß man vor dem Haus des Parlaments in Leopoldville nach wie vor die Reiterstatue König Leopolds bewundern konnte oder, daß die kongolesischen Städte und Provinzen weiterhin die Namen der kolonialen Eroberer trugen. Die Symbole des Kolonialismus hatten immer und überall den Kolonialismus selbst um einige Jahre überdauert. Vielmehr sprachen aus dieser Überzeugung die Erfahrungen von fünf Jahren, in denen der Kongo der Zankapfel internationaler Politik gewesen war und sich an den wahren Machtverhältnissen in der ehemaligen Kolonie nur insofern etwas geändert hatte, als die verhaßten belgischen Kolonialbeamten durch Kongolesen ersetzt worden waren, die sich außer in der Hautfarbe kaum von ihren Vorgängern unterschieden. Man sprach auch international von einem kongolesischen Debakel, einem heillosen Durcheinander, das die Belgier zu verantworten hätten, die überstürzt, und ohne ihre Kolonie in geordnete Bahnen geführt zu haben, abgezogen seien, und vergaß dabei zu erwähnen, daß die anderen Kolonialmächte und ehemaligen Teilnehmerstaaten der Berliner Kongokonferenz nie aufgehört hatten, sich im Kongo einzumischen und dies seit 1960 wieder verstärkt taten. Dabei wurden, wie schon auf der Konferenz in Berlin und der Antisklavenkonferenz in Brüssel, die jeweiligen Eigeninteressen hinter so wohlklingenden Vokabeln wie Zivilisation und Humanität versteckt. Diese hehren Ziele rechtfertigten auch nach der Unabhängigkeit die widerwärtigsten Methoden. Im Kongo wurde alles ausprobiert: von der Bestechung der Politiker über den Bürgerkrieg, vom Militärputsch bis hin zur militärischen Intervention.

Das Echo in der gebeutelten kongolesischen Bevölkerung war entsprechend. Es gehörte eher zu den harmloseren Episoden ihres Widerstands in den ersten Jahren nach der Unabhängigkeit, wenn der Reiterstatue Leopolds eine schwarze Kapuze und ein Strick übergezogen wurden. Was nützte es auch: Reiterstatuen können schließlich nur die Vergangenheit dokumentieren! Die Gegenwart des Kongo wird von lebenden Figuren beherrscht, und die entscheidende Figur im Kongo ist heute Joseph Desiré Mobutu.

Bis zum 15. September 1960, knapp 10 Wochen nach den Unabhängigkeitsfeierlichkeiten, war dieser kurz zuvor in den Rang eines Obersten beförderte Mobutu noch ein völlig unbekannter Zeitgenosse, den allenfalls die belgische Sûreté in ihren geheimen Mitarbeiterlisten führte. Danach wurde er zur Schlüsselfigur und innerhalb weniger Jahre zum unumschränkten Herrscher über das riesige Kongobecken. An jenem denkwürdigen Septembertag hatte Mobutu nämlich zum ersten Mal geputscht. Mit einem Begleitkommando der kongolesischen Nationalarmee war er damals den hell erleuchtenden Boulevard Albert hinuntergefahren, um den verdutzten Europäern im Terrassenrestaurant des beliebten Hotel Regina zu verkünden: „Die Armee hat das Schicksal der Nation in die Hand genommen. Ich führe ab heute den Oberbefehl." Der Beifall und die aufkommenden Jubelrufe bestätigten, daß er sich hier an der richtigen Adresse befand. Das Ende der jungen Kongorepublik unter Premierminister Lumumba wurde von den Europäern mit Begeisterung aufgenommen.

Mobutu war zu diesem Zeitpunkt gerade 30 Jahre alt und gehörte keineswegs zu den Führungskadern der kongolesischen Unabhängigkeitsbewegung. Er stammte aus Lisala am oberen Kongo. Nach dem Besuch der Mittelschule in Coquilhatville, die er wegen seiner angeblichen Leidenschaft für Frauen und Bier vorzeitig verlassen mußte, wurde Mobutu in die belgische Kolonialarmee einberufen, wo er es schließlich bis zum Unteroffizier brachte, den höchsten Rang, den ein Kongolese damals überhaupt erreichen konnte.

Colonel Mobutu verkündet seinen Putsch: Jubel bei den Belgiern

Bereits während seines Militärdienstes entdeckte er sein Interesse für den Journalismus und begann für verschiedene Zeitschriften zu schreiben, was Ende der 50er Jahre auch Kongolesen erlaubt war, sofern sich die Kolonialverwaltung durch die Artikel nicht beleidigt fühlte. 1958 konnte er als einer der weni-

Feiern zum 75. Jahrestag der Gründung des Kongostaates: Salut für Leopold II

gen Kongolesen nach Brüssel reisen und bei Inforcongo ein journalistisches Praktikum absolvieren. Das deutete alles auf eine ganz normale Karriere hin, die einem kongolesischen Evolué von den Belgiern damals zugestanden wurde. Aber während er sich in Belgien nach außen als radikaler Vertreter der „Kongolesischen Nationalbewegung" Patrice Lumumbas ausgab, eines schnauzbärtigen Panafrikanisten, der ihn unvorsichtigerweise bald zu seinem „enfant chéri" und Privatsekretär machte (eine Fehleinschätzung, die Lumumba das Leben kosten sollte), stand er in dieser Zeit bereits in Kontakt mit der belgischen Sûreté und dem CIA.

Blicken wir zurück in die entscheidenden Jahre vor der Unabhängigkeit: Im Jahre 1958 hatte sich die politische Landschaft auf dem schwarzen Kontinent schon gewaltig verändert. Guinea und die britische Goldküste (Ghana) waren unabhängig geworden. Demonstrationen, Streiks und bewaffnete Aufstände machten die europäischen Kolonialmächte auch in anderen afrikanischen Kolonien mürbe. Man wurde ihrer überdrüssig (so gern man sie behalten hätte!) und begann sich auf die Zeit danach vorzubereiten. Auf der anderen Seite des Kongoflusses, in Brazzaville, verkündete der französische Präsident deGaulle gar, wer die Unabhängigkeit wünsche, der könne sie haben. Freilich, so großzügig war er nicht überall, denn in der französischen Kolonie Algerien mußte sich die Bevölkerung die Unabhängigkeit in einem jahrelangen Befreiungskrieg erkämpfen.

Solche grundlegenden Veränderungen auf dem afrikanischen Kontinent konnten auf die Dauer auch am Kongo nicht spurlos vorübergehen, obwohl hier ein beispielloser belgischer Paternalismus herrschte, der die Afrikaner politisch und menschlich völlig entrechtet hatte.

Sehr spät, erst nach der Veröffentlichung eines auf dreißig Jahre angelegten Plans zur politischen Emanzipation Belgisch-Afrikas im Dezember 1955,

So stellt sich Belgien sein Kolonialvolk vor:
Adrett und dienstbar

waren die ersten Anzeichen eines kongolesischen Nationalismus spürbar geworden. Über lange Jahre war es der belgischen Kolonialverwaltung gelungen, die geschlossene Gesellschaft von afrikanischem Roß und belgischem Reiter gegen alle Einflüsse von außen abzuschotten. Während andere Afrikaner in Europa studieren konnten und sich dort über die politische Zukunft ihres Kontinents austauschten,

mußten sich die Kongolesen nach dem II. Weltkrieg mit Stammesvereinigungen begnügen, die sich in den rasch wachsenden Städten unter staatlicher Aufsicht um die Überbleibsel der traditionellen afrikanischen Gesellschaften kümmern durften, mit denen Leopold so radikal aufgeräumt hatte. Parteien waren generell verboten. Die 1950 gegründete Stammesvereinigung der Bakongo war der erste Zusammenschluß von Kongolesen, der sich mit dieser Rolle nicht mehr zufrieden gab und 1954 den Posten eines Bürgermeisters für die afrikanischen Vorstädte der Hauptstadt Leopoldsville verlangte, denn auch auf kommunaler Ebene verfügten die Kongolesen über keinerlei Mitspracherechte. Aber der politische Horizont dieser Bewegung, die noch 1955 kaum mehr als 200 Mitglieder zählte, reichte nicht über den Stamm der Bakongo hinaus. Das Ziel der ABAKO lag in der Wiederbelebung der Bakongo-Sprache und in der Wiederherstellung des alten Bakongo-Reiches.

Der auf dreißig Jahre angelegte Plan zur Unabhängigkeit des Kongo stammte aus der privaten Feder eines flämischen Professors und entsprach keineswegs der offiziellen Meinung der belgischen Regierung oder gar der Vertreter kolonialer Interessen. Im Gegenteil: dort reagierte man mit Entsetzen und Empörung, denn man war zutiefst von den Segnungen des belgischen Kolonialismus überzeugt und dachte nicht im Entferntesten daran, daß die politische Emanzipation des Afrikaners in wenigen Jahren unausweichlich sein würde. Den Kongolesen oder zumindest der ABAKO erschien der Gedanke, erst hundert Jahre nach Beendigung der Berliner Kongo-Konferenz in die Unabhängigkeit entlassen zu werden, hingegen absurd, und so kommt Professor Van Bilsen, der in Belgien kaum Gehör fand, immerhin der zweifelhafte Verdienst zu, die Kongolesen zur Forderung der sofortigen Unabhängigkeit veranlaßt zu haben. Immer wieder verlangte der Führer der ABAKO, Joseph Kasavubu, in den folgenden Jahren die Entlassung in die Unabhängigkeit und den Abzug der Belgier. Die zwischen 1957 und 1958 von der Kolonialverwaltung durchgeführten Kommunalwahlen, die in den Nachbarkolonien des Kongo schon zehn Jahre früher abgehalten worden waren, konnten die politische Sprengkraft dieser Forderung nicht mehr kanalisieren. Auf der Weltausstellung in Brüssel 1958 und auf der ersten panafrikanischen Konferenz im gerade unabhängig gewordenen Ghana Kwame Nkrumahs wurde den teilnehmenden Kongolesen bewußt, wie weit der Kongo politisch zurückgeblieben war.

Der 4. Januar 1959 brachte dann die entscheidende Wende in der Auseinandersetzung zwischen der beharrenden Kolonialmacht Belgien, die eine scheinbare Großzügigkeit Frankreichs und Großbritanniens in Kolonialfragen nicht nachvollziehen konnte, und ihren aufbegehrenden kongolesischen Untertanen. Wenige Tage nach der Rückkehr der kongolesischen Delegation aus der ghanesischen Hauptstadt Accra brachen in Leopoldville heftige Unruhen aus. Begonnen hatte es mit einem Protestmarsch arbeitsloser Kongolesen, von denen es in Leopoldville mehr als genug gab. Fast jeder fünfte männliche Erwachsene war ohne Arbeitsplatz, die

Aufruhr gegen die belgischen Kolonialherren 1959: „Bloß kein belgisches Vietnam"

Wirtschaft der Kolonie befand sich seit dem Ende des Koreakriegs in einer tiefen Depression. Es endete mit einem massiven Einsatz von Militär, das die in letzter Minute verbotene Versammlung der ABAKO wieder auflösen wollte. Wutentbrannt zogen die Kongolesen daraufhin durch die Randbezirke Leopoldvilles, stürmten die Polizeistation, zerstörten die Gebäude einer Missionsstation und plünderten die Geschäfte. Erst vor den Wohnquartieren der Europäer an der Avenue Charles de Gaulle konnten sie von belgischen Fallschirmjägern und Panzern aufgehalten werden. Kasavubu wurde verhaftet, die ABAKO verboten, und die Arbeitslosen aufs Land zurückgeschickt. Unfreiwillig trug damit das harte Vorgehen der Kolonialbehörden zu einer im Kongo ungekannt breiten Politisierung der afrikanischen Bevölkerung in der Hauptstadt und den umliegenden ländlichen Gebieten bei.

Während der belgische Oberbefehlshaber General Janssens den makabren Sieg feierte und seine Truppe auf einer Postkarte mit der sinnigen Unterschrift „Force Publique — auf die der Kongo zählen kann" posieren ließ, machte sich unter den belgischen Siedlern und in Brüssel erstmals Unsicherheit breit. Offensichtlich konnte man nicht mehr darauf zählen, daß sich „der Neger nur für Fußball und Fahrräder interessierte". In den relevanten bel-

gischen Regierungskreisen war man sich einig, daß sich das kleine Land mit den kleinen Leuten, wie Leopold II Belgien abschätzig genannt hatte, einen Kolonialkrieg à la Algerien oder Vietnam nicht leisten konnte, und so befaßte man sich nunmehr auch in Brüssel mit dem Gedanken eines unabhängigen Kongo. Dabei spielte es eine nicht unbedeutende Rolle, daß sich die belgische Regierung und die entsprechenden Wirtschaftskreise einen von Belgien gänzlich unabhängigen Kongo gar nicht vorstellen konnten. Schließlich lag die gesamte Verwaltung fast ausschließlich in den Händen belgischer Beamter und die Wirtschaft der Kolonie konnte ohne belgische Techniker und Ingenieure wohl kaum funktionsfähig erhalten werden. Der Kongo mußte zwangsläufig auf absehbare Zeit an sein ehemaliges Mutterland gebunden bleiben. In dieser Überzeugung gab der belgische König Baudouin am 13. Januar 1959 bekannt, Belgien beabsichtige die kongolesische Bevölkerung ohne Überstürzung in die Unabhängigkeit zu führen. Obgleich Baudouin keinen genauen Zeitpunkt nannte und damit die afrikanischen Gemüter aufs neue erregte, war doch das entscheidende Wort „Unabhängigkeit" gefallen. Im April erneuerte ein kongolesischer Parteienkongreß unter Leitung Patrice Lumumbas die Forderung nach völliger Unabhängigkeit und schlug als ersten Schritt die Bildung einer nationalen Regierung zum Januar 1960 vor.

Allerdings waren die Ansichten für einen kongolesischen Nationalstaat zu diesem Zeitpunkt bereits ziemlich trübe. Die in Berlin nach europäischem Machtkalkül rigoros zusammengezimmerte Kolonie umfaßte ein so buntes Gemisch verschiedenster Gesellschaften und Kulturen, daß sie oft nur die gemeinsame Leidensgeschichte unter der Kolonialverwaltung verband. Die Kolonialverwaltungen hatten ihrerseits immer nach dem Prinzip „Teile und Herrsche" gehandelt. So war es nicht verwunderlich, daß sich zu den Wahlen im Juni 1960 über hundert Parteien bildeten, die die Interessen mehr oder minder kleiner Völker und Grüppchen vertraten oder im Tribalismus den einzigen Weg zu einer blühenden Politikerkarriere sahen und auch nicht davor zurückschreckten, eine eigene Republik auszurufen. Kasavubu — inzwischen wieder frei und auf seinen Posten als Bürgermeister von Dendale zurückgekehrt — verkündete schon im Juni 1959 sein Projekt einer Demokratischen Republik Zentralkongo. Aus dem Distrikt Süd-Kasai wurde die Zerstörung zahlreicher Luba-Dörfer durch die Lulua gemeldet, die Ende 1960 in der Sezession des Distrikts von der Zentralregierung gipfeln sollte. Schließlich deutete sich bereits jetzt an, daß die belgischen Siedler in Katanga sorgsam den Austritt der Kupferprovinz

Politische Gespräche in Brüssel, März 1960: Kongolesen parlamentarisches System aufgeschwatzt

aus dem zukünftigen Kongostaat vorbereiteten. Der Vielvölkerstaat drohte also noch vor seiner Konstitution als unabhängige Republik in seine Einzelteile zu zerfallen. In Brüssel verstärkte sich dadurch nur noch die Angst vor einem Kolonialkrieg und statt die Kolonie in der versprochenen vierjährigen Übergangsphase in die Unabhängigkeit zu führen, beraumte die belgische Regierung kurzerhand offizielle Unabhängigkeitsgespräche für den Januar 1960 an. Man wollte sich nun so schnell wie möglich aus der Verantwortung stehlen. Mit geradezu unheimlicher Geschwindigkeit näherte sich der Kongo jetzt der Entlassung in die Unabhängigkeit. Den Januargesprächen folgten Mitte Mai die ersten Parlamentswahlen, und nur wenige Wochen danach wurde die kongolesische Regierung unter Premierminister Lumumba und Staatspräsident Kasavubu in ihr Amt eingeführt. Am 30. Juni wollte sich die belgische Kolonialverwaltung in einem offiziellen Akt endgültig ihrer Kolonie entledigen.

Wie alle anderen Kolonialmächte, so hatten auch die Belgier alle Anstrengungen unternommen, die Regierungsgeschäfte an einen moderaten und probelgischen kongolesischen Politiker zu übergeben. Der als Linksaußen geltende Lumumba hatte ihnen jedoch einen Strich durch die Rechnung gemacht; er gewann mit beträchtlichem Abstand die Nationalwahlen. Lumumba stammte aus Stanleyville. Auch er gehörte zu den wenigen Emporkömmlingen des belgischen Kolonialismus, 1500 an der Zahl unter den 15 Millionen Kongolesen. Auch er hielt sich in den Clubs der priviligierten schwarzen Klasse der Evoluierten auf, hatte die Sprache, Kleidung und die Kultur der Belgier angenommen, ohne freilich von diesen jemals akzeptiert zu werden. Noch 1957 warnte er vor der antibelgischen Agitation, „die sich

Premier Lumumba: Belgischer Evolué?

im Kongo auf heimtückische Weise ausbreitet und deren Ziel es ist, einen Keil zwischen die kongolesische Bevölkerung und die Belgier zu treiben." Erst unter dem Einfluß Kwame Nkrumahs, den er auf der Allafrikanischen Konferenz in Accra 1958 kennen und schätzen gelernt hatte, geriet sein Glaube an die Kraft der humanistischen Werte der westlichen Zivilisation und die Möglichkeiten einer Reform der Auswüchse des Kolonialismus ins Wanken. Von nun an kämpfte er für die Unabhängigkeit, einen starken zentralistischen Nationalstaat und die panafrikanischen Ziele Kwame Nkrumahs. Mit diesen Losungen und einer erstaunlichen Fähigkeit, die kongolesische Bevölkerung für seine nationalen Ideen zu begeistern, gewann seine Kongolesische Nationalbewegung die landesweiten Wahlen, trotz aller Versuche seitens der belgischen Kolonialverwaltung, Lumumba Knüppel in den Weg zu werfen und aus der großen Zahl der Stammesparteien eine ihr genehmere Regierung zustande zu bringen.

Den ersten Dämpfer für ihre mühsam errungene Unabhängigkeit erhielten die Kongolesen bereits bei den Feierlichkeiten am 30. Juni. Freude und Euphorie wollten nicht mehr aufkommen, nachdem der belgische Monarch Baudouin im Palast der Nation, der eigentlich die Residenz des belgischen

Gouverneurs werden sollte, seine Abschiedsrede gehalten hatte. Es trieb selbst den treuesten Freunden Belgiens unter den Kongolesen die Zornesröte in den Kopf, als sie erfahren mußten, daß ihre Unabhängigkeit die Krönung des genialen Werkes Leopold II sein sollte. Achzig Jahre, so führte der König aus, habe Belgien seine besten Söhne in dieses Land geschickt — zunächst um das Kongobecken von dem widerlichen Sklavenhandel zu befreien, später um die verschiedenen miteinander verfeindeten Stämme auszusöhnen. Es seien belgische Pioniere gewesen, die Eisenbahnen gebaut, Städte und Industrien, Schulen, ein Gesundheitswesen und eine moderne Landwirtschaft geschaffen hätten. Den Unabhängigkeitsfeierlichkeiten am Wochenende folgte ein noch ernüchternderer Montag. Als habe sich nichts, rein gar nichts geändert, schossen Janssens' Soldaten in Coqhuilhatville auf streikende Arbeiter.

König Baudouin im Palast der Nation am Tag der Unabhängigkeit des Kongo: „Krönung des genialen Werkes von Leopold II"

General Janssens' Truppe war der Stolz der Belgier. Sie war — einst von Leopold II gegründet — die mächtigste Stütze der Kolonialverwaltung gewesen. Lange bevor die katholische Kirche dazu überging Kongolesen zu Priestern zu weihen und lange bevor Kongolesen in der Kolonialverwaltung tätig wurden, war mit den „Bambote" eine besondere Klasse kolonialisierter Afrikaner entstanden, die mit der Bevölkerung des Kongo nur wenig verband. Von dieser Truppe ließ man die islamischen und christlichen Widerstandsbewegungen und die ersten Arbeiterstreiks in den Kupferminen Katangas niederschlagen. Ohne ihre blutigen Bajonette hätte es weder einen kongolesischen Freistaat noch eine belgische Kolonie gegeben, obwohl auch die Kolonialverwaltung mehr als eine Meuterei erleben mußte. Naturgemäß brachte die neue kongolesische Führungselite diesen Soldaten wenig Vertrauen entgegen. Nur Belgien sah in ihnen und ihrem tausend Mann starken belgischen Offizierskorps einen einigenden und stabilisierenden Faktor. Im Grunde

aber rumorte es seit langer Zeit in der damals stärksten afrikanischen Armee. Die schwarzen Soldaten waren seit Jahren ungehalten, weil sich ihr Oberbefehlshaber Janssens hartnäckig weigerte, Afrikaner in den Offiziersstand zu befördern. Zum Zeitpunkt

Kolonialtruppe Force Publique: Schwarze Soldaten, weiße Offiziere

117

der Unabhängigkeit gab es sage und schreibe 31 afrikanische Adjudanten, aber keinen einzigen Offizier, und Lumumba ließ in den ersten Tagen seiner Regierung wenig Bereitschaft erkennen, daran unmittelbar etwas zu ändern.

Als Janssens am 4. Juli in der Garnison Leopold II an die Tafel schrieb „Vor der Unabhängigkeit = nach der Unabhängigkeit", konnte er sicher nicht ahnen, was das für Folgen haben würde, aber es war ein weiterer Beweis dafür, wie falsch die Belgier diese Truppe einschätzten. Die Soldaten reagierten auf die Provokation von Janssens am Abend des 5. Juli mit einer offenen Meuterei gegen ihre belgischen Vorgesetzten und die neue schwarze Regierung in Leopoldville. Innerhalb weniger Tage erfaßte die Revolte auch die Garnisonen in anderen Landesteilen. Nach vereinzelten Gewalttaten an den verhaßten Belgiern kam es zur panikartigen Flucht der weißen Verwaltungsbeamten und ihrer Familien über den Kongo nach Brazzaville. General Janssens wurde von Premierminister Lumumba entlassen, um dann vor dem Denkmal Leopolds in Brüssel mit den Worten zu salutieren: „Sire, sie haben Euch den Kongo zur Sau gemacht!"

Die wirkliche Sauerei begann erst einige Tage später. In einem Artikel des „Libre Belgique" war zu lesen: „Es wäre lächerlich, rechtliche Zweifel zu hoch zu bewerten. Belgien hat die Unabhängigkeit des Kongo anerkannt — ja. Aber nicht jede Art von Unabhängigkeit." Obwohl Lumumba drauf und dran war, sich mit den Meuterern zu einigen, plädierte man in Brüssel unter dem Eindruck der aus dem Kongo fliehenden belgischen Staatsbürger für eine militärische Invasion und zeigte den Afrikanern zum ersten Mal, wie ernst man in Europa ihre Unabhängigkeit nahm. In den Morgenstunden des 10. Juli landeten die ersten belgischen Truppeneinheiten in Elisabethville. Am Abend sprangen belgische Fallschirmjäger nordöstlich von Luluabourg ab, und einen Tag später bombardierten belgische Flugzeuge sogar die kongolesische Hafenstadt Matadi. Unter dem Schutz belgischer Truppen verkündete der neue Regierungschef der Provinz Katanga, Moise Tschombé, die Sezession des wirtschaftlichen Ballungszentrums im Südosten. Damit war der Kolonialkrieg, den die Belgier partout vermeiden wollten, unvermeidlich geworden. Die Fortsetzung der belgischen Politik mit Waffengewalt mußte nicht nur den Widerstand bei den kongolesischen Soldaten verstärken, sie ließ auch den kongolesischen Politikern um Lumumba keine andere Wahl als mit Belgien zu brechen, zumal auch hinter der Sezession Katangas die fürsorgliche Hand des ehemaligen Mutterlandes steckte.

Der Verlust Katangas traf die Zentralregierung in Leopoldville besonders hart. Hier lagerten alle Rohstoffe, die die belgische Kolonie reich gemacht hatten: Kobalt, Nickel, Uran und vor allem Kupfer. Schon zu Beginn des 19. Jahrhunderts schwärmten die reisenden portugiesischen Händler Baptista und José von den herumliegenden Malachitsteinen, in deren Nähe die Eingeborenen mit sicherem Instinkt nach Kupfer gruben. Es war geradezu verwunderlich, daß es fast eines Jahrhunderts bedurfte, bis die europäischen Eroberer sich dieses Gebiet einverleibten. Die gigantische Beute fiel an Leopold II, der Cecil Rhodes zuvorgekommen war. Der wahre Herrscher in dem trockenen, aber fruchtbaren Savannenhochland im Südosten wurde aber nicht an Leopold II, sondern die Konzessionsgesellschaft Union Minière, an der neben dem Monarchen auch die belgische Finanzgesellschaft Société Générale und der Brite Robert Williams beteiligt waren. Nach dem Niedergang des Kautschukhandels wurde sie immer mehr zum Staat im Staat, der sich wenig um das scherte, was in Leopoldville vor sich ging.

Die Union Minière war 1906 gegründet worden, nachdem findige Ingenieure von Robert Williams drei Kupferlagerstätten und mehrere Goldminen entdeckt hatten, die förderungswürdig erschienen. Williams übernahm aufgrund seiner langjährigen Erfahrung in der Prospektierung von Mineralien nicht nur ein Drittel des millionenschweren Aktienpakets, sondern auch die Gesamtleitung der technischen Operationen des neuen Bergbauunternehmens und die Rekrutierung der Arbeitskräfte, wodurch Großbritannien erstmals wieder einen Fuß auf kongolesisches Territorium setzte. Zwanzig Jahre zuvor hatte Leopold II allen Ausländern die Tür vor der Nase zugeschlagen. 1906 aber brauchte er ihr know-how und ihre Unterstützung gegen die Kongoreformer.

Die Kupferminen Katangas erwiesen sich bald als ein ausgesprochener Glücksfall für die Aktionäre. Sie waren weltweit die erzhaltigsten Lagerstätten und die Jahresproduktion stieg binnen weniger Jahre auf über 80 000 Tonnen. Andere Rohstoffe wurden zusätzlich gefunden und man sprach von einem geologischen Wunder, weil Katanga offenbar über die vielfältigsten Vorkommen ganz Afrikas verfügte. Zum Zeitpunkt der Weltwirtschaftskrise stammte bereits der größte Teil der kongolesischen Exporte aus der Erde Katangas. Der Löwenanteil der Staatsausgaben wurde in diesem kleinen und isolierten Zipfel im Südosten des Kongo geschaffen. Kurzum: ohne oder gar gegen die Union Minière konnte in Leopoldville niemand mehr regieren. Natürlich war man auf den Verwaltungskorridoren der

Kupferbergbau der Union Minière in Katanga: Staat im Staat

telte. Im gleichen Jahr noch brachte man durch eine überhöhte Dividendenausschüttung einen Teil des Kapitals der Union Minière in Sicherheit. Das Beispiel machte Schule, und selbst die belgische Regierung zögerte keinen Moment, die Goldreserven und andere liquide Bestände nach Belgien zu schaffen.

Politisch liebäugelte die Union Minière mit der damaligen weißen Hochburg Rhodesien. Anfang 1960 reisten die beiden Direktoren der Gesellschaft, van der Straeten und Robiliart, in die rhodesische Metropole Salisbury, um mit einem Beauftragten des Premiers Roy Welensky über eine Union zwischen den beiden Territorien zu verhandeln, die einen Ausstieg Katangas aus einem zukünftigen unabhängigen Kongo ermöglichen sollte. Wenige Tage vor der Unabhängigkeit flog ein ehemaliger Agent der belgischen Sûreté in Katanga auf, aus dessen Papieren hervorging, daß die ultrarechten belgischen Siedler in Katanga zusammen mit dem Katangesen Moise Tschombé aktiv die Sezession Katangas vor-

Union Minière äußerst beunruhigt, als 1959 ruchbar wurde, daß die belgische Regierung das sinkende Schiff verlassen würde. Nur zu gut hatte man noch die Äußerungen des aussichtsreichen Kandidaten für das Amt des Ministerpräsidenten, Patrice Lumumba, in den Ohren, die Rohstoffe sollten von nun an dem eigenen Volk dienen; eine trotz ihrer Allgemeinheit für die Union Minière ungeheuerliche Aussage, die an ihrer ungebrochenen Macht rüt-

bereiteten. Belgien riegelte daraufhin erst einmal die Grenze nach Nordrhodesien ab und zwang Tschombé zu einer öffentlichen Loyalitätserklärung gegenüber der neuen Zentralregierung in Leopoldville.

Tschombé war mit den Nachfahren der von Leopold II unterworfenen Lunda-Könige verwandt, was ihn, wie wir gesehen haben, nicht daran hinderte, mit den Vertretern der 34000 Personen zählenden belgischen Siedlergemeinde gemeinsame Sache zu machen. Nicht zu Unrecht nannten ihn die Katangesen „Geldschrank". Sein Vater hatte es durch die Vermittlung von schwarzen Arbeitskräften an die Union Minière zu einem Millionenvermögen gebracht; ihm gehörten zahlreiche Plantagen, Geschäfte und ein Hotel in der Provinzhauptstadt Elisabethville. 1947 war er bereits so reich, daß er als erster Kongolese auf eigene Kosten in das koloniale Mutterland Belgien fahren konnte. Moise, der geschäftlich mehrfach versagt hatte, erkannte, daß man sich auch in der Politik Meriten verdienen konnte und stand mit an der Spitze der 1958 gegründeten Stammesvereinigung der Lunda, Conakat, die großzügige Hilfe von den belgischen Siedlern und der Union Minière genoß.

Mit der 1960 erfolgten Wahl Tschombés zum Präsidenten von Katanga hatten die schwarzen Nationalisten um Lumumba eine ihrer schwersten politischen Niederlagen einstecken müssen, die Folgen haben sollte, denn als die Meuterei der kongolesischen Armee auch auf Katanga übersprang, fühlte sich Tschombé mit stiller Duldung Belgiens nicht mehr an seine Loyalitätserklärung gebunden. Unter dem fürsorglichen Schutz belgischer Fallschirmjäger konnte er in aller Ruhe mit den auf der Berliner

Moise Tschombé als Präsident Katangas: Für die Union Minière ein nützlicher Diener

Konferenz von 1884 beschlossenen Grenzen brechen und die Republik Katanga ausrufen. Damit war das eingetreten, was Lumumba in seinem gewachsenen Mißtrauen gegenüber Belgien schon seit geraumer Zeit befürchtet hatte. Belgien hatte sich den reichsten Teil seiner Kolonie zurückgeholt. Innerhalb weniger Tage hatte der Premier in Leopoldville nicht nur seine Armee und seinen Verwaltungsapparat verloren, sondern nunmehr auch die wichtigsten Devisenbringer und Steuerzahler der kongolesischen Wirtschaft, den Bergbau Katangas. Ihm blieb nur noch die Anrufung der Vereinten Nationen.

Am 14. Juli entsprachen die Vereinten Nationen dem Hilfsersuchen Lumumbas und Kasavubus und starteten die größte militärische Einzelaktion ihrer Geschichte. Ghanesen, Marokkaner, Äthiopier und Soldaten aus Guinea verbreiteten fast schon panafrikanische Gefühle in der kongolesischen Hauptstadt. Hunderte von zivilen Experten folgten dem militärischen Troß, um die geflohenen belgischen Beamten und Techniker zu ersetzen. Lumumba hätte erst einmal aufatmen können, aber die UNO

Colonel Vandewalle: Militärische Unterstützung für Katanga durch belgische Offiziere und Sicherheitsbeamte

zögerte nicht nur, der völkerrechtswidrigen Besetzung des Kongos durch belgische Truppen ein rasches Ende zu bereiten, der UNO-Generalsekretär Dag Hammerskjöld weigerte sich sogar ausdrücklich seine Truppen nach Katanga marschieren zu lassen, denn das sei eine interne Angelegenheit des Kongo. Wie sich das mit der Anwesenheit belgischer Truppen vertrug, blieb ein Geheimnis des Generalsekretärs. Die UNO war freilich in jenen Jahren weit weniger ein internationales Forum, auf das sich die ehemaligen Kolonialvölker stützen konnten, als ein gewichtiges Instrument der westlichen Großmächte, allen voran der USA. Und die US-Regierung teilte die Auffassungen des NATO-Mitgliedslandes Belgien in der Kongo-Frage weitgehend.

Eine Woche nach dem Eintreffen der UNO-Truppen in den gigantischen Herkules-Transportern der US-Luftwaffe besuchte „Monsier Uran", wie die belgische Presse Lumumba unter Anspielung auf die Rohstoffinteressen der USA im Kongo nannte, Washington. Er nächtigte im feinen „Haus Blair", dem Gästehaus der amerikanischen Regierung, womöglich, so argwöhnte man in Brüssel, im selben Bett wie ihr König bei seinem letzten Staatsbesuch in den USA. Doch hinter der Gastfreundschaft waren die Weichen der US-amerikanischen Politik bereits in eine ganz andere Richtung gestellt worden. Der anschließende Besuch des international unerfahrenen Lumumba beim sowjetischen Botschafter in Ottawa und die Anforderung sowjetischer Transportflugzeuge für Truppenbewegungen nach Katanga brachen dem Premier schließlich das Genick. In einer internen Mitteilung der CIA hieß es: „ . . . es bleibt wahrscheinlich nur noch wenig Zeit zum Handeln, um ein weiteres Kuba zu vermeiden." Aus Leopoldville schrieb der amerikanische Botschafter Clare Timberlake: „Ich bin davon überzeugt, daß das Ganze ein kommunistischer Plan ist. Lumumba, Informationsminister Kashamura, der ghanesische Botschafter Djin und die Chefin des Protokolls, Madame Blouin, sie alle sind anti-weiß und die Blouin ist überdies eine Kommunistin." Lumumba stand freilich weder unter dem Einfluß Moskaus, noch plante er einen kommunistischen Umsturz, er hatte nur unter dem Eindruck der Ereignisse und in einer emotionsgeladenen Atmosphäre den Blick für die realen Machtverhältnisse verloren. Washington war eben mit Brüssel nicht zu vergleichen.

Timberlakes Schreiben setzte die Kalte-Kriegs-Maschinerie in Gang, die nun auch Afrika in das übliche Freund-Feind-Schema der Nachkriegszeit preßte. Wer wie Lumumba, und sei es nur für den Augenblick, mit den Russen paktierte, wurde automatisch zum Kommunisten und damit zum Feind der USA. Praktisch hatten die USA bis zum 30. Juni 1960 im Kongo weder Feinde noch ausgesprochene Freunde gehabt, weil ihnen die belgische Regierung bis zur Unabhängigkeit ihrer Kolonie jeden Kontakt mit einheimischen Politikern strikt untersagt hatte. Lediglich die Zusammenarbeit der Geheimdienste erlaubte es dem CIA in Brüssel die ersten zarten Bande mit Mobutu zu knüpfen. Gleichwohl wußte der amerikanische Botschafter Timberlake natürlich recht bald, mit wem er zusammenarbeiten wollte und mit wem nicht. Der rundliche Staatspräsident Kasavubu, ein ehemaliger Kirchenmann, von dem man sagte, er habe das Blut chinesischer Eisenbahnarbeiter in seinen Adern, war einer derjenigen, die man in Washington von Anfang an als prowestlich einstufte. Dazu trug sicherlich bei, daß Kasavubu unter dem Einfluß von Abbé Fulbert Youlou stand, dem Staatspräsidenten des ehemaligen französischen Kongo. Lumumba nannte den auf der anderen Seite des Kongoflusses liegenden Kongostaat verächtlich „das Republikchen", weil sich ihr Präsident, ein glühender Gaullist, so eng mit Frankreich verbunden fühlte. Youlou, der lieber ein vereinigtes Bakongo-Reich gesehen hätte als zwei unabhängige Kongostaaten, machte seinerseits kein Hehl aus seiner Abneigung gegenüber Lumumba.

Staatspräsident Kasavubu und Premier Lumumba, Juli 1960: Nach der belgischen Invasion für wenige Wochen einer Meinung

Für eine Handvoll Dollars eine andere Republik

Daß Washington nun die Zügel des Kongo in der Hand führte und nicht mehr Brüssel, geschweige denn die Kongolesen selbst, wurde Anfang September deutlich. Nach einem fünfstündigen Gespräch bei Timberlake entschloß sich Staatspräsident Kasavubu, Lumumba mitsamt sechs seiner Minister zu entlassen. Der spröde und scheue Kasavubu, der sich gerne mit Uniformen schmückte, besaß allerdings nicht das Kaliber, um den immer noch beliebten Lumumba für längere Zeit niederzuhalten. So sah es jedenfalls die CIA und die breite Unterstützung, die Lumumba im Senat und im Abgeordnetenhaus für die Fortsetzung seiner Politik erhielt, schien diese Auffassung zu bestätigen. Der CIA setzte in viel stärkerem Maße auf Mobutu, den Lumumba in treuem Glauben und arglos nach der Entlassung Janssens zum neuen Stabschef befördert hatte. Zehn Tage nach der Entlassung Lumumbas bereitete Mobutu dem offenen Rennen um die Macht im Kongo zwischen Kasavubu und Lumumba mit seinem Putsch ein Ende. Zuvor hatte ihm die CIA die Dollars zur Verfügung gestellt, um die ausgehungerten Soldaten der kongolesischen Nationalarmee an sich zu binden. Mit seiner Journalistenkarriere war es damit endgültig vorbei, und obwohl Mobutu gelegentlich darüber Krokodilstränen vergoß, wußte er nur zu gut, daß sein Ehrgeiz und sein Machthunger in der Politik viel besser gestillt werden konnten.

In die Regierungsgebäude des Boulevard Leopold rückten jetzt die Studenten des von Mobutu neu gebildeten Regierungskollegiums ein und ersetzten die erste nationale Regierung unter Lumumba, der mit dem Einverständnis Dag Hammerskjölds in seinem Haus eingeschlossen war, bewacht von UNO-Soldaten aus Ghana und der Soldateska Mobutus, die danach trachtete, ihn bei erstbester Gelegenheit zu verhaften. Afrika war am Kongo so zweigeteilt wie Deutschland am Brandenburger Tor. Die Herren Studenten gehörten zu den wenigen Kongolesen, die in Belgien oder an der 1954 auf dem Amba-Hügel vor Leopoldville errichteten Universität von Lovanium mehr als die landesübliche Ausbildung im Bibellesen erhalten hatten. Trotzdem waren auch sie auf ausländische Berater angewiesen, um die Regierungsgeschäfte erledigen zu können, und der vornehme Club Royal im Zentrum von Leopoldville, der über Wochen fast ausgestorben schien, füllte

Lumumba nach seiner Verhaftung durch Mobutu-Truppen: Auslieferung an Katanga

sich wieder mit belgischen Beratern, Kaufleuten und Technikern. Unter ihrem Einfluß war von der angekündigten innenpolitischen Neutralität der studentischen Übergangsregierung nach wenigen Tagen nichts mehr zu verspüren. Mit dem Sezessionisten Tschombé verhandelte man schon wieder hinter den Kulissen und mit Kasavubu, der den Putsch verharmlosend „frech" genannt hatte, wollte man sich arrangieren. Lumumba hingegen paßte in keiner Weise in die wiederhergestellte Ordnung einer folgsamen ehemaligen Kolonie.

Lumumba hatte bis zum Putsch Mobutus daran geglaubt, die Probleme mit demokratischen und parlamentarischen Mitteln lösen zu können. Danach versuchte er noch für mehrere Wochen mit Flugblättern und Telegrammen auf die politische Entwicklung Einfluß zu nehmen. Als er erkennen mußte, daß sich damit nichts bewegen ließ, entschloß er sich zur Flucht in seine Hochburg Stanleyville, wo er sich in den 50er Jahren die ersten politischen Sporen verdient hatte. Von dort aus wollte er den Kongo zurückgewinnen. Er konnte nicht wissen, daß über sein Schicksal bereits entschieden worden war. In einer Untersuchung des amerikanischen Senats über die damaligen Vorgänge wurde später festgestellt, daß die CIA nach einer Sitzung des Nationalen Sicherheitsrats der USA am 25. August 1960 praktisch freie Hand erhielt. Die CIA arbeitete seither fieberhaft an Plänen zu seiner Ermordung. Auch an seiner Verhaftung auf der Flucht nach Stanleyville war die CIA beteiligt.

„Haben Sie die gute Nachricht schon vernommen?" war am 13. Februar 1961 die Standardfrage im Europäerviertel von Leopoldville. Die „gute Nachricht" war die Meldung vom Tod der „Affenfratze" Lumumba. Katangas Innenminister Godefroid Munongo hatte verlauten lassen, der Gefangene habe sich befreit und sei von Dorfbewohnern auf der Flucht erschossen worden. Er fügte hinzu: „Wenn uns jemand des Mordes anklagt, werde ich antworten: beweisen Sie es." Lumumba war in Wirklichkeit bereits einen Tag nach seiner Ankunft im Gefängnis von Jadotville erschossen worden. Seine Mörder wurden nie zur Rechenschaft gezogen.

Lumumba war Anfang 1961 an seine Erzfeinde in Katanga ausgeliefert worden, weil Mobutu dringend der Verständigung mit Tschombé bedurfte, um politisch überleben zu können. Dafür waren vor allem zwei Ereignisse verantwortlich. Zum einen hatten die Anhänger Lumumbas nach dessen Verhaftung in Stanleyville eine Gegenregierung ausgerufen, die aus dem damals noch fortschrittlichen Ägypten Gamal Abd el Nassers und der Sowjetunion politische und finanzielle Unterstützung erhielt und in den Weihnachtstagen mit ihren Soldaten bis in die Heimatprovinz Mobutus vorgedrungen waren. Zum andern war die Armee Mobutus einmal mehr demoralisiert und zeigte sich zeitweise wieder Lumumba zugeneigt, weil Mobutu den Sold nicht mehr bezahlen konnte. Hinzu kam, daß sich die sogenannten Moderaten unter der alten Politikergarde, die das Regime Mobutu für eine vorübergehende Notwendigkeit hielten, wieder lautstark zu Wort meldeten und die für die Jahreswende versprochene Wiedereinführung einer Zivilregierung forderten. Mobutu stand also von allen Seiten unter Druck. Nur im Katanga Tschombés genoß er weitgehend Sympathie und Katanga war auch in der Lage, Mobutu finanziell über die Runden zu helfen,

Söldner in Katanga:
Im Geist der europäischen Zivilisation

seit die Steuern der Union Minière nicht mehr nach Leopoldville sondern nach Elisabethville flossen.

Freilich hatte sich mittlerweile die internationale Lage so verschoben, daß Mobutu nur noch ans Überwintern denken konnte. Der Tod Lumumbas, seine grausame Ermordung auf dem Altar belgischer Interessen in Katanga, hatte die sich in den Vereinten Nationen um Afrika zankenden Parteien für einen Moment wieder enger zusammenrücken lassen und nach der Wahl John F. Kennedys zum neuen US-Präsidenten bahnte sich auch in Washington ein Sinneswandel an. Nicht daß man dort dem Gespenst des allgegenwärtigen Kommunismus abgeschworen hätte, aber man setzte nun stärker auf gemäßigte Politiker wie Kasavubu oder Cyrille Adoula, den Generalsekretär der kongolesischen Gewerkschaften. Männer wie Tschombé oder Mobutu, die sich nicht allein in Afrika als Helfeshelfer der ehemaligen Kolonialherren diskreditiert hatten, sollten sich hinter das schützende, hauchdünne Mäntelchen der Demokratie zurückziehen, das eine grobe Flickschusterei nicht vertrug. Das war allemal das Wechselspiel westlicher politischer Strategie und Taktik, an dem Afrika bis in die Gegenwart krankt.

Auf Druck der USA und Dag Hammarskjölds setzten sich die kongolesischen Führer im April 1961 zum ersten Mal wieder zusammen an einen Tisch, um aus den auf drei angewachsenen Regierungen in Leopoldville, Stanleyville und Elisabethville eine Zentralregierung zu schaffen. Vor allem Tschombé war es, der sich diesen Plänen vehement entgegenstellte. Er hatte in geradezu mühevoller Kleinarbeit aus der ehemaligen Provinz Katanga ein ordentliches Staatswesen gemacht, das über eine Flagge, eine Nationalbank, eigenes Geld und in seiner Person über ein Staatsoberhaupt verfügte; kurzum über alles, was ein selbständiger Nationalstaat benötigte. Großzügig verteilte er am Konferenzort Coquilhatville frisch gedrucktes Katanga-Geld an Straßenpassanten, um seinem Stolz über das Erreichte Ausdruck zu verleihen, so als wollte er sagen: „Seht her, das ist das blühende Katanga!" Die Mehrheit der zerstrittenen kongolesischen Politiker war sich hingegen nach dem im Januar erfolgten Rücktritt Mobutus zumindest darin einig, daß man in Leopoldville nicht ohne die Reichtümer Katangas regieren konnte. Ohne die Erlöse aus den Kupfererzen ließ sich im Kongo kein Staat machen. Die Konfrontation mit Tschombé war daher unvermeidlich.

Unterdessen hatte Tschombé genügend Zeit gehabt, um sich gegen eine Beendigung seiner Sezession zu wappnen. Er war sich dabei der belgischen und britischen Unterstützung und Sympathie sicher, die

UNO-Präsident Hammarskjöld bei Gesprächen mit Tschombé, Januar 1961

eine wirksame Durchsetzung von Wirtschaftssanktionen verhinderten. Militärisch konnte er sich auf die in Katanga verbliebenen belgischen Offiziere der Force Publique verlassen, unter deren Befehl annähernd 12 000 Katanga-Gendarmen dienten. Im späten Januar des Jahres 1961, also nach dem Tod Lumumbas, schien den Militärs eine weitere Verstärkung ratsam, die den ständig drohenden Angriff der UNO-Truppen abwehren sollten. Ein ehemaliger Algerienkämpfer wurde mit der Rekrutierung erfahrener europäischer Landsknechte betraut und in Johannesburg und Bulawayo, den Hochburgen des weißen Rassismus, eröffnete Katanga Rekrutierungsbüros. Jeder Appell der UNO, die ausländischen Söldner zu entlassen, verpuffte, weil Tschombé genau wußte, daß er ohne sie auf verlorenem Fuß stand, mit ihnen aber den UNO-Truppen langanhaltenden Widerstand bieten konnte. Prompt scheiterte der erste Angriff der Blauhelme im Sommer 1961 und die nach dem Vorbild Leopolds II in London und New York geführte Propagandaschlacht war so wirksam, daß dem UNO-Generalsekretär nur der Verhandlungsweg offenblieb und der brachte ihm dieses Mal den Tod. Sein Flugzeug stürzte unter mysteriösen Umständen in der Nähe des Verhandlungsortes Ndola im rhodesischen Kupferrevier in den Wald. Tschombé hielt noch über zwei Jahre aus, ehe ihn die UNO mit starker Unterstützung der Kennedy-Administration zu Fall brachte. Er gab auf in der Hoffnung auf bessere Zeiten. Und die ließen nicht lange auf sich warten. Geld allein oder seine Zugehörigkeit zur Häuptlingskaste in Katanga hätten es wohl kaum ermöglicht, daß der „Geldschrank" binnen eines Jahres aus seinem Madrider Exil auf den Thron von Leopoldville gelangte — da mußten schon andere Kräfte an der kongolesischen Piroge zerren.

Im August 1961 war Cyrille Adoula, ein ehrlicher und ergebener Bankbeamter ohne Pathos und Charisma, während des zweiten nationalen Treffens kongolesischer Politiker zum neuen Premierminister einer nationalen Regierung des Kongo gewählt worden. Die USA hatten Pate gestanden und Parlamentarier geschmiert und stützten die neue Regierung auch in der Folgezeit wirtschaftlich und militärisch ab, während Mobutu und seine Binza-Gruppe (nach dem berüchtigten Militärlager Binza) zielstrebig die Anhänger Lumumbas aus den ihnen zugestandenen Regierungsämtern und dem Parlament drängten. So zeigte sich auch die neue Regierung unfähig, den Traum Lumumbas von einem vereinten Kongo zu verwirklichen, dessen Zentralregierung die wirtschaftlichen und politischen Geschicke des Landes unabhängig vom Westen hätte lenken können. Trotz des mit Hilfe der UNO erzielten Erfolges über Katanga hatte die Regierung Adoula nach zwei Jahren bereits so abgewirtschaftet, daß sie das Parlament schließen und den Ausnahmezustand ausrufen mußte — ein untrügliches Zeichen für ihre Schwäche gegenüber den Erben Lumumbas, die sich erneut zum Rückzug in den oberen Kongo gezwungen sahen, wo der alte Zauber des Dawa (der die Gewehrkugel abprallen läßt) noch einmal seine Überlegenheit gegenüber den Maschinengewehren der Armee Mobutus bewies. Adoula mußte nach einigen Monaten, als die Aufständischen immer näher an die Hauptstadt heranrückten, einsehen, daß es sich nicht mehr um die kleine Affäre handelte, für die er sie anfangs gegenüber der Presse ausgegeben hatte.

Mobutu war auch jetzt wieder der Mann der Stunde. Äußerst widerwillig hatte er sich Anfang 1961 auf Druck der alten Politikergeneration aus der vordersten Reihe der Politik zurückgezogen. Sein Anspruch, in der kongolesischen Politik weiter mitzureden, war geblieben. Gleich nach der Wahl Adoulas zum Regierungschef gab er zu verstehen, daß er nur so lange im Dienst der Regierung stehen werde, wie sie ihm gefalle. Konsequent verfolgte er die Ausschaltung der Lumumbisten und bereitete mit der Armee und den USA im Rücken die Rückkehr an die Macht vor. Die deutlichen Schlappen seiner Armee gegen die Aufständischen verhinderten zunächst, daß er im Juli 1964 bereits das Heft wieder in die Hand nahm. Mehr aus Not als aus Überzeugung schielte er deshalb nach Madrid in das Domizil Tschombés, und mit dem mündlichen Einverständnis der Amerikaner zog er diese Trumpfkarte schließlich aus der Tasche.

Mit Tschombé kehrte die gesamte alte Garde aus Katanga, die die UNO nach ihrem Sieg davongejagt

hatte, zurück. Mobutu holte die weißen Lands-
knechte Denard, Hoare, Puren und Schramme; sie
bildeten die Korsettstange der weißen Brigaden des
Schwarzen Mobutu. Die Drahtzieher brachte
Tschombé mit: Frederic Vandewalle, der ehemalige
belgische Konsul in Katanga und Professor René
Clemens, der die Unabhängigkeitserklärung
Tschombés verfaßt hatte. An Geld mangelte es
nicht. Transportflugzeuge, Helikopter, Ersatzteile
und die entsprechenden Techniker vermittelte die
CIA. Belgien übernahm die militärische Planung.
Gefangene wurden keine gemacht. „Kommunisten
zu töten", hatte Mike Hoare, der sich selbst als Ne-
gerkiller bezeichnete, gesagt, „das ist wie die Vernichtung von Ungeziefer. Afrikanische Nationalisten zu töten, das ist wie das Töten von Tieren. Ich
liebe weder die einen noch die anderen. Wir haben
vielleicht fünf bis zehntausend getötet, aber das
reicht nicht", fügte er lakonisch hinzu, „denn es
gibt, wie sie wissen, 14 Millionen Kongolesen und
mindestens die Hälfte davon sind Rebellen."

*Der deutsche Söldner Siegfried Müller mit dem EK I: „Ver-
nichtung von Ungeziefer im afrikanischen Busch" (Hoare)*

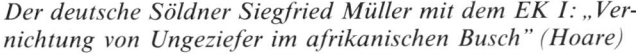

Belgische Fallschirmjäger: Plündern . . .

. . . und Brandschatzen an der Tagesordnung

Der Erfolg der bezahlten Todeskommandos war trotzdem mäßig, denn die Rückkehr Tschombés hatte die Aufständischen in ihrer Haltung gegen die Zentralregierung bestärkt und ihnen weiteren Zulauf beschert. Nach dem Fall von Stanleyville im August schien die Lage für die Zentralregierung bereits so aussichtslos, daß sie nur eine ausländische Invasion retten konnte. In Geheimverhandlungen mit Belgien stellten die USA die Weichen. Zum zweiten Mal griffen belgische Fallschirmjäger in die Politik des Kongo ein, um das Land aus den Klauen des Kommunismus zu „befreien". Am 24. November 1964 wurde Stanleyville zurückgewonnen und innerhalb der nächsten drei Jahre auch der Rest des Kongo.

Nach dem Überfall auf Stanleyville, den Belgien der Weltöffentlichkeit als eine humanitäre Operation zur Rettung der dort eingeschlossenen Europäer präsentierte, obwohl anschließend den wenigen toten Europäern mehrere tausend ermordete Kongolesen gegenüberstanden, kam Kasavubu, der bisher allen Machenschaften von Tschombé und Mobutu ohne Zaudern zugestimmt hatte, zur Besinnung. Ob ihn dabei die Angst vor Tschombé bei den anstehenden Präsidentschaftswahlen trieb oder das über die Rückkehr eines Sezessionisten und Söldnerfreundes entsetzte Afrika, sei dahingestellt. Je-

denfalls veranlaßte Kasavubu, ohne seinen Premierminister lange zu fragen, die Ausweisung von 17 Landsknechten, und am 12. Oktober 1965 teilte er dem kongolesischen Parlament höflich aber bestimmt mit: „Die Mission der Regierung Tschombé ist erfüllt. Ich möchte meinen Dank aussprechen." Kasavubu konnte sich über seinen Überraschungscoup nicht lange freuen. „Exzellenz", hatte Mobutu schon zu Adoula gesagt, „ihr Hang zu den Nichtpaktgebundenen ist eine Farce." Auf einer OAU-Konferenz im ghanesischen Accra, hatte Kasavubu diesen Hang zu den Nichtpaktgebundenen öffentlich ausgesprochen; damals wie heute ein nach westlicher „Logik" untrügliches Indiz für die kommunistischen Neigungen Afrikas, denen man auf keinen Fall nachgeben sollte. Diplomatische Nettigkeiten sind dann nicht mehr gefragt. Fünf Wochen nach der Entlassung Tschombés putschte General Mobutu auf Initiative der USA und dieses Mal, so hatte ein CIA-Beamter schon vorher verlauten lassen, sollte es nicht bei drei Monaten bleiben.

Für General Mobutu handelte es sich um keinen Militärputsch, sondern um die Pflicht, den Kongo vor dem Chaos und der Anarchie zu retten. Solche Vokabeln gehören mittlerweile zum afrikanischen Alltag, wenn die dortigen Militärs die in den Kämpfen um die Unabhängigkeit groß gewordenen afrikanischen Politiker abservieren, um das Heft selbst in die Hand zu nehmen. Das Militär wurde zur wichtigsten politischen Partei Afrikas, der die Zivilisten oft nur eine magere demokratische Alternative entgegenstellen können. Während die Kolonialmächte den Export von Coca Cola und Waffen samt dem dazugehörigen militärischen Training bis zur Perfektion entwickelten, leidet der Export ihrer Vorstellungen von Demokratie seit jeher an Schwindsucht. Die ehemaligen Kolonialmächte haben zwar nie aufgehört diesen Zustand zu beklagen, wenn es opportun erschien. Andererseits sind sie aber so darin verstrickt und haben, wie im Fall des Kongo, immer die Rettung der Interessen des Kapitalismus über ihre politischen Moralvorstellungen gestellt. Mobutu war einer, der die politischen Ideale des Westens in der belgischen Kolonialarmee und bei der CIA kennengelernt hatte und nicht in Westminster. Er war dennoch oder gerade deshalb ein guter Statthalter.

Mobutus Putsch wurde in den Hauptstädten der westlichen Welt mit Erleichterung aufgenommen. Bald hieß es, der General habe sich das Verdienst erworben, im Kongo wieder Ruhe und Ordnung hergestellt zu haben und selbst bei anderen afrikanischen Staatsoberhäuptern, die ihm zuvor mißtraut hatten, erntete er Anerkennung, als er den großen belgischen Finanzgruppen, die 80% der kongolesischen Wirtschaft kontrollierten, die Stirn bot. Auch im Kongo herrschte keineswegs nur Bestürzung über seinen Putsch. Tschombé atmete erleichtert auf, weil er zurecht seine baldige Verhaftung befürchtet hatte. Selbst viele einfache Kongolesen, die schon den nächsten Bürgerkrieg heraufziehen sahen, reagierten zunächst mit Zustimmung. Die katholische Kirche, die zu den weltlichen Herrschern des Kongo immer gute Beziehungen unterhalten hatte, ließ sogar ein Te Deum für Mobutu veranstalten, um dem General ihre Referenz zu erweisen.

Das Erstaunlichste an Mobutu ist sicherlich, daß er sich trotz mancher Seiltänze so lange an der Macht halten konnte, während sich in anderen afrikanischen Ländern die Putschisten fast gegenseitig die Klinke in die Hand gaben. Mobutu erwies sich in dieser Hinsicht als ein recht geschickter Taktiker, der sein Fähnchen immer in Windrichtung hielt und sich dafür kräftig bezahlen ließ, sich wohl bewußt, daß der Westen das Kongobecken unter seinen Fittichen haben wollte. Mit eiserner Hand gelang es ihm, dieses künstliche Gebilde Kongo, das fünf Jahre lang fast jeden Moment auseinanderzubrechen drohte, unter diesen Fittichen zusammenzuhalten. Aus 21 Provinzen machte er bis zum Dezember 1966 acht Verwaltungsbezirke, die direkt an Leopoldville angebunden sind. Die Provinzen waren damit praktisch entmachtet. Im Dezember 1965 schickte er die verdutzten Abgeordneten für fünf Jahre auf Urlaub und regierte von da ab per Dekret. 1967 wurde schließlich eine neue Verfassung eingeführt, die Mobutus Herrschaft durch ein Einparteiensystem mit ihm an der Spitze formell legalisierte. Und er duldete keine Nebenbuhler, auch wenn es sich dabei um ehemalige Komplizen handelte. Tschombé mußte erneut nach Madrid fliehen. Zwei Jahre später landete er nach einer mißglückten Entführung durch die Schergen Mobutus in einem algerischen Gefängnis, wo er just am neunten Jahrestag der kongolesischen Unabhängigkeit verstarb. Andere prominente Politiker der Ersten Republik wurden, wenn sie Glück hatten, auf Botschafterposten abgeschoben. Nach nur fünf Jahren hatte Mobutu die politische Landschaft im Kongo so umgekrempelt, daß die Zustände aus der Kolonialzeit wiederhergestellt waren.

Viel schwerer tat sich der General mit der Wirtschaft. Schon auf der Brüsseler Wirtschaftskonferenz 1960 hatte die Union Minière die Kongolesen übers Ohr gehauen und die neue Republik Kongo durch die Auflösung einer Beteiligungsgesellschaft um die Aktienmehrheit gebracht. Der kongolesische Staat, der von Belgien die verbliebenen Anteile an der Union Minière übernahm, befand sich plötzlich in der Minderheit gegenüber der Société Générale und Robert Williams' Tanganyika Concessions.

Tschombé, der als Freund der Union Minière verschrieen war, hatte 1964 bereits erfolgreich versucht wenigstens einen Happen davon zurückzuholen, um seinen politischen Ruf als Lakai der Union Minière aufzumöbeln. Fünf Jahre nach der Unabhängigkeit erhielt der Kongo auch alle in Belgien 1960 gesperrten Vermögenswerte übertragen, die ihm rechtmäßig seit der Unabhängigkeit zustanden. Dennoch war der kongolesische Staat weit davon entfernt, seine Wirtschaft zu kontrollieren. Im Gegenteil: 70% der Devisen und 50% des Staatshaushalts wurden durch die Union Minière aufgebracht, die auch nach der Beendigung der Sezession Katangas nach eigenem Gutdünken schaltete und waltete. Ohne die kongolesische Regierung zu informieren, erhöhte sie 1966 die Kupferpreise. Mobutu antwortete zunächst mit einer Erhöhung der Exportsteuer und mit der Anweisung, die Union Minière habe ihr Hauptquartier in den Kongo zu verlegen. Zwei Wochen später wurden sämliche Kupfer-Exporte über die angolanischen Häfen untersagt. Da die Union Minière trotzdem hartnäckig blieb, kündigte Mobutu die Konzessionsrechte der „Tchanga-Tchanga" (die, die rekrutiert) auf und gründete eine eigene staatliche

Konzessionsgesellschaft, die die Rechte der Union Minière übernahm. Jedoch wagte es keiner der von Mobutus neuer Hausbank Lambert in Brüssel angesprochenen internationalen Minenkonzerne, die hinter der Union Minière stehende Société Générale zu verärgern und sich in das gemachte Nest zu setzen. Selbst der aggressive Neuling im Afrikageschäft, „Tiny" Rowland, und seine Fa. Lonrho mußten sich dem Druck aus Brüssel beugen. Mobutu hatte keine andere Wahl, er mußte sich wieder mit der Société Générale an einen Tisch setzen, um die Kupferförderung aufrechterhalten zu können. Die Société und der „kleine Club" ihrer Direktoren wurden entschädigt und das Management der Nachfolgegesellschaften weiterhin von Brüssel aus betrieben. Aber danach konnte der General andere Bergwerksgesellschaften gewinnen. Auf diese Weise ging das von Leopold geschaffene Monopolsystem der Union Minière zu Ende, und der Kongo öffnete sich nach nunmehr 85 Jahren doch noch dem internationalen Kapital.

Für die USA war Mobutu nicht nur ein Garant westlicher Interessen im Kongo, der durch die Beendigung des belgischen Wirtschaftsmonopols noch an Statur gewonnen hatte, sondern mittlerweile der bedeutendste Verbündete in Zentralafrika, dem man einiges zutraute, um den „Vormarsch" Moskaus zu bremsen. Seit im portugiesischen Angola eine mit der Sowjetunion sympathisierende Linksregierung drohte, wurden massiv Dollars in den Kongo gepumpt, um das Anfang der 70er Jahre durch fallende Kupferpreise angeschlagene Land stabil zu halten.

Bis 1974 hatte sich Portugal geweigert dem Beispiel anderer europäischer Staaten zu folgen und seine Kolonien die Unabhängigkeit zu geben. Erst nach dem Putsch der vom Kolonialkrieg zermürbten roten Hauptleute am 24. April des Jahres brach das fast fünfhundert Jahre alte portugiesische Kolonialreich in Afrika wie ein Kartenhaus zusammen. Stichtag war der 11. November 1975. Welche der drei angolanischen Befreiungsbewegungen auch immer zu diesem Zeitpunkt die Hauptstadt Luanda beherrschte, die Revolutionsregierung in Lissabon würde ihr die Kolonie übergeben.

In Washington wie in Leopoldville setzte man auf den Schwager Mobutus und Chef der FNLA, Holden Roberto. Wie die ABAKO Kasavubus und die UDDIA Youlous hatte die FNLA ihre Wiege bei den Bakongo, die von den kolonialen Grenzziehern dreigeteilt worden waren. Der frühere Buchhalter der belgischen Kolonialverwaltung, Holden Roberto, stand seit 1958 an der Spitze dieser Bewegung und hatte es verstanden, in seinem kongolesischen

MPLA-Hauptquartier in Caxito nach FNLA-Angriff

Gefangene MPLA-Soldaten

Exil alle Regierungskrisen unbeschadet zu überstehen. Seit 1962 arbeitete er nach dem Vorbild seines Schwagers gelegentlich für die CIA, die finanzielle Hilfe für den Befreiungskampf leistete, während die USA auf der anderen Seite Waffen an Portugal zur Bekämpfung der angolanischen Guerilla lieferte. So behielt man überall die Finger im Spiel.

Im März 1975 war Roberto aus der gemeinsamen Front mit der MPLA des Dr. Agostinho Neto und der UNITA Jonas Savimbis, die mit dem portugiesischen Geheimdienst zusammengearbeitet hatte, ausgeschert. Mit drei Millionen US-Dollar im Rücken und gestützt von der 70 000 Mann starken Armee Mobutus besetzte er den gesamten Norden Angolas bis zu dem alten Kaffeeumschlaghafen Ambriz. Mobutu hatte sich zu diesem außenpolitischen Abenteuer hinreißen lassen, weil er mit einer Annexion der angolanischen Nordprovinzen und insbesondere Kabindas liebäugelte. Das afrikanische Kuweit, in dem die amerikanische Gulf Oil 1966 auf Öl gestoßen war, stellte eine der zahlreichen Kuriositäten des Kolonialismus dar. 1786 hatten es die Franzosen als Teil des portugiesischen Kolonialreiches anerkannt. Die Berliner Kongokonferenz trennte es dann von den Nordprovinzen Angolas ab, damit Leopold II seinen Kautschuk aus dem Inneren seines riesigen Reiches unbeschadet bis zur Küste am Atlantik transportieren konnte, denn den Portugiesen trauten die übrigen Kolonialmächte in punkto Freihandel nicht über den Weg.

Doch der Erfolg blieb Roberto und seinem Schwager versagt. Anfang November, zum Jahrestag des Sklavenaufstandes der schwarzen Carlota, hatte Fidel Castro die Operation Carlota anlaufen lassen. Zum ersten Mal landeten die ehemaligen Sklaven der Zuckerinsel wieder auf afrikanischem Boden. In der Nacht vom 10. auf den 11. November hißte der MPLA-Kommandant Santana, der 1961 den Aufstand von Luanda gegen die Portugiesen angeführt hatte, die schwarz-rote Flagge der Unabhängigkeit. Während die letzten portugiesischen Kolonialtruppen aus dem Fort San Miguel ihre Heimfahrt antraten, ging die MPLA mit ihren afrokubanischen Freunden zur Gegenoffensive über. Nacheinander wurden kongolesische Truppen, Söldner und die im Oktober auf breiter Front vorgerückten südafrikanischen Soldaten aus dem Land zurückgedrängt. Im Januar stoppte auch der amerikanische Kongreß, dem die Niederlage in Vietnam noch in den Knochen saß, das geheime Angolaprogramm. „Gebt nicht auf," sagte der CIA-Beamte Stockwell bei seiner Abreise zu Roberto, „wir kommen zurück, sobald sich die politischen Verhältnisse in Washington stabilisiert haben." Ein Jahr danach flog der Plan Cobra auf. Angola sollte im September 1977 mit Söldnern und FNLA-Einheiten erneut überfallen werden.

Die Verheißungen der Cobra blieben unerfüllt. Stattdessen drangen in der Nacht vom 7. auf den 8. März zwei Marschkolonnen einer Nationalen Kongolesischen Befreiungsfront vom Nordosten Angolas nach Katanga ein. Solange ich lebe, hatte der Große Steuermann Mobutu nach seiner Rückkehr aus China übermütig erklärt, gibt es keine Probleme zwischen Gott, Mobutu und den Kongolesen. Offensichtlich gab es nun doch welche, die ehemaligen Katangagendarmen straften die Dreieinigkeit Mobutus Lüge.

Die schwarzen Gefolgsleute Tschombés hatten sich 1963 in das nachbarliche Angola abgesetzt, um von dort mit portugiesischer Duldung erfolgreich die Rückkehr Tschombés zu betreiben. Mit ihm kamen auch sie wieder ins Land und selbst Mobutu bediente sich ihrer, solange er sie gegen die aufständischen Simba-Partisanen in Kisangani und Bukavu eben brauchte. Danach ließ er einen Großteil hinrichten, weil sie sich nicht der Nationalarmee unterordnen wollten. Andere landeten wieder bei den Portugiesen, wo sie als „Schwarze Pfeile" gegen die angolanischen Befreiungsbewegungen kämpften. Nach dem portugiesischen April hatte man auch dort keine Verwendung mehr für sie. Sie wechselten daraufhin die Seiten und schlossen sich der MPLA an. Unter deren Einfluß mauserten sich die in ganz Afrika verabscheuten ehemaligen Gendarmen Tschombés zu einer ansehnlichen Befreiungsfront.

In Brüssel war man über die panikartige Flucht der kongolesischen Armee vor den heimkehrenden Söhnen Katangas bestürzt. Zweimal — 1960 und 1964 — hatten belgische Fallschirmjäger den Kongo für das westliche Bündnis gerettet. Ein drittes Mal kam nicht in Frage, weil man die Empörung Afrikas fürchtete. Aber Afrikas Aufschrei war verhalten, als die Franzosen zusammen mit den Marokkanern die Dreckarbeit übernahmen. Die Organisation für Afrikanische Einheit bewies einmal mehr, daß sie trotz aller Schwüre auf die Blockfreiheit ideologisch tief zerstritten und handlungsunfähig war.

In Paris hatte man lange Jahre gehofft, eines Tages den Kongo-Freistaat dem französischen Kolonialreich angliedern zu können. Noch 1960 hatte der damalige französische Außenminister Couve de Murville den belgischen Botschafter in Paris darauf hingewiesen, daß Frankreich aus der Zeit der Internationalen Kongoassoziation Leopolds II ein Vorkaufsrecht auf das Territorium besitze. Vom einstigen Glanz des französischen Empire war damals schon nichts mehr zu spüren, aber im Elysée-Palast lebte man nach dem Motto „Besser die Afrikaner in der Hand, als die Tauben auf dem Dach". Deshalb hatte sich die französische Diplomatie auch frühzeitig mit dem Sezessionisten Tschombé über einen Anschluß Katangas an die Communauté française verständigt. Auch mit Mobutu freundete man sich an, als dieser im Streit mit der Union Minière lag. Seither verband die Familien des damaligen französischen Staatspräsidenten Giscard d'Estaing und Mobutus neben der Leidenschaft für Diamanten auch die Pflege nüchterner Wirtschaftsbeziehungen, und Frankreich wurde in den 70er Jahren einer der größten Handelspartner des zentralafrikanischen Staates.

Auf Druck Frankreichs erklärte sich der marokkanische König Hassan bereit, Mobutu beizustehen.

Saudiarabien, Kuweit und der Iran wollten die Rettungsaktion finanziell stützen. (Der pragmatische Mobutu hatte sich in der Ölkrise auf die Seite der Araber geschlagen und sein enges Bündnis mit den Israelis gelöst. Das kam ihm jetzt zugute!) Der Dreieckshandel war perfekt: Die Afrikaner lieferten die Soldaten, die Franzosen die militärische Technologie und der Nahe Osten das Kapital. Früher waren es noch Sklaven für Flinten, Schnaps und Kattun gewesen. Gegen diese Übermacht konnten sich die Guerilleros des General Mbumba nicht behaupten. Auch ein zweiter Versuch im Frühjahr 1978 mußte wegen der Invasion französischer Fallschirmjäger wieder abgebrochen werden.

Natürlich waren Invasionen keine dauerhafte Lösung der Probleme des Kongo. Seit 1976 war das Land praktisch bankrott, das Defizit im Staatssäckel überstieg die Einnahmen bei weitem. Doch niemand, weder der kongolesische Finanzminister, noch die internationalen Banken, konnten abschätzen, wie hoch die Schulden tatsächlich waren, so reichlich waren die Dollars und die Franken nach 1970 geflossen.

Nach dem Debakel in Katanga schickte der Internationale Währungsfond den erfahrenen Bankkaufmann Erwin Blumenthal nach Kinshasa, um das Land wieder auf solide finanzwirtschaftliche Beine zu stellen. Zuviele Dollars und Franken waren unwiederbringlich versickert. Lange genug hatte es gedauert bis die internationalen Banken sich auf ein gemeinsames Vorgehen geeinigt hatten, denn Mobutu hatte es geschickt verstanden, einigen Banken bevorzugte Rückzahlungen anzubieten. Besonders französische Unternehmen hatten davon erheblich profitiert. Der Kongo war Blumenthal, der zwischenzeitlich die außenpolitischen Belange der deutschen Bundesbank gelenkt hatte, keineswegs unbekannt. In der kurzen Periode von Tschombés Regentschaft in Leopoldville war er dessen Finanzberater gewesen.

Aus der Sicht des Internationalen Währungsfonds oder Bewährungsfonds, wie manche sagen, hatte der „Oberste Volksführer" zu Beginn der 70er Jahre eine unvernünftige Nationalisierungspolitik betrieben, bei der von einem Tag auf den anderen tausenden belgischen, griechischen und portugiesischen Händlern und Geschäftsleuten die Aufenthaltsgenehmigung entzogen worden war (zuvor hatten allerdings Afrikaner aus den angrenzenden Staaten das Land verlassen müssen, worüber sich der Währungsfond nicht aufregte). Seit 1971 hatte Mobutu eine neue Politik des kulturellen Erbes und der na-

tionalen Größe verfolgt. Leopoldville hieß danach Kinshasa. Aus dem Kongo wurde Zaire und die moderne afrikanische Frau trug die Frisur „Die drei Z": Z wie Zaire, unser Land, unser Fluß, unsere Währung. Dabei war dieses Zaire so authentisch wiederum nicht, daß man damit international hätte prahlen können. Der Portugiese Diego Cao konnte das Wort Bakongo für Flußlauf bloß nicht korrekt aussprechen und so wurde aus „nzadi" Zaire, die Bezeichnung der Portugiesen für das untere Kongogebiet. Jedenfalls fanden in diesem Rahmen auch die Nationalisierungen oftmals alter Kolonialunternehmen statt, während die großen internationalen Investoren wohlweislich ungeschoren blieben. Es profitierte vor allem die kleine Clique um Mobutu herum. Die wirtschaftlichen Folgen waren dagegen verheerend. Der Transportsektor brach praktisch zusammen und die Landwirtschaft verlor ihre produktivsten Plantagen. Ohnehin hatte die Landwirtschaft seit der Unabhängigkeit unter sinkenden Preisen zu leiden, so daß immer mehr Lebensmittel importiert werden mußten. Seit dem Verfall der Kupferpreise versickerte auch die wichtigste Devisenquelle, während Millionen für so unwichtige Dinge wie den Boxkampf des Jahrhunderts zwischen Ali und Foreman verschwendet wurden oder im Gestrüpp der Korruption verschwanden. Heute ist Zaire eines der ärmsten Länder, in dem die Löhne und Einkommen der Bevölkerung gerade zum Kauf eines halben Sackes Cassava reichen.

Die Nationalisierung der alten Kolonialunternehmen hatte Mobutu mit einem freundlichen Willkommensgruß für neue ausländische Investitionen verbunden, was die Kritik an dem marktwirtschaftlichen Sündenfall des Generals beträchtlich dämpfte. Unter den neuen Investoren befanden sich so namhafte Firmen wie General Motors und Gulf Oil, aber auch die kleine deutsche Firma OTRAG, die erst 1974 in Offenbach/Main von einem gewissen Lutz Kayser gegründet worden war. Doch nicht über General Motors oder andere Multis, die sich eine goldene Nase verdienten, wurde geredet, sondern über OTRAG. Die OTRAG besaß seit März 1976 im Osten des Kongo eine Konzession über mehr als hunderttausend Quadratkilometer Land, die sie für ca. 800 Millionen DM erworben hatte. Das Gebiet grenzte an Tansania und Sambia und in den Jahren 1964/65 hatte dort Ché Guevara auf der Seite der Partisanen gegen die Zentralregierung gekämpft. Die Tatsache, daß die Gesellschaft wie einst die Konzessionsgesellschaften Leopolds tun und lassen konnte, was sie wollte, hätte an und für sich schon für einen internationalen Skandal ausgereicht. Aber der OTRAG wurde die Art ihres Geschäfts zum Verhängnis. Sie produzierte und star-

Importierte Waren aus Südafrika: Riesengeschäfte mit den Rassisten

ehemaligen Mitarbeiter von Hitlers Raketenzentrum in Peenemünde zum Aufsichtsratsvorsitzenden bestellt. Eine abschließende Klärung der Affäre steht bis heute aus, jedoch waren Kayser und seine Firma nach einer längeren Pressekampagne gezwungen, nach Libyen auszuwandern, wo sich seither niemand mehr um sie kümmert.

Kayser soll auch noch in ein anderes Projekt in Zaire verwickelt gewesen sein. Nach Meldungen des „Spiegel" hat Kayser für die CSU-nahe Hanns-Seidel-Stiftung gebrauchtes medizinisches Material besorgt, das die Stiftung zur Ausrüstung ihres Krankenhauses in Gbadolite, dem Geburtsort Mobutus benötigte. Die CSU-Stiftung hatte sich dort in das nationale Prestigeobjekt des Generals eingekauft, weil Zaire ein „hochinteressantes Gebiet voller natürlicher Reserven ist". Auch die bundeseigene Kreditanstalt für Wiederaufbau beteiligte sich mit mehreren Millionen DM an der Restauration des Mobutu-Dorfes und Bayern schickte sogar Sicherheits-

Raketenbauer Kayser mit Mobutu: Skandal ersten Ranges

tete nämlich Raketen. Die geographische Lage des Versuchsgeländes, seine riesigen Ausmaße und die nahezu schrankenlose Verfügungsgewalt, die die Firma dort mit der Duldung Mobutus ausüben konnte, mußten angesichts der strategischen und militärischen Interessen Südafrikas in dieser Region Verdacht erregen. Außerdem hatte die Firma einen

Mobutu-Gastgeber Strauß: Bayerische Außenpolitik in „einem hochinteressanten Gebiet"

experten zum Aufbau einer Anti-Terror-Truppe in die ehemalige Kongo-Republik, die für den brutalen Umgang mit ihrer politischen Opposition einschlägig bekannt ist. Aber schließlich kann man von Zaire aus leichter mit rechtsgerichteten Organisationen im südlichen Afrika verhandeln.

Mit Blumenthal waren eine ganze Reihe von Experten in das zentralafrikanische Land gekommen, um den IMF-Plan, der bald Mobutu-Plan genannt wurde, in die Tat umzusetzen. Wahlen waren vorausgegangen, das Parlament hatte vorübergehend einige seiner Funktion zurückerhalten und nun sollte mit der bekannten Roßkur des Währungsfonds die Wirtschaft flott gemacht werden. „Sie haben freie Hand. Tun Sie, was Sie für nötig halten, Monsieur Blumenthal", hatte Mobutu freundlich zu verstehen gegeben. Blumenthal nahm ihn beim Wort.

Damals hatte Litho Moboti, ein Cousin von Mobutus Vater und damaliges Familienoberhaupt des Mobutu-Clans, mit Billigung des IMF einen Index eingerichtet, der es erlaubte, Personen, die sich Devisenvergehen schuldig gemacht hatten, von Außenhandelsgeschäften auszuschließen. Diese Regelung machte sich nun Blumenthal zunutze. Litho selbst sollte sein erster Fall werden. Litho war unter Mobutu Finanzminister und Minister für Landwirtschaft gewesen. Danach war er, wie viele andere, in die Wirtschaft gewechselt und hatte sich einen Laden gekauft. Mit lächerlichen 5000 Zaires gründete er kurz darauf die Société Générale d'Alimentation, die sich wenig später für die enorme Summe von 150 Mio. belgischen Francs die ehemalige Kolonialgesellschaft Profrigo einverleibte. Daneben erwarb Litho über die Firma Prominter die Gruppe Sarma

für weitere 250 Mio., die trotz des Devisenmangels anstandslos nach Belgien überwiesen wurden. Damit, raunte man hinter vorgehaltener Hand in Kinshasa, besaß Litho den größten Supermarkt von Afrika. Und in den Kühlhallen dieses Supermarktes lagerten bald darauf rhodesisches Fleisch, das der clevere Cousin mit Hilfe eines ehemaligen rhodesischen Ministers Nacht für Nacht illegal aus dem boykottierten Rhodesien nach Kinshasa und Lumumbashi fliegen ließ, während Mobutu zuhause gegen die weißen Rassisten im südlichen Afrika wetterte.

Lithos Aufstieg vom Cousin zum Millionär war kein Zufall. Großzügig hatte ihm die Nationalbank Überziehungskredite eingeräumt und auf Anordnung Mobutus Rechnungen beglichen, die Litho nie rückerstattete. Kurzerhand setzte ihn Blumenthal auf die Indexliste. Schon einige Wochen danach mußte er jedoch resigniert zur Kenntnis nehmen, daß der Gouverneur der Staatsbank, Bofassa, erneute Zahlungen an Litho angewiesen hatte.

Es ist ein offenes Geheimnis, daß Litho unter dem Schutz des Präsidenten stand. Das Oberhaupt der Familie war auch das Oberhaupt der Profiteure. Millionen von öffentlichen Geldern landeten auf den privaten Nummernkonten Mobutus. Solche Nummernkonten, so fand Blumenthal bereits 1978 heraus, bestanden bei der Brüsseler Lambert Bank, an der Mobutu finanziell beteiligt ist und bei der im Kongogeschäft ebenfalls erfahrenen französisch-holländischen Paribas. Millionenbeträge wanderten in die Großplantagen Tuluzaire und Kaniema Kasese seiner Frau Marie Antoinette, der das Schicksal einer Revolution bisher erspart geblieben ist. Mobutu nennt Schlösser, Häuser und Parks in Brüssel und Paris sein eigen, wo er Monate verbringt, um wie es heißt, die Interessen Afrikas zu verteidigen. Er zählt heute zu den reichsten Männern der Welt, weit vor dem belgischen König Baudouin, dessen Urgroßvater einmal sein Glück zum Unglück Afrikas machte. Ist Mobutu vielleicht ein zweiter Leopold? Die Parallelen drängen sich geradezu auf. Aber fallen lassen möchte ihn der Westen deswegen nicht. Dafür sind die Kobaltvorkommen Zaires für die USA zu wichtig, und dafür hat das Land zu viele strategische Grenzen mit anderen afrikanischen Ländern. Von hier aus marschierte schon Baron Dhanis im Auftrag Leopolds II in Richtung Khartoum, um den islamischen Madhi zu besiegen. Heute geht es um Angola, den Tschad und den islamischen Oberst Gaddafi. Bei der Gründung dieses neuen Staates schrieb „Die Neue Zeit" 1886, „hat man alle möglichen Leute um ihre Ansicht gebeten, nur nicht die Nächstbeteiligten." Dabei ist es geblieben.

Südafrika: Stellvertreter des Imperialismus

9

„Glaubt Ihr, es ginge Euch heute besser, wenn die Europäer niemals hergekommen wären?" Wenn ihre afrikanischen Freunde sich zu fortgeschrittener Stunde über Ausbeutung und Neokolonialismus beklagen, stellen europäische Journalisten ihnen diese unvermeidliche, hinterlistige Frage, die sich wohl kaum objektiv richtig beantworten läßt. Aber je weiter südlich man sich befindet, um so wahrscheinlicher wird man darauf ein leidenschaftliches 'Ja' zu hören bekommen.

Stellen wir uns vor, diese Frage in Sambia zu stellen. Angesichts der seit 1974 niedrigen Kupferpreise und anderer Schwierigkeiten steht Sambias Wirtschaft heute ausgesprochen schlecht da. Die ländlichen Gegenden sind im Vergleich mit den Städten stark unterentwickelt, und zu rasender Inflation gesellt sich eine ständig größer werdende Einkommenskluft zwischen der kleinen Mittelstandselite, den Arbeitern in den Städten und der Landbevölkerung am unteren Ende der gesellschaftlichen Skala. Nach den Worten seines Präsidenten Kenneth David Kaunda, der das Staatsschiff seit seiner Taufe im Jahre 1964 gesteuert hat, ist Sambia ein armes Land, das leider auf kupfernen Kissen geboren wurde. 1983 war Sambia so bankrott, wie ein Land überhaupt nur sein kann, blieb aber trotzdem tief in das westliche Wirtschaftssystem eingebettet. Bei der Suche nach den Ursachen für diese Armut und den Verlauf der Nicht-Entwicklung während der zwanzig Jahre Unabhängigkeit muß man von den historischen Hintergründen und Auswirkungen der europäischen Invasion auf die afrikanischen Gesellschaften ausgehen.

Der Schlüssel zur sambischen Kolonialgeschichte liegt in der Tatsache, daß Sambia vom Kap und nicht von der imperialistischen Macht Großbritannien direkt kolonisiert wurde. Damals wie heute beeinflussen Ereignisse in der heutigen Republik Südafrika die gesamte Region. Sambia ist Teil des südlichen Afrikas, das geographisch — und so wirtschaftlich — eine Einheit bildet, jedoch künstlich durch das Rennen um Afrika auseinander gerissen wurde. Erst in den 80er Jahren dieses Jahrhunderts bemühen sich die unabhängigen Staaten den Weg zueinander zu finden, um sich von dem Wirtschaftsriesen, der Apartheidsrepublik Südafrika, unabhängig zu machen.

Ein Blick auf die Landkarte läßt erkennen, wie balkanisiert das südliche Afrika ist, eingeteilt in ehemalige britische, portugiesische und deutsche Interessengebiete.

Es ist schwer, dieses Mosaik von zehn Staaten zu einer echten Einheit zusammenzufügen, solange Apartheid in Südafrika besteht und die südafrikanische Republik es sich anmaßt, das Hinterland zu beherrschen. (Im April 1980 bildeten neun Staaten die Southern African Co-ordination Conference, ein afrikanischer Versuch, das fatale Kolonialerbe zu bewältigen und bessere Voraussetzungen für gemeinsame Entwicklung in der Region zu schaffen.) Die Destabilisierungsstrategie der 80er Jahre ist eine logische Konsequenz der Entwicklung Südafrikas und der Region.

Südafrika selbst wurde bereits 1652 am Kap der Guten Hoffnung von Holländern besiedelt, die eine Er-

Burenlager

Britisches Expeditionsheer in Natal 1879: Unterwerfung der Zulu

frischungsstation für Schiffe auf dem Weg von und nach Indien errichten sollten. Der Auftraggeber, die Holländisch-Ostindische Kompanie, hatte keineswegs vor, eine Siedlung oder Kolonie zu gründen. Die ersten Angestellten der Kompanie jedoch waren eigenwillig, blieben stur und zogen einfach über die von dem Kommandanten der kleinen Gruppe gezogenen engen Grenzen hinweg und nahmen Land in Besitz. Diese „Freibürger" wurden zu den späteren Buren, deren Nachkommen den Begriff „Afrikaner" für sich beanspruchen und diesen den schwarzen Eingeborenen, Mitglieder der Bantu-sprechenden Gruppen des Kontinents, absprechen. Die Geschichte der Republik von Südafrika ist die des Kampfes zwischen Buren, Bantus und den 1795 im Zug der Napoleonischen Kriege dazustoßenden Briten.

Apartheid wurde durch die erste Siedlung vorprogrammiert. Die ersten Siedler — unter denen auch eine Anzahl Deutsche aus den Niederlanden waren — trafen zuerst auf die Khoi-Khoi, die wie eine andere Gruppe der Steinzeitmenschen, die San, sich im Süden vor den Eisenzeitmenschen (die Bantu-sprechenden Stämme) angesiedelt hatten. Die Neu-

ankömmlinge nannten die Khoi-Khoi verächtlich Hottentotten, nahmen ihnen jedoch für wenig Entgelt ihr Vieh, auch Frauen und zuletzt ihre Freiheit.

Später, als die Buren immer tiefer ins Innere des Landes 'treckten', begegneten sie den Bantu-Völkern. Mit diesen konkurrierten sie sofort um Weideland für ihr Vieh und Wild für ihre Kochtöpfe. Die Wirtschaftssysteme der beiden Gruppen ähnelten sich, beide waren Viehzüchter. Der Unterschied war, daß der Bure besser bewaffnet war, sich auf seinen calvinistischen Glauben berief und im Inneren des Landes eine Mission zu erfüllen glaubte.

Importierte Sklaven und Eingeborene, die in die neue Gesellschaftsstruktur einbezogen wurden, wurden als minderwertig angesehen. Der Weiße war Herr, der Schwarze Diener.

Die Briten, die sich 1806 fest am Kap niederließen, verachteten zwar die Buren und versuchten deren Autorität gegenüber ihren schwarzen Dienern — auch durch das Verbot der Sklaverei — einzuschränken. Jedoch auch die neuen Herren akzeptierten die Einteilung der Rassen in Klassen: auf den von den Briten gegen Ende des 19. Jahrhunderts annektierten Diamantenfeldern waren die Schwarzen Handlanger, niemals Eigentümer der Produktionsmittel.

Die Buren wurden im Laufe ihres Trecks ins Innere Afrikas stets von der britischen Obrigkeit verfolgt. Man machte ihnen ihre unabhängigen Republiken streitig. Im Jahre 1909 wurden die zwei Burenrepubliken, die im Krieg gegen die Briten unterlegen waren, die Südafrikanische Republik und der Oranjefreistaat mit zwei britischen Kolonien, Kap und Natal zusammengelegt. Die Union dieser vier Gebiete bildet die Republik von Südafrika; jedoch vergaß man bei der Verfassung von 1909 in Whitehall die Rechte der Schwarzen, derjenigen Bantu-sprechenden Völker, deren Landbesitz durch den kriegerischen Treck der Buren immer mehr zusammengeschrumpft war. Das ist die Basis des inneren Konfliktes in der Südafrikanischen Republik.

Das gesamte Gebiet war während des 19. Jahrhunderts unruhig. Der Zulukönig Tschaka, selbst von den Weißen bedroht, verunsicherte die schwarzen Stämme, zwang sie zur Völkerwanderung, wurde so zum indirekten Gründer von Nguni-Siedlungen wie Matabeleland im heutigen Simbabwe. Lesotho und Swasiland gehen auf diese Periode des „mfecane" (Zusammenstoß) zurück. Dazu kam, daß die Deutschen 1884 an der Westküste eine Kolonie gründeten und nicht abgeneigt waren, mit den Burenrepubliken, vor allem der Südafrikanischen Republik des 'Ohm' Paul Krüger (heute die Transvaal-Provinz), zu paktieren. Bei Cecil John Rhodes löste das Alarm aus. Im Jahr 1853 als Sohn eines anglikanischen Geistlichen geboren, wurde Rhodes aus gesundheitlichen Gründen nach Südafrika geschickt. Dort wurde er nicht nur Millionär, sondern zum Vorbild eines Imperialisten. Mit der expansionistischen Politik der Briten nach der Berliner Konferenz wuchsen auch Rhodes' Träume. Seine Unternehmen waren nicht einfach Teil des Wettlaufs um Afrika: im südlichen Afrika waren sie schlicht das Wettrennen.

Rhodes träumte von einem Afrika ganz unter britischer Kontrolle; dazu wollte er den Erdteil mit einer Eisenbahn vom Kap bis Kairo erschließen. Er kam erstaunlich weit damit. Noch heute erkennt man den Traum wieder in den beiden Ländern, die einst seinen Namen trugen: Sambia und Simbabwe. Die Hauptstraße in Sambias Lusaka heißt noch Kairostraße; in Simbabwe, erst seit 1980 unabhängig, sind noch nicht alle sichtbaren Spuren von Rhodes Namen entfernt. Namensschilder an der Rhodes Avenue sind verschwunden — wie auch das Rhodesdenkmal inmitten der Hauptstadt Harare —

aber der Name besteht weiter. Weiße Simbabwer werden heute abfällig „Rhodies" genannt und wenn Sambier in ihren Kupfergürtel fahren, sagen einige zynisch sie gehen nach „Nordrhodesien": die Einstellung der dort lebenden Weißen hat sich eben nach 20 Jahren Unabhängigkeit noch immer nicht ganz dem schwarzen Staat Sambia angepaßt.

Rhodes' Vermögen und Einfluß wuchsen fast gleichzeitig mit dem Aufstieg der südafrikanischen Wirtschaft. Es wurde oft gesagt, daß Südafrika ohne den Stein, den ein kleiner Junge am Ufer des Vaal-Flusses um 1866 fand und der sich als Diamant entpuppte, nicht zu dieser Wirtschaftsmacht aufgestiegen wäre. Und in der Tat, der zweite Diamant — der Stern von Afrika — wurde mit jener Prophezeiung auf den Tisch des Kapparlaments gelegt.

Das darauffolgende Diamantenfieber und die Erschließung der riesigen Kimberley-Mine legten den Grundstein von Rhodes' Firma De Beers Consolidated. Rhodes erkannte, daß aus dem Chaos, das

Cecil Rhodes vor seinem Eisenbahnwaggon um 1900: Mit dem Traum vom Kap nach Kairo ist es vorbei

sich in den Gruben Kimberleys verbreitete, Ordnung geschaffen werden konnte. Er kaufte Schürfrechte auf und arrangierte sich zuletzt mit einem Unternehmer, der ähnliche Ideen verwirklichte. Rhodes schaffte diesen Wirtschaftscoup, indem er eine Trumpfkarte ausspielte. Er bot seinem Rivalen Barney Barnato, einem Juden aus Londons Ostend, einem gerissenen Geschäftsmann mit großem Ego und noch größerem Minderwertigkeitskomplex, die Mitgliedschaft des exklusiven Kimberley-Klubs an, zu dem Juden nicht zugelassen waren. So wechselte ein Scheck von fünf Millionen Pfund, bis dahin die größte Summe in der Handelsgeschichte, ihren Besitzer. Rhodes wurde größter Aktionär von De Beers und so Diamantenkönig.

Der Diamantenreichtum verschaffte Rhodes — und seinem aus Hamburg stammenden deutsch-jüdischen Partner Alfred Beit (mit dem er niemals eine formelle Partnerschaft einging) — die Finanzkraft, die Goldfelder in der Burenrepublik des Paul Krüger, dem Transvaal, zu entwickeln. Gold war dort 1886 entdeckt worden und löste den größten Goldrausch der Welt aus. Bekanntlich ist Südafrika noch heute der größte Goldproduzent der Welt.

Obwohl die Goldminen die verschuldete Transvaalregierung reich machten, führte die hektische Gold-

Konzessionsverhandlungen zwischen Lochner (B.S.A.C.) und Lewanika: „Sie haben Ihr Land nicht verkauft"

suche zu Auseinandersetzungen zwischen Buren und Neuankömmlingen, verächtlich „uitlander" (Ausländer) genannt, und so zum Burenkrieg.

Rhodes beobachtete die Vorgänge mit Besorgnis und zwar nicht nur im Transvaal. Er wollte unbedingt das Hinterland durch die Eisenbahn erschließen, weil er wußte, daß die Burenrepublik ihre eigene Strecke an die mozambiquanische Küste bauen wollte, und die Deutschen nicht abgeneigt waren, den Burenstaaten zu helfen, um selbst ins Innere Afrikas zu gelangen.

Rhodes gründete die British South Africa Company und entsandte seine Konzessionsjäger, um Land für die B.S.A.C. und für den Glorienschein Großbritanniens zu ergattern.

Betschuanaland, das Rhodes als den „Suezkanal nach Norden" bezeichnete, wollte er besitzen, um sich den Weg ins Innere zu verschaffen; die Häuptlinge protestierten gegen die B.S.A.C. und Rhodes erhielt lediglich ein Stück Land für seine Eisenbahn. Es gelang ihm jedoch einen uralten Vertrag Großbritanniens mit einem Häuptling hervorzukramen, um zu beweisen, daß St. Lucia Bay, ein natürlicher Hafen, der zwischen Durban (Natal) und Delagoa Bay (heute Maputo) lag, britisch war: damit gab es keine Möglichkeit mehr, die Burenrepublik und einen deutschen Hafen in St. Lucia (der geplant war) zu verbinden.

Am 30. Oktober 1888 geschah jener Daumenabdruck des Ndebelekönigs Lobengula auf einem B.S.A.C. Konzessionsdokument, das es Rhodes ermöglichte, die Burenrepubliken zu überspringen und seine 'Chartered' in Zentralafrika zum Herrscher zu machen. Damit schnitt er den Deutschen den Weg ins Innere ab, zerstörte den Traum der

Diamantenmine bei Kimberley

Portugiesen, ihre Kolonien an den beiden Küstenstreifen zu vereinigen und dehnte die britische Einflußsphäre zu seiner und Whitehalls Zufriedenheit weiter nach Norden aus. Zur Erleichterung der Aufgabe erhielt die B.S.A.C. im Jahr 1890 die Königliche Charter. Im selben Jahr wurde Rhodes auch Premierminister der Kapkolonie.

Die B.S.A.C. begnügte sich nicht mit einer Konzession zur Ausbeutung der Erze in Matabeleland. Rhodes wollte Besitz vom Land ergreifen. Das gelang ihm auch durch zwei blutige Kriege, erst gegen die Ndebele im Jahr 1893, dann gegen Ndebele und Shona drei Jahre später.

Ähnlich ging es im Norden vor sich. Dort suchten und fanden Rhodes' Agenten ebenfalls einen starken König, von dem sie eine Konzession abforderten: den Litunga Lewanika, König der Barotse. Auch der Lewanika-Konzession maß Rhodes mehr Rechte für die B.S.A.C. zu, als ihr gebührten.

Vom Sprung nach Zentralafrika hatte sich Rhodes erhofft, den Reichtum der Krügerschen Burenrepublik zu übertrumpfen. Die beiden Gebiete nördlich der Flüsse trugen nach 1890 seinen Namen, wurden Süd- und Nordrhodesien genannt, Bezeichnungen, die sie bis zur Unabhängigkeit trugen. Aber die Goldminen des Witwatersrand waren und sind einmalig. Rhodes brach also 1895 mit Hilfe seines Freundes Dr. Starr Leander Jameson einen Streit mit Krüger vom Zaun, dem er aber politisch unterlag. Der sogenannte Jameson-Überfall auf den Transvaal war eine glatte Niederlage. Rhodes mußte sein Amt als Premierminister niederlegen. Für Rhodes und Südafrika bedeutete dies auch das Ende einer kurzen politischen Zusammenarbeit am Kap zwischen Buren und Briten. Der spätere Anglo-Buren-Krieg löste dann den Burenhaß auf die Briten aus, der die ersten Jahrzehnte Südafrika prägte. Was jedoch das südliche Afrika und vor allem Sambia und Simbabwe anbetraf, so wurden diese Länder eben 'Kolonien' Südafrikas, dank der B.S.A.C.

Nicht nur wurden die Gebiete von der Gesellschaft ausgebeutet, sondern weiße Siedler führten auch die Gesellschaftsordnung, die in Südafrika herrschte, ein und damit Apartheid: es gab in den beiden Ländern „Eingeborenenreservate" (wie heute Südafrikas Bantustans); in ihren Städten Ghettos für Schwarze wie Luxusvororte für Weiße.

Die frühe wirtschaftliche Entwicklung Südafrikas beeinflußte die Region, zog Wanderarbeiter an sich und eröffnete im Hinterland einen 'natürlichen' Markt.

Burenkrieg 1899–1902: Erbarmungslos geführter Kampf zwischen Briten und Buren um die Vorherrschaft im Südlichen Afrika

Noch heute will Südafrika dieses Hinterland kontrollieren. Auch der ehemalige Burengeneral Jan Smuts, später zweiter Premierminister der südafrikanischen Union, machte sich Rhodes' Traum von einem riesigen Hoheitsgebiet zu eigen. Im Jahr 1921, als die Herrschaft der B.S.A.C. in Südrhodesien ihrem Ende entgegen ging, veranlaßte dieser Traum Smuts, den weißen Südrhodesiern anzubieten, sich der Union anzuschließen. Das Angebot wurde zwar abgeschlagen, doch im Zuge des zweiten Befreiungskrieges der 60er und 70er Jahre wurde das damalige Rhodesien unter Ian Smith wirtschaftlich eng an Südafrika gekettet.

Der Konflikt, den Südafrikas Apartheidspolitik auslöst — Apartheid wurde 1948* gesetzlich eingeführt — läßt das gesamte Gebiet nicht zur Ruhe kommen. Südafrika hielt noch 1984 illegal Namibia besetzt, unterstützt in Angola eine Untergrundbewegung und Oppositionspartei, liefert Waffen an Banditen in Mozambique, droht Simbabwe mit Wirtschaftsdrosselung und benutzt die in der Kolonialzeit errichtete Infrastruktur, um jedes Land, vor allem Sambia mit seinem Kupferexport, unter Druck zu setzen. Südafrikas Überfälle auf Nachbarländer und Invasionen in Angola wurden zur Tagesordnung.

Dieser enorme Einfluß auf die Nachbarn konnte nur auf dem Gerüst und dem Haus entstehen, das von Rhodes erbaut und durch die Großmachtkämpfe der damaligen Zeit gefördert wurde.

---

* 1948 erlitt Smuts eine Niederlage an der Wahlurne durch die Nationale Partei unter Dr. François Malan. Apartheidsgesetzgebung — Rassentrennung der Bevölkerung — und letzthin die Bantustanpolitik waren die Folge.

Wie
man in Sambia
die Grenzen zog

10

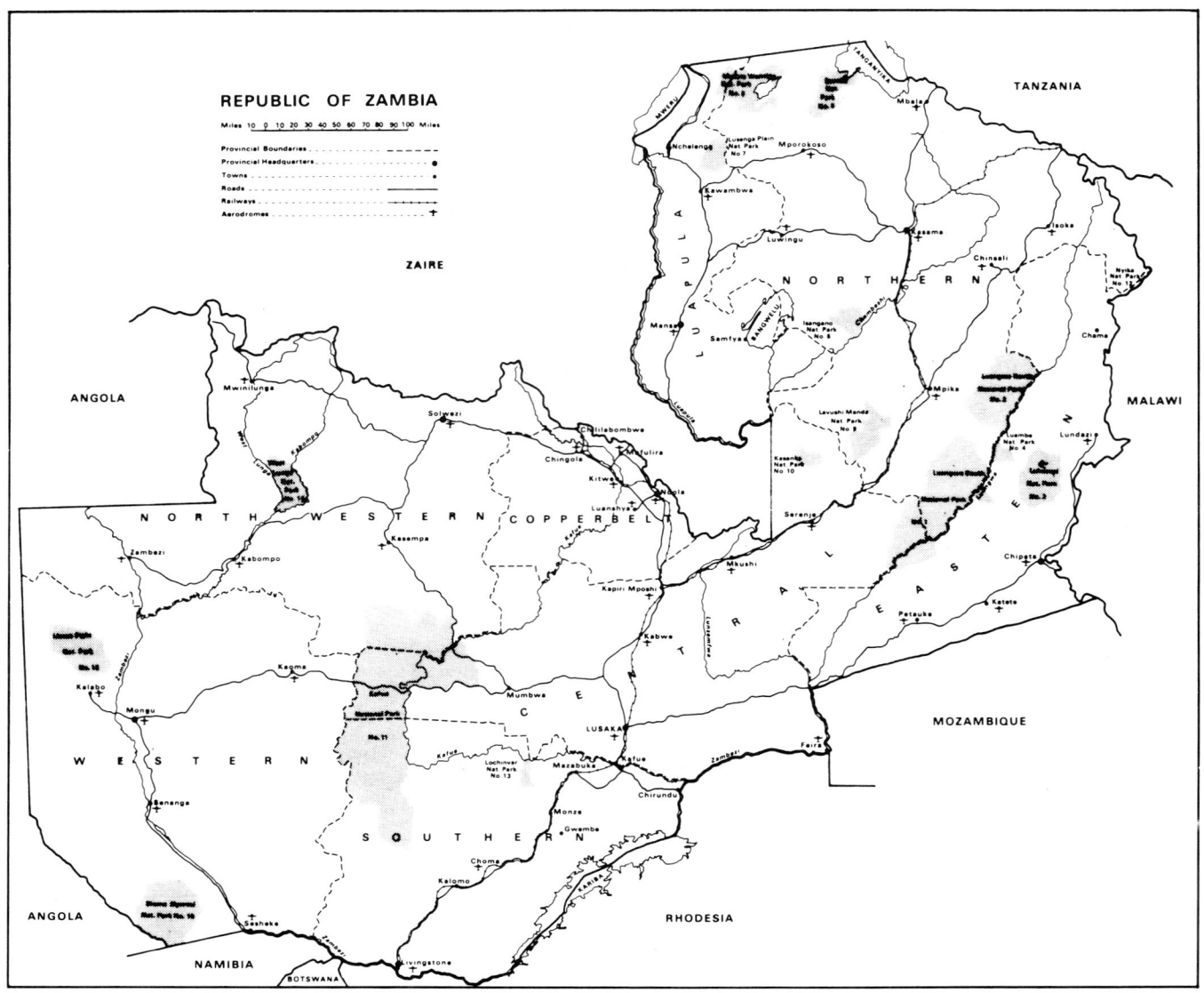

REPUBLIC OF ZAMBIA

„Bisher haben wir in einem Gebiet Grenzen gezogen, das noch nie ein Weißer betreten hat", erklärte Lord Salisbury. „Wir haben uns gegenseitig Berge, Flüsse und Seen zugeschoben, und der einzige Haken dabei war, daß wir nie genau wußten, wo sie eigentlich liegen." Diese freimütige Äußerung eines der Hauptbeteiligten macht deutlich, daß die von Europäern vorgenommene Zerstückelung Afrikas vollkommen willkürlich war, und das Ergebnis entsprechend merkwürdig ausfallen mußte: aus Kolonien entstanden Nationen, die viele unterschiedliche Volksgruppen in sich vereinigten, und deren Grenzen die afrikanische Realität auf den Kopf stellten.

Heute gibt es eine Vielzahl solcher Staaten in allen Formen und Größen. Sambia zum Beispiel, das anfangs nur der nördliche Vorposten der von Cecil Rhodes gegründeten British South Africa Company (B.S.A.C.) war und am 24. Oktober 1964 das südlichste unabhängige Land in Schwarzafrika wurde, sieht aus wie ein aufgefalteter Schmetterling. Dieses Land — ein typisches Produkt des Wettlaufs um Afrika — liegt eingekesselt zwischen den acht von Großbritannien, Deutschland, Portugal und Leopold II damals festgelegten Grenzen. Ihren Verhandlungen lag das Prinzip effektiver Kontrolle zugrunde, das in der Berliner Generalakte beschlossen worden war. Für eine solche Kontrolle mußte sich jeder, der es auf ein bestimmtes Stück von Afrika abgesehen hatte — sei es ein ehrgeiziger Regierungsbeamter oder sei es ein Privatunternehmer wie Rhodes — eine geeignete Position verschaffen. Die Berliner Konferenz trug also dazu bei, brachliegende Ambitionen zu aktivieren.

Kariba-Staudamm: Zankapfel zwischen Sambia und Rhodesien

Der Wettlauf um Afrika lief in drei Stufen ab. Zuerst beanspruchten ein Land oder seine Bürger entweder durch direkte Eroberung und Besetzung oder mit Hilfe ihrer dort anwesenden Händler oder Missionare ein bestimmtes Gebiet. Danach erkannten andere an diesem Gebiet interessierte Mächte diese Ansprüche zunächst ganz allgemein an, oder lehnten sie ab. Daraufhin begannen zähe Verhandlungen darüber, wo man die Grenzen ziehen sollte, wobei man nicht wußte, ob die hierzu benutzten Karten überhaupt zuverlässig waren. Zum Schluß wurden definitive Gebietsgrenzen festgelegt, was nicht selten zu Streitereien führte. Nahmen die Meinungsverschiedenheiten ernstere Formen an, ließ man die Sache durch ein Schiedsgericht regeln oder entschloß sich zu einer internationalen Kommission. Manchmal jedoch, wie beim Streit zwischen der B.S.A.C. von Cecil Rhodes und Portugal, wurde sogar zu den Waffen gegriffen.

Die acht Nachbarstaaten Sambias sind, im Uhrzeigersinn von neun Uhr an gelesen: Im Westen Angola; im Norden Zaire (ehemals Belgisch-Kongo); im Nordosten Tansania (Tanganjika); im Ostnordosten Malawi (Njassaland); und im Süden Simbabwe (Südrhodesien), Botswana (Betschuanaland) und Namibia (Deutsch-Südwestafrika). Die Entscheidungen, infolge derer diese Grenzen damals gezogen wurden, betreffen natürlich nicht nur Sambia, sondern genauso alle acht angrenzenden Staaten im heutigen Schwarzafrika. Man kann zum Beispiel den Grenzpunkt Kazungula, an dem angeblich vier Länder genau am selben Punkt in der Mitte des Sambesi aufeinandertreffen, unmöglich nur aus der Sicht Sambias diskutieren: die anderen drei Länder — Botswana, Simbabwe und Namibia — sind gleichermaßen betroffen. Und als diese Länder unabhängig wurden, erbten sie mit den Grenzen auch die Schwierigkeiten.

Sambia und Simbabwe teilen sich den mächtigen Sambesi mit seinem von Menschenhand geschaffenen Kariba-Staudamm und seinem Weltwunder der Natur, den Viktoriafällen. Nach der einseitigen Unabhängigkeitserklärung der Weißen in Rhodesien (heute Simbabwe) im Jahr 1965 führte Präsident

Knife-Edge Brücke: Treffpunkt zwischen den südafrikanischen Rassisten Smith und Vorster und dem Frontstaat-Präsidenten Kaunda 1975

Kaunda seine vornehmen Gäste gern auf die „Knife-Edge"(Messerschneide)Brücke, nicht nur damit sie Mosi-O-Tunya, den Donnernden Rauch, den David Livingstone so poetisch beschrieben hatte, sehen, hören und riechen konnten, sondern auch um ihnen einen Eindruck von der Verletzbarkeit Sambias zu verschaffen. Feindliche Truppen der weißen Regierung bewachten „ihre" Wasserfälle, während sambische Truppen sich auf der nördlichen Seite verschanzt hatten. Jenseits der Wasserfälle lag das von Ian Smith regierte Rhodesien, das fest entschlossen war, die schwarzen Afrikaner auch weiterhin zu unterdrücken; und weiter südlich gab es schließlich noch die Hochburg weißer Herrschaft, die Republik Südafrika. Kaunda verabscheut die Apartheid und ihre rhodesische Spielart von ganzem Herzen; aber die Schienen- und Straßenverbindungen quer über den Sambesi versorgen sein Land mit Maschinen und Geräten, mit Konsumgütern, Chemikalien, Düngemitteln und bei schlechter Ernte auch mit Mais, und transportieren dafür das Kupfer aus den Minen in Sambia und Zaire. Was Kaunda seinen Gästen verständlich machen mußte, war das hochempfindliche Gleichgewicht, von dessen Fortbestand Sambias Überleben abhing. Er mußte seine moderne Wirtschaft mit dem Nötigsten versorgen, während er gleichzeitig gegen die Kräfte der Apartheid kämpfte. Die Grenze an den Viktoriafällen war ein anschauliches Symbol für die Zwickmühle, in der er sich befand, war aber bei weitem nicht der einzige Gefahrenherd.

Im Jahre 1973 schloß Ian Smith die Grenze zwischen den beiden Ländern, und bis 1978 wies Kaunda jeden Versuch, sie wieder zu öffnen, entschieden zurück. Die Grenzposten an den Viktoriafällen, in Chirundu und Kariba wurden für den Verkehr gesperrt. Sowohl Waffentransporte als auch Guerilleros konnten nur illegal nach Südrhodesien hinein- und wieder herausgelangen. In den Grenzgebieten von Sambia legten rhodesische Truppen deshalb Landminen, beriefen sich auf das Recht der Nacheile zur Verfolgung von Guerilleros, griffen schließlich sogar Flüchtlingslager im Landesinneren aus der Luft an und führten einen kombinierten Luft- und Bodenangriff auf die Hauptstadt Lusaka selbst durch.

Im Jahre 1980 endlich wurde Südrhodesien zur unabhängigen Republik Simbabwe, aber damit waren die Probleme noch lange nicht beseitigt. Nur ein kleines Stück westlich der Viktoriafälle liegt Kazungula, wo der Sambesi und der Chobe zusammenfließen und die Grenzen von vier Ländern aufeinandertreffen. Kazungula ist einer der Brennpunkte im krisengeschüttelten südlichen Afrika. Mit einem guten Fernglas kann jeder Besucher — obwohl er sich besser nicht dabei erwischen läßt — Truppenbewegungen in Botswana und Simbabwe ausmachen, und auf den Inseln in der Mitte des Flusses, einem Niemandsland, versteckte südafrikanische Gewehre entdecken.

Die Südafrikaner, die ihre bestehende — wenn auch illegale — Besetzung Namibias um jeden Preis aufrecht erhalten wollen, nutzen die ungewöhnliche Grenzsituation des Landes, den schmalen Streifen Namibias, der zwischen Angola, Botswana und Sambia eingekeilt ist, voll aus. Dieser sogenannte Caprivizipfel verdankt seinen Namen Leo Caprivi, der nach Fürst Bismarck deutscher Reichskanzler wurde. Die Südafrikaner behaupten, ihn als Zugang zum Sambesi zu benutzen; ohne große Erklärungen haben sie den Caprivizipfel jedoch dazu mißbraucht, wann immer sie wollten, in die westliche Provinz Sambias einzudringen. Ihr eigentliches Ziel ist die Verfolgung von SWAPO-Guerilleros, die sie bis heute praktizieren.

Bei ihrem Krieg gegen die Freiheitskämpfer der namibischen Volksbewegung SWAPO, die sich seit 1974 im benachbarten Angola aufhalten, konnten die Südafrikaner den Caprivizipfel gut gebrauchen. In den 60er Jahren hatte die SWAPO den bewaffneten Kampf um die Unabhängigkeit aufgenommen. Bereits im Jahre 1966 hatte die UNO beschlossen, Südafrika das Mandat des Völkerbundes, kraft dessen es die ehemalige deutsche Kolonie Südwest-

Südafrikanische Soldaten an der Grenze Namibia–Angola: Seit 1975 ständige Übergriffe der Südafrikaner

Wanderarbeiter in Südafrika: Hunderttausende aus den Frontstaaten in den Bergbauzentren des Südens

afrika verwaltete, zu entziehen, und hatte es 1968 in „Namibia" umbenannt. Der Internationale Gerichtshof entschied, daß Südafrika das Gebiet illegal besetzt halte. Das Völkerrecht nimmt jedoch sowohl De-facto als auch De-jure Situationen zur Kenntnis, und in Namibia und dem Caprivizipfel übt Südafrika die tatsächliche Herrschaft aus — so wie es einen Krieg führt, der auch ohne offizielle Erklärung sehr real ist.

Obwohl es an dem Krieg — weder in Namibia noch Südafrika — nicht beteiligt ist, spürt auch Sambia seine Auswirkungen. Im Jahre 1982 zum Beispiel, wurde die Fähre von Katima Mulilo auf dem Sambesi von Südafrikanern konfisziert, die wahrscheinlich hofften, SWAPO-Kämpfer so an der Flußüberquerung hindern zu können. Zuvor war Sambias Bevölkerung auch schon das Opfer des Befreiungskrieges in Simbabwe geworden, als rhodesische Soldaten die Bewohner von Dörfern in der Nähe von Chirundu davon abhielten, auf den Inseln im Sambesi Getreide anzupflanzen, so wie sie es immer getan hatten. Einige von ihnen starben daraufhin den

Hungertod. Der Krieg riß die Dorfbewohner zu beiden Seiten des Flusses auseinander, die durch Stammeszugehörigkeit und Familienbande miteinander verflochten waren — eine weitere langfristige Auswirkung des Hickhacks der Berliner Strategen.

Im Jahre 1960 führte Südafrika in diesem Gebiet Aktionen durch, die den Sturz der Regierung Kaunda herbeiführen sollten. Bis Sambia 1964 unabhängig wurde, arbeiteten viele junge Männer aus der westlichen Provinz — durchschnittlich 60 000 im Jahr — als Wanderarbeiter im südafrikanischen Bergbau. Die neue unabhängige Regierung in Lusaka hielt diesen Zustand für würdelos und machte ihm ein Ende. Allerdings konnte sie keinen Ersatz für die verlorenen Arbeitsplätze anbieten. Deshalb fiel es südafrikanischen Agenten nicht schwer, etwa 100 Männer anzuwerben und sie an einem geheimen Ort in Namibia auszubilden. Danach wurden sie wieder in Sambia eingeschleust, wo sie weisungsgemäß die Regierung zu stürzen versuchten.

Pretoria hatte inzwischen jedoch das Interesse an derartigen Aktionen verloren, da seine Strategie ab den 70er Jahren den „Dialog" mit dem unabhängigen Afrika einschloß. Präsident Kaunda war eine Schlüsselfigur in dieser Strategie. Die sambischen Sicherheitskräfte konnten die Guerillagruppen ohne Schwierigkeiten identifizieren und verhaften, und einige von ihnen später unter Anklage stellen. Adamson Mushalla war einer von denen, die fliehen konnten. Er verlegte sich auf Straßenraub und führte zusammen mit seiner Bande ein bewegtes Leben in der nordwestlichen Provinz, wo er von den Dorfbewohnern gefürchtet, gleichzeitig aber als eine Art Supermann bewundert wurde. Nachdem er zehn Jahre lang Angst und Schrecken verbreitet hatte, wurde er 1982 schließlich getötet.

Solcherart waren und sind die Bedrohungen von Süden und Südwesten, mit denen die Regierung in Lusaka fertig werden muß. Man kann diese Problematik nur erfassen, wenn man die Hintergründe der ursprünglichen Kolonisierung kennt.

Blantyre (Rhodesien): Mit Rhodes' Eisenbahn Arbeiter nach Südafrika gekarrt

„Eine Grenze, die im Zick-Zack verläuft, kann nicht gut sein"

Die westliche Provinz, Schauplatz von Sambias Schwierigkeiten mit Caprivi, Kazungula und Angola, war vormals das Gebiet des Königreichs der Lozi. Die Lozi, eine Abspaltung des Lunda-Luba Reiches im Kongogebiet, hießen eigentlich „Luyi". Im 17. Jahrhundert siedelten sie sich in den Flußniederungen des Sambesi an und machten sich zu Herren der ältesten Bewohner dieser Region, die dem König der Lozi, dem Litunga, formell Hochachtung zollten. Einige der unterdrückten Völker bezeichneten die Neuankömmlinge als „Luzi", und dieser Name wurde von der Sotho-sprechenden Bevölkerung, die vor dem „mfecane"* nach Süden geflohen war und um 1830 das Lozi-Gebiet erreichte, in „Lozi" umgewandelt. Einige Zeit später ließen sich protestantische Missionare aus Paris dort nieder und machten aus „Barozi", dem Namen der Lozisiedlung, das Wort „Barotse". Barotseland wurde schließlich zum Ausgangspunkt einer britischen Kolonie, aus der später Sambia entstand.

Nach Verleihung seiner Charter im Jahr 1890 hatte Cecil Rhodes einen seiner Konzessionsjäger namens Frank Lochner zum König der Barotse entsandt.

---

* mfecane = engl. the crushing (Zusammenstoß), Bezeichnung für Kriege und Völkerwanderungen zu Beginn der britischen Herrschaft über Südafrika (Anm. d. Übers.)

Der Litunga hatte direkt um britischen Schutz gebeten. Er wollte unbedingt vom „Mantel der großen Weißen Königin umhüllt" werden, weil Barotseland erstens regelmäßig von den Ndebele überfallen wurde, und zweitens seine eigene Position im Land nicht gesichert war. Bereits früher in seiner Herrschaft war Lewanika abgesetzt worden und hatte sich an den Hof Khamas von Bamongwato in Betschuanaland flüchten müssen.

Die Bitte des Litunga um Schutz wurde an Cecil Rhodes weitergeleitet. Unglücklicherweise machten sich weder der Lozikönig noch die französischen Missionare, die ihn berieten, klar, daß es zwischen dem Schutz der Krone und einem Abkommen mit einer königlichen „Chartered Company" einen großen Unterschied gab. Als Lewanika am 27. Juni 1890 die Lochner-Konzession unterschrieb, war er der Annahme, daß er nun den Schutz Großbritanniens genieße. Dieser Eindruck wurde durch die von Lochner geschickt eingebaute Klausel, die Konzession „gelte als ein Vertrag" zwischen dem Volk von Barotseland und der Regierung Ihrer Majestät, Königin Viktoria von Großbritannien, noch verstärkt. In Wirklichkeit war Barotseland kein Protektorat geworden, so wie der Litunga es verstand, sondern Eigentum der Gesellschaft.

Im Februar 1891 stimmte auch das britische Außenministerium schließlich der Ausdehnung der B.S.A.C. nördlich des Sambesi zu und erhielt dafür beträchtliche Zuschüsse der Gesellschaft für die Verwaltung dieses Gebiets und deren Zusicherung, Recht und Ordnung aufrecht zu erhalten. Vier Jahre später wurde dem Land durch offizielle Proklamation der Name „Nordrhodesien" verliehen. Gleich-

zeitig mußte die B.S.A.C., die durch ihren stümperhaften Überfall auf die Burenrepublik Transvaal in London Sympathien verloren hatte, eine erhebliche Machteinbuße hinnehmen. Bei jeglichem Rechtsstreit lag die endgültige Entscheidungsgewalt nunmehr beim britischen Außenminister. Dank dieser Regelung blieben Sambia letztlich — anders als Simbabwe — die schrecklichen Konsequenzen der Siedlerherrschaft erspart, und es erreichte die Unabhängigkeit ohne erst einen Befreiungskrieg durchstehen zu müssen.

1898 brach über den Grenzverlauf mit Angola ein Streit aus, der sich zum schwierigsten Grenzkonflikt entwickeln sollte, den Großbritannien in diesem Gebiet erlebte. Acht Jahre zuvor, als die Ausdehnung von Barotseland zum ersten Mal besprochen worden war, hatte die B.S.A.C. behauptet, die Ländereien des Litunga erstreckten sich im Westen bis zum 20. Längengrad. Daraufhin äußerte der britische Außenminister Salisbury, der „Gedanke, daß ein afrikanischer Häuptling bis zu einem bestimmten Längengrad regiere, sei blödsinnig." Der Wortlaut des 1891 abgeschlossenen britisch-portugiesi-

schen Grenzvertrags war, zur Zufriedenheit von Cecil Rhodes, in diesem Punkt jedoch sehr ungenau. Die westliche Grenze war nicht exakt bestimmt worden, aber es gab Vorbereitungen zu einer britisch-portugiesischen Kommission, die diese Angelegenheit irgendwann in naher Zukunft klären sollte.

Die Portugiesen waren durch die Kongokonferenz in Berlin von einer Expansion im Kongogebiet abgehalten worden und hatten ihr Augenmerk daraufhin auf den Süden gelenkt. Immer noch hingen sie dem Traum nach, ihre Besitzungen an der Ost- und Westküste zu einem Reich zu vereinen. Großbritanniens Anerkennung der Ansprüche der B.S.A.C. auf Barotseland hatte ihre Pläne durchkreuzt und ihren Zugang zu Zentralafrika vereitelt, und deshalb schraubten sie nun ihre Forderungen in Angola — und anderswo — so hoch wie irgend möglich. Die Behauptung der „Chartered", das Königreich der Lozi erstrecke sich bis zum 20. Längengrad, wurde von Portugal entschieden zurückgewiesen.

Im Jahre 1893 einigten sich Briten und Portugiesen auf einen Modus vivendi, der eine genaue Festlegung der Grenze zwischen Barotseland und Angola einschloß. Die Grenzlinie sollte nunmehr von den Katima-Stromschnellen bis zur Einmündung des Kapombo dem Verlauf des Sambesi folgen, und danach weiter am Kapombo entlang gehen. Großbritannien betonte, daß dies eine vorläufige Regelung sei. Bis zum Jahre 1896 blieb dieser Modus vivendi bestehen, während man sich gleichzeitig um die Aufstellung einer gemeinsamen Kommission bemühte. Die Ansichten des Außen- und des Kolonialministeriums gingen in diesem Punkt auseinander. In den Augen des Außenministeriums war die Angelegenheit keine internationale Kommission wert, was das Kolonialministerium wiederum abstritt. Die Beamten im Kolonialministerium hatten ein feineres Gespür für die Beziehungen zwischen der Gesellschaft und Lewanika, und sie glaubten, der Lozi-König könne — was die Ausdehnung seines Reiches betraf — sehr wohl im Recht sein. Die gegenwärtige Regelung rückte Lealui, die Hauptstadt des Lozireiches, ganz nahe an die Grenze, was unlogisch schien, meistens lagen diese in der Mitte des beherrschten Gebietes. Das Kolonialministerium glaubte deshalb, die Ländereien des Litunga reichten weit über diesen Punkt hinaus.

Joseph Chamberlain, der neue Kolonialminister und ein überzeugter Anhänger von Cecil Rhodes, hatte seine eigenen Methoden. Der britische Sonderbeauftragte Major Goold-Adams wurde nach Barotseland gesandt. Im Jahre 1898 lieferte er seinen Bericht ab, der die Grenze entlang des Sambesi und des Kapombo eindeutig verwarf, da sich die Ländereien des Litunga weit über diese Linie hinaus nach Westen erstreckten.

Daraufhin entwickelten sich langwierige Verhandlungen, während Portugal Sklavenhändler dazu ermutigte oder ihnen gestattete, Jagd auf das Volk des Litunga zu machen. Nun mischte sich auch Deutschland in den Streit ein und behauptete, laut einem geheimen Abkommen zwischen Deutschland und Großbritannien von 1898 über Portugals Besitzungen, in dieser Sache mitreden zu dürfen. Großbritannien teilte Berlin in aller Deutlichkeit mit, es solle sich gefälligst heraushalten. Schließlich entschied man sich dafür, die Klärung der Angelegenheit keiner Kommission, sondern einem Schiedsrichter anzuvertrauen. Im Februar 1903 erklärte sich Viktor Emmanuel, der König von Italien, bereit, diese Aufgabe zu übernehmen. Portugal und Großbritannien trugen ihre Forderungen vor. Großbritannien war außerordentlich zuversichtlich über den Ausgang der Schlichtungsverhandlungen, da es sich weitgehend auf Portugals schlechten Ruf als Sklavenhändler sowie auf seine eigenen guten Argu-

mente verließ. Im Jahre 1905 wurde endlich eine Entscheidung getroffen, die der britischen Regierung, der B.S.A.C. und dem Litunga allerdings eine herbe Enttäuschung bereitete. Der britische Botschafter schickte am 10. Juni 1905 ein Telegramm nach London:

„Natürlich hatte das Kolonialministerium niemals erwartet, daß alle seine Forderungen erfüllt werden würden. Aber das Urteil des Königs ist noch viel ungünstiger für uns, als wir erwartet haben, und ich glaube, daß wir nun sogar weniger bekommen werden, als die Portugiesen selbst uns vielleicht noch zugestanden hätten."

Durch dieses Urteil wurde die Grenze festgelegt, die auch heute noch gilt. Sie folgt dem Cuando-Fluß bis zum 22° länglicher Breite und dem Schnittpunkt mit dem 13. Breitengrad, dem 13. bis zum 24. Längengrad, und dem 24° bis zur Kongogrenze. Obwohl hierdurch etwa 64000 m² zu dem Abkommen von 1893 hinzugekommen waren, fiel den Portugiesen ein viel größeres Gebiet zu, das die Briten unter Hinweis auf das Herrschaftsgebiet Lewanikas für sich gefordert hatten.

Ein französischer Offizier bei der Vermessung der Grenze am Ubangi (Volksrepublik Kongo): Ständiger Streit zwischen den Kolonialmächten um die richtige Grenze

Zu dieser Entscheidung gab der Litunga einen klarsichtigen Kommentar ab:

„ . . . das ist keine gute Grenze, sie enttäuscht uns sehr, wie kann eine Grenze gut sein, die im Zickzack verläuft und den Imalungastamm halb durchschneidet, den Mozendostamm trennt, den BiMakawastamm, den Mabundastamm von Bakuvale, die den Sambesi kreuzt und das Land der Babunda durchtrennt, das ist gar keine Grenze, das ist ein Witz . . . was sollen wir machen, Herr, so halb zerteilt."

J. Savimbi in Silva Porto (Angola): Bedrohung für die MPLA-Regierung in Luanda

Diese unerfreuliche Aufteilung begünstigte andererseits die angolanische Befreiungsbewegung MPLA, die in den 70er Jahren Krieg gegen die Portugiesen führte und deren Kämpfer nun leicht über Sambia nach Ostangola eindringen konnten. Gleichzeitig bedeuteten unsichere Grenzen eine Gefahr für die Regierung in Lusaka. Der Putsch in Lissabon 1974 konnte den Konflikt in Angola nicht beenden. Die von Südafrika ausgebildete und unterstützte UNITA stellte von 1975 an eine ständige Bedrohung der MPLA-Regierung in Luanda dar. Als Angola, das unter einem fortwährenden Bürgerkrieg leidet, im Jahre 1983 zusehen mußte, wie südafrikanische Truppen im Süden einen Teil seines Landes besetzten, war Sambia gezwungen, wie schon zu Kolonialzeiten Tausenden von Angolanern Zuflucht zu gewähren.

Der britisch-portugiesische Vertrag von 1891 und das deutsch-britische Abkommen von 1890 verursachten weitere Schwierigkeiten bei der Festlegung der südlichen Grenzen zwischen Barotseland und Betschuanaland, die in den 70er und 80er Jahren unseres Jahrhunderts im Zusammenhang mit dem Namibiaproblem erneut aufbrachen.

Ein Landzipfel zu Ehren von Reichskanzler Caprivi

Kaiser Wilhelm II wollte Deutsch-Südwestafrika unbedingt einen Zugang zum Sambesi verschaffen, da er davon träumte, die deutschen Kolonien an der Westküste über den Wasserweg mit dem Indischen Ozean zu verbinden. Für den versprochenen Zugang wurde in das Abkommen über die Grenze zwischen Deutsch-Südwestafrika und Britisch-Südafrika folgende Klausel aufgenommen:

„Laut diesem Abkommen soll Deutschland von seinem Protektorat aus über einen Landstreifen freien Zugang zum Sambesi gewährt werden, der an keiner Stelle weniger als 20 englische Meilen (etwa 32 km) breit ist."

Durch die Grenzen Südwestafrikas hatte Großbritannien sich Ngamiland und drei Viertel eines vorher unbeanspruchten Gebietes zwischen dem 20° und 24° Längengrad gesichert. Der Zusatz über „bedingte Grenzbereinigung", mit der Deutschland Zugang zum Sambesi erhielt, wurde eingefügt, weil auf einigen Landkarten der südlichste Punkt des portugiesischen Gebiets, Andara, südlich des 18. Breitengrades eingezeichnet war. Die meisten Landkarten stimmten jedoch darin überein, daß Andara ein ganzes Stück nördlich dieses Breitengrades lag, und die Karte, die britische Unterhändler bei ihren Verhandlungen als „wichtigstes Dokument" heranzogen, war vom Nachrichtendienst des Kriegsministeriums bereitgestellt worden und angeblich „ganz ausgezeichnet". Auf dieser Karte lag Andara etwa 32 km nördlich des 18. Breitengrades. Daher war kaum anzunehmen, daß irgendwelche Berichtigungen erforderlich sein würden. Im September 1890 genehmigte das Außenministerium die Ausdehnung des Protektorates Betschuanaland bis hinauf zu den deutschen Grenzen, wie sie in dem Abkommen vom Juli bestimmt worden waren.

Die „ausgezeichnete" Landkarte, auf die Großbritannien sich verlassen hatte, erwies sich schließlich als hoffnungslos falsch. Theoretisch sollte der Caprivizipfel nördlich des 18. Breitengrades liegen, d. h. zwischen diesem und der portugiesischen Grenze. Die portugiesische Grenze erstreckte sich jedoch in Wirklichkeit entlang des Okovango bis genau zum 18. Breitengrad. Hieraus ergaben sich ungeheure Probleme, da inzwischen nicht nur die genaue Lage des Caprivizipfels neu bestimmt werden mußte. 1895 hatten die Deutschen Rietfontein im Nordosten besetzt, das nach britischen Landkarten eigentlich den Briten gehörte. Die Deutschen behaupteten allerdings, es liege knapp 50 km weiter östlich. Der deutsche Gouverneur dort hatte in Olifants Kloof einen Militärstützpunkt errichtet, und erst nach heftigen Protesten in Berlin war er bereit, die umstrittenen Niederlassungen wieder aufzugeben.

Nach dem Ende der Burenkriege 1902 drängte der britische Hochkommissar Sir Alfred Milner darauf, den Streit um Caprivi endlich beizulegen. Inzwischen stand fest, daß Andara südlich und nicht nördlich des 18. Breitengrades lag. 1907 gab es immer wieder Proteste von den „vor Ort" lebenden Briten, die die Bedingungen besser kannten und die Gefühle der Afrikaner besser einschätzen konnten. Sowohl der Regierungsbeauftragte für Betschuanaland als auch der Verwalter von Ngamiland sorgten sich über die Auswirkungen, die die Grenzfestlegung am Caprivizipfel auf die Häuptlingstümer in Botswana haben würde. Sie hätte die Häuptlinge mit Sicherheit verärgert, und nach den Erfahrungen mit dem Litunga in Barotseland wollte man dies unter allen Umständen vermeiden.

Die Deutschen waren schließlich bereit, die Angelegenheit einem Schiedsgericht zu übertragen. Damit waren die Briten natürlich nicht einverstanden. Sie hielten die Argumente der Deutschen für zu schwach, um ein Schiedsgerichtsverfahren anzustrengen. Nach ihrer Ansicht war es eine rein juristische Angelegenheit, bei der es um die Auslegung des Abkommens von 1890 ging. Im Jahre 1911 schlugen sie Deutschland vor, den Streitfall dem Haager Gerichtshof vorzutragen. Ein Jahr später

sandten die Deutschen, denen bei dem Schiedsgerichtsverfahren offenbar Bedenken gekommen waren, Truppen zum Caprivizipfel. Schließlich wurde das Ereignis vom 1. Weltkrieg überrollt: als 1914 erste Feindseligkeiten ausbrachen, besetzten britische Streitkräfte den Caprivizipfel und später wurden die Grenzen festgelegt, die Großbritannien 1910 vorgeschlagen hatte. Das Drama um Kazungula dauerte jedoch bis in die Zeiten der einseitigen Unabhängigkeitserklärung von Simbabwe an. Es erreichte seinen Höhepunkt, als Simbabwe unabhängig wurde und Südafrika mit der Destabilisierungspolitik gegenüber seinen Nachbarn begann, mit dem Ziel, sie „total zu unterwerfen".

Im Jahre 1970 gab es weitere Schwierigkeiten. Simbabwe wurde immer noch von Weißen regiert, aber Botswana, das 1966 unabhängig geworden war, bemühte sich darum, seine Abhängigkeit von Südafrika weiter abzubauen. Großbritanniens ursprünglicher Plan, die drei von einem Hochkommissar verwalteten Gebiete Botswana, Swasiland und Lesotho demnächst mit Südafrika zusammenzuschließen, hatte sich wegen Südafrikas Apartheidspolitik als Fehlschlag erwiesen. In den 60er Jahren wurden alle drei unabhängige Staaten, Südafrika behielt jedoch die Wirtschaft dieser Länder unter Kontrolle. Als die ersten südafrikanischen Flüchtlinge in den neuen Staaten Zuflucht suchten, äußerte Südafrika sein Mißfallen darin, daß es unmittelbar vor der Unabhängigkeit Botswanas einen Flüchtling aus diesem Land entführte. Der daraufhin angestrengte Prozeß endete mit der Auslieferung des Flüchtlings an Botswana. Daraufhin wurde Botswana in den 60er Jahren Hauptzufluchtsort der Südafrikaflücht-

Deutsches Expeditionskorps zum Caprivizipfel: Verbindung mit Deutsch-Ostafrika

Deutscher Vermessungstrupp in Kamerun

linge, die die lange Grenze irgendwo überqueren und sich auf den Weg nach Lobatsi oder der neuen Hauptstadt Gaborone machten. Von dort aus gab es verschiedene Möglichkeiten weiterzureisen: Mit dem Flugzeug nach Tansania oder — gefährlicher aber billiger — zu Fuß durch die Okavango-Sümpfe und dann mit der Fähre bei Kazungula nach Sambia.

In Pretoria ärgerte man sich über die Entscheidung der Regierung Nixon, den ehemals von einem britischen Hochkommissar verwalteten Gebieten bei ihren Bemühungen zu helfen, sich soweit wie möglich von Südafrika frei zu machen. Auf die Ankündigung hin, die USA würden den Bau einer Brücke zwischen Botswana und Sambia unterstützen, erklärte Südafrika unverzüglich, daß Botswana und Sambia keine gemeinsame Grenze hätten. Angesichts der dunklen Vergangenheit und der merkwürdigen Übereinkommen und Absprachen hätte es einer internationalen Kommission bedurft, um diese Angelegenheit zu klären. Nach Lage der Dinge ist bei weitem nicht geklärt, ob alle vier Länder — Simbabwe, Sambia, Botswana und Namibia — durch den Caprivizipfel tatsächlich an einem einzigen Punkt in der Mitte des Flusses zusammentreffen.

Diese Unklarheit resultiert aus der Definition der Grenzen in den verschiedenen Verträgen, die zur Zeit des „Wettlaufs" geschlossen wurden, und aus den Schwierigkeiten, den Verlauf einer Grenze an einem Fluß festzumachen. Südafrika stritt den Zugang Botswanas zu Kazungula ab, wollte ihn Rhodesien allerdings zubilligen. Damit nicht genug, behauptete Pretoria auch, die Grenzen des Caprivizipfels und Rhodesiens träfen im Wasser zusammen. Diese Behauptung war und ist von strategischer Bedeutung und ist bisher nicht angefochten worden. Um sie genau zu überprüfen, müßten alle Originalverträge erneut durchgesehen werden. Nach Ansicht von Fachleuten ist es höchst unwahrscheinlich, daß alle vier Grenzen in einem trigonometrischen Punkt in der Mitte des Sambesi aufeinandertreffen, obwohl sie zugeben, daß es bei zweien durchaus der Fall sein könnte. Der Unterschied ergibt sich aus der Verwendung juristischer Begriffe. In Verträgen werden Grenzen normalerweise nach dem Talweg-Verfahren festgelegt, und so war es auch bei den Grenzen von Caprivi im Sambesi und im Chobe und bei der Grenze zwischen Sambia und Botswana. Gemäß dem deutsch-britischen Vertrag von 1890 wurden die Grenzen des Caprivizipfels als „die Mitte der Hauptfahrrinne des Chobe bis zu seinem Zusammenfluß mit dem Sambesi" definiert. Um den Talweg zu ermitteln muß ein Fluß genau ausgemessen werden, so wie man auch Flüsse und Seen auf Karten genau einzeichnet. Dies ist jedoch nie geschehen. Statt dessen stützte man sich auf bloße Schätzungen, die zufällig Südafrika in den Kram paßten — wie der Annahme, daß die Caprivigrenze mitten im Fluß auf die drei anderen Grenzen stößt, wodurch Südafrika in die Lage versetzt wurde, das Gebiet durch Beobachtungsposten auf dem vorher erwähnten Niemandsland der Inseln zu überwachen.

Wenn Fachleute sich schon um einige Meter mehr oder weniger streiten, ist es bei Grenzfragen offenbar sehr schwierig, sich korrekt auszudrücken. Man muß daher im Auge behalten, daß solche Haarspaltereien normalerweise unnötig sind. Manchmal allerdings, wie 1970 bei Südafrikas Behauptung, Sambia und Botswana hätten keine gemeinsame Grenze, können sie von Bedeutung sein. Angesichts der explosiven Lage in Südafrika und deren Auswirkungen auf die Grenzen von Caprivi (d.h. Namibia) und der anderen drei Länder sind die exakten Grenzen des Caprivizipfels auch in den 80er Jahren plötzlich wichtig. Der massive Aufmarsch von südafrikanischen Truppen im Norden von Namibia, Südafrikas Entschlossenheit, dem „Ansturm" zu begegnen und Namibia seine Unabhängigkeit zu Bedingungen, die die SWAPO und die internationale Gemeinschaft akzeptieren könnte, zu verweigern, machen die Grenzen in diesem Gebiet zu Angelegenheiten von strategischer und politischer Bedeutung.

Zwischen Simbabwe und Botswana gibt es glücklicherweise keine Grenzschwierigkeiten. Beide Länder haben andere, wesentlich dringendere Probleme. Dennoch ist der Streit um die Vierergrenze bei Kazungula nicht von theoretischer Natur. Hieran läßt sich das Vermächtnis des „Wettlaufs um Afrika" demonstrieren und die Methoden, mit denen die Grenzen der afrikanischen Staaten festgelegt wurden. Ein Land wie Südafrika konnte seine militärische Überlegenheit dazu nutzen, die Bevölkerung des Caprivizipfels, in Kazungula, im Norden Namibias und im Süden Angolas vor vollendete Tatsachen zu stellen. Das gleiche geschah in der Westprovinz von Sambia, wo die Regierung Südafrikas an Stelle der Regierung in Lusaka bestimmte Landstriche im Grenzgebiet kontrollierte, genau wie sie noch 1984 viel größere Gebiete im südlichen Angola unter Kontrolle hielt.

In Barotseland führten ehemals festgelegte Grenzen und Landansprüche aus den Machenschaften der

B.S.A.C. nicht nur zu Streitigkeiten mit dem Nachbarland. Der Geltungsbereich der an Cecil Rhodes ausgegebenen Konzession ist immer unklar gewesen. Im Jahre 1890 hatte der französische Missionar François Coillard eine Landkarte gezeichnet, auf der die Grenze nach Barotseland nordwestlich der Wasserscheide von Sambesi und Kongo liegt, von wo aus sie entlang dem Kafue-Fluß ostwärts möglicherweise bis zur „Biegung des Kafue" lief. Eine britische Regierungsverordnung von 1899 machte aus Barotseland „Baroziland-Nordwestrhodesien", und eine andere von 1900 schuf aus dem Gebiet, das angeblich von den beiden Konzessionsjägern Joseph Thompson und Alfred Sharpe erworben worden war, „Nordost-Rhodesien".

Die „Chartered Company" übernahm die Verwaltung und die finanzielle Kontrolle der beiden Gebiete. Die Gesellschaft war sich vollkommen darüber im klaren, daß die Rechtmäßigkeit ihres Anspruches auf Nordrhodesien sehr zweifelhaft war. Im Jahre 1905 verlegte sie die Grenzen von Nordwest- und Nordrhodesien vom Kafue-Fluß an den schmalen „Flaschenhals" von Nordrhodesien. Diese Grenzverschiebung spielte bei dem späteren Disput der B.S.A.C. über ihre Schürfrechte im reichhaltigen Kupfergürtel eine wesentliche Rolle. Erste Zweifel an der Rechtmäßigkeit meldete ein britischer Beamter an, der jedoch überstimmt wurde — offiziell das Ergebnis einer Untersuchung im Jahre 1938. In den Tagen vor der Unabhängigkeit wurden diese Zweifel von Roy Welensky, früher Premierminister der zentralafrikanischen Föderation, wieder hervorgeholt, der damals Politiker in Nordrhodesien war und die Einkünfte der Kolonie auf Kosten der B.S.A.C. in die Höhe treiben wollte. Am Ende mußte die Gesellschaft eine demütigende Niederlage hinnehmen. Einige Stunden bevor die sambische Flagge gehißt wurde, mußte der B.S.A.C.-Vorsitzende gezwungenermaßen die Schürfrechte für bloße 4 Millionen Pfund abtreten, wovon die britische Regierung die Hälfte bezahlte. Noch wenige Wochen zuvor hatte die Gesellschaft dafür 50 Millionen Pfund gefordert.

Die beiden Konzessionsjäger Thompson und Sharpe hatten ursprünglich das Ziel gehabt, zumindest teilweise „Katanga in die Finger zu bekommen". Damals befand sich die Gesellschaft in einer schwachen Position. Nach der Berliner Generalakte — jedenfalls so, wie Leopold sie auslegte — gehörte Katanga zum Freistaat Kongo. Sowohl die Gesellschaft als auch der britische Konsul Johnston widersprachen dieser Auslegung, und letzterer schrieb von „ . . . einem kleinen Stück Land, das . . . auf einigen Landkarten dem König von Belgien zugeschrieben wird ... das Land Katanga. Rechtmäßig gehört es uns, laut einem Vertrag mit dem einheimischen Herrscher und durch die Arbeit der Missionare".

Johnston wehrte sich gegen Leopolds Ansprüche auf „das Land mit den größten Mineralienvorkommen (Gold und Kupfer) in ganz Zentralafrika." Er behauptete, daß Msiri, der große afrikanische Herrscher in dem Gebiet, bereit sei, seine Ländereien unter britische Schutzherrschaft zu stellen, und daß der

„König der Belgier kein Recht darauf (Katanga) habe. Auf der von ihm selbst auf der Berliner Konferenz vorgelegten offiziellen Landkarte des Freistaates Kongo schließt er Katanga nicht einmal in sein Herrschaftsgebiet ein. Plötzlich wird dieses Land jedoch durch die milde Nachlässigkeit britischer Kartenzeichner auf dem Papier dem König zugewiesen, und nun beabsichtigt der König ... ein großes Truppenkontingent unter M. Delcommune dorthin zu schicken ..., um zu versuchen es sich entweder durch Schmeicheleien oder durch Gewalt anzueignen ... Ich sehe überhaupt nicht ein, warum der König der Belgier großzügiger oder mit mehr Nachsicht behandelt werden sollte als Frankreich, Deutschland oder Portugal. Vom belgischen Standpunkt aus ist er ein bewundernswerter Patriot, der über listenreiche Umwege, mit tausend Tricks und Kniffen, durch große persönliche Ausgaben und nicht zuletzt durch Zuwendungen reicher Engländer, die er übers Ohr hauen konnte, dem kleinen Belgien ein hübsches afrikanisches Reich verschafft hat. Aber warum wir seine Unternehmungen mit Nachsicht betrachten sollten ... kann ich mir nicht vorstellen." *

Leopold II beklagte sich bei Lord Salisbury bitterlich über Johnstons Vorgehen und warf ihm vor, er versuche dem Freistaat Kongo so viel Land wie möglich abspenstig zu machen. Im März 1891 bemerkte Salisbury nach einem persönlichen Besuch Leopolds, der König habe ihm „lang und breit über Johnston berichtet, den er für ungerecht hält, und dem er ungeheure Fehler bei der Zeichnung der Karten und der Abfassung von Zeitungsartikeln vorwirft. Ich versuchte ihn nach Kräften zu beruhigen." Entscheidend war die Tatsache, daß weder „Hauptmann" Alfred Swann (ein Laienmissionar am Njassasee) noch Joseph Thompson es fertig brachten, einen Vertrag mit Msiri abzufassen. Als das Land schließlich effektiv besetzt wurde, ging Leopold eindeutig als Sieger hervor. Ende 1891 sandte er eine Expedition unter dem Kanadier Hauptmann William Stairs zu Msiri. Über der Hauptstadt Msiris wurde die Kongoflagge gehißt,

* 25. August 1890

Msiri selbst wurde bei einem Streit erschossen. Diesem Ereignis verdankt das heutige Sambia seine Schmetterlingsform.

Hierdurch wurde Katanga sehr direkt als Teil des Freistaates Kongo „effektiv besetzt", und ging der B.S.A.C. und Sambia dadurch verloren. Die so entstandene Situation wurde durch das britisch-kongolesische Abkommen von 1894 im Nachhinein ratifiziert.

Die Meinung der Öffentlichkeit und der britischen Regierung änderte sich allerdings, als Nachrichten über im Kongo begangene Greueltaten durchsickerten. Als Belgien 1908 den Freistaat Kongo formell annektierte, weigerten sich die Briten, die belgische Gebietshoheit anzuerkennen. Hierdurch wurde die Festlegung der Grenzen verhindert, bis 1911 schließlich doch die Anerkennung erfolgte. Es wurde eine britisch-belgische Grenzkommission einberufen, die bei Ausbruch des Krieges 1914 ihre Arbeit noch nicht vollendet hatte, und sie erst 1918 fortsetzte.

Über die „Grünen Grenzen"

Die Grenzfragen zwischen Sambia und Zaire sind tatsächlich bis heute noch nicht zufriedenstellend gelöst. Vor allem die Transitstrecke, die durch zairisches Gebiet hindurch den sambischen Kupfergürtel mit den Nordprovinzen Sambias verbindet, läßt Lusaka nicht zur Ruhe kommen. In den 70er und 80er Jahren stieg die Kriminalitätsrate in Sambia sprunghaft an, was auf eine Vielzahl sozialer und wirtschaftlicher Gründe zurückzuführen ist. Bewaffneter Raub, Einbruch und Diebstahl sind an der Tagesordnung, der Kupfergürtel gleicht inzwischen einer bewaffneten Festung und Sambias weitläufige Städte mit ihren gepflegten Vorstadthäusern sind rundum verbarrikadiert. Das Verhältnis der Kriminalitätsraten im Kupfergürtel und in Lusaka beträgt 6 : 4, was meist auf den Zugang zu Zaire, und die chaotischen Verhältnisse im Staate Mobutus zurückgeführt wurde.

Der Smaragdschmuggel, der sich gegen Ende der 70er Jahre im Kupfergürtel entwickelte, liegt angeblich gemeinsam in den Händen von Sambiern und Zairern; Besitzer von gestohlenen Autos glauben, sie wären über die Transitstrecke fortgeschafft worden; die Grundnahrungsmittel in Sambia werden zu Preisen verkauft, die den Schmuggel über die Grenze nach Shaba lohnenswert machen. Auch für Präsident Mobutu ergeben sich Probleme aus der Nähe zu Sambia. Als im Jahre 1977 gegen ihn gerichtete Truppen von Angola aus eine Invasion der Shabaprovinz versuchten, hieß es, sie seien über den sambischen Kupfergürtel hinein und auch wieder hinausgelangt.

Im Februar 1982 lieferten sambische und zairische Truppen sich eine Schießerei, bei der mehrere zairische Soldaten getötet wurden. Angeblich war es zu dem Zwischenfall gekommen, weil die sambische Polizei eine Ladung geschmuggelter Waren konfisziert hatte, welche die Zairer von der Polizei „freizubekommen" versucht hatten. Einen Monat später stürmten zairische Soldaten die Grenzstadt Sakania und plünderten und entführten die Bewohner nahegelegener Dörfer. Außerdem drangen Zairer bis zur Ndola-Mufulira-Straße vor und hielten Fahrzeuge an, um von den Fahrern Geld zu fordern. Daraufhin wurde die Transitstrecke mehrere Tage lang geschlossen und zwischen Zaire und Sambia dringende Gespräche geführt. Im April wurden sieb-

zehn sambische Dorfbewohner aus Solwezi entführt. Diese und weitere verhaftete sambische Soldaten wurden erst freigelassen, nachdem Sambia versprochen hatte, den Angehörigen der erschossenen zairischen Soldaten Schadensersatz zu zahlen. Im selben Jahr beschloß Sambia verständlicherweise eine neue Straße zu bauen, mit der die Transitstrecke umgangen werden soll, obwohl die Umgehung wesentlich länger ist. Ein Jahr später, im Oktober 1983, erklärte Kaunda, er hätte die sambische Armee zum Schutz von Dorfbewohnern an die sambisch/zairische Grenze entsandt.

Kriminalität ist jedoch nicht das einzige Problem. Im Jahre 1980 besetzte Zaire das zwischen dem Mweru- und dem Tanganyikasee gelegene sambische Gebiet Kaputa, und machte Ansprüche darauf geltend. Dies war wieder einmal das Ergebnis schlecht definierter Grenzen. Sambia nahm den Vorfall sehr ernst und drohte, den Fall vor die Orga-

Französische Fallschirmjäger in Katanga 1978: Rettung für Mobutu vor den Partisanen General Mbumbas

nisation für Afrikanische Einheit (OAU) zu bringen, falls Zaire sich nicht aus Kaputa zurückziehen werde. Im Oktober 1982 verließen zairische Truppen das umstrittene Dorf Mwamba-Kampamba in der Provinz Luapula, ließen jedoch die zairische Flagge dort zurück. Noch im Laufe des Jahres 1983 wurden Bemühungen fortgesetzt, solcherlei Grenzkonflikte zu bereinigen. Bereits vorher war eine ständige Grenzkommission aufgestellt worden, die sowohl Gesundheitsfragen als auch Grenzstreitigkeiten und Kriminalitätsprobleme behandeln sollte. Diese Fragen sind nicht leicht zu bewältigen. Genau wie mit seinen anderen Nachbarn muß Sambia auch mit Zaire in Frieden leben, nicht nur um die afrikanische Einheit nicht zu gefährden, sondern auch um seiner internen Stabilität willen. Falls irgendwo nahe der Grenze reiche Mineralienvorkommen vermutet werden, wie es im Fall von Sambia und Zaire fast unvermeidbar ist, werden wirtschaftliche Gründe ebenso wichtig wie strategische Überlegungen.

Unzureichend definierte Landesgrenzen führten im Jahre 1980 auch zu Schwierigkeiten zwischen Malawi und Sambia. Kurz nachdem sein Land 1964 unabhängig geworden war, beanspruchte Malawis Präsident Banda vier Gebiete in Tansania und Sambia. Im Jahre 1980 erhob Malawi weiter Anspruch auf ein Gebiet in der Nähe des Grenzpostens von Mwami, und der Konflikt wurde bisher nicht gelöst. Njassaland (Malawi) verdankte seinen Status als Protektorat und somit seine spätere Unabhängigkeit der feindseligen Haltung der schottischen Missionare gegenüber dem Herrschaftsgebaren der B.S.A.C. Nichtsdestoweniger war Njassaland einige Zeit lang kaum vom nordöstlichen Teil Nordrhodesiens zu unterscheiden. Beide Gebiete standen unter Kontrolle von Harry Johnston, der Menschen und Dinge ungehindert über die Grenze hinweg beförderte, die damals an der Wasserscheide zwischen dem Njassasee und dem Luapulatal lag. Malawi ist ein schmales Land, kaum breiter als ein Streifen von 840 km Länge und zwischen 80 und 160 km Breite. Viele der in der Ostprovinz Sambias lebenden Volksgruppen wie die Chewa, Senga und Tumbuka haben ethnische Verbindungen über die sambisch-malawische Grenze hinweg.

Während des „Wettlaufs" war Njassaland genau wie Nordrhodesien von den Konflikten zwischen Großbritannien und Portugal betroffen gewesen. Im Jahre 1889 hatten die Portugiesen Mozambique bis zur heutigen Provinz Tete ausgedehnt, weil sie sich über die Geschäfte der B.S.A.C. mit Lewanika in Barotseland und die Erklärung der britischen Regierung, Matabeleland sei britisches Einflußgebiet, geärgert hatten. Lord Salisbury hielt dem entgegen,

daß Portugal keine „effektive Okkupation", wie sie die Berliner Generalakte vorschrieb, nachweisen könne. Portugal entgegnete ganz einfach, die Akte beziehe sich lediglich auf die Küstengebiete. Der britische Premierminister hielt jedoch daran fest, daß die britischen Siedlungen am Shire und am Njassasee, sowie am Sambesibecken sich innerhalb des britischen „Einflußgebietes" befänden und somit geschützt werden müßten.

Im Jahre 1890 kam es schließlich zu einer Einigung zwischen Briten und Portugiesen, wonach die Grenze zwischen Tete in Mosambik und Malawi, Simbabwe und Sambia ungefähr so festgelegt wurde, wie sie heute noch ist. Sofort gab es erneut Schwierigkeiten mit der B.S.A.C., weil Rhodes sich sehr darüber ärgerte, daß „sein" Manicaland den Portugiesen übergeben worden war. Er bestand darauf, daß Manicaland ein Teil von Mashonaland sei, das von der Lobengula-Konzession „abgedeckt" werde. Die portugiesische Öffentlichkeit regte sich nicht minder auf, weil angeblich nationale Interessen ausverkauft worden waren.

Im Dezember 1890 brach zwischen der Gesellschaft und den Portugiesen im Manicaland ein offener Konflikt aus. In bezug auf die Grenze einigte man sich zwar auf einen Modus vivendi, aber der Konflikt zog sich über die nächsten zwei Jahre hin. In Beira zogen die Portugiesen Truppen zusammen und erklärten in Manicaland und Sofala den Belagerungszustand, während Großbritannien mehrere Kriegsschiffe nach Delagoa Bay schickte. Am 10. Juni 1891 schließlich wurde durch ein umfassendes Abkommen die Grenze zwischen Mozambique und den britischen Besitzungen festgelegt und die gesamte Grenze eingezeichnet.

Die Vereinbarung war äußerst detailliert, weil das Netz von Konzessionen und Verträgen, die sowohl Portugal als auch Großbritannien mit afrikanischen Häuptlingen abgeschlossen hatten, schier undurchdringlich war. Abgesehen davon folgte man den Gegebenheiten der Natur, und Großbritannien schützte auch noch die Missionsstationen am oberen Shire sowie rund um das südliche Ufer des Njassasees. Der Konflikt um Manicaland zog sich unter langwierigen Verhandlungen weiter hin. Erst im Juli 1910 konnten Portugal und Großbritannien sich endlich auf eine präzise Begrenzung ihrer ostafrikanischen Grenzen einigen.

Angesichts dieser Schwierigkeiten erscheint die Abgrenzung Sambias von Tansania wie ein Kinderspiel. Die Grenze nach Tansania war wohl die einzige sambische Grenze, die ohne größere Streitigkeiten festgelegt wurde. Die Grenzregulierung war ein

Sicherheitspakt von Komati zwischen Botha/Südafrika und Machel/Mozambique 1984: Atempause für die südafrikanischen Rassisten

Teil des im Juli 1890 getroffenen umfassenden britisch-deutschen Abkommens über Helgoland und Sansibar. Hierdurch erhielt Sambia eine Wasser- und Landgrenze mit Tansania, die es dem Land während der Zeit der illegalen Unabhängigkeit in Simbabwe ermöglichte, seinen freundlich gesonnenen Nachbarn im Nordosten als Sicherungsventil zu benutzen, indem es eine Straße, eine Bahnlinie und eine Ölpipeline nach Dar es Salaam baute, um sich vom Süden abzuwenden.

Mit Hilfe derart ausgefeilter und umständlicher Manöver formten Europas Staatsmänner und Diplomaten, die Finanziers, Konzessionsjäger, Millionäre, Juristen, Kartenzeichner und Statthalter die Puppe, aus der später einmal der sambische Schmetterling schlüpfen sollte. In diesem Kapitel befaßten wir uns mit den Vorgängen, denen Sambia seine bizarren Umrisse verdankt. Dies ist jedoch nur ein Teil der Geschichte. Die so entstandene künstliche Form vereinigte ein weites Spektrum afrikanischer Völker, von denen viele über die neuen Grenzen hinweg untereinander mit viel stärkeren Banden verbunden waren, als sie sie zu den Völkern innerhalb ihres eigenen Staates verspürten.

Siebzig Jahre lang — nur über wenige Generationen — wurde dieses Land von Europäern beherrscht: Zuerst von der „Chartered Company" des Cecil Rhodes, dann vom Kolonialministerium in London, dann eine Zeitlang von südrhodesischen Siedlern. Sie regierten dieses von Gegensätzen bestimmte Land, das sie willkürlich aus dem Herzen Afrikas herausgeschnitten hatten. In dieser Zeit, so kurz sie auch war, brachten sie grundlegende Veränderungen für fast alle Lebensbereiche der Völker, deren Zusammenleben sie erzwungen hatten. Als afrikanische Führer sich gegen die Macht der Europäer erhoben, taten sie es paradoxerweise unter dem Schlagwort „Nationalismus". Die Frage war nur: Konnten sie darauf hoffen, aus den Überbleibseln der Kolonialgeschichte eine wirkliche Nation zu erschaffen? Und falls es ihnen gelingen sollte, was für eine Nation würde es sein?

Vom
Kupfermillionär
zum
Tellerwäscher

11

„Ginge es den Afrikanern, und besonders den Sambiern heute besser, wenn die Europäer ihre Territorien nie betreten hätten?", lautete unsere eingangs gestellte Rätselfrage. Solche Fragen lassen Historiker nur die Nase rümpfen und darauf hinweisen, wie absurd Spekulationen darüber sind, was geschehen wäre, wenn sich hundert Jahre der Geschichte vollkommen anders entwickelt hätten. Erinnert man sich jedoch an die Phrasen, die auf der Berliner Konferenz gedroschen wurden und an die endlose Heraufbeschwörung der Vorteile, die Afrika aus der erleuchteten Herrschaft der Europäer ziehen würde, so ist verständlich, warum diese Frage immer noch gestellt wird. Immer wieder erzählten Europäer den Afrikanern, daß sie für Kommerz, Christentum und die damit verbundenen Vorzüge dankbar sein müßten. Angesichts der überlegenen Macht der Weißen — und besonders, da sie von der Kolonialisierung profitieren wollten — kauften die Afrikaner ihnen diese Botschaft ab. Nach fast einer Generation in Unabhängigkeit stehen sie immer noch einer feindseligen und ungerechten Welt gegenüber. Letzten Endes birgt die Frage, ob es den Afrikanern ohne die Einmischung der Europäer besser ergangen wäre, einen gefährlichen Zündstoff, da sie die Verleugnung der Realität zur Folge hat, die Aufmerksamkeit von der Lösung der gegenwärtigen Probleme ablenkt und statt dessen zur Beschuldigung damaliger Bösewichter führt. Andererseits kann man die heutige Situation eines Landes wie Sambia nicht verstehen, ohne sich mit seiner Vergangenheit zu befassen.

Diejenigen, die seiner Taufe am 24. Oktober 1964 beiwohnten, waren im Großen und Ganzen davon überzeugt, daß die Vorzeichen günstig seien. Sie registrierten Sambias gute Zahlungsbilanz, seine weiten Ländereien und (ganz besonders) seine Erzvorkommen und seine bescheidene, idealistische Führungsschicht. Falls überhaupt ein Land die Voraussetzungen dafür erfüllte, die südafrikanische These, Schwarzafrika sei dem Untergang geweiht, zu widerlegen, dann war es Sambia. Viele, die sich langsam Sorgen über die Entwicklung in Ländern wie Ghana machten, sahen hier „Afrikas zweite Chance".

So hoch die Hoffnungen geschraubt waren, so entmutigend waren bisher die Ergebnisse. Nur wenigen Sambiern geht es heute gut. Besser gesagt, geht es 5% der Bevölkerung — die fast alle in Städten leben — heute ausgesprochen gut. Diese 5% reißen — laut einem im Jahre 1981 veröffentlichten und auf Daten aus dem Jahre 1976 basierenden Bericht der JASPA/ILO (Internationales Arbeitsamt) — 35% des nationalen Einkommens an sich. Die ärmsten 40% — Land- und Stadtbevölkerung zusammengenommen — teilen sich spärliche 8% der gesamten Güter- und Dienstleistungen. Und es gibt Anzeichen dafür, daß die Kluft zwischen arm und reich sich, seit diese Daten gesammelt wurden, noch vertieft hat. Was die Staatsfinanzen angeht, war Sambia 1983 bereits so arm geworden, wie ein Land überhaupt sein kann, blieb aber trotzdem tief in das westliche Wirtschaftssystem eingebettet.

Reist man heute nach Lusaka, wird man über die hohen Lebenshaltungskosten erschrecken, die seit Anfang der 70er Jahre sprunghaft angestiegen sind. (Zugrundeliegendes Jahr 1970 = 100; Lebenshaltungskostenindex der niedrigen Einkommensgruppen im Jahre 1981 = 322,6). Aus dem genannten Bericht geht hervor, daß die Lebenshaltungskosten der Reichen bis 1974 schneller anstiegen als die der Armen, danach verkehrte sich dieser Trend jedoch ins Gegenteil. Im Jahre 1981 zum Beispiel, stiegen die Lebenshaltungskosten der niedrigen Einkommensgruppen um 13,8%, hauptsächlich weil die Regierung von ihren Kreditgebern unter Druck gesetzt und gezwungen wurde, die allseits bekannte bittere Medizin des IWF zu schlucken und die Subventionierung von Grundnahrungsmitteln einstellte.

Daraus ergeben sich zwei Fragen: Wie und warum konnte Sambia, ein Land mit ungeheuer produktivem Boden und außergewöhnlich großen Rohstoffvorkommen, auf einer so engen und verzerrten wirtschaftlichen Basis die Unabhängigkeit erlangen? Und warum ist in den vergangenen 20 Jahren Unabhängigkeit für so viele so wenig — und für so wenige so viel — erreicht worden?

Es ist müßig zu sagen, daß das Land in wirtschaftlicher Beziehung weit davon entfernt war, seinem offiziellen Slogan „ein Sambia, eine Nation" gerecht zu werden, der bei der Unabhängigkeit so stolz überall verbreitet wurde. Denn wie bereits ausgeführt, ist es von vornherein ein höchst künstliches Gebilde gewesen. Innerhalb der Grenzen eines zukünftigen Nationalstaats waren Gruppen zusammengepfercht worden, die einander feindselig gesinnt und sehr unterschiedlich waren. In Sambia gibt es sechs oder sieben große Sprachgruppen (nicht 72 Stämme, wie oft behauptet wird) und ethnische Probleme überschatteten lange die sambische Politik.

Präsident Kenneth Kaunda, der das Staatsschiff seit seiner Taufe gesteuert hat, ist sich des äußerst empfindlichen Gleichgewichts der Volksgruppen in seinem Land immer besonders bewußt gewesen — manche behaupten sogar, allzu bewußt. Er verfolgte stets die Strategie, mit einzelnen regionalen Politikern zusammenzuarbeiten. Im Jahre 1968 verließ er unter Protest ein Treffen des Nationalrates der Vereinigten Nationalen Unabhängigkeitspartei (UNIP), wobei er sich über den „Tribalismus"* beschwerte, „diese verzehrende afrikanische Krankheit". Er drohte sogar mit seinem Rücktritt, konnte aber — wie vorauszusehen war — zum Bleiben überredet werden. Es gab keine sichtbaren Veränderungen.

Da er sich über die Wahrung des empfindlichen ethnischen Gleichgewichts sorgte und sicher annahm, ohne ihn würde das Land auseinanderfallen, konnte Kaunda den zentralen wirtschaftlichen Problemen Sambias nicht seine volle Aufmerksamkeit schenken: der Abhängigkeit von einem einzigen Exportgut, dem Kupfer. Seinen öffentlichen Erklärungen konnte man stets entnehmen, daß er sich der großen Bedeutung von landwirtschaftlicher Produktion und Agrarwirtschaft bewußt ist. Ständig fordert er die sambische Bevölkerung auf, wieder auf das Land zu ziehen. Seine Zuhörer jedoch lächeln nur und wandern weiter in die Städte ab.

Der Gerechtigkeit halber muß man sagen, daß auch ein sehr glaubwürdiger und entschiedener Fürsprecher der landwirtschaftlichen Entwicklung seine Schwierigkeit gehabt hätte, einen seit langem bestehenden Trend aufzuheben. In dem großen kolonialen Gewinnspiel nach der Berliner Konferenz war der vielleicht größte Unterschied zwischen der einen oder anderen Kolonie die Behandlung der Landfrage. In dieser Beziehung hatte Sambia Pech gehabt. Laut ihrer Konzession hatte die B.S.A.C. kein Recht auf das Land selbst. Durch geschicktes Taktieren konnte dies jedoch grundlegend geändert werden. Die Gesellschaft nahm den Eingeborenen Land weg und übergab es weißen Siedlern, die den einheimischen Markt belieferten. Diese Methode wurde mit dem System der Wanderarbeit gekoppelt, das typisch für das gesamte südliche Afrika ist. Weder die Arbeitgeber noch die Regierung boten irgend eine soziale Absicherung, was dazu führte, daß die geschwächte Landwirtschaft die Geldwirtschaft auch noch unterstützen mußte. Behinderten, Kranken oder älteren Arbeitern bleib nichts anderes übrig als wieder aufs Land zurückzukehren, wenn sie kein Geld mehr verdienen konnten; aber das Land konnte immer weniger für sie sorgen.

Die einwandernden Siedler kamen fast alle aus dem Süden. Sie waren arm und im Großen und Ganzen ungebildet; kaum das, was man in Berlin so überschwenglich als Kulturträger bezeichnet hatte. Statt der Zivilisation brachten sie etwas ganz anderes

Präsident Kenneth Kaunda von Sambia: Alles auf die Kupfergruben gesetzt

mit: ein Gefühl der Überlegenheit, weil sie weiß waren. Die meisten Einwanderer ließen sich im Süden nieder und entlang der vom Sambesi nach Norden gebauten „Bahnlinie", die den späteren Kupfergürtel durchquerte und bis an die Grenze von Leopolds Kongo ging.

Sowohl die Siedler als auch die B.S.A.C.-Angestellten mißverstanden das System afrikanischen Landbesitzes vollkommen: Sie nahmen an, unbearbeitetes Land habe keinen Besitzer. Die landwirtschaftliche Methode des „chitemene" (Wanderfeldbau mit Brandrodung) im Norden erforderte es jedoch, daß Teile des Landes für mehrere Pflanzperioden brach liegengelassen wurden. Außerdem nahmen die Siedler fälschlicherweise an, daß Weideland, das wegen der Rinderpest (die man sogar den Kolonialisten selbst zuschreiben kann) verlassen dalag, ebenfalls keinen Besitzer habe. Somit trafen zwei vollkommen unvereinbare Auffassungen von Landbesitz aufeinander. In den meisten sambischen Stämmen wurde das Land zwar vom Häuptling beherrscht, blieb aber lebenslang im Besitz eines einzelnen Stammesangehörigen. Die von den Europäern durchgeführten Landkäufe stießen bei den Afrikanern auf völliges Unverständnis: Land war dazu da, um benutzt zu werden, und mußte jemandem gegeben werden, der es brauchen konnte; Land konnte man nicht einfach kaufen und verkaufen. Damals führte die Gesellschaft Besitzstrukturen ein, die immer noch auf ihre Änderung warten, obwohl nach der Unabhängigkeit Gesetze verabschiedet wurden, nach denen theoretisch alles Land in den Besitz des Staates überging.

Der französische Agrarwissenschaftler René Dumont und seine Mitarbeiterin Marie-France Mottin haben eindeutig nachgewiesen, daß die Einheimischen vor der Kolonialisierung in der Lage gewesen waren, sich selbst mit Nahrungsmitteln zu versorgen: sie hatten Hirse, Mais, Cassava, Erdnüsse, süße Kartoffeln, Zuckerrohr und Tomaten angebaut. Da sie jedoch von den Märkten abgeschnitten waren, in abgelegene Gebiete verdrängt, von der Verwaltung ignoriert wurden und weder Straßen noch Transportmöglichkeiten hatten, gerieten die Bauern in Vergessenheit. Sie waren einzig und allein als landwirtschaftliche Arbeitskräfte, als Diener und später als Minenarbeiter von Interesse, und man führte das einfache Mittel der Kopfsteuer ein, um sie zu zwingen, ihre Arbeitskraft anzubieten.

Die „Chartered Company" war auf die weißen Siedler dringend angewiesen, weil sie dafür sorgen mußte, daß ihr „großer Besitz" sich selbst unterhielt. Schon bald hatte Rhodes erkannt, daß er wohl kaum die erwartete Goldader finden würde. Die Gesellschaft hatte Bildung versprochen, gab aber in Wirklichkeit fast nichts dafür aus: die Direktoren vertraten den Standpunkt, daß man sich keine Kinkerlitzchen erlauben könne, solange die Aktionäre Verluste hinnehmen mußten. Als das Kolonialministerium im Jahre 1924 Nordrhodesien übernahm, schätzte man, daß die Aktionäre der Gesellschaft etwa 30 000 Pfund für die Verwaltung der Gebiete verpulvert hatten. Im Jahre 1921 lebten dort nur 3500 Europäer; zwischen 1900 und 1924 hatte die Gesellschaft überhaupt keine Dividenden ausgezahlt.

Nachdem die Gesellschaft diese Bürde 1924 losgeworden war und London selbst die Verwaltung übernahm, begann sie wirklich Profit zu machen. Der Grund dafür war das Kupfer. Die Metallgewinnung (Kupfer und Eisenerz) hatte in dem Gebiet, das später der Kupfergürtel werden sollte, auch vorher schon einmal floriert. Als Sklavenjagden, Kriege, Krankheit und Hungersnöte um 1880 an der Tagesordnung waren, war auch diese Industrie in Schwierigkeiten geraten. Die B.S.A.C. blickte je-

doch in die Zukunft. Zuerst sorgte sie dafür, daß die Mineralienrechte gesetzlich abgesichert wurden. Im Jahre 1900 wurde „unveräußertes Land" in Nordrhodesien unter den „Richtlinien zur Registrierung von Land- und Übertragungsurkunden" von der Gesellschaft in Beschlag genommen. Danach beteiligte die „Chartered Company" sich an der Ausarbeitung der gesetzlichen Richtlinien, die ihr das alleinige „Recht" gaben, die „Bodenschätze des Landes zu fördern, abzubauen und darüber zu verfügen".

Als das Gesetz im Jahre 1922 verabschiedet wurde, schienen die Aussichten düster zu sein. Das erste Bergbauunternehmen war die Blei- und Zinkmine in „Broken Hill", heute Kabwe, die zu Beginn des Jahrhunderts eröffnet wurde und für die bereits beim Bau der Eisenbahn die Vorarbeiten geleistet worden waren. Erst im Jahre 1923 kam die Sache richtig in Schwung, als die Direktoren der Gesellschaft beschlossen, Syndikaten mit dicker Brieftasche Schürfrechte im Kupfergürtel zu erteilen. Diese Maßnahme sah vor, anderen, die kapitalkräftig und technisch versiert waren, das Risiko zu überlassen, während die Gesellschaft die Schürfrechte austeilte und erst bei Beginn der Produktion ihr eigenes Geld einsetzte. Die Entwicklung im Kupfergürtel verlief auf der gesetzlichen Grundlage, daß Schürf- und Abbaurechte nur zusammen erteilt wurden.

Im Jahre 1928 teilten sich zwei große Gesellschaften die größten Minen: es waren dies die „Anglo-American" mit Sitz in Südafrika und der „Rhodesian-Selection Trust", eine mit amerikanischer Hilfe entstandene Firmengruppe unter Alfred Chester Beatty. Beide waren mit der B.S.A.C. verflochten.

Die neue Politik der B.S.A.C., große Gebiete für größere Gesellschaften zu öffnen und diesen langfristige Rechte einzuräumen, brachte Kapital in diese Gegend und Bargeld in ihre eigenen Tresore. Im Jahre 1937 zum Beispiel betrug der Gesamtgewinn aus dem Bergbau 310 955 Pfund, von denen allein 274 149 Pfund aus Gewinnanteilen des Kupferbergbaus stammte. Die Gesamtsumme der Nettogewinne aus dieser Zeit bis 1964 betrug 70 Millionen Pfund. Während dieser ganzen Zeit war die gesetzliche Grundlage für diese Einkünfte sehr zweifelhaft gewesen. Im Jahre 1905 bat die Gesellschaft die britische Regierung, einen Teil von Nordostrhodesien an Nordwestrhodesien abzugeben. Die Aktionäre der B.S.A.C. waren sich nämlich sehr wohl bewußt, daß die Lewanika-Konzession gar nicht die ganze Region Nordrhodesiens betraf; dennoch pochten sie immer wieder darauf, daß es so sei. Mitte der 30er Jahre entbrannte der Streit über die Schürf-

Mufulira Kupfermine: Ein Faß ohne Boden

rechte. Im Jahre 1950 einigte man sich auf einen Kompromiß, der das Jahr 1986 als den Zeitpunkt festsetzte, an dem die Rechte der B.S.A.C. auslaufen würden. Bis dahin sollte sie 20% ihrer Einkünfte aus den Gewinnanteilen in die nordrhodesische Staatskasse einzuzahlen.

Wie bereits beschrieben, wurde die Angelegenheit kurz vor der Unabhängigkeit endgültig und auf spektakuläre Weise erledigt.

Sambia begann sein Leben als unabhängiger Staat, also mit einem gesunden finanziellen Polster*. Für Sambia war es jedoch wesentlich wichtiger, daß es eine moderne und industriell hoch entwickelte Enklave erbte, die der Motor seiner wirtschaftlichen

---

* (Die Aktionäre der Gesellschaft hatten allerdings auch keinen Grund zur Klage: nach den Worten eines Nationalökonomen brachte: „... die endgültige Lösung der B.S.A.C. keineswegs den finanziellen Ruin ... die Aktionäre erhielten reichlich Entschädigung für ihre Anteile, als die Gesellschaft im Jahre 1965 mit zwei Gesellschaften der Anglo-American Gruppe fusionierte um die Gesellschaft „Chartered Consolidated" zu gründen, die heute eine der größten Bergbaugesellschaften in Großbritannien ist".)

Entwicklung werden sollte. Im Jahre 1952 schätzte man die Einkünfte Nordrhodesiens bereits auf etwa 23,5 Millionen Pfund, von denen 50% aus direkten Zahlungen der Bergbauindustrie kamen.

Kurz vor der Unabhängigkeit stellte der Kupferbergbau 95% des Exports, 60% der Staatseinkünfte und etwa 40% des Bruttosozialprodukts. Außerdem verschaffte er dem Land einen festen Platz im westlichen Wirtschaftssystem.

Es war die alte Geschichte vom Tellerwäscher, der zum Millionär wird. Erst in den trostlosen 70er Jahren wurde der Millionär wieder zum Tellerwäscher.

Die Unabhängigkeit selbst war die schon seit langem schwelende politische Reaktion auf das Eindringen der B.S.A.C. Den alten politischen Institutionen, die auf Familienverbänden und der Macht der Häuptlinge beruhten, war schwerer Schaden zugefügt worden. Die Macht der Lozi-Könige wurde zerstört, und in dem Gebiet der Tonga, wo vorher keine zentrale Macht angesiedelt gewesen war, wurden neue „Häuptlinge" eingesetzt, die der B.S.A.C. beim Eintreiben der Steuern „behilflich" sein sollten.

Von Hütten und Palästen

Das neue Regierungssystem schuf sich seine Widersacher selbst. Die Enteignung von Land und ein Arbeitssystem, das der Zwangsarbeit gleichkam, blockierten das Wachstum des Agrarsektors und schufen ein industrielles Proletariat, das in den Städten und „Reservaten" für Konfliktstoff sorgte. Die Bauern und Farmer im Süden, deren Land von den weißen Siedlern geraubt worden war, standen den Veränderungen ebenso mißtrauisch gegenüber wie die Bergarbeiter.

Vor allem die Bergarbeiter hatten die Bedeutung der Rassenschranke schnell begriffen, die zusammen mit Geräten, Maschinen und technischem Knowhow aus Südafrika importiert worden war. Schwarze sollten Hilfsarbeiter bleiben, während Arbeitsstellen mittlerer und höherer Qualifikation mit allen dazugehörigen Statussymbolen und Reichtümern für die Weißen reserviert waren.

Die adretten Bergbaustädte im Kupfergürtel, wie Ndola, Kitwe, Luanshya, Chingola und Mufulira, waren rassistisch konzipiert und hierarchisch aufgebaut. Der Mittelpunkt war das Haus des Minendirektors, das alle anderen in den Schatten stellte. Die Ausstattung der Bergarbeiterhäuser richtete sich genau nach der Position seines Besitzers. So entstand eine haarscharfe Entsprechung zwischen der Person und ihrer beruflichen Stellung. Eine offizielle Minenzeitung beschrieb den Kupfergürtel in den 50er Jahren folgendermaßen:

„Bei jeder der Minen gibt es für Europäer geräumige Klubs, mit Tennisplätzen, Bowlingbahnen, Billardtischen, Golfplätzen mit 18 Löchern (auf grünen Rasenflächen) und Kricketplätzen (mit grünen Rasenflecken), Rugby- und Fußballfeldern, modernen Kinos, außerdem mit gut eingerichteten Krankenhäusern und ausgezeichneten Schulen."

Das Leben der Afrikaner verlief weniger luxuriös. Im Jahre 1942 wurden nur 60% der arbeitssuchenden Afrikaner in Mufulira von einem Arzt als tauglich befunden, und ein Gesundheitsbeamter gab zu Protokoll, daß fast alle wegen Unterernährung abgewiesen worden waren. Die städtischen Behausungen der Afrikaner waren im allgemeinen schlecht, da die Behörden sich weigerten, sie als ständige Einrichtung zu betrachten. Ein 1938 erstellter Bericht über Arbeitsbedingungen berichtete von zerfallenden, mit Ungeziefer verseuchten Hütten mit nur einem Raum für die ganze Familie; die Dächer waren in schlechtem Zustand, sanitäre Einrichtungen „unzureichend oder gar nicht vorhanden", und Trinkwasser knapp.

Die Gehälter der Afrikaner waren entsprechend ihrer Lebensbedingungen niedrig; Gewerkschaften und gute Bezahlung schienen für Weiße reserviert zu sein. Im Jahre 1940 erhielten afrikanische Lastwagenfahrer im Bergbau 3 Pfund im Monat, während europäische Arbeiter in einer Mine 30 Pfund erhielten. Im Jahre 1928 betrug das durchschnittliche Einkommen der schwarzen Bergarbeiter für Arbeiten über Tage 15 Schilling im Monat, und 22 Schilling für Arbeiten unter Tage. Nach einem Streik erhielten weiße Minenarbeiter 1940 höhere Gehälter. Als afrikanische Arbeiter aus dem gleichen Grund streikten, antwortete man ihnen mit Tränengas und Gewehren. Erst 1946, nach dem 2. Weltkrieg, gewöhnte man sich an den Gedanken afrikanischer Gewerkschaften.

Solche Bedingungen schufen die Voraussetzung für die Bildung politischen Bewußtseins und politischer Organisationen. Im Kupfergürtel und den verlassenen Landgebieten gründeten sich sogenannte Welfare-Societies (Wohlfahrtsgesellschaften), die Vorläufer der politischen Parteien. Sie befaßten sich mit den Lebensbedingungen, dem Einkommen und der Bildung der Schwarzen. In den Hütten und Baracken des Kupfergürtels, in den Bierhallen der aufstrebenden Städte und der verarmten Landbezirke entstand der afrikanische Nationalismus. Er nährte sich von Diskriminierung und Rassentrennung. Afrikanern war der Zutritt zu den weißen Vorstädten, zu Klubs und gewöhnlich auch zu den Läden verboten, und statt dessen mußten sie auf der Straße Schlange stehen, um aus separaten Durchreichen bedient zu werden.

In den 40er Jahren besaßen etwa 32 000 Weiße das Wahlrecht, das den 1,6 Millionen Afrikanern vorenthalten wurde; zu dieser Zeit war die engere Verbindung mit Südrhodesien das wichtigste politische Thema. Die Afrikaner waren gegen diesen Plan, weil sie nur allzu gut wußten, daß es die Macht der Weißen stützen würde, da die Siedler im Süden noch zahlreicher waren. Angetrieben von dieser Angst kam es im Jahre 1948 zur Bildung eines „Verbandes der Wohlfahrtsgesellschaften", der zu einer politischen Partei wurde und zuerst den Namen „Nordrhodesischer Kongreß" und später „Afrikanischer Nationalkonkreß" (ANC) trug. Unter der Führung von Harry Nkumbula kämpfte der ANC von Nordrhodesien erbittert gegen die Föderation, aber im Jahre 1953 beschloß die Regierung Churchill gegen den Willen der Afrikaner, die drei Gebiete Süd- und Nordrhodesien und Njassaland, in einer Zentralafrikanischen Föderation zu vereinigen. Die ersten Jahre der Zentralafrikanischen Föderation fielen mit dem Kupferboom zusammen, aber die Einkünfte aus dem Kupfergeschäft flossen in der Regel nach Süden ab. Im Jahre 1959 beschwerte sich der (weiße) nordrhodesische Finanzminister darüber, daß Nordrhodesien in den vergangenen sechs Jahren durch die Zahlung von etwa 50 Millionen Pfund an die Zentralregierung in Salisbury (heute Harare) schwere Verluste erlitten habe.

Die offizielle Philosophie der Zentralafrikanischen Föderation war multirassische Partnerschaft. Die Siedler interpretierten dies jedoch nach ihrem eigenen Geschmack. Man bastelte zwar ein wenig am Arbeitssystem und an den Lebensbedingungen der Afrikaner herum; einige Jobs, die vorher für Weiße reserviert gewesen waren, wurden auch Schwarzen zugänglich gemacht, aber im Großen und Ganzen wurden Afrikaner vom Fortschritt ausgeschlossen. Bildung, ein Privileg und Vorrecht der Weißen, wurde den Afrikanern fast vollständig verweigert. Ende der 50er Jahre gab es nur eine afrikanische Schule, die den Besuch der Universität ermöglichte, und weniger als 1000 Kinder einer Bevölkerung von 3 Millionen besuchten weiterführende Schulen. Als Sambia unabhängig wurde, gab es nur 100 afrikanische Akademiker, und nur etwa 1200 Afrikaner hatten eine höhere Schulbildung genossen.

Im Jahre 1958 wurde die Führerschaft von Nkumbula von einer Gruppe junger, militanter Afrikaner unter der Führung von Kaunda bedroht. Es wurde eine neue Partei gegründet, die 1959 verboten und deren Führer ins Gefängnis gesteckt wurde. Bei seiner Entlassung übernahm Kaunda jedoch die Leitung einer neuen Partei, die während seiner Gefangenschaft gegründet worden war: Die Vereinigte Nationale Unabhängikeitspartei (UNIP), die heute die regierende und seit 1973 die einzige zugelassene Partei ist.

Der Nationalismus verdrängte zum Teil die traditionellen Herrscher. Die Verfassung sieht zwar eine Häuptlingskammer vor, die effektive Regierungsgewalt liegt aber beim Präsidenten und der UNIP. In den meisten Landesteilen war dies eine ausgemachte Sache. Nicht so dagegen in Barotseland, wo vor der Unabhängigkeit ein echter Machtkampf ausbrach, mit dem Litunga und den „Traditionalisten" auf der einen, und Nationalisten wie Muna Sipalo und den Brüdern Arthur und Sikota Wina auf der anderen Seite. Auf den Rat seines Neffen, Godwin Lewanika, drohte der damalige Litunga damit,

sich nach der Auflösung der Zentralafrikanischen Föderation ganz aus dem zukünftigen Sambia zurückzuziehen. Godwin Lewanika war ein politischer Widersacher Kaundas. Er war früher Präsident des ANC, und danach parlamentarischer Staatssekretär, der höchste politische Rang, den ein Schwarzer einnehmen konnte. Später löste er seinen Onkel als Oberhäupling ab.

Lusaka ist das unbestrittene Zentrum der Machtpolitik. Dennoch sind die Häuptlinge nicht vollständig von der politischen Bildfläche verschwunden. Bei einer wichtigen Wahl des Zentralkomitees der UNIP im Jahre 1983 wurden zwei Häuplinge in das oberste Exekutivorgan der Partei berufen: Iluete Yeta IV, der Litunga der Westprovinz (wie Barotseland jetzt heißt), und der Oberhäuptling der Nordprovinz, Chitimukulu Mutale Chipakankwa. Dies war ein geschickter Schachzug. Der nationalistische Emporkömmling Kaunda der 50er Jahre ist zu einem wohl angesehenen Staatsmann der 80er Jahre geworden. Dennoch zeigt er Achtung vor der Tradition, indem er die Häuptlinge respektiert.

Indem Präsident Kaunda den Oberhäuptling der Bemba anerkannte, konnte er diese Volksgruppe an den Busen der Partei zurückführen. Die Bemba, die unter anderem auch wegen ihrer zahlenmäßigen Stärke im Kupfergürtel von Bedeutung sind, hatten sich von der sambischen Politik abgewandt, als der Einparteienstaat gegründet wurde, der die Differenzen zwischen dem Präsidenten und seinem ehemals engen Jugendfreund, dem Bemba Simon Kapwepwe zum Ausbruch brachte. Kapwepwe, der zusammen mit anderen verhaftet worden war, als man seine neue Oppositionspartei 1973 verbot, starb 1981 an einem Herzanfall, als er noch in der politischen Einöde lebte. Seine feierliche Beerdigung wurde für den Präsidenten Schauplatz einer persönlichen Beleidigung. Ein fehlgeschlagener Staatsstreich kurz darauf wurde angeblich mit Wissen von Bemba-Führern geplant.

Die bösen Geister kehren wieder

Sambias Politik ist also von ethnischen Schwierigkeiten überschattet. Die ursprüngliche Traditionsgesellschaft ist aber schon lange dem Untergang geweiht. Aus dem Versuch heraus, die Kluft zwischen städtischem Leben und dem, was er als traditionelle afrikanische Werte betrachtete, zu überbrücken, schuf Präsident Kaunda die Grundlagen für seine Ideologie des Humanismus. Nach seiner Auffassung ist der Mensch der Mittelpunkt, und die Institutionen müssen sich nach ihm richten. Die Ausbeutung von Menschen durch Menschen muß beendet werden. Wertvorstellungen des dörflichen Lebens und dessen Institutionen wie Zusammenarbeit, Altenfürsorge und die Großfamilie sollten die Basis des städtischen Lebens werden.

Vielleicht ist die Traditionsgesellschaft in Wirklichkeit nie so stabil und friedlich gewesen, wie sie in der Erinnerung erscheint. Ihre Zerstörung begann jedoch schon mit dem Vordringen der Europäer in das Innere des afrikanischen Kontinents. Das System der Wanderarbeit traf den Lebensnerv der afrikanischen Familie und beraubte die ländlichen Gebiete all ihrer jungen männlichen Arbeitskräfte. Die erschreckenden Zustände in den Städten führten zu Kriminalität, Trunksucht und Prostitution; der Lebensstil der Weißen, die selbst sehr ungehobelt waren, war das einzig vorhandene Vorbild. Die trinkfesten Bergarbeiter, die den Kupfergürtel nicht als Heimat sondern als einen Ort betrachteten, an dem sie schnelles Geld machen konnten, übertrugen ihr fragwürdiges Wertsystem auf den Afrikaner. Die von den Weißen eingeführten Idole hießen Alkohol, Frauen und Autos. Zur gleichen Zeit wurden afrikanische Glaubensvorstellungen von den Kirchen bedroht. Die Missionare waren zutiefst schockiert von blanken Brüsten und knappen Lendenschurzen und verurteilten die Medizinmänner und das Vertrauen in die Geister der Ahnen. Die Polygamie stieß sie ab, und sie versuchten, ihre eigenen Moralvorstellungen einzuführen.

Heutzutage ist das Christentum ein gewichtiger Faktor in Sambia und nimmt teilweise Formen an, die die alten viktorianischen Missionare in Erstaunen versetzt hätten. Präsident Kaunda ist praktizierender Christ; in vielen Dingen geht sein Humanismus auf die Gedanken sozial engagierter Geistlicher wie Colin Morris zurück. Und dennoch haben die traditionellen Glaubensformen ihre Anziehungskraft nicht völlig verloren. Die schlechter werdenden wirtschaftlichen Bedingungen brachten wachsende sozialen Spannungen mit sich, der Glaube an Hexerei gab den „nyangas", den Medizinmännern, einen Teil ihrer alten Macht zurück. Obwohl sie nicht in die offizielle medizinische Versorgung einbezogen wurden (wie es in anderen afrikanischen Ländern wie zum Beispiel Simbabwe geschah), läßt sich aus sambischen Presseberichten entnehmen, daß sich sowohl in städtischen als auch in ländlichen Gebieten wieder mehr Menschen um Hilfe an sie wenden. Geschichten über Frauen, die sich in Schlangen verwandeln, oder in einem Fall von einer Frau, die stundenlang ohne Unterlaß brannte, waren in den letzten Jahren vielfach zu hören. Wenn irgend etwas schief geht, die Ernten schlecht ausfallen, ein Arbeitsplatz verloren geht, oder Tod und Krankheit jemanden heimsuchen, werden wieder böse Geister verantwortlich gemacht.

Der Konflikt zwischen Christentum und traditioneller Kultur wird am seltsamen Beispiel des katholischen Erzbischofs Emmanuel Milingo deutlich. Der kleine, aber mit einer starken Persönlichkeit ausgestattete Erzbischof wurde in Sambia dafür bekannt, daß er Heilungssitzungen und Geisteraustreibungen vornahm. Der Vatikan befahl ihm, dies zu unterlassen, aber in einem Interview sagte der Geistliche, seine Kräfte seien so stark, daß er nicht einmal vor die Haustür treten könne, ohne daß er von Menschen belagert werde, die ihn um seine Hilfe anflehten. Als europäische Geistliche seine unorthodoxen Praktiken anprangerten, wurde Milingo 1982 nach Rom beordert und dort buchstäblich unter Arrest gestellt. Im Jahre 1983 gab er sein Bistum Lusaka schließlich auf, aber er trat nicht aus der Kirche aus und gab auch seinen Rang nicht ab. Er blieb in Rom, wo man ihm die Möglichkeit einräumte, Sondergottesdienste abzuhalten. Der Fall Milingo löste unter seinen Anhängern Verwirrung und Ärger aus und wurde als frontaler Zusammenstoß zwischen alten Werten und den Vorstellungen des Christentums betrachtet.

Die Traditionsgemeinschaft bezog ihre Vorfahren in das Familiengefüge mit ein. Als Geister hatten die Toten genau wie die Lebenden ganz bestimmte Pflichten. Die Geister sorgten für das Wohlergehen ihrer Nachkommen. Böse Geister, die keiner Familie angehörten, weil sie z. B. kinderlos geblieben waren, konnten Probleme verursachen. Es galt nicht unbedingt als schlimm, von einem Geist besessen zu sein; ganz im Gegenteil konnte es einen sogar mit besonderen Fähigkeiten ausstatten, die dem Betreffenden Ansehen und Respekt eintrugen. Geister und Tabus waren außerdem ein Mittel sozialer Kontrolle. Heute sind die meisten Tabus abgeschafft.

Sambias Gesellschaft leidet unter der Verwirrung, die jedes Volk heimsucht, das einer schnellen sozialen Wandlung unterzogen wird. In den Dörfern war das traditionelle Brauen und Trinken von Bier dazu da gewesen einen harten und monotonen Alltag zu durchbrechen. Das in den Städten so leicht zu beschaffende fabrikmäßig hergestellte Bier verführte zu unkontrolliertem Alkoholkonsum, einem Übel, das Präsident Kaunda — selbst Abstinenzler — bei vielen Gelegenheiten öffentlich angeprangert hat — ohne nennenswerten Erfolg.

Nach der Unabhängigkeit mußte Sambia sich in außenpolitischer Beziehung mit vielen Widersprüchen

Kupferzug nach Beira/Mozambique: Ohne eigene Häfen auf das Wohlwollen seiner Nachbarstaaten angewiesen

herumschlagen. Als Humanist und afrikanischer Nationalist trat Präsident Kaunda dem Kolonialismus der Portugiesen und der Rhodesier entschieden entgegen und verurteilte auch die südafrikanische Apartheidspolitik. Dennoch war er bis zum Staatsstreich 1974 in Lissabon gezwungen, mit den Portugiesen auszukommen: ein wesentliches Merkmal der sambischen Grenzen ist es, daß sie keinen Zugang zum Meer bieten, und Kaunda war auf die Häfen in Mozambique angewiesen.

Nur ein Jahr nachdem der britische Union Jack in Lusaka heruntergelassen worden war, erklärte Südrhodesien unter Ian Smith einseitig seine Unabhängigkeit. Kaunda fühlte sich verpflichtet, die Wirtschaftssanktionen gegen Südrhodesien zu unterstützen; aber Sambia selbst, durch die Unternehmungen von Rhodes ehemals der nördliche Vorposten des südafrikanischen Systems, hatte am meisten unter diesen Sanktionen zu leiden. Kaunda versuchte mit allen Kräften, die wirtschaftlichen Verbindungen zu Rhodesien abzubrechen. Er schaffte das einheitliche Eisenbahnnetz ab — mußte aber immer noch die rhodesischen Bahnlinien benutzen, um Kupfer zu exportieren und Importe aus den Häfen Südafrikas herbeizuschaffen. Als die Ölpipeline und die Raffinerie in Umtali (heute Mutare) aufgrund der einseitig erklärten Unabhängigkeit nicht mehr benutzt werden konnten, baute Sambia eine Pipeline nach Dar-es-Salaam und eine Raffinerie in Ndola. Neue Transportstraße wurde zuerst der sogenannte „hell-run" nach Dar-es-Salaam (so genannt wegen des schlechten Zustandes seiner Straßenoberfläche). Später wurde die Straße geteert, und eine noch größere Unternehmung, die gemeinsame sambisch-tansanische Eisenbahn, die Tazara-Bahn, wurde mit finanzieller Unterstützung der Chinesen gebaut.

Um seine Transportmöglichkeiten vielseitiger zu gestalten, bemühte sich Sambia nun auch verstärkt darum, die durch Angola nach Lobito führende Benguela-Bahn zu benutzen. Da der Befreiungskrieg der Angolaner gegen die Portugiesen immer schlimmere Formen annahm, war dies ein gefährliches Unterfangen. Benguela war ein geeignetes Ziel, und die angolanische Befreiungsbewegung MPLA, die die Unterstützung der Sambier dringend brauchte, mußte das Feuer einstellen, um den Transportverkehr Sambias nicht zu gefährden. Nachdem Ian Smith 1973 die Grenze zwischen Rhodesien und Sambia schloß und Kaunda sich mehrfach weigerte, sie wieder zu öffnen, wurde die Benguela-Bahn noch wichtiger. Im Jahre 1975 brach jedoch zwischen den drei rivalisierenden Gruppen in Angola ein offener Kampf aus, und sowohl die Ben-

guela-Bahn als auch der sambische und der zairische Verkehr fielen dem Kriegsgeschehen zum Opfer. Im Jahre 1976 wurde die Tazara-Bahn in Betrieb genommen, die allerdings noch in den Kinderschuhen steckte. Sambia bemühte sich verzweifelt, mit den Transportstraßen nach Dar-es-Salaam und Mozambique zu Rande zu kommen, war aber im Jahre 1978 gezwungen, die Grenze nach Rhodesien wieder zu öffnen. Die Situation war untragbar. Rhodesien führte Luftangriffe auf die Lager der ZAPU durch, die simbabwische Befreiungsorganisation unter der Führung von Joshua Nkomo, die damals ihr Hauptquartier in Lusaka hatte. Sie griffen sogar die sambische Hauptstadt selbst an, und brachten Tod und Zerstörung über die Menschen. Dennoch glaubte Kaunda keine andere Lösung zu haben, als die Einrichtungen des Feindes zu benutzen.

Die Beziehungen zu Südafrika standen ebenfalls unter einem schlechten Stern. Als Sambia zum ersten Mal versuchte, die Sanktionen mitzutragen und den Kauf von Konsumgütern in Rodesien einzustellen, war Südafrika die einzige Alternative. Die wirtschaftlichen Verbindungen mit Südafrika waren eng. Geräte und Ersatzteile für den Bergbau, sowie fachliches Können kamen größtenteils aus diesem Gebiet: und dennoch war Südafrika — mehr noch als Rhodesien — der Sitz eines politischen Systems, in dem alle Prinzipien gebrochen wurden, die Sambia selbst verkörperte. Kaunda führte einen aussichtslosen Kampf: das koloniale Erbe war eine zu schwere Bürde. Um 1980 herum nahm die Einfuhr von Konsumgütern aus der Apartheidsrepublik wieder erheblich zu.

So verwirrend diese außenpolitischen Komplikationen auch sein mögen, Sambias größtes Problem war doch die Frage, wie es mit dem Vermächtnis extremer einseitiger Abhängigkeit vom Kupfer fertig werden sollte. Würde man die Minen als Kapital- und Einkommensquelle nutzen können, um die Landwirtschaft wieder anzukurbeln und die wirtschaftliche Basis zu verbreitern? Oder würde der Bergbau — wie zu kolonialen Zeiten — nur die Landwirtschaft schwächen, unerfüllbare Hoffnungen auf Reichtum in den Städten wecken und die Kluft zwischen städtischer Elite und Landbewohnern noch vergrößern, die zwischen einem eintönigen Leben im Busch und einer Existenz in der Stadt wählen mußten, wo sie auf die Krümel vom kupfernen Tisch der Reichen hoffen konnten?

Der Kupferreichtum blendete die Planer, die noch während der Laufzeit des 2. Nationalen Entwicklungsplanes (1972—1976, verlängert bis 1978) die Investitionen auf den Bergbausektor lenkten, um die stetige Entwicklung dieser Industrie zu erhalten. Doch Bodenschätze sind ein verzehrender Besitz, und obwohl die Bergbauindustrie die meisten Devisen einbringt und die meisten Arbeitsplätze schafft, wäre es strategisch besser gewesen, wenn man die Gewinne aus dem Bergbau in die Landwirtschaft gesteckt hätte. Sogar der 3. Nationale Entwicklungsplan führte nur 12,5% der Investitionen der Landwirtschaft zu. Die Ölkrisen von 1973 und 1979, die weltweite Rezession, galoppierende Inflation, ein großer Schuldenberg: all diese Faktoren bildeten eine schwere Belastung für die sambische Wirtschaft. Der Rückgang der Kupferpreise seit 1974 schlug ebenfalls deutlich zu Buche. Sambia kam mit seinen Zahlungen an das Ausland in Verzug und baute eine „Verzugsschlange" von anderthalb Jahren auf, wodurch zu den vertraglichen Verpflichtungen noch ein inoffizielles Darlehen kam.

Glanz und Elend der Ökonomie

Im Jahre 1983 war Sambia zur Umschuldung gezwungen, die auch den Kredit von 400 Millionen Kwacha der Chinesen für den Bau der Tazara-Bahn betraf. Da es durch die teuren Konzequenzen der einseitig erklärten Unabhängigkeit, die Ölkrise und den Druck auf seine Handelsbilanz in schwere Bedrängnis geraten war, befand sich die sambische Wirtschaft in den 80er Jahren in einem beklagenswerten Zustand. Die wachsende Abhängigkeit von ausländischer Hilfe bedeutete eine Schwächung seiner Verhandlungsposition in wirtschaftlicher und politischer Beziehung.

Soweit Sambia über eine wirtschaftliche Strategie verfügte, konzentrierte diese sich auf die Kontrolle über die „marktbeherrschenden Größen". Von 1968 an wurden eine Reihe von Reformen durchgesetzt, mit denen die größten Handelsgesellschaften zu 51% unter staatliche Kontrolle gebracht wurden. Diese Strategie erreichte im Jahre 1970 ihren Höhepunkt, als der Staat die Mehrheit der Bergbauaktien aufkaufte. Es wurden eine Reihe von staatlichen Gesellschaften gegründet. Ein System des Staatskapitalismus entstand. Der Zweck staatlicher Kontrolle wurde nie genau definiert, und viele der neuen „Staatshandelsorganisationen" waren ebenso uneffektiv wie ihre Zielsetzung undurchsichtig war. Der drastische Rückgang der Einnahmen aus dem Bergbau, der sämtliche Pläne der Regierung ins

Wanken brachte, war jedoch das größere Problem. Nunmehr hingen die Einkünfte allein von der Besteuerung der Bürger ab, die ihrerseits alle unter der Bergbaukrise und ihren Auswirkungen litten. Viele Entwicklungsprojekte mußten eingestellt werden, weil die Mittel dafür einfach nicht mehr da waren.

Gleichzeitig schien es auch unmöglich zu sein, Einkommen und Wohlstand gerechter zu verteilen. Die neue Oberschicht in den Städten übernahm die Privilegien der alten Kolonialisten. Ende der 70er Jahre hätten größere Smaragdfunde im Landbezirk von Ndola der Staatskasse zu Hilfe kommen können. Dieses Vorhaben wurde jedoch durch illegalen Abbau und Schmuggelei zunichte gemacht, den mächtige Persönlichkeiten aus Lusaka angeblich unterstützten. Solche Vorfälle sind Beispiele der schleichenden Korruption, die zu den Symptomen einer in der 3. Welt häufig auftretenden Krankheiten gehört: der unausgeglichenen und unproduktiven Wirtschaft.

Der Bereich, in dem Sambia am gröbsten versagt hat, ist die Landwirtschaft. Anfang der 80er Jahre importierte das Land sechsmal so viel Getreide wie zu Beginn der Unabhängigkeit. Ungefähr 600 landwirtschaftliche Großbetriebe, von denen die Hälfte Weißen gehört, versorgen immer noch den größten Teil der städtischen Bevölkerung. Rassisten sahen hierin eine Bestätigung ihrer Theorien. Tatsache aber bleibt, daß es den Landbezirken und der Bauernschaft stets an der Mindestausstattung mangelte, und daß ihnen zu wenig Kapital zufloß, als daß sie mit der etablierten Agrarwirtschaft hätten konkurrieren können, ob sie nun von Einzelnen oder Genossenschaften geleitet wurde.

Auch die Bauern kennen ihre Bedürfnisse nur zu gut. Wenn mehr dabei herausspringt, Waren über die Grenzen zu schmuggeln (derer es in Sambia weiß Gott genug gibt), ist dies ein verführerisches Angebot. Wenn die anstrengende Landarbeit den Zauber der Städte jedoch nicht ausstechen kann, scheint es das Vernünftigste zu sein, das Land zu verlassen. Bauern, die immer nur Selbstversorger waren, werden natürlich nur dann Überschuß produzieren, wenn sie die Erträge sinnvoll ausgeben können. Wenn der Gegenwert für die Überschüsse jedoch schrumpft, wie es in Sambia geschah, fällt der Produktionsanreiz fort.

Die getrennte Entwicklung einer „besitzenden" und einer „besitzlosen" Klasse führte nicht nur zur Landflucht, sondern auch zur Bildung von Elendsvierteln in den Städten, mit all den dazugehörigen Problemen wie Kriminalität und mangelnder Sicherheit. Die meisten Häuser in den Vorstädten mit

Landwirtschaft in Sambia: Ein Leben am Rande des Hungertods

„geringer Bevölkerungsdichte" (mit hohen Einkommen) sind von hohen Schutzmauern umgeben, und werden von Hunden und Sicherheitsbeamten bewacht. Überfälle gehören zum alltäglichen Leben, Diebstähle sind an der Tagesordnung.

Sambia übernahm eine Wirtschaft, die auf sehr wakkeligen Füßen stand und nur dazu gut gewesen war, eine einheimische Minderheit und ausländische Aktionäre zu unterhalten. Die zu diesem Zweck geschaffenen Strukturen mußten verändert und erweitert werden, was auch geschah; aber gleichzeitig hätte man auch die wirtschaftliche Basis verbreitern müssen, was nicht geschah.

Bei der Beurteilung der Aussichten auf diese notwendigen Veränderungen muß man immer wieder darauf hinweisen, daß Sambia selbst nur ein Produkt des Kolonialismus ist. Es ist untrennbar mit dem westlichen Wirtschaftssystem verbunden und kann ihm nicht entkommen. Es ist sinnlos, sich über die historische Entwicklung der sambischen Wirtschaft etwas vormachen zu wollen: sie war stets als Nachschublager von Arbeitskräften und als Roh-

stoffquelle konzipiert. Es gibt aber die Möglichkeit, wirtschaftliche Strukturen, genau wie politische Institutionen, veränderten Bedingungen anzupassen, obwohl dies zugegebenermaßen schwieriger ist.

Daß die Enteignung der B.S.A.C. die Bergbaugesellschaften derart ungeschoren ließ, ist eine der Lektionen der Unabhängigkeit. Sie paßten sich der Unabhängigkeit und sogar der mehrheitlichen Kontrolle des Staates ohne größere Schwierigkeiten an. Ihre Stärke gründete sich nicht so sehr auf ihre alten Privilegien aus kolonialen Zeiten, als vielmehr auf ihre finanzielle Überlegenheit und ihr fachliches Wissen — was viel sicherer war. Dies erklärt jedoch nicht, warum Sambia heute so schlecht da steht, wie es leider der Fall ist. Der Humanismus konnte die Lebensbedingungen nicht verbessern. Der in den ersten sieben guten Jahren erworbene Reichtum schwand dahin und hinterließ Armut. Immer noch ist der nationale Kuchen ungerecht verteilt.

Die Regierungspolitik änderte zu oft und zu schnell ihren Kurs und verursachte eine sprunghafte Entwicklung, die schwer durchzuhalten war und Frustration verbreitete. Pläne wie die Bildung von Landkooperativen oder der Ersatz des Pflugs durch Traktoren wurden ohne sorgfältige vorherige Untersuchung eingeführt. Die Mitglieder von Landkooperativen brauchen nicht nur Ausbildung in landwirtschaftlichen Arbeitsmethoden, sondern auch grundlegende Verwaltungskenntnisse, und man hätte ihnen bei der Umstellung auf einen anderen Lebensstil helfen müssen. Die Idee, dörfliches Leben sei eine Form kooperativen Zusammenlebens, stimmt nicht. Zwar gibt es Elemente der Selbsthilfe, ein eingebautes System der Kinder-, Alten- und Behindertenfürsorge, aber andere Merkmale fehlen völlig. Diese Strukturen wurden nicht eingeführt. Sowohl die Kooperativen selbst als auch die Umstellung auf Traktoren ging daneben: letzteres, weil ihre Handhabung nicht ausreichend erklärt und keine Kontrolle ausgeübt wurde, und weil keine Ersatzteile zu haben waren. In kürzester Zeit wurden die Felder zu Friedhöfen für teuere landwirtschaftliche Geräte.

Sambias Problem zu dieser Zeit war nicht, daß es zu wenig, sondern daß es zu viel Geld hatte. Alles, was nur entfernt nach einer guten Idee aussah, wurde sofort durchgeführt. Es gab reichlich Devisen, und nur wenige der Beamten dachten daran, daß sie einmal zur Neige gehen könnten. Die Politik der Staatsbank versäumte es in diesen fetten Jahren, der Regierung die nötigen Beschränkungen aufzuerlegen.

Die Kolonialzeit hatte zu wenige sambische Verwaltungskräfte hervorgebracht. Wie in allen neu entstandenen Ländern wurde die Politik der wichtigste Bereich und beanspruchte Kraft und Kompetenzen der besten Männer. Da die vorher nur wenigen zugänglichen Aufgaben nun plötzlich der Mehrheit offen standen, mußten die Fähigkeiten über einen riesigen Aufgabenbereich verteilt werden. Als die Macht der städtischen Führer einmal gesichert war, begünstigte die Agrarpolitik oft die städtischen Ge-

Slums: Hoffnung auf ein besseres Leben in der Stadt

Metropole Lusaka: Europäische Luxusbauten mit leeren Regalen

biete. Dies führte dazu, daß die Lichter der Großstädte unwiderstehlich wurden. In den Städten waren die Schulen und die medizinische Versorgung besser als auf dem Land. Der Zufluß zu den Städten wurde zu einem reißenden Strom.

Zwanzig Jahre nach der Unabhängigkeit ist Sambia ein Land mit vielen Ballungsgebieten. Mehr als 40% der Einwohner leben in den Städten. Ein junger Mann, der in den Straßen von Lusaka Autos wäscht, verdient mehr und führt dort ein annehmbares Leben, als wenn er den Ermahnungen der Regierung gefolgt und „aufs Land zurückgekehrt" wäre.

Überall in den Dörfern scheinen Armut, Unterernährung und Hoffnungslosigkeit vorzuherrschen. Versuche, neue Ideen einzuführen, scheitern oft daran, daß ein Faktor fehlt: Arbeitskräfte. Viele Familien haben ein weibliches Oberhaupt. Als die jungen Männer zu Zeiten der B.S.A.C. anfingen, in den Kupfergürtel abzuwandern, begann der Untergang der Traditionsgesellschaft.

Heute ist Sambia eine neokolonialistische Gesellschaft, die von der Hilfe des Auslands abhängt. Im Jahre 1981 mußte über ein Darlehen des Internationalen Währungsfonds in Höhe von 800 Millionen Kwacha verhandelt werden, seine vollständige Auszahlung wurde jedoch lange hinausgezögert, weil Sambia Schwierigkeiten hatte, den Bedingungen des IWF gerecht zu werden. Das Schicksal des Landes wird also immer noch im Ausland entschieden, und sein Handlungsspielraum wird durch die Abhängigkeit vom internationalen Banksystem eingeschränkt.

Sambias Probleme wurzeln in den Versäumnissen der Kolonialherren, wuchsen mit den anfänglichen Fehlern einer unerfahrenen Verwaltung und nährten sich am ungerechtfertigten Vertrauen in seinen Kupferreichtum.

Afrika
träumt von der Einheit

12

Im August des Jahres 1960 unterzeichneten Dr. Kwame Nkrumah, Osagyefo (Erlöser) und Präsident der Republik Ghana, und Patrice Lumumba, Premierminister des (ehemals belgischen) Kongo, ein geheimes Abkommen über den Zusammenschluß ihrer beiden Länder. Nkrumah hoffte damit den Grundstein für die Bildung eines allafrikanischen Staatenbundes zu legen, in dem jeder unabhängige afrikanische Staat Aufnahme finden sollte. Der Zusammenschluß wurde niemals offiziell verkündet und landete schon bald auf dem Abfallhaufen der Geschichte. Die beiden Länder waren weit voneinander entfernt, kein anderes trat bei, und sechs Monate später war Lumumba bereits ermordet. Man ersetzte ihn durch Politiker, die mit einem besseren Überlebensinstinkt ausgestattet waren, dafür aber kein Interesse an den Idealen zeigten, für die er zu kämpfen versucht hatte. Angesichts dessen, was sich in Afrika seither ereignet hat, nimmt sich allein der Gedanke an solch ein Projekt lächerlich naiv aus. Die Schwierigkeiten jedoch, denen man damals zuleibe rücken wollte — so unrealistisch man es auch anfing — waren Afrika aus der Berliner Konferenz mit all ihren Auswirkungen entstanden.

Das Jahr 1960 brachte schwerwiegende Veränderungen für den gesamten Kontinent; so weitreichend, daß sie wie eine Umkehrung von 1884 anmuteten. In jenem Jahr wurden die beiden wichtigsten afrikanischen Staaten — Kongo und Nigeria, die beide in Berlin geschaffen worden waren — unabhängig. Der Kongo stolperte ohne jede Vorbereitung in eine chaotische Zukunft. Mit Nigeria trieben die Briten ein riskantes Spiel, weil sie wohl glaubten, ihr koloniales Paradestück mit seiner ungeheuren Vielfalt an Völkern, Religionen, Kulturen und Bräuchen habe auch ohne Beaufsichtigung durch einem ausländischen Schutzherrn eine Chance zum friedlichen Zusammenleben. In jenem Jahr gewährte De Gaulle allen Gebieten in Französisch-West- und Französisch-Äquatorialafrika seine spezielle Variante der Unabhängigkeit. In jenem Jahr war es auch, als Großbritanniens Harold Macmillan in der Hochburg weißer Vorherrschaft das südafrikanische Parlament mit seiner Rede über die Zeichen der Zeit überraschte und verstörte, und in dem das Massaker von Sharpeville und der Mordanschlag auf Premierminister Vervoerd kurzfristig die Illusion weckten, Südafrika werde vielleicht doch noch von seinem einsamen Weg in die vollkommene Apartheid ablassen.

Im Jahre 1960 bewegte Afrika sich mit großen Schritten auf eine Form der Unabhängigkeit zu, in der jede der im Wettlauf der Europäer geschaffenen politischen Einheiten eine eigenständige Nation

werde würde. Nachdem Großbritannien und Frankreich als größte Kolonialmächte einmal beschlossen hatten, ihre ehemaligen Imperien aufzulösen, war dies für sie der einzig gangbare Weg zu politischem Wandel. Zwar waren sie bereit, in bestimmten Gebieten verschiedene bundesstaatliche Organisationsformen auszuprobieren, doch stand es nie zur Diskussion, ihre Macht an Nationalstaaten abzutreten, die in Größe und Form stark von den 1884 und danach geschaffenen Gebieten abwichen. Einige militante Nationalisten griffen diese Tatsache bereitwillig als Beweis für eine wohlüberlegte Verschwörung auf, deren Ziel es sei, Afrika zu „balkanisieren" und zu schwächen Sékou Touré aus Guinea sagte damals: „Der Machiavellische Plan (der Europäer) zielt immer noch darauf ab, die Afrikaner zu entzweien, um die Herrschaft über den Kontinent zu behalten." Es ist jedoch gar nicht nötig, eine solche Verschwörung als Vorwand zu nehmen. Die politische Landkarte Afrikas spiegelt in allen Einzelheiten die europäischen Nationalstaaten der damaligen Zeit wider, die damals vorherrschten. Und nichts reflektiert die Verhältnisse im Europa des 19. Jahrhundert besser als die politischen Bewegungen, die in jeder afrikanischen Kolonie aus dem Boden schossen, sobald sich die Aussicht auf Unabhängigkeit am Horizont abzeichnete.

Der Begriff „Balkanisierung" ist nicht klar definiert. Afrikanische Nationalisten, die den Europäern vorwerfen, ihren Kontinent durch Zersplitterung in viele winzige Teile geschwächt zu haben, müssen sich die Entgegnung gefallen lassen, vor dem Auftauchen der Europäer habe es derer noch mehr ge-

Kaiser Haile Selassie von Äthiopien: 1965 in trauter Eintracht mit dem von Afrika verurteilten ehemaligen Sezessionisten Tschombé

Afrika heute

geben; der Kolonialismus habe ethnische Gruppen zumindest so weit zusammengefaßt, daß Afrika seinen Platz in einer Welt einnehmen konnte, in der nationale Integrität zur Voraussetzung für bloße Existenz geworden ist. Diese Argumentation ist bis zu einem gewissen Punkt berechtigt, läßt jedoch die Tatsache außer Acht, daß in einer auf Europa konzentrierten Welt rivalisierender Nationalstaaten die afrikanischen Staatengebilde viel zu klein und eigenwillig sind, als daß sie, auf sich allein gestellt, konkurrenzfähig sein könnten. Nkrumah erkannte bereits 1960, daß der Kongo, eines der größten und potentiell reichsten dieser Länder, in Wirklichkeit gar kein Staat, sondern ein Vakuum war. Dort hatten ausländische Kräfte weitreichende Möglichkeiten, sich mit Hilfe afrikanischer Strohmänner in immer neuer Tarnung einzuschleichen und so nicht nur die nationale Integrität des Kongo zu unterlaufen, sondern alle Hoffnungen darauf zu zerstören, Afrikaner könnten ihre Angelegenheiten jemals wirklich selbst regeln. Damals vertrat er den Standpunkt: „Wenn wir einmal zugeben, daß wir unfähig sind die Kongofrage mit unseren eigenen afrikanischen Mitteln zu lösen, geben wir damit auch stillschweigend zu, daß echte Selbstverwaltung auf dem afrikanischen Kontinent unmöglich ist."

Die chaotischen Zustände in Leopolds früherem Besitz verliehen seiner Ansicht, Unabhängigkeit sei nur sinnvoll, wenn gleichzeitig die kolonialen Grenzen verworfen würden, neues Gewicht. Nkrumah sagte dazu:

„Der wahre Grund, warum die afrikanischen Volksgruppen ihre Unabhängigkeit verloren und dem Kolonialismus zum Opfer fielen liegt darin, daß sie zu klein und wirtschaftlich nicht lebensfähig waren. Die Geschichte der Kolonisierung Afrikas ist gleichzeitig die Geschichte von Kolonialmächten, die eine Volksgruppe gegen die andere ausspielten und aus den Differenzen der Afrikaner untereinander ihren Vorteil zogen, sodaß sich letztlich alle unter das Joch des Kolonialismus beugen mußten. Das Volk hat nicht für seine Unabhängigkeit gekämpft, damit eine Handvoll Marionetten an die Macht kommt . . . Wir haben jedoch die richtige Antwort auf die Balkanisierung, oder sollten sie zumindest haben: sie heißt Afrikanische Einheit."

Der Gedanke des Panafrikanismus ging den Menschen unter die Haut, obgleich sein Ursprung paradoxerweise außerhalb Afrikas lag. Er entstand in den USA und der Karibik unter den Nachkommen der Sklaven, die, um ihre Ansprüche auf Gleichheit und Menschenwürde geltend machen zu können, nach einer Weltanschauung suchten. Im Jahre 1900 organisierte der Anwalt H. Sylvester Williams aus

Trinidad den 1. Panafrikanischen Kongreß in London, an dem nur wenige Afrikaner teilnahmen. Am Ende der Versammlung verfaßte man einen Brief an Königin Viktoria, in dem gegen die Behandlung der Schwarzen in Südafrika und Rhodesien protestiert wurde. Der damalige Kolonialminister Joseph Chamberlain antwortete mit den verbindlichen Worten, „Die Regierung Ihrer Majestät werde die Interessen und das Wohlergehen der eingeborenen Völker nicht übergehen" — doch schon weniger als zehn Jahre später hatten die Briten dieses Versprechen offenbar völlig vergessen: sie gründeten die Südafrikanische Union und räumten damit den weißen Siedlern die tatsächliche Vorherrschaft ein.

In den Jahren 1919 bis 1927 wurden vier weitere Kongresse abgehalten, auf denen verschiedene gemäßigte Fragen behandelt wurden, wie zum Beispiel das Recht der Afrikaner, „so schnell es ihre Entwicklung erlaubt" an der Regierung mitzuwirken, die Bedeutung von Kontakten unter den Rassen, und das grundlegende Prinzip, daß „Schwarze wie Menschen zu behandeln seien", wie das Manifest des 4. Kongresses es formulierte. Die herausragende Persönlichkeit der panafrikanischen Bewegung zu dieser Zeit war der amerikanische Intellektuelle Dr. W. E. B. Dubois, selbst gemischtrassiger Herkunft, der sein ganzes Leben lang sowohl in Afrika als auch in der Neuen Welt für den Kampf der Schwarzen um Gleichberechtigung eingetreten war. (1963 starb er im hohen Alter von 95 Jahren in Ghana.) Zur selben Zeit rief der rethorisch äußerst gewandte Jamaikaner Marcus Garvey sich selbst überall als „vorläufiger Präsident eines Rassischen Imperiums in Afrika" aus; der Kern seiner Botschaft war die Aufforderung an alle „reinrassigen Schwarzen" der westlichen Hemisphäre, zum Kontinent ihrer Vorfahren zurückzukehren; bei seinem Tod im Jahre 1940 jedoch hatte er selbst nie einen Fuß auf afrikanischen Boden gesetzt.

Erst gegen Ende des 2. Weltkrieges übernahmen die Afrikaner selbst die Führung innerhalb der panafrikanischen Bewegung. Der 6. Kongreß im Oktober 1945 in Manchester unterschied sich wesentlich von den vorherigen. Diese Versammlung wurde von jungen afrikanischen Intellektuellen und politischen Aktivisten beherrscht, von Akademikern, Journalisten, Lehrern und Gewerkschaftern, die nicht nur Gedanken austauschen, sondern sich mit der Übernahme der Macht befassen wollten. Einige der Teilnehmer, unter ihnen Kwame Nkrumah selbst und Jomo Kenyatta aus Kenia, sollten sich später als bedeutendste Führer des unabhängigen Afrika einen Namen machen. Als es so weit war, wurden sie Präsidenten getrennter, unabhängiger Staaten. Zunächst einmal sah man jedoch noch keinen Widerspruch zwischen dem kurzfristigen Plan, in jeder Kolonie nationale politische Parteien aufzubauen und dem langfristigen Ziel, ein Afrika zu schaffen, das nicht nur unabhängig, sondern auch einig sein sollte. Der Kongreß in Manchester blieb dem Grundsatz „Ein Mensch, eine Stimme" treu. Gleichzeitig forderte er aber die „Autonomie und Unabhängigkeit für Schwarzafrika genau soweit – und nur soweit –, wie sich Volksgruppen und Völker unserer Erde im Rahmen der unumgänglichen Zusammenschlüsse und Bündnisse in der heutigen Welt überhaupt selbst bestimmen können." Auf diesem Kongreß warf auch schon die Bewegung der Blockfreien ihre Schatten voraus, indem der Hoffnung Ausdruck gegeben wurde, daß die asiatischen und afrikanischen Völker sich schon bald aus den jahrhundertalten Fesseln der Kolonisierung befreit haben würden. „Als freie Nationen werden sie sich dann zusammenschließen, um ihre Freiheiten und ihre Selbständigkeit gegen die Wiederherstellung des westlichen Imperialismus genau wie gegen die Gefahren des Kommunismus zu sichern und zu schützen."

In jener mutigen Zeit, als die Vereinten Nationen gerade im Entstehen begriffen waren, und der Kalte Krieg noch nicht erfunden war, erübrigte sich die Frage nach dem Widerspruch zwischen nationalistischem politischem Aktivismus und einer panafrikanischen oder sogar einer weltweiten Vereinigung. Kurz- und langfristige Ziele wurden samt und sonders unter der Parole des Antikolonialismus zusammengefaßt. Solange die Kolonialherren noch ein klares Feindbild abgaben, das es zu schlagen galt, konnten die politischen Klassen in Afrika sich im gemeinsamen Kampf dagegen vereinen. Problematisch wurde es jedoch, als der Rückzug der Kolonialisten tatsächlich begann: wie sollte Afrika einig werden, wenn es aus politischen Einheiten bestand, die aus den alten Kolonien heraus entstanden waren, und die sämtlich von einer politischen Elite regiert wurden, deren Macht auf den Kolonialgrenzen beruhte?

Im Jahre 1958, nachdem Ghana als erste ehemalige Kolonie Schwarzafrikas unabhängig geworden war, fand die panafrikanische Bewegung endlich „nach Hause". Im April dieses Jahres veranstaltete Nkrumah als Gastgeber die Erste Konferenz Unabhängiger Afrikanischer Staaten in Accra. Es kamen die Staatschefs aus Äthiopien, Liberia, Libyen, Marokko, dem Sudan, Tunesien und der Vereinigten Arabischen Republik des Oberst Nasser. Da die Mehrzahl der Teilnehmer aus den arabischen Län-

Ghana wurde 1957 als erster schwarzafrikanischer Staat unabhängig. Die Herzogin von Kent hielt in Vertretung der britischen Königin eine Ansprache vor dem neuen Parlament Ghanas, in der sie die britische Kolonialherrschaft für beendet erklärte

dern an der Mittelmeerküste stammten, konnte man dieses Treffen wohl kaum als repräsentativ bezeichnen; sie verpflichteten sich jedoch dazu, vor der Welt geschlossen als Afrikaner aufzutreten, erklärten Kolonialismus und Apartheid den Krieg und einigten sich auf den Aufbau eines ständigen Koordinierungsapparates.

Ein oder zwei Jahre später war die Dekolonisierung Schwarzafrikas bereits in vollem Gange, war der Kongo zum Krisengebiet geworden, und in der Fassade afrikanischer Solidarität begannen sich größere Risse zu zeigen. Im Dezember 1960 trafen elf ehemalige französische Kolonien in Brazzaville zusammen. Mobutu hatte gerade die Regierung Lumumba im Kongo zu Fall gebracht, und die dort stationierten Truppen der UNO hatten von Generalsekretär Dag Hammarskjöld Anweisung erhalten, sich nicht in die Abtrennung Katangas einzumischen. Die „Brazzaville"-Staaten begrüßten dennoch „den Versuch der UNO, den Kongo (Leopoldville) vor Chaos und Anarchie zu bewahren", und sprachen Hammarskjöld „ihren Dank" aus. In den Augen anderer afrikanischer Führer bedeutete Brazzaville den vollständigen Ausverkauf ihrer Interessen. Einen Monat später trafen sich die Staatsoberhäupter von Ghana, Guinea, Mali, Marokko und der Vereinigten Arabischen Republik in Casablanca, wo sie das Versagen der UNO im Kongo in aller Schärfe kritisierten und alle afrikanischen Staaten aufforderten, zusammenzuhalten und richtungsweisend zu wirken, wobei sie gleichzeitig weitreichende Maßnahmen zur Herstellung der afrikanischen Einheit vorschlugen. Hierzu gehörte auch die

Gründung eines Gemeinsamen Afrikanischen Oberkommandos, um Afrika im Falle einer Aggression gegen irgendeinen Teil des Kontinents zu verteidigen.

Für alle ausländischen Mächte und die dort angesiedelten Interessengruppen, denen an der Beibehaltung des für sie lukrativen Status quo gelegen war, war die Spaltung in eine „Brazzaville-" und eine „Casablanca"-Gruppe ein Geschenk Gottes. Den Afrikanern, die aufgrund ihrer Position in der Lage waren, dies zu durchschauen, bot die Spaltung Anlaß zu größter Sorge. Das galt nicht nur für die Staaten, die zu einer der beiden Gruppen gehörten, sondern auch für diejenigen, die keinerlei Verpflichtungen unterlagen, wie zum Beispiel Nigeria, Äthiopien, Liberia, Togo und verschiedene andere. In einem Versuch, den Riß wieder zu kitten, veranstalteten die Oberhäupter dreier „neutraler" Staaten — Präsident Sylvanus Olympio aus Togo, Präsident William Tubman aus Liberia und Premierminister Sir Abubakar Tafawa Balewa aus Nigeria — eine Konferenz in Monrovia, zu der alle Beteiligten eingeladen wurden. Als diese Konferenz jedoch am 8. Mai eröffnet wurde, blieben die Stühle der „Casablanca"-Staaten und auch der des Sudan leer — dieses Mal nicht unbedingt wegen des Kongo, sondern weil die Übergangsregierung Algeriens, immer noch im Kampf gegen Frankreich, nicht zur Teilnahme aufgefordert worden war. Trotz der Abwesenheit dieser Staaten führten die übrigen die Konferenz fort und brachten eine höchst bedeutsame Reihe von Resolutionen hervor, in denen erklärt wurde, die afrikanische Einheit müsse auf politischer Vielfalt begründet werden. Sie stellten klar, daß alle Staaten ungeachtet ihrer Größe und Bevölkerungszahl sowie ihres Reichtums absolut gleichberechtigt seien; daß kein Staat sich in die inneren Angelegenheiten eines anderen einmischen dürfe, und die Souveränität jedes Staates genauso respektiert werden müsse wie sein unveräußerliches Existenzrecht.

Sie verurteilten ganz entschieden jegliche subversive Tätigkeit von Nachbarstaaten und erklärten gegenseitige Toleranz und den Verzicht auf jeglichen supranationalen Führungsanspruch zur Grundlage der Zusammenarbeit. Am Schluß der Konferenz gaben sie der Hoffnung Ausdruck, daß die heute abwesenden Bruderstaaten am geplanten Folgetreffen in Lagos im Januar 1962 teilnehmen würden. Doch wenn sich überhaupt etwas verändert hatte, war die Spaltung höchstens verschärft worden. Es gab nunmehr eine kleine, „radikale" Casablanca-Gruppe (um den üblichen, wenn auch nicht ganz korrekten Terminus zu gebrauchen), und eine wesentlich größere, „gemäßigte" Monrovia-Gruppe.

Nkrumah war nach wie vor damit beschäftigt, die Auswirkungen des Berliner Erbes zu entwirren. Sein Ruf nach einem vereinten Afrika war von großer emotionaler Anziehungskraft; doch selbst ein nüchterner Betrachter mußte erkennen, wie wichtig ein einheitlicher afrikanischer Standpunkt zu vielen Angelegenheiten von internationaler Bedeutung — von der Dekolonisierung bis hin zum Weltfrieden — war. Die Zukunft des Kontinents würde letztlich davon bestimmt werden. Außerdem konnte selbst der radikalste Nationalist nicht leugnen, daß eine Zusammenarbeit auf wirtschaftlichem Gebiet in Zukunft zwingend notwendig war. Dieses Ziel zu formulieren war jedoch eine Sache, die Einigung auf eine Strategie zur Erreichung dieses Ziels aber eine ganz andere. Konnte man tatsächlich davon ausgehen, das rasch anwachsende Heer von unabhängigen Staatschefs, jeder mit seiner eigenen Machtbasis im Rücken, könne seine Meinungsverschiedenheiten so weit herunterschrauben, daß die Gründung von schlagkräftigen panafrikanischen Institutionen möglich würde?

Diese Frage ließ sich nur beantworten, indem man alle Beteiligten zu einer Gipfelkonferenz einlud um herauszufinden, ob überhaupt eine gemeinsame Plattform existierte. Diese Aufgabe erforderte einen erfahrenen Staatsmann, und im Juni 1962 stellte der 71jährige Kaiser Haile Selassie von Äthiopien seine unbestrittene Autorität in den Dienst der Suche nach Übereinstimmung. Bis zum Jahre 1956 war er einer der beiden einzigen unabhängigen afrikanischen Herrscher gewesen; inzwischen war deren Zahl auf 32 angewachsen. Nach ausgiebigen diplomatischen Bemühungen, bei denen auch den Präsidenten William Tubman aus Liberia und Sékou

Präsident Sékou Touré aus Guinea und Ghanas Präsident Kwame Nkrumah auf einer OAU-Sitzung: Weg von Europa

Ein Wandmosaik im Hauptquartier der OAU zu Addis Abeba vereinigt die „Gründungsväter" von 1963

Touré aus Guinea Schlüsselrollen zufielen, lud er sie alle nach Addis Abeba ein mit dem Ziel, eine ständige panafrikanische Organisation zu gründen. Auf einem Vorbereitungstreffen waren die Außenminister dieser Länder nicht einmal in der Lage gewesen, sich auf den Entwurf einer Charta zu einigen, die auf dem Gipfeltreffen vorgelegt werden sollte. Es lohnt jedoch hervorzuheben, daß sich alle Staats- und Regierungsoberhäupter ungeachtet ihrer persönlichen Vorbehalte verpflichtet fühlten, auf diesem Treffen zu erscheinen.

Da jeder Beschluß allseitige Zustimmung erforderte, würde das Gipfeltreffen von Addis Abeba, ganz gleich was dort geschehen würde, auf jeden Fall die Grenzen des Möglichen aufzeigen. Es war bei weitem das größte und repräsentativste Treffen afrikanischer Staatschefs in der Geschichte. Tatsächlich fehlten nur zwei Teilnehmer, deren Abwesenheit erwähnenswert ist; hierdurch wurde das Gipfeltreffen zwar weder verhindert noch sein repräsentativer Charakter geschmälert, doch jeder der

beiden leeren Sitze war auf seine Art symbolisch für die Schwierigkeiten, denen Afrika nach der Dekolonisierung gegenüberstand. Präsident Nicholas Grunitzky von Togo erhielt erst gar keine Einladung. Er war durch einen Militärputsch an die Macht gekommen, bei dem sein Vorgänger Sylvanus Olympio getötet worden war. Dies war der erste in einer langen Reihe von Staatsstreichen, denen ein Großteil der führenden Teilnehmer in Addis Abeba in der Folgezeit zum Opfer fallen sollten. Später, als man sich schon längst an Staatsstreiche gewöhnt hatte, konnten erfolgreiche Putschisten fast schon automatisch mit ihrer diplomatischen Anerkennung rechnen. Doch 1963 war ein Militärputsch noch ein schockierendes Ereignis, das in den Binsenweisheiten über die angeblich wahre Bedeutung der Unabhängigkeit noch keinen festen Platz gefunden hatte. Staatsmänner wie Sir Abubakar Tafawa Balewa aus Nigeria und Felix Houphouet-Boigny von der Elfenbeinküste hegten schwere Vorbehalte gegen die Anerkennung des neuen Regimes noch verhängnisvoller, vom Standpunkt afrikanischer Einheit her gesehen, war allerdings die Vermutung, Nkrumah habe den Putsch angezettelt, weil Togo politische Flüchtlinge aus Ghana beherbergte. In ihren Berichten über die Vorbereitungen in Addis Abeba stürzten sich viele westliche Zeitungen auf diesen finsteren Aspekt. In seiner Ausgabe vom 20. Mai 1963, nur drei Tage vor der Eröffnung der Konferenz, schrieb das amerikanische Nachrichtenmagazin „NEWSWEEK" z. B. unter der Schlagzeile „Ghana Umstürzler AG" einen Artikel, der seine Leser mit allen Mitteln gegen Nkrumah aufzuhetzen suchte:

„Seit Jahresbeginn haben Nigeria und Niger das Büro für Afrikanische Angelegenheiten (BAA) in Ghana mit der Planung von Verschwörungen in Verbindung gebracht, und Liberias Präsident William V. Tubman hat Ghana unmißverständlich für einen kürzlich auf ihn verübten Mordanschlag verantwortlich gemacht. Die Polizei der Elfenbeinküste behauptet, ein Mordkomplott gegen Präsident Houphouet-Boigny sei von Accra aus finanziert worden, und weite Kreise Afrikas sind der Ansicht, die Mörder von Togos Präsident Sylvanus Olympio seien von Kwame Nkrumah bezahlt worden. In einer Äußerung, die man nur als die Untertreibung des Jahres bezeichnen kann, hat Sierra Leones Premierminister Sir Milton Margai die „wenig nachbarlichen Einfälle" des BAA bedauert, und der nigerianische Außenminister Jaja Wachuk sprach geheimnisvoll von einem „Netz der Subversion". Und wenn 32 afrikanische Staats- und Regierungsoberhäupter in wenigen Tagen in Addis Abeba zusammenkommen werden, wird hinter den Kulissen viel von Mordanschlägen die Rede sein. Viele sind erzürnt, aber sie sind es leid, Nkrumah — den selbsternannten Begründer des modernen Afrika — zu kritisieren. „Wenn ich einmal anfinge über diese Dinge auszupacken," sagte Houphouet-Boigny, „würde ich kein Ende mehr finden."

Es ist unmöglich festzustellen, ob an diesen Gerüchten etwas Wahres ist; sie erwiesen sich jedoch als äußerst nützliche Waffe gegen den Mann, der im Hinblick auf die Einheit Afrikas einen besonders unbeugsamen Standpunkt vertrat — einen Standpunkt, den man ihm leicht als persönlichen Ehrgeiz auslegen konnte.

Auch das Fehlen von Königin Hassan II von Marokko ist erwähnenswert. Hassan II hätte nach der alphabetischen Reihenfolge neben dem Präsidenten von Mauretanien sitzen müssen, auf dessen Gebiet Marokko teilweise Anspruch erhob — und dieser Gedanke war ihm unangenehm. Dies ist ein weiteres Beispiel für einen schwer zu lösenden Streitpunkt, der mit der Grenzziehung durch die Kolonialmächte einherging und dessen Auswirkungen den Folgestaaten auch heute noch Sorgen bereitet.

Abgesehen von derlei Schwierigkeiten war das Zusammentreffen von 23 Präsidenten, 3 Premierministern, einem König und einem Kaiser — Libyen, der Sudan und Ruanda wurden durch weniger hochgestellte Persönlichkeiten vertreten — durchaus eindrucksvoll. In seiner Eröffnungsansprache am 23. Mai betonte Kaiser Haile Selassie nochmals die Notwendigkeit, eine für alle akzeptable Lösung zu finden:

„Wir fordern eine einzige afrikanische Organisation, die es Afrika ermöglicht, mit einer Stimme zu sprechen, und mit deren Hilfe Afrikas Schwierigkeiten durchdacht und gelöst werden können. Wir brauchen eine Organisation, die Streitigkeiten zwischen Afrikanern schlichtet, die Suche nach Entwicklung und Anwendung eines gemeinsamen Verteidigungskonzeptes fördert, und sich für Zusammenarbeit auf wirtschaftlichem und sozialem Gebiet einsetzt.
. . . Wir wollen auf dieser Konferenz eine einheitliche Organisation gründen, der wir alle angehören; auf der Grundlage von Prinzipien, denen wir alle zustimmen können; im Vertrauen darauf, daß unsere Stimmen in all ihren Gremien angemessenes Gehör finden; sicher in dem Bewußtsein, daß deren Entscheidungen ausschließlich von Afrikanern getroffen werden, und daß in diese Entscheidungen alle Überlegungen einbezogen werden, die für Afrikaner lebenswichtig sind . . .
. . . Wir dürfen diese Konferenz nicht beenden, ohne eine einheitliche afrikanische Charta verabschiedet zu haben. Wir dürfen diesen Ort nicht verlassen, ohne eine einheitliche afrikanische Organisation gegründet zu haben . . .
Wenn wir hier versagen, sind wir vor der Verantwortung für Afrika und die Völker, die wir führen, ausgewichen. Nur wenn unser Vorhaben gelingt, ist unsere Zusammenkunft an diesem Ort gerechtfertigt."

Während der Eröffnungsrede des Kaisers machte Nkrumah sich eifrig Notizen. Als er selbst an der Reihe war, verwarf er den Vorschlag verschiedener Staatschefs, zunächst Schritt für Schritt vorzugehen. Der entscheidende Punkt in seinem Entwurf war, daß man sich 'hier und jetzt' auf die Gründung einer Vereinigten Afrikanischen Regierung einigen sollte. Wenn dieses Prinzip auf höchster Ebene einmal durchgesetzt sei, könne ein ständiger Stab von Mitarbeitern — zwei aus jedem unabhängigen Land — die Einzelheiten des Regierungsapparates ausarbeiten. Es sollten fünf Komitees eingesetzt werden: eines zur Aufstellung einer Verfassung; ein zweites, um ein einheitliches Programm für Wirtschaft und Industrie zu entwerfen, wozu ein gemeinsamer afrikanischer Markt, eine Einheitswährung, Zentralbank, Währungszone und ein Verkehrssystem für den gesamten Kontinent gehören sollten; ein drittes, um eine gemeinsame Außenpolitik zu erarbeiten; ein viertes, um ein einheitliches Verteidigungssystem zu entwerfen; und ein fünftes, das sich mit einer allgemeinen afrikanischen Staatsangehörigkeit befassen sollte.

Am Schluß seines Vortrages wurde er etwas pathetisch:

„Laßt uns nicht mit leeren Händen und hochfliegenden Resolutionen zu unseren afrikanischen Völkern zurückkehren, sondern mit der festen Hoffnung und Gewißheit, daß die afrikanische Einheit schließlich doch noch wahr geworden ist. Laßt uns also den Triumphmarsch hin zum Königreich afrikanischer Identität beschreiten, hin zu einem Kontinent des Wohlstands und des Fortschrittes ..."

Mit diesen Vorstellungen mußte der ghanaische Präsident einfach eine Enttäuschung erleben. Außer ihm war nur Milton Obote aus Uganda der Ansicht, daß die Nationalstaaten zugunsten eines panafrikanischen Parlamentes und einer einheitlichen Regierung ein Stück ihrer Souveränität aufgeben sollten. Ansonsten fand sein Plan bei keinem der Staatschefs auch nur die geringste Unterstützung. Selbst seine Mitstreiter aus der angeblichen Casablanca-Gruppe rieten zur Vorsicht: Ägyptens Präsident Nasser, der ja auch die arabischen Staaten unter einen Hut zu bringen hatte, gab zu bedenken, die Einheit Afrikas könne nicht über Nacht erreicht werden. Als gewichtigster Fürsprecher einer Konsenspolitik tat sich der nigerianische Premierminister Sir Abubakar Tafawa Balewa hervor. Er war einer der letzten Sprecher auf der 2½-tägigen Debatte, und in seiner Rede schloß er die Möglichkeit, irgendeiner panafrikanischen Institution wesentliche Machtbefugnisse zu übertragen, vollkommen aus. „Nigeria steht auf dem Standpunkt," sagte er, „daß wir uns erst einmal auf bestimmte grundlegende Dinge einigen müssen, bevor wir die Einheit Afrikas herstellen können. Zunächst müssen sich afrikanische Staaten gegenseitig respektieren. Alle Staaten müssen sich untereinander die gleichen Rechte zugestehen. Egal ob groß oder klein sind sie alle souverän, und ihre Souveränität muß unangetastet bleiben."

Er untermauerte diese Grundsatzerklärung mit einem Angriff auf „einige afrikanische Länder", die jenseits ihrer Grenzen subversive Handlungen vornähmen. Zum Thema „Gemeinsamer afrikanischer Markt" sagte er, dies sei eine „sehr gute Idee" — aber außerordentlich schwer zu realisieren. Seiner Ansicht nach sei wirtschaftliche Zusammenarbeit am besten auf der Grundlage von regionalen Zusammenschlüssen zu verwirklichen. Nkrumah hatte hervorgehoben, die soziale und wirtschaftliche Entwicklung Afrikas könne nur stattfinden, wenn „ein

politisches Königreich gegründet würde" — und nicht anders herum. Sir Abubakar war gegenteiliger Ansicht: die Afrikaner müßten „sich untereinander verstehen lernen", indem sie auf den Gebieten Wirtschaft, Bildung, Wissenschaft und Kultur zusammenarbeiteten, und sich dann erst mit „dem komplexen und schwierigeren politischen Zusammenschluß befaßten".

Aus jedem Satz des nigerianischen Führers ging hervor, daß er die kolonialen Grenzen für unantastbar hielt. Diese Annahme wurde bestätigt, als der Präsident von Somalia für das Volk der Somali in anderen Ländern, einschließlich Äthiopien, das Recht auf völlige Selbstbestimmung forderte. Die Antwort des äthiopischen Premierministers machte deutlich, wie gefährlich es sein würde, diese Thematik anzuschneiden: „Sollten wir die afrikanische Landkarte auf der Grundlage von Religion, Rasse und Sprache neu zeichnen wollen, würden vermutlich einige Staaten dabei auf der Strecke bleiben." Präsident Modibo Keita aus Mali beeilte sich, den Schaden wieder auszubügeln. „Die Kolonialherrschaft hat Afrika entzweit," räumte er ein, „doch konnten andererseits auch Staaten hierdurch neu entstehen. Wir müssen die vorhandenen Grenzen respektieren, und die Souveränität jedes Staates muß durch einen multilateralen Nichtangriffspakt gewährleistet werden." Der überwiegende Teil der Anwesenden hatte selbst Schwierigkeiten mit Minderheiten und konnte es sich nicht leisten, die Möglichkeit irgendeiner Form von Gebietsabtrennungen zu unterstützen.

Als die Konferenz sich schließlich zu Beratungen hinter verschlossenen Türen zurückzog, um Einzelheiten einer Charta für die neue Organisation Afrikanischer Einheit zu besprechen, dienten die ersten fünf der sieben Hauptrichtlinien dann auch vorwiegend dem Zweck, den Status quo aufrecht zu erhalten.

Hierzu gehörten: die souveräne Gleichheit aller Mitgliedsstaaten; Nichteinmischung in ihre inneren Angelegenheiten; Achtung vor der Souveränität und territorialen Integrität jedes Staates; friedliche Beilegung von Streitigkeiten durch Verhandlungen, Vermittlung, Aussöhnung und Schlichtung; und die uneingeschränkte Verurteilung von politischer Gewalt und Subversion.

Man hielt die Unverletzlichkeit der bestehenden Grenzen für so wichtig, daß die afrikanischen Staatschefs auf dem ersten Jahresgipfel der OAU 1964 in Kairo diesen Grundsatz in der folgenden Resolution über „Grenzstreitigkeiten zwischen Afrikanischen Staaten" nochmals festschrieben:

ihr Blickwinkel. Sie waren jetzt keine Revolutionäre mehr, die sich alles erlauben konnten; stattdessen trugen sie die Verantwortung für instabile und in vieler Hinsicht unterentwickelte Nationalstaaten. Naturgemäß kümmerten sie sich als erstes um ihre inneren Angelegenheiten und versuchten, diese haltlosen Strukturen zu festigen; in fast allen Fällen bedeutete dies, daß sie zunächst ihre eigene Machtposition zu sichern suchten.

Der größte Teil ihrer schier unlösbaren Probleme im eigenen Land ergab sich ironischerweise aus den willkürlich gezogenen Kolonialgrenzen; derselbe historische Prozeß aber, der diese Schwierigkeiten verursacht hatte, verhinderte jetzt deren Lösung. Indem die Europäer ihre Konkurrenzkämpfe untereinander nach Afrika verlegten, brachten sie ihre afrikanischen Nachfolger in eine aussichtslose Zwangslage. Die fast makabren Konsequenzen dieser Tatsache lassen sich am Schicksal von Sir Abubakar verdeutlichen. Als erster Premierminister Nigerias, mußte er eine riesige Föderation zusammenhalten, die die Briten aus völlig ungeeigneten Einzelteilen zusammengestückelt hatten. Doch allein weil er existierte, war die Möglichkeit ihn aufzulösen für Abubakar schlicht undenkbar: sollte er eine Auflösung auch nur entfernt in Erwägung ziehen, würden die Kräfte, die ihn an die Macht gebracht hatten, ihn ebenso rasch wieder vernichten. Aus diesem Grund reiste er nach Addis Abeba und sprach sich dort mit aller Entschiedenheit gegen eine Erneuerung der Grenzen aus. Keine drei Jahre später lag er tot in der Gosse, Opfer von so tiefsitzenden Konflikten zwischen den Volksgruppen, daß sein Land um ein Haar daran zerbrochen wäre.

Die Staatschefs, die in Addis Abeba die Charta der OAU unterzeichneten, übernahmen damit das Vermächtnis Berlins und des daraus entstandenen Wettlaufs um Afrika. Sie gingen hauptsächlich mit der Absicht dorthin, diese Hinterlassenschaft genauer zu betrachten und zu entscheiden, wie sie sie verwalten wollten. Theoretisch hatten sie die Möglichkeit Nkrumahs Vorschlag zu befolgen, die europäischen Grenzlinien von ihrer Landkarte zu löschen und sie durch neue von Afrika selbst festgelegte zu ersetzen. Noch während ihres Kampfes um die Unabhängigkeit hatten viele dieser Staatsmänner voller Bitterkeit über die Kolonialgrenzen gesprochen. Sie hatten leichthin angenommen, mit dem Rückzug der europäischen Herrscher würden sich auch alle aus der Kolonialzeit herrührenden Spaltungen in Luft auflösen. Als der unmittelbare politische Kampf gewonnen war, änderte sich auch

Biafraner demonstrieren in London gegen britische Waffenlieferungen an Nigeria

Wie nicht anders zu erwarten, bezeichneten die Präsidenten und Premierminister die Gründung der OAU bei ihrer Abreise aus Addis Abeba als einen Markstein in der Geschichte. Sogar Nkrumah nahm seine Niederlage mit philosophischer Gelassenheit hin und bemerkte nur, die im Laufe dieser „Konferenz von immenser historischer Bedeutung" getroffenen Entscheidungen hätten die Einheit Afrikas wirklich werden lassen. Genaugenommen hätte man sagen müssen, daß sie das getreue Spiegelbild der politischen Verhältnisse Afrikas in dem Augenblick waren, da es die Fesseln seiner Kolonialzeit abschüttelte. An der Charta selbst waren die Dinge, die sie nicht enthielt, vielleicht bedeutsamer als ihr eigentlicher Wortlaut. Besonders bemerkenswert ist das Fehlen jeglicher Vorkehrungen zur Durchsetzung gemeinschaftlicher Entscheidungen. Die Vollversammlung der Staats- und Regierungsoberhäupter ist das oberste Organ. Sie kann ihre Tagesordnung selbst bestimmen und auf der Grundlage einer 2/3 Mehrheit Resolutionen verabschieden. Da die Mitglieder jedoch keinerlei Verpflichtungen unterliegen, sich an diese Resolutionen zu halten, kann man sie kaum als Entscheidungen bezeichnen: Sie tragen eher den Charakter von Empfehlungen und sind allenfalls moralisch verpflichtend. Kurz vor der Konferenz in Addis Abeba umschrieb der senegalesische Präsident Senghor diesen Sachverhalt in gewohnt scharfsinniger Weise mit den Worten: „Diese Resolutionen hätten nicht einmal dann große Bedeutung, wenn man sie wörtlich nähme. Ihr einziger Wert liegt darin, den Willen und die Existenz eines vereinten Afrika zu demonstrieren."

Dank der Erfahrungen der letzten 20 Jahre ist heute klar, daß Nkrumahs Vorstellungen stets unrealistisch waren. Die OAU wurde gegen seinen Willen zu einer Organisation, die äußerst flexibel ist und

OAU-Treffen in Freetown, Sierra Leone: Afrikanisches Palaver mit europäischen Moralappellen

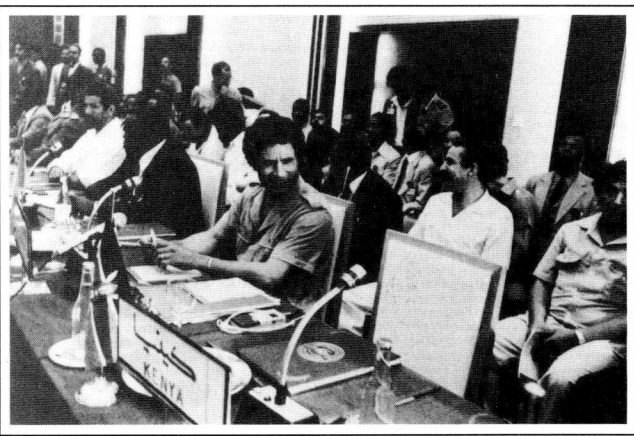

Libyens Staatschef Gaddafi: Wegen seiner Rolle im Tschad blieb schon mancher Stuhl bei OAU-Sitzungen leer

nicht die geringste Verbindlichkeit besitzt. Ihre grundlegenden Prinzipien heißen Konsens und Nichteinmischung. Und dennoch ist sie bei einigen Gelegenheiten auf eine harte Zerreißprobe gestellt worden. Themen wie die Zulassung der Demokratischen Arabischen Republik Sahara (Polisario) gegen den erbitterten Widerstand Marokkos, oder der Machtkampf im Tschad, führten zu so starken Differenzen, daß keine beschlußfähige Mitgliederversammlung zustande kam und ein Gipfeltreffen daran scheiterte. Hieraus läßt sich entnehmen, daß die OAU vielleicht noch eher und endgültiger gescheitert wäre, hätten ihre Gründer sie durch Einsetzen eines Gemeinsamen Afrikanischen Oberkommandos so zu stärken versucht, wie Nkrumah es im Sinn hatte. Hierzu mögen einige Afrikaner, die von der Wirkungslosigkeit der OAU und ihrer mangelnden Glaubwürdigkeit über das erträgliche Maß hinaus frustriert und beschämt sind, vielleicht sagen, daß dies kein großer Verlust gewesen wäre. Tatsache aber bleibt, daß die Schwäche der Organisation nicht Ursache, sondern Beweis für Afrikas Schwierigkeiten ist.

Auf dem Hintergrund der Berliner Konferenz und der Aufteilung Afrikas durch die Europäer läßt sich leicht einsehen, warum die OAU so und nicht anders strukturiert ist. Wie bereits erwähnt, dienten fünf der sieben Hauptrichtlinien allein der Beibehaltung des Status quo. Ein weiterer Grundsatz, das Bekenntnis zu einer Politik der Blockfreiheit läßt praktisch jede gewünschte Interpretation zu. Nur der sechste Grundsatz — die uneingeschränkte Unterstützung aller noch abhängigen Gebiete — bietet Aussichten auf positive Veränderungen. Dies ist ein weiterer Beweis dafür, daß die politische Beherrschung durch das Ausland das einzige Thema ist, das echte Solidarität herzustellen vermag.

In den Richtlinien der OAU Charta findet man kein Wort zur Entwicklung; es fehlen Aussagen zum wirtschaftlichen und sozialen Bereich, sowie zu den verfassungsmäßigen Bürgerrechten und Menschenrechten. Daher ist es nicht verwunderlich, daß man der OAU vorgeworfen hat, eher eine Organisation von Staaten als der Völker zu sein, eine Gesellschaft zum gegenseitigen Schutz afrikanischer Herrscher, die die Macht größtenteils gewaltsam an sich gerissen haben. Anders ausgedrückt heißt dies, daß die Macht innerhalb der Nationalstaaten in den Händen der herrschenden Oberschicht liegt.

Anders wäre es auch kaum möglich gewesen. Man konnte nie davon ausgehen, daß eine pan-afrikanische Organisation korrupte und tyrannische Herrscher in ihre Schranken weisen würde, da solch eine Organisation nur auf der Grundlage des Konsens existieren kann, der solche Herrscher notwendigerweise einschließt. Als General Idi Amin die Regierung Präsident Obotes in Uganda stürzte, hatte man den besten Beweis für diese Tatsache. Dieser Staatsstreich versetzte Afrika einen größeren Schock als jeder vergleichbare Vorfall, abgesehen vielleicht von den Ereignissen, die Nkrumah zu Fall brachten. Das Verhalten Amins in der Zeit danach war für viele Anlaß zu Scham und Abscheu. Doch wie alle anderen militärischen Staatsoberhäupter profitierte auch er von dem Grundsatz „wie es ist, so ist es rechtens". Er war und blieb nicht nur ein wohlangesehenes Mitglied der OAU, sondern wurde 1975 sogar zu deren Präsident gewählt, und der 12. Gipfel der OAU fand in Kampala statt, wobei Tansania, Sambia, Botswana und Mozambique als einzige Staaten unter Protest fernblieben. In einem Kommentar dazu verwies die Regierung von Tansania auf die schrecklichen Konsequenzen des strikten Festhaltens an einer Politik der Nichteinmischung:

„Schlimm genug, daß nicht dagegen protestiert wird, wenn ein afrikanischer Staat Verbrechen am eigenen Volk begeht. Aber bisher hat Afrika den schlimmsten Auswüchsen solcher Verbrechen wenigstens noch seine Unterstützung verweigert. Durch das jetzige Treffen in Kampala verleihen die Staatsoberhäupter der OAU einer der mörderischsten Regierungen in Afrika den Anschein der Respektabilität. Denn man wird dieses Treffen so interpretieren, als sei die OAU mit dem, was geschah und was Idi Amin und seine Handlanger jetzt noch dem ugandischen Volk antun, einverstanden. Die Vereinbarung über die Nichteinmischung in innere Angelegenheiten eines anderen Staates ist eine Voraussetzung für die Existenz der OAU. Die Mitglieder der

UNO haben sich auf eine vergleichbare Bedingung geeinigt. Warum aber sollten Staaten die Apartheid verurteilen dürfen, während sie von unabhängigen afrikanischen Staaten begangene Massaker nicht verurteilen dürfen?"

Eine beunruhigende Frage — aber das Prinzip der Nichteinmischung blieb unangetastet. Als Nyerere es schließlich auf sich nahm, Amin mit Hilfe tansanischer Truppen abzusetzen, war es seinem Ruf in OAU-Kreisen eher abträglich.

Trotz aller Schwierigkeiten kann die OAU auch eine Reihe halbwegs nützlicher Errungenschaften vorweisen. Ihr Befreiungskomitee hat wichtige Verbindungen zwischen dem unabhängigen Afrika und den Befreiungsbewegungen im Süden des Kontinents geschaffen, wenn es ihm auch nicht gelang, die rivalisierenden Gruppen in Angola und Simbabwe einander näher zu bringen. Einige Konflikte zwischen Mitgliedstaaten konnte die Organisation tatsächlich lösen. (Dies gelang jedoch seltsamerweise immer durch gezielte Vermittlertätigkeit im Einzelfall und nie durch die Kommission für Vermittlung, Schlichtung und Aussöhnung, die in Addis Abeba eigens zu diesem Zweck eingesetzt worden war.) Ihr vielleicht größter Verdienst ist die Bereitstellung eines Forums, vor dem afrikanische Staatsoberhäupter miteinander reden können, gleich wie groß ihre Meinungsverschiedenheiten auch sein mögen. In diesem Sinne ist sie unentbehrlich.

Doch von welcher Seite man es auch betrachtet, sind ihre Fehlschläge von größerer Tragweite als ihre Erfolge. Sie hat es nicht geschafft, die Rivalität der Supermächte von afrikanischem Boden fernzuhalten. Sie konnte nichts zur Lösung der Kongokrise beitragen. Als die USA, die UdSSR, Frankreich und andere Länder ihren Kunden in Krisengebieten Unterstützung zukommen ließen — wie z. B. am Horn von Afrika, dem Tschad oder Angola —, mußte die OAU tatenlos zusehen. Ihr größter Fehlschlag ist jedoch, daß sie, abgesehen von der Vorlage einiger Erklärungen, buchstäblich nichts dazu getan hat, Afrikas ungeheure wirtschaftliche Schwierigkeiten in den Griff zu bekommen. Immer noch befinden sich die Nationalstaaten im Würgegriff ihrer jeweiligen wirtschaftlichen Misere, und sie sind viel zu schwach und uneinig, als daß sie mit den ehemaligen Kolonialmächten und den transnationalen Gesellschaften erfolgreich verhandeln könnten. In jedem dieser Punkte ist die OAU das getreue Spiegelbild des Afrika, das Europa geschaffen hat. Auch nach 20 Jahren sind die von Europa geschaffenen Strukturen so starr wie eh und je.

Sie werden

noch

immer

nicht gefragt

13

Markt von Lomé (Togo) um die Jahrhundertwende

Genau neunzig Jahre und zwei Tage lang blieb die Berliner Generalakte der einzige Versuch, die Beziehungen zwischen Europa und Afrika in kontinentalem Maßstab gesetzlich zu definieren. Am 28. Februar 1975 versuchten die Europäer es dann erneut, und dieses Mal nahmen auch Afrikaner daran teil. An diesem Tag wurde das erste Abkommen von Lomé unterzeichnet, das der damalige französische Präsident der EG-Kommission François-Xavier Ortoli mutig als „Wendepunkt in der Geschichte" bezeichnete. Unmittelbar zuvor hatte er ein umfangreiches Dokument unterzeichnet, das bis in die letzte Einzelheit beschrieb, wie die wirtschaftlichen Beziehungen zwischen den neun EG-Mitgliedsländern und den 46 AKP-Entwicklungsländern (aus Afrika, der Karibik und dem Pazifik) zukünftig beschaffen sein sollen. Fast alle dieser Länder waren Europas ehemalige Kolonien in Afrika.

Diejenigen Teilnehmer, die sich der Vergangenheit bewußt waren, konnten die Gespenster der Berliner Konferenz deutlich überall herumhuschen sehen; der Schauplatz der Unterzeichnungszeremonie bot schließlich auch allen Grund hierzu. Lomé ist die Hauptstadt von Togo, einem der westafrikanischen

Gebiete, die Bismark 1884 so rücksichtslos annektiert hatte. Nachdem es 30 Jahre lang unter deutscher Kolonialherrschaft geblieben war, wurde es 1919 durch ein Völkerbundsmandat in einen britischen und einen französischen Teil gespalten. Seit dieser Zeit gab es bis zum Ende der 50er Jahre ein „französisches" und ein „britisches" Togo. Im Jahre 1957 schlossen die Einwohner des britischen Teils sich freiwillig an das gerade unabhängig gewordene Ghana an, und der französische Teil wurde 1960 zur unabhängigen Republik Togo. General Ghansimgbe Eyadema, sein militärisches Staatsoberhaupt, war der Gastgeber der Unterzeichnungszeremonie; die von ihm veranstalteten Feierlichkeiten für die Berühmtheiten — Diplomaten, Regierungsbeamte und Journalisten, die zu dieser Gelegenheit nach Togo geflogen waren — stellten selbst Bismarcks Gastlichkeit noch in den Schatten.

Zu den europäischen Unterzeichnern des Abkommens von Lomé gehörten alle Großmächte der Berliner Konferenz (außer Portugal, dessen Reich in Afrika ein Jahr zuvor zusammengebrochen war, und das sich zu diesem Zeitpunkt noch um eine neue Rolle in Europa bemühte). Die beiden größten afrikanischen Teilnehmerländer waren Nigeria und Zaire, beide eigentlich infolge der Berliner Konferenz erst entstanden; die anderen waren aus dem Wettlauf um Afrika hervorgegangen, zuerst als britische, französische, belgische, deutsche oder italienische Kolonien, und später als unabhängige Mitglieder der Vereinten Nationen.

Alle Anwesenden waren sich jedoch in dem Punkt einig, daß man in die Zukunft und nicht in die Vergangenheit blicken sollte. Der Eindruck, der Vertrag eröffne neue Möglichkeiten, gründete sich auf eine eindrucksvolle Reihe von Behauptungen: daß es ein unter gleichberechtigten Partnern ausgehandelter Vertrag sei; daß die nicht-europäischen Staaten mit einer Stimme gesprochen hätten und die Spaltung der Kolonialzeit somit überwunden sei; daß die Bestimmungen des Abkommens ein einheitliches, umfassendes Programm für die Behandlung der Probleme bildete, die den Wirtschaftsaustausch zwischen reichen und armen Ländern am meisten belasteten. Zumindest auf Seiten der Europäer herrschte ungetrübte Freude. Nach den Worten des damaligen EG-Kommissars für Entwicklungsfragen Claude Cheysson, später Außenminister der sozialistischen Regierung unter François Mitterand und Hauptverantwortlicher für das Abkommen von Lomé hatte es

„... noch nie eine Diskussion zwischen industrialisierten und nicht-industrialisierten Ländern über so klar definierte und verschiedenartige Probleme gegeben: Finanzhilfe, Zugang zu den Märkten, die Möglichkeit, durch diesen Zugang einheimische Märkte aufzubauen, Stabilisierung der Einkünfte, Sonderbehandlung einer Reihe von Produkten, industrielle Zusammenarbeit und die Möglichkeit organisierter Zusammenarbeit durch Treffen mit Beamten, Parlamenten, Gewerkschaftern, Industriellen und anderen. ... eine in der Geschichte und in der Welt einzigartige Errungenschaft."

Cheysson war ein unverbesserlicher Optimist: er war ein Mann von beneidenswerter Redegewandtheit und mit großem Verständnis für technische Einzelheiten, und er verfügte über die Begabung, führende Persönlichkeiten der 3. Welt davon zu überzeugen, daß er — obwohl er der Hauptsprecher der Reichen war — in Wirklichkeit auf ihrer Seite stehe. Die afrikanischen Kommentare waren vorsichtiger, aber immer noch deutlich positiv. Babacar Ba vom Senegal, Leiter des Verhandlungsteams der AKP-Staaten, drückte es so aus: „Meiner Ansicht nach ist die geplante Zusammenarbeit mit Europa in gewissem Sinne revolutionär, da in ihrem Rahmen alle Beziehungen zwischen uns und dem entwickelten europäischen Kontinent eine neue Qualität erhal-

Verhandlungen zu Lomé I in Brüssel 1973. Rechts der nigerianische Botschafter Olu Sanu: Zweifel bei den Nigerianern

ten." In dem Meer begeisterter Stimmen fanden die Warnungen der wenigen isolierten Kritiker, der Vertrag werde lediglich Abhängigkeit und Ungleichheit zementieren, kaum Gehör.

Fünf Jahre später war die Euphorie verflogen. Der erste Vertrag von Lomé war abgelaufen, und es war an der Zeit, seine Ergebnisse zu untersuchen und zu entscheiden, ob er erneuert, aufpoliert oder fallengelassen werden sollte. Die Erfahrungen aus den fünf Jahren unter dem gepriesenen Vertrag hatten den AKP-Staaten alle Illusionen genommen. Sie wollten die Bestimmungen grundlegend verbessern. Ihre Wünsche trafen jedoch auf ein Europa, das selbst unter besorgniserregender Inflation und Arbeitslosigkeit litt und keinerlei Lust verspürte, sich großzügig zu zeigen. Es begannen monatelange und zähe Verhandlungen, und die Atmosphäre wurde immer unfreundlicher. Die europäischen Verhandlungspartner setzten den 30. Juni 1979 als absoluten Schlußpunkt der Gespräche fest: dann würde Frankreichs Präsidentschaft im EG-Rat zu Ende gehen, und die Franzosen, die sich als die Väter des Abkommens betrachteten, wollten unbedingt eine neue Vereinbarung treffen, bevor sie gemäß der alphabetischen Reihenfolge von den Iren abgelöst werden würden. Nach einer Sitzung im Charlemagne-Gebäude in Brüssel, die die ganze Nacht gedauert hatte, traten die erschöpften Minister und Diplomaten am Morgen des 27. Juni an die Öffentlichkeit. Der französische Sprecher teilte der Presse mit, daß die Verhandlungen vorüber seien und beide Seiten sich auf einen neuen Vertrag geeinigt hätten, der einen beachtlichen Fortschritt gegenüber seinem Vorläufer darstelle. Der AKP-Sprecher drückte sich jedoch völlig anders aus: die AKP-Staaten seien über die Haltung der Europäer zutiefst enttäuscht, und es solle ja niemand davon ausgehen, daß die AKP-Staaten auch unterschreiben würden.

Schließlich wurde der Streit mehr schlecht als recht beigelegt. Im Oktober 1979 wurde die ganze Verhandlungsmaschinerie umständlich nach Lomé verfrachtet, und nach großem Hin und Her wurde am 31. Oktober endlich der neue Vertrag unterschrieben. Dieses Mal gab es keine einstimmig positive Beurteilung. Claude Cheysson schien wie immer am wenigsten von Zweifeln geplagt zu werden. Der Präsident des AKP-Ministerrats sprach dagegen von „tiefer Enttäuschung" über die vielen Fälle, in denen die EG den Forderungen der AKP nicht entsprochen habe. Edwin Carrington, stellvertretender Generalsekretär der AKP-Gruppe merkte an, daß „aufrichtige Beziehungen" zwischen entwickelten und Entwicklungsländern wichtiger seien als das zur Verfügung gestellte Geld. Weiter sagte er, die Verhandlungen hätten einen bitteren Nachgeschmack hinterlassen, weil man nicht „das Gefühl gehabt habe, sie hätten zwischen gleichberechtigten Partnern stattgefunden". Dieser Kommentar war durchaus berechtigt: als es zum Zusammenstoß kam, machte die EG deutlich, daß ihrer Bereitschaft, den Forderungen der AKP-Länder nachzukommen, feste Grenzen gesetzt seien; die AKP-Staaten mußten sich dagegen aufgrund ihrer schwachen Verhandlungsposition auf ein Abkommen einlassen, das sie als durch und durch unangemessen betrachteten. Diese Erfahrung untermauerte die Argumente derer, die von Anfang an behauptet hatten, Lomé sei ein „erneuter Versuch, die Abhängigkeit festzuschreiben".

Die wiederholten Mißerfolge bei Versuchen von Ländern der 3. Welt, die Spielregeln der internationalen Wirtschaftsbeziehungen zu ändern, bildeten den Hintergrund des 2. Abkommens von Lomé. Von einem Forum nach dem anderen — im Rahmen des sogenannten Nord-Süd-Dialogs über eine neue Weltwirtschaftsordnung, der UNCTAD-Gespräche über Handel und Entwicklung, der Verhandlungen über eine langfristige Verbesserung der Position der rohstoffexportierenden Länder und vieler anderer — wurden die armen Staaten im Vergleich mit den endlosen Phrasen und großen Worten der Dokumente am Ende mit wenig oder nichts abgespeist.

Die Bedeutung der in Lomé begründeten Beziehungen geht über die der normalen diplomatischen Beziehungen zwischen arm und reich aber weit hinaus. Wenn die Berliner Konferenz ein Triumph für eine bestimmte Art des gegen Ende des 19. Jahrhunderts aufgekommenen wettbewerborientierten Wirtschaftsimperialismus darstellte, reflektierte Lomé

eine neue Realität: den wachsenden Multinationalismus des europäischen Kapitals. Die Kräfte, die die europäischen Länder dazu brachten, die Römischen Verträge zu unterzeichnen und die EWG ins Leben zu rufen, veranlaßten sie ebenso zur Formulierung einer gemeinsamen Politik gegenüber ihren afrikanischen Besitzungen.

Die Wurzeln von Lomé gehen bis in die 50er Jahre und auf die ersten Bemühungen um europäische Integration zurück. Während die Briten sich aus solchen Bestrebungen heraushielten, war die Haltung der Franzosen zu ihrem afrikanischen Reich richtungsweisend für den weiteren Verlauf der Ereignisse. Vor 1959 hatte Frankreich keineswegs beabsichtigt, seinen Kolonien in „Afrique noire" volle Unabhängigkeit zuzugestehen. In seiner imperialistischen Theorie hatte Frankreich immer dazu gestanden, zwischen den Franzosen und ihren afrikanischen Brüdern keinen prinzipiellen politischen Unterschied zu machen. Diese Theorie ging davon aus, daß die Bevölkerung des französischen Afrika irgendwann in ferner Zukunft so weit assimiliert sein würde, daß sie als vollwertige Staatsbürger Frankreichs gelten können. Solche Assimilationsgedanken sind oft auf Ludwig XIV. zurückgeführt worden, der einmal zu einem Häuptling der Elfenbeinküste, der ein Jahr in Versailles zugebracht hatte, sagte:

„Nun gibt es keinen Unterschied mehr zwischen uns als den, daß du schwarz bist und ich weiß."

Im Jahre 1794 gab der Revolutionsrat die Parole aus, daß

„alle Bewohner der Kolonien, ungeachtet ihrer Hautfarbe, französische Staatsbürger sind und alle verfassungsmäßig garantierten Rechte innehaben".

Der Alltag in den Kolonien wurde diesem Ideal jedoch bei weitem nicht gerecht; nach 1848 konnten aber die Senegalesen einen Abgeordneten in die fanzösische Nationalversammlung wählen.

General de Gaulle, seine Nachfolger in der 4. Republik, und nach seiner Rückkehr an die Macht im Jahre 1958 wieder de Gaulle bemühten sich ständig darum, eine französische Union oder eine Gemeinschaft zu konstruieren, die den Kolonialismus formell beenden, das Reich aber unberührt lassen würde. Daraus ergab sich, daß alle Versuche, in Europa eine neue politische oder wirtschaftliche Gemeinschaft zu gründen, den besonderen verfassungsmäßig festgelegten Verbindungen zwischen dem kontinentalen und dem überseeischen Frankreich gerecht werden müßten. Der gaullistische Politiker Michel Debré sagte hierzu: „Frankreich ist nicht nur ein europäisches Gebiet, nicht nur eine europäische Nation; es ist auch eine afrikanische

Nation, eine islamische Macht, und seine Staatsbürger gehören vielen verschiedenen Religionen und vielen verschiedenen Rassen an."

Diejenigen, die Debrés Ansichten nicht teilten, hielten den Gedanken, Afrika in eine europäische Gemeinschaft einzubeziehen, für vollkommen lächerlich und wollten Frankreich aus einer solchen Vereinigung heraushalten. Andere kamen zum entgegengesetzten Ergebnis. Schon 1952 befürwortete Léopold Senghor aus dem Senegal die Bildung einer Euro-afrikanischen Union und einer Euro-afrikanischen Wirtschaftsgemeinschaft. Nach verschiedenen Fehlstarts kam die Bewegung für eine europäische Integration nach 1955 richtig in Schwung. Frankreich bestand darauf, daß seine überseeischen Besitzungen und Kolonien in der vorgeschlagenen Europäischen Wirtschaftsgemeinschaft den Sonderstatus assoziierter Länder erhalten müßten. Deutschland und Holland waren wenig begeistert, da sie sich davon keine persönlichen Vorteile versprachen und nichts mit Kolonialangelegenheiten zu tun haben wollten. Als die Frage der Assoziierung aber das einzige noch ungelöste Problem zwischen den Sechs war, gaben sie lieber nach, als den Zusammenbruch des gesamten europäischen Projektes zu riskieren, das ohne die Franzosen undenkbar war.

Als der Gründungsvertrag der EWG im März 1957 unterzeichnet wurde, erschien darin auch der Hinweis auf „die Solidarität zwischen Europa und den Ländern in Übersee" sowie sechs Artikel, die die grundlegenden Richtlinien der Assoziierung festlegten. Im Anhang des Vertrages befand sich ein Durchführungsabkommen, das fünf Jahre laufen sollte und in dem die Einzelheiten der anzuwendenden Hilfs- und Handelsrichtlinien beschrieben wurden.

Kurz zusammengefaßt verpflichteten die Sechs sich dazu, die assoziierten Länder in Handelsbeziehungen genauso wie ihre europäischen Partner zu behandeln, das für die Entwicklung notwendige Kapital mitzufinanzieren, und Hindernisse bei der Gründung von Firmen aus dem Weg zu räumen, die Mitglieder oder assoziierte Länder in einem der anderen Staaten vornehmen wollten. Im Grunde wurde hierdurch Frankreichs Verbindung zu Afrika einfach auf die anderen Länder übertragen. Zum Dank dafür würden die assoziierten Länder allen sechs EG-Mitgliedern gleichfalls bevorzugte Behandlung zuteil werden lassen. Interessant war dabei, daß die von den Bestimmungen der Berliner Generalakte erfaßten Länder (das damalige Belgisch-Kongo, Ruanda-Urundi und Französisch-Äquatorialafrika) von dieser Verpflichtung ausgeschlossen blieben, da sie bereits durch internationales Recht daran gebunden waren, auf die Erhebung jeglicher Sonderabgaben zu verzichten.

Eine der wichtigsten Bestimmungen des Durchführungsabkommens war die Einrichtung eines Europäischen Entwicklungsfonds (EEF); und zu den neun wichtigsten Eurokraten — den EG-Kommissaren — gehörte auch einer, der für die assoziierten Länder in Übersee verantwortlich war. Er wurde von einem gewaltigen organisatorischen Apparat mit dem Titel Generaldirektorat IIIV (DG 8) unterstützt. In dem Kuhhandel um Mitgliedschaft in den Kommissionen verschaffte Frankreich sich von Anfang an die Kontrolle über diesen Bereich und hat ihn bis heute nie aufgegeben.

Dies war ein beachtlicher diplomatischer Sieg für Frankreich. Es hatte nicht nur seine zunächst abgeneigten Partner in seine imperialistische Rolle hineingezogen, sondern sie sogar dazu überredet, große Beitragszahlungen in den EEF zu leisten, die größtenteils in die französischen Gebiete fließen würden. Deutschland, das keine kolonialen Verpflichtungen hatte, bezahlte denselben Betrag wie Frankreich (33 % der Gesamtsumme). Da Frankreich die Regierungen seiner Gebiete kontrollierte, die diese finanzielle Hilfe erhielten, hatte es reichlich Gelegenheit, französischen Firmen die größten Vorteile der hieraus resultierenden Verträge zuzuschustern.

Die meisten Strukturmerkmale des gegenwärtigen Abkommens von Lomé — bevorzugter Zugang zu Märkten, der EEF, der Brüsseler Verwaltungsapparat — entstanden also bereits 1957, als die assoziierten Länder noch unter Kolonialherrschaft standen. Es gibt demnach zwischen den ursprünglichen Assoziierungsbestimmungen der Römischen Verträge und den Bestimmungen unter Lomé I und Lomé II mehr als bloße Familienähnlichkeit. Um zu begreifen, wie die Maschinerie von Lomé funktioniert, muß man sich erstens noch einmal die von Anfang an dominierende Rolle der Franzosen vor Augen halten und zweitens bedenken, daß Europa die Grundlagen dieser Beziehungen maßgerecht auf eine kolonialistische Situation zuschnitt.

Der Hauptunterschied zwischen damals und heute liegt darin, daß man jetzt — im Gegensatz zu 1957, als die Afrikaner offiziell nicht an den Verhandlungen teilnahmen — großen Wert auf partnerschaftliche Zusammenarbeit legt und viele AKP-Diplomaten rund um die Uhr mit Lomé-Angelegenheiten beschäftigt sind. Mit dem Beitritt Großbritanniens zur EG hat auch die Zahl der Mitgliedsländer stark zugenommen: im Jahre 1983 gehörten 63 AKP-Staaten dem Abkommen von Lomé an, deren Einwohner zusammen mehr als 350 Millionen zählen.

Leuchtende Vorbilder

Erste Schritte zu einer — wenn auch nur äußerlichen — größeren Gleichberechtigung wurden zwischen 1961 und 1963 unternommen, als die erste Assoziierungsperiode von fünf Jahren auslaufen sollte. Damals waren die meisten assoziierten Länder keine französischen Kolonien mehr, sondern unabhängige Staaten.

Die Verhandlungen bereitete jedoch allen, die sich von der Unabhängigkeit eine qualitative Veränderung der Beziehungen versprochen hatten, eine herbe Enttäuschung. Die Vorschläge der assoziierten Länder wurden vollkommen ignoriert. Man setzte ihnen die fertigen Entschlüsse der EG vor die Nase und sagte, wörtlich, sie hätten keine andere Wahl als die Vorschläge der Europäer anzunehmen, da sie das Äußerste seien, worauf die Sechs sich einigen könnten.

Das Produkt dieser einseitigen Partnerschaft war das Abkommen von Yaoundé 1963, das 1969 als Yaoundé II mit nur geringfügigen Abänderungen erneuert wurde. Theoretisch bekamen die assoziierten Länder bevorzugten Zugang zu europäischen Märkten; ihre Möglichkeiten, neue Exportindustrien aufzubauen, wurden jedoch strikten Begrenzungen unterworfen. Hierzu gehörten zum Beispiel die sogenannten Herkunftsregeln, nach denen nur solchen Produkten Zugang gewährt wurde, die im wesentlichen in den assoziierten Ländern selbst hergestellt worden waren. Bei enger Auslegung schlug diese Klausel vielen typischen im Aufbau befindlichen Industriezweigen der Entwicklungsländer, die importiertes Material weiterverarbeiteten und darauf hofften, das Endprodukt verkaufen zu können, die Tür vor der Nase zu.

Der EEF wurde erneut aufgefüllt und spendete für die 5 Jahre von 1964 bis 1969 730 Millionen Dollar für Hilfsmaßnahmen, und unter Yaoundé II wurde diese Summe auf 900 Millionen Dollar für die Jahre 1970 bis 1975 erhöht. Nur ein äußerst geringer Betrag hiervon — 50 Millionen beim I. und 80 Millionen beim II. Abkommen — wurde in Form von Darlehen locker gemacht, mit denen die Preise für die Rohstoffproduzenten stabilisiert werden sollten. Mit dieser zeitlich begrenzten Maßnahme sollte den assoziierten Ländern etwas geholfen werden, da die französischen Sonderregelungen aus der Kolonialzeit (der „surprix" und der von den Franzosen finanzierte Fond zur Stabilisierung der Rohstoffpreise) bald auslaufen würden. Hierdurch waren die ehemals französischen Gebiete ein wenig vor den schlimmsten Auswirkungen der Rohstoffpreisschwankungen auf dem Weltmarkt geschützt worden.

Obwohl sie nur als vorübergehende Maßnahme konzipiert war, wurde die Unterstützung zur Stabilisierung der Rohstoffpreise auch bei allen folgenden Abkommen zu einer Dauereinrichtung. Sie war der Vorläufer der Stabex-Maßnahmen*, die als die wichtigste Neuerung des Abkommens von Lomé gepriesen wurden. Der Vorschlag der assoziierten Länder, der Hilfsfond solle gemeinsam verwaltet werden, traf allenthalben auf taube Ohren. Außerdem blieb der Gesamtbetrag der zur Verfügung gestellten Subventionen, der für die Stabilisierung der Rohstoffpreise und der für die Verzugszölle bestimmte Betrag, (der von der Höhe der Zölle abhing, die die Sechs auf Importe aus anderen Ländern erhoben) weit hinter ihren Forderungen zurück.

Die Verhandlungen von Yaoundé fielen zeitlich mit den ersten Annäherungsversuchen der Briten an die EG zusammen, und die Europäer waren sich vollkommen darüber im klaren, daß jedes mit den 18 getroffene Abkommen eventuell auf eine Reihe ehemaliger britischer Kolonien ausgedehnt werden müßte. Vorsorglich erklärte die EG, sie werde allen Entwicklungsländern des Commonwealth unter der Voraussetzung offen stehen, daß „ihre Struktur und ihre Produktion" den Staaten des Yaoundé-Abkommens vergleichbar seien.

Als erstes anglophones Land reagierte Nigeria auf diese Erklärung; es nahm vom Beitritt zur Yaoundé-Gruppe Abstand (was in erster Linie die kulturellen Gegensätze und das Mißtrauen zwischen den englisch- und französischsprachigen Ländern in Afrika widerspiegelt) und zog es vor, 1960 ein gesondertes Abkommen zu treffen: das Abkommen von Lagos. Diese Übereinkunft fiel allerdings sofort dem nigerianischen Bürgerkrieg zum Opfer, der einige Tage vor der Unterzeichnung ausbrach: die Regierung von Lagos beschudigte Paris, es habe die Trennung von Biafra unterstützt; die Franzosen ratifizierten dieses Abkommen nie und es lief aus, bevor es überhaupt in Kraft getreten war. Im Jahre 1968 jedoch handelten Kenia, Tansania und Uganda als Gruppe (zu dieser Zeit bestand — zumindest auf dem Papier — noch die Ostafrikanische Wirtschaftsgemeinschaft) einen eigenen Vertrag mit der Gemeinschaft aus, das Abkommen von Arusha.

---

* Stabilisierung der Ausfuhrerlöse

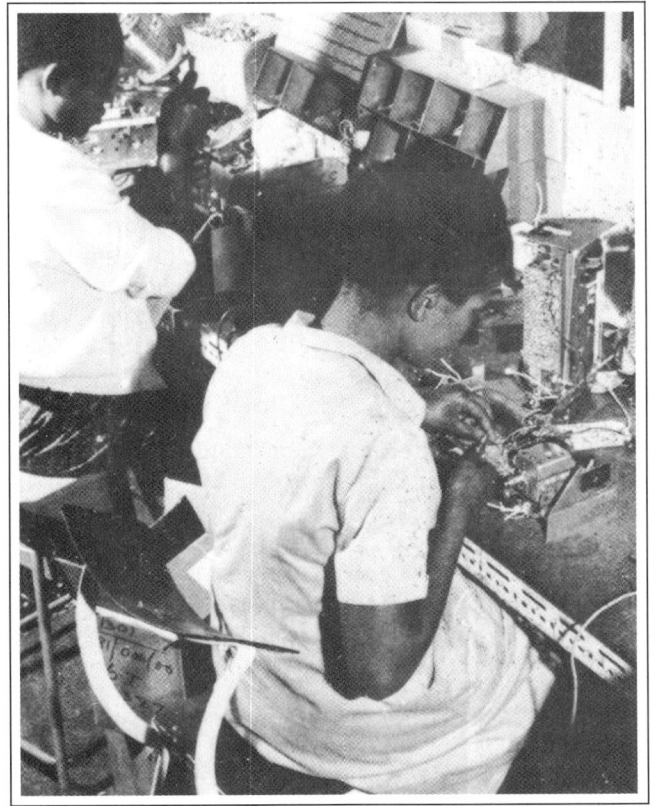

Weiterverarbeitende Industrie in Afrika: Kein Zugang zum EG-Markt

Seine Bestimmungen weichen im wesentlichen in zwei Punkten vom Yaoundé Abkommen ab: es gab keinen Hilfsfond, und die afrikanischen Staaten behielten sich durch „Abweichungen" von den Prinzipien des Freihandels beachtlichen Raum vor, den Europäern die Vorzugsbehandlung zu verweigern. Dieses Abkommen sollte der Anfang vom Ende des Gegenseitigkeitsprinzips sein, das für die Franzosen bis dahin ein wahres Glaubensbekenntnis gewesen war: Shridath S. Ramphal, später Generalsekretär des Commonwealth und einer der fähigsten Unterhändler der 3. Welt, sagte schon zu Beginn der Gespräche in Lomé: „Gegenseitigkeit zwischen Partnern, die wirtschaftlich unterschiedlich weit entwickelt sind, ist ein Widerspruch in sich."

Der Abtritt de Gaulles im Jahre 1969 ermöglichte Großbritannien die Mitgliedschaft in der EG. Im Verlauf der Beitrittsverhandlungen gab die britische Regierung sich alle erdenkliche Mühe, ihre Verbundenheit mit den Ländern des Commonwealth zu demonstrieren. Dennoch unterzeichnete sie im Jahre 1972 einen Vertrag, ohne daß es mit den anderen europäischen Ländern zu einer Einigung gelangt war, was mit jenen Ländern geschehen würde. Dies alles sollte zu einem späteren Zeitpunkt entschieden werden. Zunächst wurden die Entwicklungsländer des Commonwealth in „assoziierbare" und „nicht-assoziierbare" Staaten unterteilt; entscheidend dabei war, ob ein Land seine Wirtschaft bereits so weit entwickelt hatte, daß es dem europäischen Markt ernsthaft Konkurrenz machen konnte.

Der asiatische Commonwealth und Hong Kong wurden demnach ausgeschlossen, und der Assoziierten-Status den Ländern vorbehalten, deren „Produktionsstruktur" auf die Lieferung von Rohstoffen beschränkt war. Hierzu gehörten 12 Länder des afrikanischen Commonwealth, von Nigeria (mit seinem Ölreichtum und seinen gut über 50 Millionen Einwohnern) bis Lesotho mit seinen 1,4 Millionen Einwohnern, dessen buchstäblich einziges Exportgut die Arbeitskräfte waren, die nach Südafrika abwanderten. Sechs weitere afrikanische Länder außerhalb des Commonwealth und Yaoundé wurden zum Beitritt aufgefordert: Äthiopien, Liberia, Guinea, Sudan, Äquatorial-Guinea und Guinea-Bissau. Der Fall Guinea war seltsam und lehrreich zugleich. Als ehemalige französische Kolonie hätte es naturgemäß von Anfang an zur Yaoundé-Gruppe gehören müssen. Unter der nationalistischen Führung von Sékou Touré beging es jedoch den unverzeihlichen Fehler, in der Volksabstimmung von 1958 über den Vorschlag De Gaulles zu einer franko-afrikanischen Gemeinschaft mit „Nein" zu stimmen. Als die Verhandlungen zu Yaoundé I begannen, dachte auf beiden Seiten kein Mensch an eine Teilnahme Guineas. Sékou Touré übte scharfe Kritik an der EG und dem System der Assoziierung, die er als Mittel zur Untergrabung afrikanischer Unabhängigkeit verdammte und als den Versuch wertete, die Afrikaner an den Rockzipfel des westlichen Kapitalismus zu nehmen. Erst Mitte der 70er Jahre, nachdem Guinea von seinen Freunden im Osten auch nicht die gewünschten Vergünstigungen erhalten hatte, besann das Land sich auf einen gemäßigteren Kurs. Inzwischen war der Begriff „Assoziierung" aus der Mode gekommen: das neue Zauberwort hieß „Zusammenarbeit" mit dem schmückenden Zusatz „partnerschaftlich".

Die nunmehr 36 afrikanischen Mitgliedstaaten umfaßten das gesamte Gebiet südlich der Sahara außer Angola, Mozambique, und den drei immer noch von Weißen regierten Ländern Simbabwe, Namibia und Südafrika selbst. Zu den „assoziierbaren" Ländern gehörten sechs karibische und drei pazifische Staaten, was dem Ganzen den etwas langatmigen

Zucker-Monokulturen:
Übernommen aus der Kolonialzeit

Kapitalintensive Bearbeitung in exportorientierter Landwirtschaft: Steigende Kosten, fallende Preise

Titel „Gruppe der afrikanischen, karibischen und pazifischen Staaten" (AKP) einbrachte. Die westindischen und pazifischen Inseln trugen mit wertvollen Verhandlungskünsten zum gemeinschaftlichen Wohle bei, aber die AKP war stets vornehmlich afrikanisch gewesen. Aus diesem Grunde kann man Lomé mit Recht als Rückspiel zu der vor 90 Jahren in Berlin veranstalteten Konferenzrunde bezeichnen.

Welches Licht wirft Lomé aber auf die Beziehungen zwischen Europa und Afrika? Wieviel Wahres steckte in Cheyssons überschwenglicher Behauptung, der Vertrag diene einer ungerechten Welt als leuchtendes Vorbild, als neues Beispiel nobler Zusammenarbeit zwischen arm und reich? Die Kommentare der verschiedenen Beobachter hingen davon ab, mit welchen Erwartungen sie an die Sache herangegangen waren.

Zu dieser Zeit gab es einige Faktoren, die einen gewissen Grad vorsichtiger Zuversicht auf afrikanischer Seite zu rechtfertigen schienen. Während der größte Teil des Vertrages kaum mehr war als die

Ausweitung der Bestimmungen von Yaoundé auf weitere Länder, gab es doch auch einige vielversprechende Neuerungen. Die AKP-Unterhändler freuten sich über die Zustimmung der Europäer, die langlebige Gegenseitigkeitsdoktrin endlich zu begraben. Dieses Zugeständnis war im Einklang mit dem grundlegenden Glaubenssatz der 3. Welt, nachdem positive Diskriminierung da nötig ist, wo einige gleicher als andere sind und diese Ungleichheit ausgemerzt werden soll. Die neuen Maßnahmen zur Stabilisierung der Ausfuhrerlöse (Stabex) kamen den Forderungen der AKP-Länder nach größerem Schutz vor den Preisschwankungen der Rohstoffmärkte etwas entgegen. Das auf Drängen der AKP aufgenommene Kapitel über industrielle Zusammenarbeit hätte zwar ausführlicher sein können, aber allein sein Vorhandensein war ein Symbol der Hoffnung darauf, daß Lomé nicht einfach die althergebrachten Beziehungen festschreiben würde. Statt dessen sollte es ein Mechanismus sein, der „den dynamischen und angeregten Entwicklungsprozeß in den AKP-Staaten vorantreiben und sie in den Sog weltweiter Wirtschaftsaktivitäten hineintreiben würde."

Die Unterhändler der AKP konnten sich ebenfalls dazu gratulieren, daß sie ihre große und schwer überschaubare Gruppe so gut zusammengehalten hatten. Das beste Beispiel dafür, was mit Solidarität alles zu erreichen war, bildete vielleicht das Abkommen über Zucker im Anhang des Vertrages. Unter diesem Abkommen verpflichtete die EG sich, auf unbegrenzte Zeit eine bestimmte Menge Zuckerrohr (1,3 Millionen Tonnen) zu garantierten Festpreisen aus den AKP-Ländern einzuführen. Um dieses Zugeständnis zu erzwingen, zeigte die AKP eine bemerkenswerte Einigkeit, obwohl es nur einige dieser Länder betraf. (Für diese war es allerdings dann lebenswichtig: die Zuckerproduzenten des Commonwealth, die von bevorzugter Behandlung durch die Briten abhängig gewesen waren.) Dies war ein echter Verhandlungserfolg, da die unbegrenzte Verpflichtung zur Abnahme von Zucker den europäischen Anbauern von Zuckerrüben ganz und gar nicht behagte, die den Markt zu den lukrativen Preisen beliefern wollten, die die gemeinsame Agrarpolitik der EG aufgestellt hatte.

Der Zusammenhalt der AKP-Gruppe als Verhandlungseinheit, die die Europäer, möglicherweise aber auch einige ihrer eigenen Mitglieder überraschte, führte dazu, daß wiederholt der „Geist von Lomé" heraufbeschworen wurde. Hierunter verstand man den echten Fortschritt vom Begriff der „Assoziierung" zu dem der „Partnerschaft".

Als die AKP-Staaten an die 1978 beginnenden Verhandlungen zum 2. Abkommen von Lomé herangingen, waren sie noch von demselben Geist beflügelt. Auf dem Eröffnungstreffen der Minister im Juli in Brüssel redete der AKP-Sprecher P. J. Patterson aus Jamaika von der Gefahr, „daß die Neuerungen von gestern nur allzu leicht die Doktrin von heute und der Anachronismus von morgen werden könnten." Daher versuchten die Staaten der AKP-Gruppe, dem 2. Abkommen von Lomé entscheidende Verbesserungen hinzuzufügen.

Unmittelbar darauf wurde deutlich, daß die Europäer ganz Anderes im Sinn hatten. Der damalige Vorsitzende des EG-Ministerrates, der deutsche Außenminister Hans Dietrich Genscher sagte, Europa sei durchaus bereit, die unter Lomé I hergestellte Zusammenarbeit „fortzusetzen und weiter auszubauen", und das Abkommen habe sichtbare Erfolge gezeigt, . . . „deshalb aber wird es bei den Verhandlungen nicht um grundlegende Änderungen und Neuerungen gehen, sondern um Anpassungen und Verbesserungen." Die Eröffnungsworte bestimmten die Richtung der anschließenden erfolglosen Verhandlungen, die fast ein Jahr dauerten und zu den bereits beschriebenen unerfreulichen Ergebnissen führten.

Der Dialog — wenn man ihn überhaupt so nennen kann — befaßte sich mit einer Unmenge technischer Einzelheiten, die hier nicht näher erläutert werden können. Der Bericht über die Ereignisse in einem bestimmten Bereich, Stabilisierung der Ausfuhrerlöse aus dem Rohstoffhandel und die Behandlung der Mineralien, spricht jedoch Bände über die spezialisierte und stark eingeschränkte Rolle, die man Afrika zuschob. Mehr als 100 Jahre lang mußte der Kontinent zusehen, wie er immer tiefer in das Weltwirtschaftssystem verstrickt wurde.

Kolonialwaren

Als die afrikanischen Länder unabhängig wurden, stellten die neuen Regierungen fest, daß der Ursprung ihrer größten Schwierigkeiten in der Abhängigkeit von einer kleinen Anzahl Rohstoffen lag, die den Großteil ihrer Devisen und ihrer Staatseinnahmen einbrachten. Aber ihre Anstrengungen, ihre wirtschaftliche Basis zu verbreitern, erbrachten nur spärliche Ergebnisse von zweifelhaftem Wert. Die Hoffnung, dem Beispiel der OPEC-Länder zu folgen, sich mit den Produzenten derselben Rohstoffe zusammenzutun und so langfristig die Preise ihrer Güter zu erhöhen, erwies sich als Illusion: außer beim Öl waren die Herstellungsländer nicht in der Lage, ihre Position auf dem Weltmarkt so zu stärken, daß sie die Preise nach ihren Vorstellungen gestalten konnten. Während sie sich mit dem Problem herumschlagen mußten, als Gegenwert für ihre Rohstoffexporte immer weniger der von ihnen benötigten Industriegüter zu erhalten, (deren Preise im Gegensatz zu den Rohstoffpreisen im gleichen Maße — und manchmal sogar noch schneller — anstiegen wie die weltweite Inflation) standen sie zusätzlich vor der Frage, wie sie mit den von Jahr zu Jahr ungeheuer schwankenden Preisen und der daraus resultierenden Unsicherheit fertig werden sollten. Dies war nun wirklich ein Problem, bei dem man die Hilfe der Europäer eigentlich erwarten konnte: da die EG-Länder vom Zugang zu den Rohstoffen wirtschaftlich profitierten, könnten sie doch wenigstens dabei helfen, die Verzerrung der Wirtschaftsstrukturen zu bewältigen, die direkt auf diese Rohstofflieferungen zurückzuführen war.

Die in Lomé I eingeführten Stabex-Maßnahmen waren die Antwort der Europäer auf diese Bitte: von der europäischen Presse wurden sie als großartige und großzügige Neuerungen gepriesen. (Im Grunde waren sie jedoch gar nicht so neu, wie immer behauptet wurde: der internationale Währungsfond leistete ja bereits Ausgleichzahlungen, die ebenfalls dazu beitragen sollten, die Ausfuhrerlöse zu stabilisieren; im Gegensatz zu Stabex bezogen sie sich jedoch nicht auf die Erlöse einzelner Produkte, sondern auf die Gesamteinnahmen eines Landes.)

Die AKP-Staaten waren ziemlich scharf auf die Stabex-Maßnahmen: teilweise weil dieses Geld — anders als die meisten EG-Zuschüsse, die manchmal Jahre brauchten, bis sie durch die Mühlen der Brüsseler Bürokratie hindurch waren — schnell und ohne Umstände ausgezahlt wurde; teilweise aber auch, weil es ihrem Gefühl für ausgleichende Gerechtigkeit entsprach, da es sich um einen Zuschuß handelte, der in direktem Zusammenhang mit den Schwierigkeiten stand, die ihre Rolle als Rohstofflieferant für die europäische Industrie ihnen einbrockte. Trotzdem erkannten sie verschiedene Schwächen in diesem System: in der Kalkulierung der Verluste wurde die Inflation nicht berücksichtigt. Der Gesamtbetrag der für diesen Zweck bereitgestellten Summe — 375 Millionen Rechnungseinheiten (RE) während der fünf Jahre von Lomé I (entspricht etwa dem gleichen Betrag in US-Dollar) — war viel zu niedrig, um mit dem allgemeinen anhaltenden Rückgang der Rohstoffpreise Schritt halten zu können, der Ende der 70er und Anfang der 80er Jahre einsetzte. Wirklich himmelschreiend war allerdings die Tatsache, das die Liste der Rohstoffe, die in den Genuß der Stabex-Maßnahmen kamen, bei weitem nicht alle Grundstoffe umfaßte. Tatsächlich schloß sie alle Mineralien aus, merkwürdigerweise bis auf Eisenerz, das Mauretanien durch bloße diplomatische Hartnäckigkeit im letzten Moment noch hineinschummeln konnte.

Aus diesem Grunde hatten die AKP-Länder schon vor Beginn der Verhandlungen zu Lomé II beschlossen, sich hauptsächlich auf umfangreiche und verbesserte Stabex-Maßnahmen zu konzentrieren. Als Bundeskanzler Helmut Schmidt 1978 Afrika besuchte, schienen sie einen Fürsprecher gefunden zu haben. Schmidt war entsetzt über die wirtschaftliche Lage in Sambia und Zaire, die beide vollkommen vom Kupfer abhingen, und er gab in Lusaka öffentlich bekannt, daß Kupfer in die Stabex-Maßnahmen eingeschlossen werden würde. Die Reaktionen des übrigen Europa darauf, daß der deutsche Bundeskanzler eine schwere Krise spontan erkannt hatte, lieferten ein deprimierendes Beispiel für das eingleisige Denken der Europäer. Andere europäische Staatschefs und sogar offizielle Stellen in der Bundesrepublik Deutschland wiesen sofort darauf hin, daß die Kosten für eine Integration des Kupfers in das Stabex-Programm zu hoch seien und alle

zur Verfügung stehenden Mittel ausschöpfen würden. Daß die hohen Kosten schlicht und einfach ein Beweis für die Größe des Problems waren, wurde tunlichst übersehen: nunmehr war klar, daß Stabex nie mehr als eine billige Möglichkeit zur Abschwächung der kleineren Schwierigkeiten hatte sein sollen.

Gleichzeitig sorgten sich die Europäer, und besonders die Deutschen mit ihrer großen metallverarbeitenden Industrie, aber geringen Investitionen im Bergbau, über die zukünftige Gewährleistung ihrer Mineralienlieferungen aus Afrika. Es wurden brandneue Mineralienrichtlinien geschaffen (später im Euro-Jargon „Sysmin" genannt). Mit den Stabex-Maßnahmen hatten sie fast gar nichts gemeinsam. Der Bergbauindustrie in AKP-Ländern sollte in Form von Projekthilfen zur Wiederherstellung von Produktionskapazitäten in solchen Fällen geholfen werden, in denen der betreffende Staat tatsächlich nicht mehr genug Mineralien fördern und nach Europa liefern konnte.

Der entscheidende Unterschied zwischen Stabex und Sysmin lag darin, daß die Finanzhilfe fest an den tatsächlichen Rückgang der Fähigkeiten gekoppelt war, die Mineralien abzubauen und an die EG zu liefern. Wenn ein Staat es schaffte, seine Bergbauindustrie intakt zu halten, aber wegen der niedrigen Metallpreise auf dem Weltmarkt trotzdem vor dem finanziellen Ruin stand — was für die meisten Mineralienproduzenten der 3. Welt das weitaus größte Problem war —, war ihm nicht zu helfen. Gegen Ende der Verhandlungen zu Lomé II versuchten einige wenige AKP-Staaten diesen Punkt festzuhalten und ein verbessertes System zu fordern, das gewisse Entschädigungen für die Verluste bei den Ausfuhrerlösen vorsah, die von den Ursachen hierfür unabhängig waren. Bis zum Ende der Verhandlungen blieb das die offizielle Position der AKP. Rückblickend war jedoch deutlich, daß diese Versuche von vornherein zum Scheitern verurteilt waren.

Der Grund dafür wirft ein wenig schmeichelhaftes Licht auf die in Lomé begründeten Beziehungen überhaupt. Die Europäer hatten sich für bestimmte Maßnahmen entschieden, und anstatt diese mit den AKP-Staaten zu diskutieren, hielten sie ihnen eine bis ins Detail festgelegte Reihe von Vorschlägen unter die Nase, und nahmen sich kaum Zeit für eine Aussprache darüber. Die AKP-Staaten verfügten nicht einmal über die äußeren Voraussetzungen dafür, den Europäern die Stirn zu bieten. Sie hatte keine andere Wahl, als bis zum bitteren Ende weiter zu verhandeln und darauf zu hoffen, daß die Europäer Zugeständnisse machen würden, um nicht den Abschluß des gesamten Abkommens zu gefährden.

Einige der anwesenden AKP-Vertreter brachten die Frage der Mineralien auf der Schlußsitzung erneut zur Sprache, worauf ihnen Cheysson entgegnete, er sei überrascht, daß die Mineralien überhaupt noch ein Thema seien, wo die Vorkehrungen der Europäer doch so „maßgerecht" auf die größeren afrikanischen Mineralienproduzenten zugeschnitten worden wären. Diese Behauptung entsprach insoweit der Wahrheit, als Cheysson persönlich ohne die Anwesenheit von Experten mit Präsident Kaunda von Sambia und Präsident Mobutu von Zaire gesprochen hatte, und die beiden Staatsmänner sich in höflicher Form für seine Anstrengungen, ihnen zu helfen, bedankt hatten. Darauf hätte man Cheysson natürlich entgegnen müssen, daß, wenn ein Kunde sich über den Sitz eines Maßanzuges beschwert, der Schneider ihn normalerweise ändern muß. Diese Antwort wurde leider nie ausgesprochen. Die Position der AKP wurde auch nicht gerade dadurch verbessert, daß einer der wichtigsten Minister verfrüht gefeiert hatte und nicht einmal in der Lage war, seine Rede vom Manuskript abzulesen. Einer der höchsten AKP-Unterhändler begrub daraufhin seinen Kopf in den Händen und murmelte: „Kein Wunder, daß die 3. Welt arm bleibt." Um fünf Uhr morgens kam man schließlich zu einem Ergebnis: Der französische Außenminister stellte eiskalt fest, falls die AKP-Länder immer noch darauf hofften, Entschädigungen für sinkende Ausfuhrerlöse im Bereich der Mineralien durchzusetzen, so bleibe die Antwort darauf „Nein, Nein und nochmals Nein!"

Dieser denkwürdige, schillernde Zwischenfall verrät einiges über die wahre Natur der Partnerschaft zwischen Europa und Afrika, deren Grundlagen von größter Bedeutung waren. Wie im Falle Sambias bereits beschrieben, stellten sich den Ländern, deren Wirtschaft auf den europäischen Bedarf an Mineralien ausgerichtet worden war, unüberwindliche Schwierigkeiten mit dieser Erblast fertig zu werden. Da die Metallpreise und ihre Deviseneinkünfte ständig zurückgingen, mußten sie dazu übergehen, die Löcher im Etat mit geliehenem Geld zu stopfen. Wenn in den Beziehungen zwischen Europa und Afrika überhaupt etwas dringend neuer vertraglicher Regelung bedurfte, dann waren es die Bedingungen, zu denen Afrika seine nicht erneuerbaren Rohstoffe an die europäische Industrie verhökerte. Der Vertrag jedoch, der den Mineralienlieferanten der AKP angeboten wurde, und den sie als Ganzes entweder annehmen oder ablehnen mußten, war so konzipiert, daß sein Ziel, Teile ihrer kränklichen Bergbauindustrie zu stützen, im besten Fall dazu führen konnte, noch größere Mengen von Mineralien auf den Markt zu bringen, wodurch die Preise ohne einen Ausgleich für zunehmende Verluste noch mehr fallen mußten.

Die Moral dieser, wie auch der meisten anderen aus den Gesprächen über Lomé II hervorgegangenen Geschichten lautet, daß die AKP wenige Trümpfe in der Hand hatte, sobald es um die Forderung nach strukturellen Änderungen ging. Im Grunde reflektiert diese Erkenntnis nur das uralte Ungleichgewicht in wirtschaftlicher Hinsicht, zusammen mit größerer Knauserigkeit der Europäer in der widerwärtigen, eigensüchtigen Atmosphäre der späten 70er Jahre, in der der Leitsatz entstand: „Was wir haben, behalten wir auch!" Aber auch auf Seiten der AKP gab es ernsthafte Schwächen, die wiederum als langfristige Auswirkungen der Berliner Konferenz und ihrer Nachwehen beurteilt werden können.

Die Mehrheit der AKP-Staaten hielt es für nötig, eine ständige Vertretung in Brüssel zu unterhalten. Die Leiter dieser Vertretungen trafen sich fast täglich im AKP-Gebäude, und das Ergebnis ist ein ständiger Gesprächskreis von überdimensionalen Ausmaßen, dessen Teilnehmerzahl immer größer wird. Die Botschafter bestehen darauf, die Arbeit des Generalsekretariats bis in die kleinste Einzelheit hinein zu überwachen; sie verbringen Stunden mit Diskussionen darüber, ob eine neue Sekretärin eingestellt werden soll. Das Generalsekretariat der AKP-Staaten ist größtenteils an die Weisungen der Botschafter gebunden und übernimmt nur selten die Initiative. Man braucht sich also nicht darüber zu wundern, daß es ihm trotz der Mitgliederschaft einiger hervorragender Persönlichkeiten nicht im entferntesten gelungen ist, sich zu einer so professionellen Institution zu entwickeln, wie sie der EG zur Verfügung steht.

Entscheidungen über Ernennungen werden häufig nicht von den Fähigkeiten, sondern von der Staatsangehörigkeit eines Kandidaten abhängig gemacht. Der erste Generalsekretär war ein frankophiler Afrikaner aus Malawi; als sein Vertrag auslief, wollten die französischsprachigen Länder ihn verlängern, aber dann tauchte ein englischsprachiger Kandidat auf.

Es war abzusehen, daß sich hinter den beiden Rivalen je eine Gruppe französisch- und englischsprachiger Staaten bilden würde, von denen keine nachgeben würde. Die Wahl fiel auf den englischsprachigen Kandidaten aus Kenia. Besonders ungünstig an diesem ganzen Hin und Her ist allerdings die Verdrängung der sachlichen Erkenntnis, daß man eigentlich den für diesen schweren Posten am besten geeigneten Mann finden sollte.

Liebe zum Imperium

Die Europäer haben zwar auch ihre Schwierigkeiten, aber sie lösen diese, indem sie sich nach dem Langsamsten richten. Wenn ein Vorschlag einem Mitglied nicht gefällt, wird er fallengelassen. So entsteht ein Hang zum Konservatismus und ein Verhaften im Status quo, die sich auf alle Verhandlungspositionen der EG auswirken. Anders als ihr Gegenstück im AKP-Gefüge hat die EG-Kommission jedoch das Recht, dem Ministerrat Vorschläge zu unterbreiten. Hierdurch fällt Experten und Technokraten eine etwas kreativere Rolle zu. Letztendlich sind es aber stets die AKP-Staaten, die auf Änderungen drängen müssen, wobei es auf besondere Kreativität ankommt.

Die Europäer sind sich nicht einmal dafür zu schade, die AKP-Länder gegeneinander auszuspielen. Dieses Spiel beherrschen besonders die Franzosen bis zur Vollendung, die auf ihre besonderen Beziehungen zum frankophonen Afrika immer größten Wert gelegt haben und sich nach Kräften darum bemühten, diese wirtschaftlichen kulturellen, politischen und besonders persönlichen Verbindungen zu den Herrschern ihrer ehemaligen Kolonien aufrecht zu erhalten. Diese Beziehungen spielen auf verschiedensten Ebenen eine Rolle. Auf offizieller Ebene gibt es da die „zone franc" (Währungsunion), die auch noch floriert, lange nachdem die Währungsverbindungen zwischen Großbritannien und Afrika durch die Sterling-Ära der Vergangenheit angehören. Dann gibt es die bilateralen Vereinbarungen über Zusammenarbeit zwischen Frankreich und jedem einzelnen afrikanischen Land, in deren Rahmen Frankreich relativ großzügig Unterstützung gewährt. (Der Wert dieser bilateralen Unterstützung der frankophonen Länder liegt sieben Mal höher als die Summe, die sie aus den EEF-Zahlungen beziehen. Dies ist einer der vielen guten Gründe dafür, daß sie ihren privaten Beziehungen zu Frankreich größere Bedeutung zumessen als den in Lomé geknüpften Verbindungen). Weiterhin gibt es regelmäßige Gipfeltreffen der französischsprachigen Länder, die ein weit vertrauteres und fruchtbareres „Familiengefühl" vermitteln, als die halbjährigen Zusammenkünfte der Regierungsoberhäupter der größeren und unterschiedlicheren Commonwealthländer.

Darüberhinaus ist Frankreich die einzige westliche Macht, deren Streitkräfte direkt auf afrikanischem Boden vertreten sind. Die Niederwerfung des Shaba-Aufstandes hat diese militärische Präsenz überdeutlich demonstriert. Dieser Zwischenfall bewies auch, daß die besonderen Beziehungen nicht unbedingt auf den engen Kreis ehemaliger französischer Kolonien beschränkt ist, sondern sich auf das ehemals belgische Zaire ausdehnen konnte. Man kann ruhigen Gewissens behaupten, im französischsprachigen Afrika passiere nur wenig, wovon Paris nichts erfährt.

Abgesehen von diesen handfesten Verbindungen umgibt immer noch ein eigentümlicher Glaube die französischsprachige Gemeinschaft. Die Oberschicht des ehemaligen französischen Afrika betrachtet sich auf eine Weise als Franzosen, die im ehemals britischen Afrika unvorstellbar gewesen wäre, ganz egal, wie sehr ein englischsprachiger Afrikaner dem britischen System auch angepaßt worden wäre. Diese von de Gaulle und dem mächtigen Kopf seiner Außenpolitik, Jaques Foccart, geförderten besonderen Beziehungen wurzelten in einem Bewußtsein, das noch wichtiger als französische Macht und Patenschaft war: in einem tiefen Zusammengehörigkeitsgefühl, das von persönlichen Freundschaften und Vergünstigungen unterstützt wurde.

Solche Beziehungen müssen von Natur aus inoffiziell sein und können nie schwarz auf weiß bestätigt werden. Keine britische Regierung hat sich je zu ähnlichen Dingen hinreißen lassen; manchen der für Commonwealth-Angelegenheiten verantwortlichen britischen Beamten ist es jedoch ein Geheimnis und eine Quelle der Eifersucht zu sehen, was für ein Benehmen die Franzosen sich in Afrika herausnehmen können. Bei jeder anderen Macht würde es als blanker Neokolonialismus denunziert.

Zum Dank für in Afrika investierte Zeit, Mühe und Geld genießt Frankreich eine Vielzahl von Vorteilen: es hält nicht nur eine bevorzugte wirtschaftliche Position in den betreffenden Ländern, sondern kann sich in seiner Außenpolitik auf einen zuverlässigen Kreis von Unterstützern verlassen. Man kann Ursprünge und Entwicklung der Abkommen von Lomé nur verstehen, wenn man sie im Lichte der ungewöhnlichen Umgangsart der Franzosen mit der „Dekolonialisierung" sieht: die Bestimmungen von Yaoundé waren Frankreichs Antwort auf das Problem, wie es im neuen Rahmen der EG-Mitgliedschaft seine besondere Position in Afrika halten könne. Als Großbritannien und seine ehemaligen Kolonien auf der Bildfläche auftauchten, hatte Frankreich die Grundlagen der euro-afrikanischen Beziehungen bereits vorgeformt.

Natürlich gibt es neben der Hilfsbereitschaft der Franzosen noch andere Gründe dafür, warum ein unverhältnismäßig großer Anteil der Lomé-Vergünstigungen in die französischsprachigen Länder abfließt. Dazu gehört zum Beispiel die größere Erfahrung dieser Länder im Umgang mit dem immensen Papierkrieg der Brüsseler Bürokratie. Ohne übermäßig zynisch zu sein, kann man wohl behaupten, daß im Rahmen von Lomé, wie in vielerlei anderer Hinsicht, Frankreich und seine afrikanischen Freunde einen Extra-Klub im Klub gegründet haben. Die unter dem Abkommen von Lomé hergestellten Beziehungen sind bereits oft von nichtteilnehmenden Entwicklungsländern angegriffen worden, da sie angeblich einen Kreis privilegierter Länder innerhalb der 3. Welt aufgebaut haben; gibt man dieser Auffassung recht, kann man dieser Gruppierung den Vorwurf nicht ersparen, in den eigenen Reihen eine Sub-Elite geschaffen zu haben.

Hier eine kurze aber aufschlußreiche Demonstration des französischen Ansatzes: als das Generalsekreteriat — eine vormals französische Domäne — Gegenstand von Rivalitäten zu werden drohte, nahm der ständige EG-Vertreter der Franzosen in Brüssel Kontakt zu seinem britischen Amtskollegen auf und schlug ihm vor, daß er „ein paar Worte" mit dem einen oder anderen englischsprachigen Land wechseln solle, die den englischen Kandidaten unterstützen. Der britische Vertreter mußte zugeben, daß Großbritannien nicht den Schimmer einer Hoffnung hege, die anglophonen Länder in einer solchen Angelegenheit beeinflussen zu können, selbst wenn sie es wollten.

Es soll hier nicht der Eindruck erweckt werden, Lomé sei in erster Linie eine europäische Verschwörung gegen Afrika gewesen. Wohl sollte man festhalten, daß es entgegen der Zielsetzung seiner Verfasser kein Stück dazu beigetragen hat, die althergebrachten Beziehungen zwischen den beiden Kontinenten zu verändern. Die ungeschminkte Wahrheit ist und bleibt, daß während der fünfjährigen Laufzeit dieses Vertrages, trotz der scheinbaren Großzügigkeit der Handelsvereinbarungen unter Lomé I, der Prozentsatz der AKP-Exporte in den EG-Markt zurückging.

Gleichzeitig hatte man Grund zu der Annahme, daß solche AKP-Länder, die trotz all dieser beklemmenden Hindernisse in der Lage gewesen waren, weiterverarbeitende Produkte nach Europa zu liefern und somit eine ernsthafte Konkurrenz für die europäischen Erzeugnisse darstellten, still und leise abgeblockt wurden. Das Abkommen enthielt eine Sicherheitsklausel. Im Falle ernsthafter Störungen der

Märkte in der EG oder einer ihrer Mitgliedsländer erlaubte die Klausel Einfuhrbeschränkungen gegenüber Importen aus AKP-Staaten. Die Europäer brüsteten sich damit, noch nie von dieser Möglichkeit Gebrauch gemacht zu haben. Aber warum sollten sie sich diese Mühe auch machen, wenn zum Beispiel Mauritius, das beim Verkauf von Textilien nach Europa einigen Erfolg zu haben schien, erleben mußte, daß seine Güter so lange in britischen Zollschuppen festgehalten wurden, bis es „freiwillig" Einfuhrbeschränkungen zustimmte, die seinen Textilienabsatz um buchstäblich die Hälfte reduzierte? Mauritius' Wirtschaft hängt bekanntlich von seinem einzigen Exportgut, dem Zucker, ab. Da Europa offenbar nicht einmal die minimale Konkurrenz von Mauritius bei den Textilien hinnehmen will, kann man den Behauptungen der Europäer, Lomé bilde den Rahmen, innerhalb dessen die AKP-Staaten ihre wirtschaftliche Basis verbreitern könnten, schwerlich noch ernstnehmen.

Verhandlungsführer der AKP-Staaten, von rechts: Generalsekretär Thomas Okelo-Odongo, Martin Adouki, Pressesprecher des Sekretariats der AKP-Gruppe, und Vizegeneralsekretär Edwin Carrington: Endlose Verhandlungen um Lomé III

In diesem Kapitel konzentrierten wir uns auf Lomé, weil es ein Jahrhundert nach der Berliner Konferenz in der juristischen Ausgestaltung der Beziehungen zwischen Europa und Afrika eine symbolische Rolle spielt. Als es Ende 1983 wieder losging und sich die Verhandlungsmaschinerie für Lomé III quietschend in Gang setzte, war der Optimismus von 1975 vollends verflogen. Mit seiner im September 1982 — zufällig in Berlin — abgegebenen Erklärung, das Abkommen von Lomé sei „das Äußerste, was man realistischerweise als eine zufriedenstellende wirtschaftliche Lösung der Wirtschaftsbeziehungen zwischen Industrie- und Entwicklungsländern bezeichnen kann", stand der EG-Präsident Gaston Thorn recht einsam auf weiter Flur. Wollte man sich dieser Einschätzung anschließen, erhielte das Wort „realistisch" ein schweres und deprimierendes Gewicht. Die mit diesen Verträgen gemachten Erfahrungen waren nicht nur weit hinter den Erwartungen zurückgeblieben, sondern hatten dem Afrika südlich der Sahara sogar eine tiefe wirtschaftliche, soziale und politische Krise beschert, die viele westliche Länder dazu veranlaßte, es als hoffnungslosen Fall abzuschreiben. Afrikanern drängte sich nunmehr die angstvolle Frage auf, was man tun könne, um diesen Teufelskreis zu durchbrechen.

Im Grunde handelte es sich um eine Produktionskrise. Die Bevölkerung in Schwarzafrika wuchs schneller als die in den meisten anderen Ländern: in den 60er Jahren betrug das Wachstum 2,5%, stieg in den 70er Jahren auf 2,7% an und wird in den 80er Jahren mit 3% wahrscheinlich seinen Höhepunkt erreichen. Gleichzeitig kann die Produktion — besonders die von Nahrungsmitteln — nicht mit den steigenden Bevölkerungszahlen Schritt halten; das Pro-Kopf-Einkommen, und zwar besonders in den ärmsten Ländern, sinkt. Von 1970 bis 1979 verzeichnete man einen durchschnittlichen Nettorückgang der Produktion von jährlich 0,4% in den „ölimportierenden Ländern mit niedrigen Einkommen" (d. h. mit einem jährlichen Bruttosozialprodukt von weniger als 370 Dollar pro Kopf). Bei den „ölimportierenden Ländern mit mittleren Einkommen" lagen die Zahlen etwas besser: sie erzielten einen leichten Anstieg von jährlich 0,4% im realen Pro-Kopf-Einkommen. Nur die Netto-Ölausfuhrländer (Nigeria, Gabun, Angola, Kongo-Brazzaville) konnten bedeutende Gewinne vorweisen, und ihr Pro-Kopf-Einkommen stieg um 2,6% jährlich infolge des enormen Anstiegs ihrer Öleinkünfte: als die Ölpreise in den 80er Jahren wieder sanken, erlebten sie einen schweren Rückschlag.

Die Vorboten der Krise waren klar erkennbar: ein wachsender Schuldenberg, der von 6 auf 32 Milliarden Dollar in den 70er Jahren stieg und nur durch die schlechte Kreditfähigkeit der meisten afrikanischen Länder gebremst wurde; eine Verdoppelung des Schuldenrückzahlungskoeffizienten für Ausfuhrerlöse; ein explosiver Anstieg des Zahlungsbilanzdefizits und schwindende Devisenreserven; eine steigende Inflationsrate; und zunehmende Schwierigkeiten der Regierung bei der Finanzierung laufender Kosten und nötiger Instandhaltungsarbeiten, wodurch ihr kaum Geld für neue Investitionen blieb.

In der Landwirtschaft, die selbst in den mineralienexportierenden Ländern die eigentliche Quelle des Lebensunterhalts für den Großteil der Menschen war, wurden jedoch die schwersten Fehler begangen. Die Produktion von Nahrungsmitteln und landwirtschaftlichen Exportgütern zusammengenommen, ging in den 70er Jahren um jährlich 1% pro Kopf zurück. Aus diesem Grund stiegen die Getreideimporte — Weizen, Reis und Mais — seit Anfang der 60er Jahre um erschreckende 9% jährlich.

Afrika konnte sich auch nicht mit der Hoffnung trösten, daß die Defizite der Landwirtschaft durch rasches Wachstum in der Industrie ausgeglichen werden würden: Obwohl die verarbeitende Industrie mit einem Wachstum von 3% in den 70er Jahren sich zugegebenermaßen etwas besser präsentierte, war ihr Anteil am nationalen Einkommen doch so gering, daß er die gesamtwirtschaftliche Krise kaum merklich beeinflußte.

Auf der positiven Seite seiner Bilanz nach der Unabhängigkeit konnte das Afrika südlich der Sahara in einigen Bereichen der Sozialfürsorge, besonders im Gesundheits- und Bildungswesen, wirkliche Fortschritte verbuchen. Obwohl die Möglichkeit, daß ein einjähriges Kind noch vor seinem 5. Geburtstag stirbt, in Afrika 25mal größer ist als in den entwickelten Ländern der Welt, ist die steigende Lebenserwartung doch ein solider Beweis für den allgemein verbesserten Gesundheitszustand der Bevölkerung. Seit den 60er Jahren haben die Schulanmeldungen in Afrika schneller zugenommen als in irgendeinem anderen Teil der Welt. Der Einfluß kolonialer Bildungsmodelle (die vor der Unabhängigkeit auf dem größten Teil des Kontinents nur einer verschwindenden Minderheit zugänglich waren) ist freilich immer noch zu groß. Es ist zweifellos richtig, daß die Spitze der Bildungspyramide das Bild in den vergangenen 20 Jahren über die Maßen verändert hat. Während Kongo-Zaire zu Beginn seiner Unabhängigkeit überhaupt keine Akademiker vorweisen konnte und Sambia nur knapp 100, ist das Angebot an Universitätsabsolventen in vielen Ländern inzwischen größer als die Nachfrage. Es gibt eine Anzahl leitender und hochqualifizierter Arbeitsplätze, die unter der Kolonialherrschaft unvorstellbar gewesen wäre. Doch auch diese Entwicklung hat ihre Schattenseiten: politische und sonstige Überlegungen haben oft dazu geführt, Schlüsselpositionen mit ungeeigneten Männern zu besetzen. Sie haben die Einkommenskluft zwischen der hochgebildeten Oberschicht und den Durchschnittsbürgern derart vergrößert, daß die von der Regierung beschworenen Prinzipien der Gleichheit ad absurdum geführt wurden, und nur wenige dieser äußerst gebildeten Bürger leisten wirklich produktive Arbeit.

Die umfangreichen Investitionen in die Infrastruktur in den 60er und 70er Jahren, besonders in Straßen und Hafenanlagen, schlagen ebenfalls positiv zu Buche. Afrikas Größe und sein unwirtliches Gelände haben der Entwicklung der abgelegenen Gebiete stets große Hindernisse in den Weg gelegt. Ein Großteil dieser Hindernisse ist inzwischen beseitigt worden.

Allerdings hat der eigentliche Fortschritt seit Beginn der Unabhängigkeit wohl eher im Bereich der Möglichkeiten zur Schaffung von Wohlstand als in seiner tatsächlichen Steigerung gelegen. Es ist nur natürlich, daß die Menschen unzufrieden werden, wenn die Realität den Erwartungen immer weniger gerecht wird. Wenn man nach den Gründen für Afrikas miserable wirtschaftliche Lage fragt, werden in der Regel zwei Versionen angeboten. Die erste, der von den afrikanischen Regierungsämtern der Vorzug gegeben wird, schiebt die Schuld größtenteils auf die übrige Welt.

Der Westen vertritt dagegen den Standpunkt, Afrika habe sich die meisten seiner Schwierigkeiten selbst zuzuschreiben. Nach Ansicht der Weltbank und

Stadtautobahn in Lagos: Milliarden für den Individualverkehr

Containerterminal im Hafen von Lagos: Importe bis an den Rand des Bankrotts

noch mehr des IWF, schaufeln die afrikanischen Länder sich mit vielen ihrer Maßnahmen ihr eigenes Grab. Die Wächter der orthodoxen Finanzpolitik meinen, Regierungen in Afrika hätten durch den Schutz unrentabler Industrien und die künstliche Aufrechterhaltung hoher Wechselkurse ihre Kosten inflationiert, den Agrarsektor blockiert, und sie hätten für die genaue Kontrolle von Außenhandel und Austauschgeschäften einen übermäßigen Aufwand betrieben, den sie besser dem Markt gewidmet hätten. Ihrer Ansicht nach bemühten sich die afrikanischen Länder viel zu sehr darum, alle Probleme durch staatliche Eingriffe zu lösen und hätten die Staatsausgaben damit über die Maßen aufgebläht. Sie werfen den meisten afrikanischen Staaten vor, sich in ihren Preis-, Steuer- und Wechselkursmaßnahmen zu sehr nach den elitären Städtern und zu

wenig nach den einfachen Bauern gerichtet zu haben. Sie glauben — auch wenn sie es nicht so deutlich sagen —, daß die Korruption fast überall ein großes Problem sei.

Ihr Standardrezept heißt Abwertung (um das Einkommen der Exporteure zu erhöhen und Importe zu erschweren); niedrige Löhne; Kürzung der Staatsausgaben; Liberalisierung des Außenhandels, um die störenden, hinderlichen Auswirkungen von übermäßigem Verwaltungsaufwand zu verringern; Erhöhung der inländischen Nahrungsmittelpreise und allgemeine Förderung privater Unternehmungen, besonders auf dem Gebiet des Exports.

Diese Vorstellungen der westlichen Welt spiegeln sich in krassester und karikierendster Form in den Äußerungen so rechtsgerichteter Führungspersönlichkeiten wie Ronald Reagan und Margaret Thatcher und ihrer ideologischen Berater wider. In ihren Augen können einzig und allein die Marktwirtschaft und das freie Spiel der kapitalistischen Kräfte die Rettung bringen. Nach dieser Philosophie müßten vom Hungertod bedrohte Afrikaner sich zumindest mit dem Gedanken trösten können, daß sie ein Überleben auch kaum verdient hätten, weil sie sich zu wenig um Profitmaximierung gekümmert hatten. Die Einstellung solcher Regierungschefs mag vielleicht dadurch in Mißkredit geraten, daß sie der zentralen Frage der Fairneß solcher marktwirtschaftlicher Verfahren herzlich wenig Aufmerksamkeit schenken; das Auftauchen solcher Dogmen an höchsten Stellen der westlichen Welt trägt jedoch wesentlich zur Verschlechterung der Verhandlungsposition der afrikanischen Unterhändler bei, die sich um strukturelle Veränderungen bemühen.

Der Versuch, die verschiedenen Ursachen der katastrophalen wirtschaftlichen Lage der meisten afrikanischen Länder südlich der Sahara in eine Art von Reihenfolge zu bringen, würde den Rahmen dieses Buches sprengen. Der Überblick über die hundert Jahre von der Berliner Konferenz 1884 bis zu den Verhandlungen über Lomé III im Jahre 1984 erlauben es uns jedoch, einige Schlüsse zu ziehen.

Rein äußerlich läßt die schwache und abhängige Position der heutigen afrikanischen Wirtschaften sich direkt bis zur Berliner Konferenz und ihren Nachwirkungen zurückverfolgen, und von da sogar noch weiter in die Vergangenheit. Der Entwicklungsprozeß, dem Afrika seine Rolle in der Weltwirtschaft verdankt, begann bereits lange vor den 80er Jahren des letzten Jahrhunderts. Die Befürworter einer strukturellen Reform umschreiben diese Rolle gerne mit dem biblischen Bild der Holzhauer und Wasserträger. Dennoch war es dieses Jahrzehnt, in dem den Afrikanern endgültig alle Entscheidungsbefugnis in wirtschaftlichen Angelegenheiten entrissen wurde.

Der Ehrgeiz der großen Monopolimperialisten jener Zeit, den auch vorsichtige europäische Diplomaten trotz aller bösen Vorahnungen unterstützten, gab den Anstoß zu der extremen Spezialisierung einzelner Länder auf den Export eines einzigen Rohstoffes, der auch heute noch das hervorstechendste Merkmal der afrikanischen Wirtschaftsgeographie ist. Gleichzeitig sorgte die von diesen Männern eingeschleppte rassistische Philosophie in allen ihren Erscheinungsformen dafür, daß der Kontinent zwar schrittweise in das kapitalistische System einbezogen wurde, die Afrikaner selbst aber nur in sehr begrenztem Umfang an diesem Prozeß teilnehmen konnten. (Cecil Rhodes mit seinen Erwerbungen im südlichen Afrika, König Leopold II mit seiner grenzenlosen Verachtung für eine ganze Rasse und George Goldie mit seiner romantischen Väterlichkeit und seiner Abneigung gegen die Europäisierung der Afrikaner trugen dazu bei.)

Die relativ kleinen europäischen Firmen, die zwar nicht auf gleichberechtigter Ebene mit den Afrikanern handelten (die Kanonenboote waren immer in Reichweite), aber zumindest halbwegs fair mit ihnen umgingen, wurden von neuen Richtlinien verdrängt, im Rahmen derer die Europäer die Märkte kontrollierten, Preise festsetzten, und den Afrikanern immer genauer vorschrieben, wie sie ihren Arbeitstag zu verbringen hatten. Die europäischen Firmen mit der Kontrolle über den Export/Importbereich wuchsen schnell und schlossen sich immer mehr zusammen, und gleichzeitig wuchs auch ihre Macht. Afrika mußte zunehmend für den — natürlich europäischen — Markt produzieren. Als sie schließlich gezwungen waren — entweder direkt durch Leopolds Vertreter oder indirekt durch die kolonialen Steuereintreiber — immer mehr Zeit auf die Produktion von Exportgütern zu verwenden, konnten sie sich weniger auf andere Bereiche — besonders den Nahrungsmittelanbau — konzentrieren, was mehr und mehr die Aufgabe der Frauen wurde. Der einheimische Handel, der in manchen Gegenden recht vielfältig und ausbaufähig gewesen war, kam zum Erliegen: in den meisten Fällen war er quer über die neu entstandenen kolonialen Grenzen hinweg betrieben worden, aber nach dem Kolonialsystem mußten alle Straßen vom Landesinneren an die Küsten geführt werden. So war es unvermeidlich, daß die aufstrebende afrikanische Kapitalistenklasse durch die Einführung vollständiger Kolonialherrschaft in ihrer Entwicklung ernsthaft behindert wurde.

Geschäft und Moral

Solche wirtschaftlichen Strukturen übernahmen die neuen afrikanischen Staatschefs also bei ihrer Unabhängigkeit; sie gingen natürlich davon aus, daß ihre Kontrolle über die politische Macht ihnen automatisch auch die wirtschaftliche Macht verschaffen würde. Den Kolonialismus hatten sie überwunden; der nächste Schritt war jetzt, den Neokolonialismus auszulöschen. Kwame Nkrumah aus Ghana, der zu diesen Dingen den klarsten und eindeutigsten Standpunkt vertrat, wies immer wieder darauf hin, daß es dreier Dinge bedurfte, wenn die Afrikaner sich aus dem Würgegriff der Europäer befreien wollten: der Herstellung politischer Einheit unter allen afrikanischen Staaten, Schaffung einer sozialistischen Grundlage für die gesamte Wirtschaft in Afrika und Verfolgung einer blockfreien Außenpolitik. Nkrumah wehrte sich entschieden gegen jede Art spezieller Verbindungen mit Westeuropa, die er als Gefahr für die Blockfreiheit und als Verewigung der jetzigen kleinen schwachen und unabhängigen Staaten wertete.

Nachdem Großbritannien und Frankreich Mitglieder der EG geworden waren, mußten die ehemaligen britischen und französischen Kolonien erkennen, daß sie keine andere Wahl hatten als mit den Europäern zu verhandeln. Die Politik der Blockfreiheit, die von allen Nationen in Schwarzafrika offiziell angenommen worden war, konnte die Probleme bei der Verbreiterung der wirtschaftlichen Basis und der Vermehrung der Investitionsquellen nicht angemessen lösen. Der westeuropäische Markt blieb Afrikas größter Abnehmer: dem Kontinent blieb nichts anderes übrig als diese Tatsache zu akzeptieren und den größtmöglichen Nutzen daraus zu ziehen. Unter den gegebenen Bedingungen kann die OAU sich einiges darauf zugute halten, daß die AKP-Länder in den Verhandlungen derart stark und einheitlich auftraten.

Die Geschichte der OPEC-Staaten beweist jedoch, daß eine politisch uneinheitliche Gruppe von Staaten in Verhandlungen dennoch erfolgreich sein kann, sofern sie genügend wirtschaftlichen Einfluß hat. Afrikas größtes Problem ist, daß es nicht glaubhaft mit einem Stop der Rohstoffexporte nach Europa drohen kann. In dem unwahrscheinlichen Fall, daß zum Beispiel Sambia und Zaire gemeinsam ein Kupferembargo nach dem Vorbild des arabischen Ölembargos von 1973 ausriefen, würden die Konsequenzen dieser Maßnahme die beiden Länder selbst früher und härter treffen, als die europäischen Volkswirtschaften. Die Erfahrungen der CIPEC, einer Gruppe kupferexportierender Länder (ursprünglich Sambia, Zaire, Chile und Peru), die 1967 auf Initiative Sambias gegründet worden war und hoffte, das Machtgleichgewicht auf dem Kupfermarkt zugunsten der Hersteller verschieben zu können, untermauert diese Annahme. Die CIPEC-Länder mußten erkennen, daß jedes von ihnen zu sehr von den Kupfereinkünften abhing, als daß sie die schmerzhaften Maßnahmen — Produktionskürzungen oder Lagerung — überstehen könnten, die für eine Gleichgewichtsverschiebung nötig gewesen wären.

Würden wir unseren Bericht über Lomé an dieser Stelle beenden, wären die Aussichten düster. Dann müßte man davon ausgehen, daß Afrika weiterhin die Erfüllung der Forderungen verwehrt bleibt, die es als sein gutes Recht betrachtet; daß es sich immer noch in der Falle glaubt; daß es auch in Zukunft die früheren Sünden der alten Kolonialherren und ihre gegenwärtige Weigerung, Zugeständnisse zu machen, anprangern wird. Diejenigen, die in der Vergangenheit leben, können ihre Verbitterung auch heute noch am einseitigen und heuchlerischen Schauspiel der Berliner Konferenz nähren.

Es wäre jedoch viel vorteilhafter für Afrika, seine Aufmerksamkeit auf bestimmte Aspekte der Kongokonferenz zu lenken, die weniger offensichtlich waren. Einer dieser Aspekte ist der Fehler, die von den Diplomaten heraufbeschworenen moralischen Prinzipien für bare Münze genommen zu haben. In Berlin gab es eine wahre Flut hochherziger Erklärungen aller Beteiligten: Abschaffung der Sklaverei, Neutralität, religiöse Freiheit, Christentum, Handel, Fortschritt, Zivilisation ... die Formulierung solcher abstrakten Ziele kostete die Delegierten keinen Pfennig, und viele glaubten vielleicht auch, was sie sagten.

Man braucht kein Zyniker zu sein, um auf die Idee zu kommen, daß die heute strapazierten Begriffe wie „Zusammenarbeit, Partnerschaft, Hilfe, Verringerung der Kluft, Interdependenz, die freie Welt, Volksdemokratien, die Weltmeinung und die internationale Gemeinschaft" ebenso hohle Phrasen sind. Deshalb sollten die Afrikaner allen Erklärungen und ähnlichen Äußerungen, die sich solcher Begriffe bedienen, lieber skeptisch gegenüberstehen — was nicht heißen soll, daß gute Propaganda unwichtig wäre.

Ein zweiter, damit zusammenhängender Aspekt ist die Gefahr der Vermischung von Geschäft und Moral. Leopold II ist ein klassisches Beispiel eines Industriemagnaten, der sich darüber klar wurde, daß die Bedeutung von Öffentlichkeitsarbeit umso größer wurde, je mehr seine Pläne rein profitorientiert waren. Wir haben bereits beschrieben, daß er den Kongo für sich gewinnen konnte, weil größere Mächte momentan kein Interesse daran hatten und ihn als den ungefährlichsten Konkurrenten einstuften. Hätte Leopold damals offen gesagt: „Ich will jede müde Mark aus dem Kongo herauspressen und mich aller erdenklicher Tricks bedienen," wäre der Widerstand der Philanthropen und der Öffentlichkeit viel zu groß gewesen.

Die europäischen Politiker, die Leopold den Kongo überließen, gaben ihren Nachfolgern allen Grund, ihren Leichtsinn zu verfluchen. Ihr größter Fehler war, daß sie Leopold kein bißchen kontrollierten. Derselbe Fehler unterlief auch vielen afrikansichen Regierungen in ihren Geschäften mit Leopolds Nachfolgern, den multinationalen Konzernen. Der entgegengesetzte Ansatz, bei dem man das „Big Business" als Übel schlechthin betrachtet — oder seinen Vorteil besonders hinterlistig darin sucht, es als solches öffentlich anzuprangern — birgt allerdings ebenso große Gefahren. Multinationale Geschäfte sind in der Regel weder moralisch noch unmoralisch, sondern amoralisch. Ein Gastland tut am besten daran, sich die Möglichkeiten zu verschaffen die Aktivitäten eines solchen Unternehmens zu kontrollieren und dann zu entscheiden, ob es zum nationalen Wohle beiträgt oder nicht. Offene und wirksame Steuerpolitik ist besser als tausend politische Reden.

Eine dritte Lehre der Abkommen von Lomé und vergleichbarer Verträge ist die Erkenntnis, daß Afrika über-regiert wird. Dies ist vielleicht die größte Bürde von allen europäischen Hinterlassenschaften auf diesem Kontinent. Der Fluch des Kolonialismus war es, daß er diejenigen afrikanischen Völker, die ihre Unabhängigkeit anstrebten, dazu zwang, die Kolonialmächte mit ihren eigenen Waffen zu schlagen. Wenn die Afrikaner unabhängig werden wollten, mußten sie Regierungsformen erlernen, sich Kenntnisse parteipolitischer Organisation aneignen und die Fähigkeit erwerben, eine Pressekonferenz abzuhalten. „Bemüht Euch zuerst um politische Macht", sagte Nkrumah, und zu seiner Zeit hatte er sicherlich Recht damit. Wie viele andere ging Nkrumah davon aus, eine fähige, dynamische, ehrliche, patriotische und selbstlose Schicht von Verwaltungsfachleuten heranziehen zu können — das Gegenstück zu den von Plato erdachten königlichen Philosophen oder vielleicht zu der überlegenen Rasse von Beamten, die in Lord Keynes' Vision des Spätkapitalismus die Führung übernehmen sollte. In seinem Buch „Afrika muß einig werden" schreibt Nkrumah:

„(der Beamte) muß sich ständig mit seiner Arbeit befassen und 24 Stunden am Tag darüber nachdenken, wie er durch die Tätigkeit in seinem Ministerium seinem Land am besten dienen kann. Ein Beamter in Ghana muß sich mit Leib und Seele der Aufgabe verschreiben, unser Land wieder aufzubauen. Er muß Führungsqualitäten besitzen und — wie sein Minister — dem Volk, dem er dient, ein Beispiel geben. Er muß ein Pionier sein."

Es sollte jedoch anders kommen. Beamte in Afrika erhielten weitreichende Befugnisse; viele nutzen diese für ihre eigenen Zwecke aus und arbeiteten oft sogar mit ausländischen Geschäftsleuten zusammen. Der Ausstoß von Waren wurde durch den Ausstoß von Worten ersetzt: die an der Macht waren, produzierten nichts; und die etwas produzierten — besonders die Bauern —, hatten keine Macht. Die Oberschicht sorgte dafür, daß der Löwenanteil des nationalen Einkommens in die Hauptstadt floß, wo es fast nur Regierungsbeamte und einige wenige Geschäftsleute gab — oft selbst ehemalige Regierungsbeamte —, die größtenteils im Export/Importgeschäft, als Grundstücksspekulanten oder als raffinierte Rechtsanwälte tätig waren. Noch schlimmer jedoch war, daß es fast alle Regierungen für unvermeidlich hielten, die Lenkung der Wirtschaft selbst in die Hand zu nehmen. Ihre Maßnahmen wirkten sich spürbar auf das Leben der Produzenten aus. Die Bauern mußten sich wegen Krediten, Subventionen, für den Vertrieb und wegen der Preise für ihre Produkte an Regierungsämter wenden, deren verantwortliche Beamte oftmals korrupt und inkompetent waren.

Zieht man heute einen Vergleich zwischen dem Hauptquartier der AKP-Staaten in Brüssel und dem Hauptquartier in der Wilhelmstraße 1884, ist die vollständige Abwesenheit von Geschäftsleuten besonders auffallend. Afrikaner und Diplomaten halten Reden, erläutern ihre Weltanschauungen und streiten sich über die Einstellung einer neuen Sekretärin, aber es gibt weder einen Goldie noch einen Woermann, die auf die Wahrung ihrer Interessen pochten. Wirtschaftsdiplomatie ist zu einer reinen Staatsangelegenheit geworden, zum Austausch offizieller Erklärungen und dem Verhaften im Protokoll und im nationalem Prestigedenken. Die AKP-Diplomaten beklagen sich vollkommen zu Recht über Gemeinheit und Kompromißlosigkeit der Europäer. Aber mit diplomatischen Wortgefechten allein wird man die Machtverteilung in der internationalen Wirtschaftsstruktur nicht ändern können. Die Diplomaten können nur dann Erfolg haben, wenn sie Länder vertreten, deren Kraft sich aus ihrer Produktionsfähigkeit heraus entwickelt hat.

Diamonds

are

forever

14

„ . . . nicht weniger als vier der großen Bergbaukonzerne, die heute die Südafrikanische Bergbaukammer bilden, wurden von Männern oder Firmen gegründet, die erst durch den Diamantenhandel zu Geld gekommen waren. Heute ist dieses Geschäft in jeder Hinsicht international; es vereint unterschiedliche politische und wirtschaftliche Systeme, die sich auf verschiedenen Entwicklungsstufen befinden und deren Pro-Kopf-Einkommen stark auseinanderklaffen."

Julian Olgilvie Thompson
Leiter des Bergbaukonzerns De Beers
Mai 1982

Das Geschäft mit Diamanten ist unverwechselbar; an keinem anderen Handelszweig tritt das Vorgehen der Kolonialgesellschaften des letzten Jahrhunderts und die Ziele, die sie heute noch verfolgen, so deutlich zutage.

Die Händler aus Liverpool und Geschäftsleute aus London, die aufstrebenden „großen Tiere" aus Hamburg und Bremen, deren Macht ständig wuchs, waren die treibende Kraft des Wettlaufs um Afrika. Es war kein Zufall, daß die vornehmen Berliner Delegierten sich zum ersten Mal von Geschäftsleuten beraten ließen. Kolonien waren gut — sogar lebenswichtig — fürs Geschäft, und da sie von Regierungen und nicht von Gesellschaften gegründet wurden, brauchten diese Gesellschaften den Schutz ihrer jeweiligen Regierung. Bismarcks Hauptanliegen im Kongo war die Durchsetzung des Freihandels für deutsche Firmen wie Woermann, Jantzen & Thormählen oder Gaiser. Adolf Lüderitz mag vielleicht von Nationalstolz durchdrungen gewesen sein, aber die Gründung „seiner" Kolonie Angra Pequena, der kleinen Bucht, war auf die Gier nach Reichtümern zurückzuführen, die er an der unwirtli-

Pomona. Auf den Diamantenfeldern 1907. Der vormalige Streckenwärter der Eisenbahnlinie Lüderitzbucht-Windhuk („Koppelbahn") August Stauch, der über Nacht Multimillionär wurde, später aber dank seiner Freunde verarmt stirbt

Sieben des Diamantsandes

Auf der Suche nach Diamanten im Sand von Pomona

nachdem er seine gerade erst gegründeten afrikanischen Besitzungen an die „Deutsche Kolonialgesellschaft für Südwestafrika", DKGSWA, hatte abtreten müssen, ein Konsortium aus größeren Gesellschaften, zumeist Banken. Als Lüderitz mit seinen Kolonialgeschäften in die roten Zahlen geriet, drängte Bismarck selbst darauf, daß ein solches Konsortium gegründet wurde. Er hatte nicht die Absicht, die Staatskasse mit Ausgaben für die Zivilisierung eines kargen, wüstenähnlichen Gebietes zu belasten. Nach dem Rücktritt Bismarcks gingen die Konzessionsgesellschaften noch härter vor und weckten die — rückblickend berechtigte — Befürchtung, die großen Gesellschaften könnten mit der Zeit sowohl einzelne Siedler als auch den Staat verdrängen.

Im Sommer 1907 gab ein Afrikaner dem Oberbahnmeister August Stauch ein Steinchen, das er nahe der Lüderitz-Bucht neben den Bahngleisen gefunden hatte, unweit der Stelle, an der 1884 die deutsche Flagge gehißt worden war. Wie sich heraus-

chen südafrikanischen Küste sicher zu finden glaubte. Teile dieses Streifens tragen den abschreckenden Beinamen „Skelettküste."

Daß Lüderitz selbst nicht den erträumten Reichtum erlangte, sondern stattdessen bei einem Sturm vor der Küste nahe der Mündung des Oranje-Flusses ums Leben kam, ist wirklich eine Ironie des Schicksals. Er hatte sich auf jene Expedition begeben,

stellte, handelte es sich um einen Diamanten. Nun begann ein Diamantenfieber im damals noch deutschen Südwestafrika, aus dem die deutschen Siedler — und das Reich selbst — als Verlierer hervorgingen. Es waren die großen Gesellschaften unter Anführung der DKGSWA, die das Rennen machten.

Nunmehr entstand ein komplexes Gefüge aus Gesellschaften, Banken und Syndikaten, deren Aktionäre und Direktoren alle miteinander verflochten waren. Die ganze Sache erinnerte an die komplizierte Struktur der größten multinationalen Gesellschaft Südafrikas, der Anglo-Amerikanischen Gesellschaft. Die ist tatsächlich eine der direkten Erben der Kolonialgesellschaften des südlichen Afrika. Zu der im Jahre 1917 von Ernest Oppenheimer gegründeten Anglo-Amerikanischen Gesellschaft (AAC) gehört heute auch der Diamantenkonzern De Beers, Cecil Rhodes' B.S.A.C. und dank einer berühmt gewordenen Börsentransaktion, dem „dawn raid" (Überfall im Morgengrauen) von Harry Oppenheimer in den 70er Jahren, befindet sich auch Rhodes' Goldfields of South Africa nun im Schoße dieser Unternehmensgruppe. Ganz zu Anfang des Jahrhunderts war auch Südwestafrika selbst noch

ein reines Entwicklungsgebiet. Die DKGSWA, hocherfreut über die Entdeckung der Diamanten, begründete ihren Anspruch auf Schürf- und Landrechte auf dem Fetzen Papier, den sie zusammen mit dem Besitz von Lüderitz erworben hatte: ein „Dokument" vom 25. August 1883 mit der Unterschrift des Nama-Häuptlings Kapitän Fredericks, das Lüderitz bestimmte Landrechte an der Küste einräumte. Über die Ausdehnung des Gebietes und die Gültigkeit des Anspruchs war man sich lange Zeit uneinig. Fest steht jedoch, daß die DKGSWA sich darauf berief, und die deutschen Behörden im

Diamantenfelder Kolmannskuppe, Gewinnungsmethode um 1914

Jahre 1908 im Namen der Gesellschaft die ertragreichsten Diamantenfelder für sie kaufte.

Das Netz von Gesellschaften schloß damals auch eine Diamantenkonzessionsgesellschaft ein, deren Aktionäre die Berliner Handelsgesellschaft, die Koloniale Bergbaugesellschaft, Lenz & Co und die Fürstenberggruppe, ebenfalls eine Bankgesellschaft, waren. Zu dem Diamantensyndikat gehörten etwa 32 Banken. Im Vorstand der DKGSWA waren die

Deutsche Bank, die Diskontogesellschaft, die Dresdner Bank, Bleichröder, Dellbrück, Leo & Co und Oppenheim allesamt gut vertreten. Dieses massive Aufgebot von Kapitalisten überließ den anderen Teilnehmern am Diamantenfieber — den kleinen Händlern, Handwerkern, Goldgräbern und Bauern — natürlich nur noch schäbige Reste.

Im Jahre 1909 wurde unter dem Namen „Südwestafrikanische Diamantenregie" eine Monopolgesellschaft gegründet, die die Diamantenproduktion vermarkten sollte. Im Gegensatz zu den südafrikanischen Produzenten, die im Londoner Syndikat vertreten waren, hatten die Deutschen keinen Anteil an dieser Gesellschaft. Ein gewisser Matthias Erzberger, Mitglied des deutschen Parlaments und Führer der katholischen Zentrums-Partei, bemängelte, daß die Politik der öffentlichen Hand dem Staat so wenig übrig ließ. Er wies zum Beispiel darauf hin, daß das Deutsche Reich aufgrund des Herero-Aufstandes die gigantische Summe von 405 Millionen Mark für Deutsch-Südwestafrika ausgegeben habe. Es stand demnach schlecht um die Finanzen der

Mit Kind und Kegel auf der Suche nach neuen Diamantenfeldern

Diamantenmonopolist Ernest Oppenheimer: Von der Pike auf im Geschäft

Kolonie, und die Gesellschaften, die aus den Diamanten und anderen Ressourcen Milliardengewinne erwirtschaften würden, sollten dieses Defizit ausgleichen.

Andere Regierungen hatten bereits herausgefunden, daß Kolonien der Regierung nicht unbedingt Gewinne einbringen, obwohl sie für Konzessionsgesellschaften durchaus lukrativ sein können. Gestandene Nationalisten wie Herr Erzberger mögen einige Wortgefechte mit dem „Big Business" gewonnen haben, doch langfristig waren den Gesellschaften beachtliche Profite sicher.

Die Entwicklung Deutsch-Südwestafrikas wurde vom I. Weltkrieg unterbrochen, in dessen Verlauf Südafrika einen erfolgreichen Blitzkrieg gegen die deutsche Besitzung führte, der das „Deutsch" in ihrem Namen verschwinden ließ und das Land de facto — vielleicht sogar de jure — zu einer Provinz Südafrikas machte.

Damals bot sich auch Ernest Oppenheimer eine Gelegenheit, die er sich nicht entgehen ließ. Zum Leidwesen der Direktoren von De Beers erlangte er die

Kontrolle über die reichhaltigen Felder Südwestafrikas, faßte sie zum Diamantenbergbaukonzern „Consolidated Diamond Mines" zusammen und erzwang sich dadurch Zugang zum Vorstand des De-Beers-Konzerns, dessen Vorsitz er bald danach übernahm.

Im hessischen Friedberg geboren und von seinen Vettern, den Londoner Diamantenhändlern Dinkelsbühler, nach Kimberley gesandt, hatte Oppenheimer des Diamantengeschäft von der Pike auf gelernt. Er erkannte, daß das durch den De Beers-Konzern von Rhodes gegründete Monopol durch die neuen Entdeckungen gefährdet wurde. Oberbahnmeister Stauch war nicht der erste, der außerhalb des Gebietes von Kimberley auf Diamanten stieß. Im Jahre 1902 hatte man die reichhaltige südafrikanische Premier-Mine gefunden, die die Stellung des De Beers-Konzerns bedrohte; dann entdeckte man Diamanten in damaligen Südwestafrika, heute Namibia, und in den 20er Jahren gab es weitere südafrikanische Funde in Lichtenburg und Namaqualand. Auch von außerhalb Südafrikas, aus dem Zentrum und dem Westen des Kontinents, wurden Diamantenfunde gemeldet.

Oppenheimer erkannte, daß der Markt einer geregelten Ordnung bedurfte, und daß alle Produzenten sich organisieren mußten, wenn sie die Preise stabil halten wollten. Mit der Gründung des Handelsmonopols „Vereinigung der Diamantenproduzenten" im Jahre 1934, in der alle Hersteller vertreten waren, erreichte er schließlich sein Ziel: es gelang ihm, die gesamte Diamantenproduktion über einen einzigen Agenten, die Zentrale Verkaufsorganisation ZVO, abzuwickeln. Sie arbeitet nach dem Prinzip der Absatzzentralisierung. Die Produzenten schicken ihre Ware an die ZVO, die die Rohdiamanten sortiert, bewertet und verkauft. Jeder Produzent erhält ein Quote, und die ZVO garantiert den Verkauf der gesamten Quote zu von der Organisation festgesetzten Preisen. Die ZVO gehört zum De Beers-Konzern.

Zur Zeiten der Hochkonjunktur scheint die ZVO fast überflüssig zu sein. Aber während einer Rezession, wie in den 30ern, Ende der 70er oder Anfang der 80er Jahre, hält die Organisation den Markt aufrecht. Dank ihrer immensen Mittel und ihrer Verbindungen zur mächtigen AAC und dem internationalen Bankensystem kann die ZVO es sich leisten, Ware zu lagern, selbst wenn ihre eigenen Rücklagen dadurch stark beansprucht werden. Die ZVO kontrolliert etwa 80% des weltweiten Diamantenhandels. Wie auch immer man es betrachtet, bilden ZVO und De Beers ein Kartell und ein Monopol. Es ist darüber geredet worden, daß die Direktoren von De Beers in den USA mit den Kartellgesetzen zusammengestoßen seien. Dennoch funktioniert das 1934 gegründete System 50 Jahre später immer noch, obwohl es Kritik, großangelegten Schmuggel und Versuche einiger Produzenten gegeben hat, das Monopol von De Beers in Südafrika zu brechen. Heute ist der De Beers-Konzern weiter verzweigt: er stellt Rohdiamanten und synthetische Diamanten her und vertreibt sie, macht aber auch andere Geschäfte. Den Diamanten gilt allerdings immer noch das Hauptinteresse des Konzerns. Die Bilanzen

Hauptquartier von De Beers Consolidated Mines in Stockdale Street, Kimberley: Gestärkt aus dem I. Weltkrieg

Diamantenproduktion im Südlichen Afrika: Ganz in der Hand von De Beers

sprechen für sich selbst. Im Jahre 1980 betrug die weltweite Produktion allein von Rohdiamanten etwa 14,7 Millionen Karat im Wert von mehr als 2723 Milliarden Dollar. Der Anteil von De Beers hieran betrug 31%. Zaire war mit 14 Millionen Karat der größte Produzent, gefolgt von der Sowjetunion mit 12 Millionen. Der afrikanische Kontinent stellte weitere Mitglieder des Weltrangliste: Südafrika mit 8,7 Millionen, Botswana mit 5,1, Namibia mit 1,56, Angola mit 1,5, Ghana mit 1,1, Sierra Leone mit 0,6, Liberia mit 0,5 und Tansania mit 0,5 Millionen. Für die meisten afrikanischen Produzenten ist die Diamantenindustrie als größte Devisenquelle lebenswichtig. Im Jahre 1978 stellten Diamanten 60% des Exports aus Namibia, in Lesotho waren es 50%, in Botswana im Jahre 1981 40%, in Sierra Leone 33% und in der Zentralafrikanischen Republik 25%. Für den Reichtum von Zaire ist es bezeichnend, daß das Land trotz seiner vorrangigen Stellung in der Diamantenproduktion im Jahre 1980 nur etwa 4,9% seines gesamten Exports den Diamanten verdankte. In diesem Jahr verkaufte Zaire durch die ZVO für etwa 100 Millionen Dollar. Lesothos Zukunft als Diamantenproduzent sieht düster aus, da seine Förderung im Jahre 1978 zum Stillstand kam; für Botswana sieht es dagegen sehr gut aus: Ogilvie Thompson beschrieb die neue Mine in Jwaneng als „die vielleicht wichtigste Ader, die seit der ursprünglichen Kimberleyfunde vor über 100 Jahren in der Welt entdeckt wurde."

Brasilien, das bereits vor Afrika Diamanten produzierte, lieferte 1980 immer noch 0,5 Millionen, und Venezuela kam auf 0,8 Millionen. Mitte der 80er Jahre wird Australien wohl dem Kreis neuer und großer Produzenten beitreten, und auch dort wird der De Beers-Konzern seine Finger im Spiel haben.

Mit seiner Behauptung, das Diamantengeschäft sprenge politische Grenzen, hat Ogilvie Thompson ganz recht. Die UdSSR und Angola sind ein gutes Beispiel hierfür.

In den 50er Jahren bat Sir Ernest Oppenheimer einen pensionierten Leiter des britischen Geheimdienstes, Sir Percy Sillitoe, um Hilfe bei der Lösung der nunmehr beachtlichen Schwierigkeiten mit dem Diamantenschwarzhandel. Solch illegaler Handel blühte bereits seit den ersten Diamantenfunden in Kimberley; lediglich sein Ausmaß war inzwischen beunruhigend gewachsen. Sillitoe rief eine großangelegte Operation ins Leben, die geheime Schlupflöcher im Diamantenhandel aufdecken sollte. Einer seiner Agenten war ein gewisser Ian Fleming, und einer der ersten James-Bond-Krimis „Diamonds are forever" (Ein Diamant ist unvergänglich), ebenso

wie Flemings Tatsachenbericht über Sillitoes Operation, waren ein Ergebnis dieser Aktion.

Der De Beers-Konzern fand schließlich heraus, daß die undichte Stelle in Sierra Leone lag. Dort gruben in der Nacht Tausende illegaler Diamantensucher und verkauften ihre Ware an Händler, die die Steine über die Grenze nach Liberia schmuggelten. Sir Ernest und De Beers überredeten die Behörden von Sierra Leone dazu, den Diamantengräbern legale Lizenzen auszustellen und ihnen rechtmäßige Absatzmöglichkeiten über die ZVO zu verschaffen. Auf diese Weise konnte das Leck auf der Produktionsseite gestopft werden. Den illegalen Absatz von Schmuckdiamanten konnten sie ebenfalls eindämmen. Jedes Jahr veranstaltet die ZVO „Besichtigungen", zu denen etwa 300 Diamantenschleifer eingeladen werden, um ihre „Pakete" zu kaufen. Jedes Paket wird individuell zusammengestellt und so gut wie möglich auf die Wünsche des Kunden abgestimmt. Ein „Name" auf der ZVO-Liste kann in der Abgeschiedenheit des Sortier- und Verkaufszentrums der ZVO, dem Hoborn Viadukt, sein Paket so lange, wie er möchte, begutachten. Es ist allerdings untersagt, einzelne Steine aus dem Paket zu verkaufen oder auszusortieren; es muß als Ganzes abgenommen werden.

Das geschieht auch immer. Die „Namen" bilden den Kanal, über den der Handel zu Preisen, die der Inflation angepaßt werden, ständig mit ungeschliffenen Steinen versorgt wird. Makler, Händler, Diamantenschleifer, Juweliere, Investoren- und Kunden, die nach jahrzehntelanger Werbung davon überzeugt sind, daß ein Diamant der beste Freund einer Frau ist — verlassen sich auf dieses System. In einem Paket, das die Geschäftsräume des Holborn Viadukts unter dem Arm seines neuen Besitzers verläßt, ist jedes Karat sein Gewicht wert.

Schmucksteine bilden jedoch nur einen Teil des Geschäfts. Der andere Teil dreht sich um Industriediamanten, und dieses Handelsgut konnte in den 50er Jahren in den Händen der Schmuggler gute Preise jenseits des Eisernen Vorhangs erzielen. Diesen Markt hätte De Beers nur schwer kontrollieren können. Zum Glück für das Kartell wurden auch in Sibirien Diamanten gefunden, und heute gibt es in der Sowjetunion zwei bekannte Diamantenproduzenten: die Minen von Mir und Udachnaya. Das Problem der Industriediamanten war somit gelöst, doch entstand gleichzeitig ein neues: Schmucksteine. In einem marxistischen Staat ist kein Platz für den besten Freund einer Frau. Demnach mußten die sibirischen Schmucksteine von der kapitalistischen Welt aufgenommen werden.

Ende der 50er Jahre schloß die Sowjetunion ein Handelsabkommen mit De Beers, das jedoch nach Sharpeville wieder aufgehoben wurde: die Verbindung mit Südafrika war doch zu abstoßend. Andererseits wurde es immer schwerer, sowjetische Schmucksteine direkt an die Diamantenschleifer in Antwerpen, Tel Aviv oder New York zu verkaufen. Geschäfte in der Diamantenindustrie werden im engsten Freundeskreis geschlossen. Jeder weiß, was vorgeht und jeder kennt jeden. Somit ist es relativ leicht, einzelne unter Druck zu setzen. Keiner möchte die Plazierung seines „Namens" auf der ZVO-Liste aufs Spiel setzen, oder von den Launen des illegalen Diamantenhandels abhängig werden.

In den 50er Jahren spürte De Beers den Juwelier auf — angeblich den bekannten amerikanischen Schmuckhändler Winstanley —, der sich bereiterklärt hatte, für Chester Beatty von der Gesellschaft „Selection Trust" eine Monatsproduktion seiner Minen in Sierra Leone zu bewerten. Beatty war mit den Bewertungsmethoden und den knappen Informationen der ZVO unzufrieden gewesen. Er fragte, wieviel ein Karat wert sei. Man antwortete ihm mit einem Achselzucken und der Standardbemerkung, ein Diamant sei ein Naturprodukt, jeder Stein sei anders und daher sei es unmöglich, einen einzelnen Karat zu bewerten.

Ogilvie Thompson war 1982 nicht so zimperlich. Damals erzählte er dem Rat der „Gesellschaften in Bergbau und Metallurgie", daß „... der Preis für einen einkarätigen Stein von ausgezeichneter Farbe und tadellosem Glanz von 1650 Dollar im Jahre 1971 auf 16 000 Dollar im Jahre 1978 gestiegen war, sich 1980 auf über 65 000 Dollar erhöht hatte ... und seitdem wieder gesunken sei und sogar für weniger als 20 000 Dollar gehandelt werde."

Dies allein ist noch keine marktwirtschaftliche Richtlinie. In jedem Jahr gibt es nur sehr wenige Brillanten von solcher Qualität, obwohl 1983 ein Stein mit 471 Karat in Cullinan, Südafrika, gefunden wurde. Ein besserer Anhaltspunkt ist der Betrag von 45 Dollar pro Karat für einen solchen Stein, der eines Tages den heißgeliebten Verlobungsring eines jungen Mädchens zieren wird.

Als Beatty seine Frage stellte, weigerte De Beers sich, solch eine als privat eingestufte Information weiterzugeben. Der Name des Amerikaners wurde von der Liste gestrichen, und er mußte auf die Bedingungen zurückgreifen, zu denen er die Bewertung abgegeben hatte, woraufhin die Produktion der Gesellschaft „Selection Trust" zum ersten Mal zurückgewiesen wurde. Beatty drohte mit einer Klage und mit den Unterlagen der Anwälte wuchsen auch

die Kosten. Schließlich wurde die Angelegenheit auf außergerichtlichem Wege geregelt. Der Name des Juweliers wurde wieder auf die Liste gesetzt, Beatty erhielt höhere Preise und mehr Information als vorher.

Dem exzentrischen Geologen Dr. Williamson, der eine Diamantenader im Norden Tansanias entdeckte, gelang es auch nicht, das Monopol zu brechen. Die Williamson-Mine ist immer noch eine bedeutende Devisenquelle für Tansania. Dr. Williamson ärgerte sich über das De Beers-Monopol und beschloß, seine Diamanten direkt zu verkaufen; er hortete seine Steine eine Zeitlang. Allerdings verfügte er nicht über die finanziellen Mittel der ZVO und war gezwungen, um seiner Existenz willen zu ihr zurückzukehren. Die Erben Dr. Williamsons' — er war Junggeselle geblieben — waren schnell bereit, seinen Besitz zu verkaufen. Sie gaben ihn an De Beers ab, der auch heute noch mit der tansanischen Regierung zusammenarbeitet. Über diese Übereinkunft hätte sich Williamson, zumindest was De Beers anging, maßlos aufgeregt.

Angesichts dieser straffen Kontrolle brachte es auch die Sowjetunion nicht fertig, in den Markt einzubrechen. Sowjetische Unterhändler mußten sich der ZVO zuwenden und dieses Mal war Eile geboten. In Hatton Gardens wurde ein kleines Werbebüro eröffnet, über das die Waren der ZVO zugestellt wurden. Im Gegenzug verteilte die ZVO stillschweigend sowjetische Schmucksteine in ihren Paketen, um deren Herkunft zu verschleiern. Selbstverständlich kam dieser Handel schließlich doch ans Licht. Ende der 60er Jahre erwähnte die britische Tageszeitung „Guardian" dieses heimliche Geschäft zum ersten Mal. Nach und nach wurde es einer breiteren Öffentlichkeit bekannt, und in den 70er Jahren wurde es am Rande in einem angesehenen Handelsmagazin erwähnt.

Moskau und eine südafrikanische Gesellschaft sind ein merkwürdiges Gespann; aber der Diamantenhandel hat noch mehr Kuriositäten hervorgebracht. Angola ist ein gutes Beispiel hierfür.

Im Jahre 1912 wurden auf dem damals portugiesischen Gebiet Diamanten entdeckt. Bis zum Staatsstreich in Lissabon 1974 belief sich die jährliche Produktion auf 2 Millionen Karat, wozu einige der besten Schmucksteine gehören, die je auf dem Kontinent gefunden wurden. In dem Durcheinander nach dem Zusammenstoß zwischen MPLA und Kräften von FNLA und UNITA ging die Produktion zurück. Als die südafrikanischen Invasoren 1976 zurückgedrängt wurden, bemühte sich die Regierung um die Wiederherstellung der Stabilität.

Hierzu gehört auch der Versuch, die Diamantengesellschaft „Diamang" zu verstaatlichen. De Beers besitzt jedoch immer noch einige Anteile an dieser Gesellschaft, eine Zweigfirma des De Beers-Konzerns steht ihr mit fachmännischem Rat bei und die Diamanten werden über die ZVO vertrieben.

Eine Diamantenmine befindet sich in Dundo, in der Provinz Luanda Norte. Wie viele im Busch gelegene Minen bildet sie eine in sich abgeschlossene Welt ohne Verbindung zu ihrer Umgebung: gepflegte Häuser, moderne Verwaltungsgebäude, regelmäßige Flugzeugladungen voller Lebensmittel — keinerlei Verbindung zu einem im Kriegszustand befindlichen Land.

Der Diamantenschmuggel bereitet Luanda einige Kopfschmerzen. Von der UNITA gestohlene oder illegal geförderte Diamanten lassen sich, wie in den 50er Jahren in Sierra Leone, nicht kontrollieren. Der Erlös hieraus fließt in finanzielle Hilfe für die UNITA, die von Südafrika unterstützte Gruppe, die in Angola Unruhe stiftet und die MPLA-Regierung in Luanda dazu zwingt, die Hälfte ihrer Deviseneinkünfte für Verteidigungszwecke auszugeben.

Der Witz daran ist, daß die mit Hilfe einer südafrikanischen Gesellschaft in Angola geförderten und verkauften Diamanten die zweitgrößte Devisenquelle des Landes sind. Dies ist eine verfeinerte Version der Art von Waffenhandel, bei der beide Seiten eines Konfliktes von demselben Waffenlieferanten bestückt werden.

Der Streit darüber, ob die ZVO und De Beers ein „gemeinnütziges" oder ein „gemeinschaftsschädigendes" Monopol bilden, wird so lange andauern, wie das System bestehen bleibt. Von Interesse ist dabei lediglich die Tatsache, daß die Diamantenindustrie in der Kolonialzeit entstand und, wie viele andere Industriezweige auch, unter Beweis stellte, daß sie unter jedwedem System fortbestehen und mit jedweder Ideologie fertig werden würde: die Diamantenindustrie ist einer der Erben von 1884, denen es immer noch blendend geht.

Vom Standpunkt der Deutschen aus ist das Diamantengeschäft der ungeschminkte Beweis dafür, daß Großbritannien vom Verlust Deutschlands profitierte. Die deutsche Produktion aus der Zeit vor dem I. Weltkrieg und die Vertriebsgesellschaft „Diamantenregie" wurden einfach von den Briten übernommen. Die Diamantengesellschaft „Consolidated Diamond Mines", die Oppenheimer gegründet hatte, um De Beers die wertvollen Konkurrenten vor der Nase wegzuschnappen (und somit die Bedrohung Südafrikas durch die Produktion von Südwestafrika aus der Welt zu schaffen), trat in die Fußstapfen der Diamantenhändler innerhalb der DKGSWA. Oppenheimer konnte sowohl dem Griff von De Beers nach Südwestafrika zuvorkommen, als auch den juristischen Verwicklungen, die sich aus der Niederlage der Deutschen ergaben. Die deutschen Eigner wurden ausbezahlt, und der Grundstein für das Diamantenmonopol war damit gelegt.

Natürlich ging es nicht nur um Diamanten. Ogilvie Thompsons Hinweis darauf, daß Südafrikas wichtigste Bergbaugesellschaften aus dem Diamantenreichtum heraus entstanden sind, ist bedeutsam. Man muß sich unbedingt vor Augen führen, daß dies sich nicht nur auf Südafrika selbst, sondern besonders auf das Hinterland bezieht — die Region des südlichen Afrika — und den Kontinent allgemein.

Aufgrund seiner historischen Entwicklung wurde Südafrika die treibende wirtschaftliche Kraft des Kontinents, und verfügt über eine der größten Schatztruhen der Erde. Die in diesem Land gefundenen strategischen Mineralien, die durch die technischen Fertigkeiten und mit Hilfe der internationalen Finanzwelt gefördert wurden, haben die westlichen Industrienationen eng mit südafrikanischen Interessen verknüpft — eine Tatsache, die der Anti-Apartheid-Lobby bestens bekannt ist.

Diese Verknüpfungen und Verstrickungen sind das Erbe der Kolonialzeit und bestimmen die Entscheidungen in vielen afrikanischen Staaten heute. Sambias Präsident Kaunda hat sich oft bitter darüber beklagt, daß Entscheidungen über die Belange seines Landes oft in europäischen oder amerikanischen Vorstandssitzungen getroffen worden sind. Der Jahresumsatz der multinationalen Firmen, von denen einige ihren Sitz in Südafrika haben, übersteigt mit der Unterstützung ihrer alten Freunde vom Bankensektor aus den Anfangszeiten kolonialen Optimismus sogar die Budgets einiger ehemaliger Kolonien.

Ganz oben auf der Liste der Erben neokolonialistischer Kontrolle steht der südafrikanische Gigant, die 'Anglo-Amerikanische Gesellschaft Südafrika'. Das Diamantenmonopol De Beers, von dem die Anglo 30% der Anteile hält, gehört dieser Gruppe an. Die Anglo wurde von Sir Ernest gegründet und von seinem Sohn Harry erweitert. Im Jahre 1983 zog Harry Oppenheimer sich aus dem Vorstand der AAC zurück und stattete alten Freunden wie Präsident Kaunda Höflichkeitsbesuche ab. Die Macht dieses Konzerns ist unvorstellbar; es ist nur schade, daß sie nie dazu benutzt wurde, die Grundlagen der Apartheid im Mutterland zu ändern. Im Jahre 1974 belief sich der Besitz der Anglo auf etwa 7,4 Milliar-

Consolidated Diamond Mines of South West Africa: Ausplünderung des von Südafrika besetzten Namibia

den Dollar, was ungefähr 27 % des Bruttosozialproduktes von Südafrika entsprach. Die "Chartered Company", nach Auflösung der B.S.A.C. der britische Zweig der Gesellschaft, hat sich seither an vielen internationalen Unternehmungen beteiligt. Es ist keinesfalls nur Prahlerei, daß Charter House, das Hauptgebäude der Anglo in Simbabwe, die anderen Gebäude in Harares Hauptstraße Samora Machel Avenue überragt, oder daß dieses Gebäude früher leichthin als Simbabwes zweiter Regierungssitz bezeichnet wurde. Die Interessen der Anglo sind in Simbabwe von vorrangiger Bedeutung. Die Gesellschaft kontrolliert mindestens fünf der Industriekonzerne des Landes, einschließlich Zucker, Brauerei, Zement, Hotelgewerbe, sie besitzt Anteile an der Stahlindustrie, an Kohle, Holz, Müllerei, Zitrusfrüchten und dem Ingenieurwesen, und sie ist selbstverständlich auch eine der wichtigsten Berg-

baugesellschaften. Während der einseitig erklärten Unabhängigkeit baute die Anglo eine lukrative Nikkelindustrie auf, die der unter Smith stark rückläufigen Wirtschaft auf die Sprünge half und für den Erwerb von Devisen von unschätzbarem Wert war.

Zusammen mit der "Chartered" hat Simbabwes AAC bei jedem Wirtschaftsbereich des Landes seine Finger im Spiel, auch bei den Handelsbanken. Während der Kolonialzeit vor der Regierung Smith sagte man der Anglo nach, bei der Aufstellung ihrer Liste der Titelverleihungen äußerst geschickt zu sein. Im erst vier Jahre bestehenden Simbabwe hat sie noch nichts von ihrer wirtschaftlichen Macht eingebüßt, lediglich ihr politischer Einfluß hat nachgelassen.

In Sambia besaß die Anglo die größere der beiden Kupferbergbaugesellschaften, und nachdem sich die Regierung im Jahre 1970 an dieser Schlüsselin-

Anglo-American Konzernverwaltung in Johannesburg: Unvorstellbare Macht

dustrie beteiligte, blieb sie als kleinerer Aktionär, technischer Berater und eine Zeitlang in leitender Position beteiligt. Investitionen der Anglo in anderen Bereichen als dem Bergbau, z.B. in der Landwirtschaft, sind ein Bestandteil der sambischen Szenerie.

Oft ist die Einmischung der Anglo ganz offensichtlich, wie zum Beispiel beim Bau des Cabora Bassa Dammes in Mozambique oder im Falle des mauretanischen Kupfers. Man sollte jedoch besonders die komplizierten Verbindungen der Aktionäre untereinander im Auge behalten. In Südafrika selbst sind die Bergbaufinanzierungsgesellschaften geradezu inzestuös miteinander verwoben, und jede Gesellschaft besitzt Anteile der anderen. Die Verbindungen zwischen den Gesellschaften, die ein Marken-

Konzernchef Ernest Oppenheimer mit seinem Geologen Dr. Bancroft bei der Eröffnung der Bancroft Mine im sambischen Kupfergürtel 1959

zeichen der südafrikanischen Wirtschaft sind, ziehen ihre Spuren quer durch den gesamten Kontinent. Die Anglo und die Gesellschaft 'Anglovaal' besitzen Anteile der Messina, die sowohl in Südafrika als auch in Simbabwe geschäftlich aktiv ist. Die 'Chartered' ist Teilhaberin der Zinkgesellschaft 'Rio Tinto', der britischen Bergbaugesellschaft, die unter anderem auch die Palabora Minengesellschaft in Südafrika leitet und ein Hauptaktionär der Rossing Uranmine in Namibia ist.

Zum 'Klub' der alten britischen Kolonialgesellschaften gehören auch Konzerne wie die 'Tanganyika Concessions' (TANKS), die immer noch die Überreste der alten Benguela-Bahn leitet, welche sie selbst einmal baute; diese Gesellschaft besitzt auch Anteile der belgischen 'Union Minière' und der Bank 'Société Générale'; die Anglo ist an der TANKS beteiligt und umgekehrt.

Auch bei den amerikanischen Gesellschaften gibt es eine lange Geschichte afrikanischer Investitionen: die amerikanische Metallgesellschaft 'Metal Climax', ein kleinerer Teilhaber der sambischen Kupferminen, war der Nachfolger der Firma 'Selection Trust', der anderen Bergbaugesellschaft des Landes.

Anfangs bestanden die Kolonialgesellschaften aus Bergbaukonzernen, Handelsgesellschaften und Interessengruppen des Transportwesens. Dann setzte die industrielle Entwicklung ein. Allerdings förderte man nicht in allen Ländern die Verbindungen zwischen der Bergbauindustrie und der übrigen Wirtschaft. Natürlich brauchte man Afrikas Arbeitskräfte, die durch Kopfsteuer und andere Abgaben in die Geldwirtschaft einbezogen wurden, genau wie man auch afrikanisches Land benötigte. Soweit wie möglich jedoch — auch hierfür ist Sambia ein gutes Beispiel — wurden Konsumgüter entweder von der jeweiligen Kolonialmacht oder aus Südafrika importiert. Im gesamten südlichen Afrika fanden sich Zweigstellen von südafrikanischen Verteilerstellen: die Zentrale Nachrichtenagentur unterhielt Niederlassungen in Ländern wie Simbabwe und Sambia, genau wie man dort auf Zweigstellen der südafrikanischen Billigwarenkette, den OK-Märkten stieß.

Doch nicht allen Gesellschaften gelang die Anpassung an die Unabhängigkeit. Einige der zaghafteren Unternehmer, besonders auf dem Handelssektor, verkauften Hals über Kopf ihre Firmen, die von eifrigen Neulingen nur allzu gern übernommen wurden. Hierzu gehörte auch die Firma 'Lonrho', deren energiegeladener Hauptgeschäftsführer schon fast eine legendäre Figur ist: „Tiny" Rowland (der „Winzige", mit richtigem Namen Roland V.) der ei-

„Tiny" Rowland: Immer mit einem Bein in der afrikanischen Politik

ner Generation aussterbender 'großer Tiere' angehört, und der im 'Klub' ausgesprochen unbeliebt war.

Rowland ist die Personifizierung der modernen Variante des Neokolonialismus. Er weist nur geringfügige Abweichungen von früheren Formen des Kolonialismus auf, abgesehen von der Existenz schwarzer Geschäftspartner, von denen viele nicht mehr zu bieten hatten als ihre politische Zugehörigkeit oder die Mitgliedschaft in der richtigen Familie oder Volksgruppe.

Von 'Lonrho' weiß man, daß es dort eine inoffizielle Gehaltsliste gab, von der die Firma besondere Bezüge an alle möglichen Leute auszahlte, die eines Tages vielleicht einmal nützlich sein konnten. Demzufolge wurden sowohl Gewinner als auch Verlierer dort unterstützt, und manche glauben, daß die Verlierer dadurch letztlich gewonnen haben: im Kongo, wo Rowland den Diamantenhandel an sich zu reißen versuchte, hatte Rowland ein leichtes Spiel; in Simbabwe, wo die Gesellschaft ursprünglich herstammt, (1909 wurde die Firma London-Rhodesien von einer Gruppe Londoner Geschäftsleute gegründet, die in Cecil Rhodes' Land einige Anteile an Landwirtschaft und Bergbau hatten), stellte er sich hinter Joshua Nkomo — heute regiert aber nicht Nkomo, sondern Mugabe das Land. Es gibt noch eine Reihe anderer Beispiele. Rowland ließ sich den Vertrag für die Pipeline zwischen Tansania und Sambia entgehen, die er selbst im Jahre 1965 vorgeschlagen hatte, und seine andere Pipeline zwischen Mozambique und Simbabwe wurde nach der einseitig erklärten Unabhängigkeit erst einmal auf Eis gelegt und konnte nach der endgültigen Unabhängigkeit Simbabwes 1980 nur unter größten Anstrengungen wieder ins Leben gerufen werden. Im angolanischen Konflikt 1975 unterstützte Rowland Jonas Savimbi; aber das taten schließlich auch andere, wie Präsident Kaunda. Einmal ging er so weit, sich als Vermittler zwischen der OAU und den Öllieferanten zu versuchen. Diese Aktion zusammen mit anderen hochfliegenden Plänen oder Vorschlägen, wie die Verwendung von in Sambia aufgetriebenem Geld für ein gemeinsames sambisch-ägyptisches Kupferprojekt, lösten einen großen Skandal in London aus, der zu einem solch immensen Aufstand im Management führte, daß eine gigantische Sondersitzung aller Aktionäre einberufen wurde — die Rowland und seine unorthodoxen Methoden prompt unterstützten, denn unter dem Strich bleibt für Lonrho trotz der Einmischung von Rowland in die afrikanische Politik noch genügend übrig, um eine anständige Profitrate zu erzielen.

Der Stil von Lonrho in den 60er Jahren — sie kaufte alles, was einigermaßen billig war, weshalb der unüberschaubare Rahmen des so entstandenen Konglomerates in den 70er Jahren wieder verkleinert werden mußte — ist von den joint-ventures* abgelöst worden.

Afrikas neue Elite ist den ehemaligen Kolonialgesellschaften ein mehr als williger Diener: sie sind Partner. Politische Parteien wie Sambias UNIP stehen in der Regel ohne regelmäßiges Einkommen da: Parteibücher, die besonders vor Wahlen an den Straßenecken verkauft werden, können einen bürokratischen Apparat nicht in Gang halten, welcher

---

* Gemeinschaftsunternehmen, i. d. R. zwischen Multinationalen Unternehmen und Staat.

Art er auch immer gewesen ist. In den 60er Jahren nahm man sich in Sambia ein Beispiel an den Verstaatlichungsmaßnahmen anderer Länder und gründete eine Reihe von Staatshandelsgesellschaften, die Sambias Wirtschaft in einen Staats-Kapitalismus verwandelten. An der Spitze der Pyramide stand die staatliche Holdinggesellschaft ZIMCO, die eine Reihe von Zweigniederlassungen hervorbrachte, welche ihrerseits ebenfalls eine Anzahl von Gesellschaften überwachte, an denen die Regierung mehrheitlich beteiligt ist. Die UNIP, die dem Vernehmen nach von Lonrho's Manager Rowland beraten wurde, gründete ebenfalls eine Holdinggesellschaft namens Zambia National Holdings. Zusammen mit der jugoslawischen Gesellschaft Energieprojekt übernahm sie die Aufsicht über ZECCO, eine neue — und inzwischen die größte — Baufirma des Landes. 1983 erwies ZECCO sich als ein abgrundtiefer Versager, da der jugoslawische Konzern die 'lukrative' Gesellschaft offensichtlich 'falsch' leitete. Das ging so weit, daß die UNIP praktisch kaum noch Dividenden einstreichen konnte; daraufhin wurde ZECCO, die das Mitglied des Zentralkomitees der UNIP, Elijah Mudenda, als einen nationalen Besitz bezeichnete, der Gesellschaft ZIMCO angegliedert. Mudenda hatte von Anfang an bei der Zambia National Holdings mitgearbeitet.

Eine andere Nationale Holdinggesellschaft war an der Firma E. W. Tarry beteiligt, einer Gesellschaft für landwirtschaftliche Geräte, an der auch Südafrika Anteile besaß: die Partnerschaft von Sambias Regierungspartei und einem südafrikanischen Konzern war zwar reichlich merkwürdig, brachte aber beiden Seiten Profit.

Nicht alle Gesellschaften des neuen Afrika trugen zum Wohle der Nation bei. Die Gesellschaft Press Holdings in Malawi, die anscheinend ähnlich strukturiert war wie Gesellschaften in Sambia, schien das private Imperium des Präsidenten auf Lebenszeit, Dr. Hastings Kamuzu Banda, zu sein. In Kenia benutzten gewählte Führungskräfte ihre Positionen ganz offen dazu, zusammen mit ausländischen — meist britischen — Partnern Wirtschaftsunternehmen nach ihrem Willen zu lenken. „Afrika läßt sich in neokolonialistische, konservative Staaten, in denen Angehörige ehemaliger Kolonialstaaten und anderer westlicher Staaten fruchtbar zusammenarbeiten und sich stets untereinander und nicht dem gesamten Volke die Gewinne zuschieben, und in radikale Staaten, deren Regierungen zwar voller Idealismus, aber deren Staatskassen leer sind, einteilen. Die Massen gehen in jedem Fall leer aus. Darum frage ich Sie: hat sich in den vergangenen 100 Jahren irgendetwas geändert?

Wichtige Daten der afrikanischen Geschichte

Vor Christus:

Gelehrte wie Louis und Mary Leaky und deren Sohn Richard bezeichnen Afrika als die Wiege der Menschheit; um 1960 werden Fossilien der ersten aufrecht laufenden Menschen gefunden (homo erectus).

50 000 Zu dieser Zeit werden die ersten von Menschen hergestellten Werkzeuge verbessert; in Afrika macht man schon Gebrauch vom Feuer.

10 000 In diesem Abschnitt etabliert sich der Homo Sapiens auf dem Kontinent.

8000 Die heutige Entwicklungsstufe des Menschen ist erreicht; er lebt in unterschiedlichen Rassen in Nordafrika (die Völker der semitischen und hamitischen Sprachgruppen), in den Wäldern und im westafrikanischen Busch (diese gelten als die Vorfahren der in der Ethnologie als Bantu-Stämme bezeichneten Menschen), im Niltal (wo man mit der Bebauung des Bodens begann), und im südlichen Afrika, wo sich die Khoisan-Völker niederlassen (eine Kultur aus der Steinzeit).

5000 In Ägypten setzt sich die Kultivierung von Land durch, an den großen afrikanischen Seen beginnt der Fischfang.

2000 Die Ägypter besetzen das heutige Nubien, verlieren dieses Gebiet aber etwa 1000 vor Christus wieder.

660 Die Phönizier gründen die Handelsstadt Tyrus und in Tunesien die Kolonien Karthago und Utika.

500 Die Araber lassen sich in Eritrea nieder.

202 Rom erobert Karthago; in Mauretanien entsteht ein Reich der Berber; südlich der Sahara bilden sich eisenverarbeitende Gesellschaften, besonders die Kultur der Nok des heutigen Zentralnigeria.

146 Rom erwirbt endgültig die afrikanische Provinz Karthago und breitete sich weiter in Nordafrika aus; nur Mauretanien behält seine Unabhängigkeit.
Die Bantustämme dringen in zwei Zügen in das Innere des Kontinents vor. Als die Römer ihr Reich aufbauen, kommen die Bantu im heutigen Zaire an; diese Volksbewegung läßt sich am ehesten mit dem Begriff „Afrikanische Völkerwanderung der Eisenzeit" umschreiben.

Die Völker der Eisenzeit verdrängen die der Steinzeit, die heute noch als Khoisan-Völker in kleinen Wüstenflecken im südlichen Afrika leben.

Nach Christus:

1—300 Die Fertigkeiten der Eisenzeit breiten sich nach Süden aus und setzen sich nördlich des Sambesi durch.

622 Der Islam erobert Nordafrika.

770—900 Der Handel der Araber breitet sich an der ostafrikanischen Küste aus.

900 Zu dieser Zeit entstehen an der Westküste bereits afrikanische Königreiche; Ghana wird in der arabischen Welt als „Goldland" bekannt; am östlichen Ufer des Tschadsees wird das Königreich Kamerun gegründet, am mittleren Niger entsteht das Königreich Songhay und im Westen von Ghana das Königreich Mali.

969 Das Volk der Fatimiden, das Tunesien und Algerien beherrscht, erobert Ägypten; die Araber konzentrieren sich auf Nordostafrika.

1300 Südlich der Sahara bilden sich inzwischen zwei starke afrikanische Staaten, in Westafrika Mali und im heutigen Simbabwe das Monomotapa-Reich; um 1000 entsteht Groß-Simbabwe.

1400 Die Stadtstaaten der Hausa kommen auf, wie Kano, Katsina in Nigeria; bis zu den Völkern der Sahel-Zone etabliert sich der Islam fest.

1500 Zu den nicht überlebensfähigen afrikanischen Königreichen jener Zeit gehören Ghana, Kanem, Mali, Songhay; zu denen, die bis ins 19. Jahrhundert fortbestehen und in anderer Form sogar darüber hinaus gehören Mutapa (Simbabwe), Dahomey, Ashanti, Buganda.

1460 Portugal baut einen neuen Schiffstyp, die Karavelle, der billig und schnell ist. Unter der Führung Heinrich des Seefahrers, der durch die Knüpfung neuer Handelsbeziehungen aus den Entdeckungen Nutzen ziehen will, fahren portugiesische Seefahrer die westafrikanische Küste entlang nach Süden, um den marokkanischen Händlern die Goldfunde und den Sklavenhandel südlich der Sahara abspenstig zu machen. Als Heinrich der Seefahrer im Jahre 1460

stirbt, laufen portugiesische Schiffe bereits regelmäßig die Mündung des Senegal an und dringen bis nach Sierra Leone vor. Portugiesische Händler erreichen Akan und beginnen dort ihr Glück zu machen (die Insel Fernando Po wird nach einem der portugiesischen Kapitäne benannt.) Sie rücken weiter vor bis zum Golf von Guinea.

1482 In Guinea wird das erste portugiesische Fort erbaut, das der erste Stützpunkt der Europäer auf dem Kontinent ist. Die Portugiesen gelangen an die Kongomündung und beanspruchen das Gebiet für sich; der Portugiese Diego Cao besucht den Häuptling des Kongo, des mächtigsten Reiches in Zentralafrika.

1487 Der Portugiese Bartholomeo Dias umsegelt das Kap und eröffnet seinem Nachfolger Vasco da Gama den Seeweg nach Indien, das er 1498 erreicht.

1500 Portugal übernimmt den arabischen Handel an der Ostküste.

1600 Inzwischen siedeln sich die Kultur der Luba und die Lunda-Staaten in Zentralafrika fest an. In Katanga unterwirft der mächtige König Kongolo kleinere Häuptlinge und gründet nahe dem Boyasee eine Hauptstadt. Es werden weitere Luba-Königreiche aufgebaut, darunter das große Reich der Lunda. Der Einfluß der Lunda breitet sich aus, greift auf Angola über und danach auf das heutige Sambia. Die Ausdehnung der Lunda ist nicht das Ergebnis militärischer Macht, sondern politischer Organisation. Im modernen Sambia bilden die Lunda das Königreich der Lozi.

Das Kongoreich der Mongo knüpft Kontakte zu den Portugiesen an, kann sich fast zwei Jahrhunderte lang halten und fällt erst gegen Ende des 17. Jahrhunderts langsam zusammen.

Auch an der Ostküste gibt es einige Bewegung durch Völkerwanderungen an der Küste und im Landesinneren. Die Galla wandern von Ogaden aus nach Abessinien und Adal. Zu jener Zeit hat der größte Teil von Afrika bereits Kontakt zu anderen Teilen der Welt: es gibt ein neues Netz von Handelsbeziehungen mit der arabischen Welt (Sahel, Nordsudan, Ostküste); die Portugiesen richten eine feste Schiffahrtslinie entlang der indischen und der atlantischen Küste ein, deren Auswirkungen auch im Inneren des afrikanischen Kontinents spürbar sind.

Man handelt mit Gold und Sklaven, die zusammen 90% des afrikanischen „Exports" ausmachen; darüber hinaus erhält das Elfenbein einige Bedeutung. Im Gegenzug importiert Afrika Salz, Pferde, Stoffe, Glas und Metallwaren. Traditionsgemäß gehen Sklavenlieferungen in die arabische Welt.

Die Portugiesen brauchen selbst Sklaven für ihre Unternehmungen auf Madagaskar, den Kapverdischen Inseln, Sao Tomé und Principe. Ende des Jahrhunderts beherrscht die Neue Welt — Amerika — die Szene, und die afrikanischen Sklaven werden kurzerhand dorthin verschifft. Was den Umfang der Sklaventransporte angeht, löst Amerika die arabischen Gebiete als Hauptabsatzmarkt ab.

1652 Die Holländer eröffnen eine Zwischenstation am Kap. Holland bedroht die portugiesische Vorherrschaft; auch an der Ostküste werden die Portugiesen zurückgedrängt — von den Arabern. In Mozambique behalten die Portugiesen allerdings die Oberhand.

1700 Der Sklavenhandel breitet sich aus; nun laufen mehr als 10mal so viele Schiffe aus als ein Jahrhundert zuvor; die Bucht von Benin wird zur „Sklavenküste". Die Briten tauchen in Gambia und an der Goldküste auf.

1730 Beginn der Industriellen Revolution in Großbritannien.

1750 Weitere Völkerwanderungen überall in Afrika; im Süden dringen holländische Siedler ins Landesinnere vor und stoßen mit den Khoisan zusammen; sie bringen durch die Heirat zwischen einheimischen Khoisan und aus Indien und anderswo eingeführten Sklaven die sogenannten Farbigen hervor.

Die Ashanti beginnen die Goldküste zu beherrschen, während das Königreich der Yoruba in Nigeria aufblüht.

1772 In Großbritannien wird die Sklaverei verboten.

1783 Zusammenstoß zwischen Portugal und Frankreich wegen dem Bau eines Forts in Kabinda.

1788 Gründung der englischen Afrikagesellschaft; Beginn der ständigen Reisen von Briten nach Afrika.

1795 Mungo Parks erste Entdeckungsreise zum Niger.

1800 Zu jener Zeit dominiert das schwarze Afrika, der Kontinent gehört den Schwarzen, die Mehrheit der Bevölkerung sind entweder Bantus oder Nilo-Saharer.

An der Südspitze des Kontinents leben nur etwa 16 000 Weiße (Buren).

1806 Die Buren entreißen den Holländern die Herrschaft über das Kap.

1818/28 Ausbruch des „Mfecane", einer Reihe von Kriegen im südlichen Afrika, die Shaka, der König der Zulu, gegen seine Nachbarn führt. Viele von ihnen fliehen, einige in die Kapkolonie, andere ins heutige Mozambique, nach Simbabwe und sogar nach Tansania.

In Westafrika geraten die Stadtstaaten der Hausa unter die Kontrolle eines einzigen Herrschers; in Madagaskar läßt sich ein starker König nieder.

1821 Gründung der Republik Liberia durch ehemalige Sklaven aus den USA.

1828 Der Franzose Caillié erreicht Timbuktu; Gründung der Geographischen Gesellschaft Berlin.

1830 Gründung der Königlichen Geographischen Gesellschaft in London, die die Afrikagesellschaft ablöst.

1835 Die Buren verlassen die Kapkolonie auf dem Großen Treck, da sie die Herrschaft der Briten und die Abschaffung der Sklaverei ablehnen; Zusammenstoß mit afrikanischen Volksstämmen, weitere Zusammenstöße zwischen den „Grenzbewohnern" des Kap und den neuen britischen Siedlern und den Afrikanern.

Die Wandervölker des „Mfecane" lassen sich im heutigen Malawi nieder, in der Ostprovinz Sambias und in Matabeleland (Simbabwe).

1840 Frankreich beginnt mit der Eroberung Algeriens.

1853 David Livingstone beginnt mit seinen Erkundungsreisen.

1856 Die Buren erhalten die Erlaubnis, den Natal zu verlassen, wo sie einen blutigen Krieg gegen die Zulu geführt haben; Natal wird eine britische Kolonie, die Buren gründen eigene Republiken.

Die Franzosen lassen sich im Senegal nieder, stoßen dort mit den Fulani zusammen; außerdem stationieren die Franzosen Garnisonen in Mayotte auf den Komoren und auf Nosy Bé vor Madagaskar.

Beginn der systematischen Entdeckungsreisen

1856 Die Königliche Geographische Gesellschaft schickt Richard Burton und John Speke auf Entdeckungsfahrten zu afrikanischen Seen und der Quelle des Nil.

1874–77 Henry Morton Stanley reist an den Viktoria- und den Tanganyikasee, folgt dem Lualaba flußabwärts und dem Kongo bis zu seiner Mündung in Boma; hierdurch wird das Vordringen in dieser Region neu belebt. Der französische Entdecker Savorgnan DeBrazza findet heraus, daß man den Kongo auf dem Landweg erreichen kann. Wie John Cameron, der vor ihm die Gegend durchquert hat, stößt auch Stanley bei britischen Politikern und Geschäftsleuten auf taube Ohren.

Dies treibt Stanley widerstrebend in die Arme eines Neulings unter den Expansionisten: König Leopold II von Belgien. Leopold II will Kolonien zu seinem persönlichen Profit und Prestige — ganz egal wo. Nach verschiedenen erfolglosen Versuchen wählt er Afrika als geeignetes Ziel für seine Pläne.

1876 Auf eigene Kosten veranstaltet Leopold II die Internationale Geographische Konferenz in Brüssel, zu der er Afrikareisende, Wissenschaftler und Politiker unter dem Vorwand rein philantrophischer Ziele einlädt, „um dem dunkelsten Kontinent das Licht der Zivilisation" zu bringen. Auf der Konferenz wird die „Internationale Afrikavereinigung" (AIA) mit Leopold als Präsident ins Leben gerufen. Theoretisch gründete die Afrikavereinigung Zweigorganisationen in den anderen europäischen Staaten.

1878 Stanley erklärt sich bereit, für die AIA zu arbeiten. In Brüssel wird ein „Comité d' Etudes du Haut Congo" gegründet, mit dem Ziel, eine Eisenbahn im Kongo zu bauen.

1879 Im Auftrag der AIA kehrt Stanley an die Kongomündung zurück, um dort eine Handelsniederlassung zu gründen; eines der AIA-Mitglieder gerät in Schwierigkeiten, was Leopold II die Chance gibt, eine weitere Organisation zu gründen (während er eine ganze Weile noch Verträge im Namen des Komitees abschließt).

1880 Zwischen Stanley und DeBrazza entbrennt ein Wettstreit, in dessen Verlauf DeBrazza mit Häuptling Makoko einen Vertrag abschließt und das spätere Brazzaville gründete.

1881 Leopolds neue Internationale Kongovereinigung AIC nimmt Gestalt an. Tunesien gerät unter französische Protektoratsherrschaft.

1882 Leopold II schickt Stanley wieder an den Kongo mit dem Befehl, Konzessionsverträge mit den Kongohäuptlingen abzuschließen; Stanley macht seine Sache gut, er kehrt mit etwa 450 Dokumenten zurück.

1882–86 Französische Truppen besetzen Guinea. Gründung des Deutschen Kolonialvereins. Beginn der Eroberung Madagaskars durch Frankreich. Die Portugiesen sorgen sich ebenfalls über Leopolds Aktivitäten in „ihrem" Gebiet, und sind gleichsam beunruhigt über das Vorgehen der Franzosen. Lissabon und London nehmen Gespräche über den Schutz portugiesischer Rechte auf; zum Ausgleich dafür erhält Großbritannien Handels- und sonstige Vorrechte und trifft Vorkehrungen für die Abschaffung der Sklaverei. Leopold II wendet sich an die Regierungen der USA und Frankreichs, um die Anerkennung seiner AIA durchzusetzen.

Das Jahr der Entscheidung

1884 26. Februar, Unterzeichnung des britisch-portugiesischen Vertrages.
Sowohl aus Paris als auch aus Brüssel werden unmittelbar Proteste laut.

22. April Die USA erkennen die Flagge der AIA als die einer befreundeten „Nation" an, besonders aufgrund von Sanfords Erklärung, Leopold II beabsichtigt befreite Sklaven in „seinem" Kongo neu anzusiedeln.

23. April Leopold und Frankreich tauschen über den Kongo diplomatische Noten aus, die ein Vorkaufsrecht Frankreichs beinhalten.

5. Mai Bismarck schlägt eine internationale Verständigung über die Kongo-Frage vor.

5./6. Juli Togo wird zum deutschen Protektorat erklärt.

14. Juli Nachtigal hißt die deutsche Reichsflagge in Kamerun.

August Geheimverhandlungen zwischen Frankreich und dem Deutschen Reich zur Vorbereitung der Kongo-Konferenz. Das heutige Namibia wird unter deutschen Reichsschutz gestellt.

Anfang November Die Briten sehen sich einer gemeinsamen deutsch-französischen Front gegenüber und stimmen widerstrebend einer internationalen Konferenz zu.

15. 11. 1884 Eröffnung der Berliner Konferenz. Anwesend sind: Deutschland, Frankreich, Portugal, Großbritannien, Belgien, Holland, Österreich-Ungarn, Spanien, die Türkei, Rußland, Schweden, Dänemark und die USA. Leopolds Internationale Vereinigung ist ebenfalls vertreten, obgleich sie eigentlich kein Staat ist; im Laufe der Konferenz wird ihr aber der Status eines Staates zuerkannt, und sie unterzeichnet die Berliner Generalakte.

Dezember 1884 Großbritannien besetzt Betschuanaland.

26. 2. 1885 Bismarck verkündet das Ende der Konferenz. In der Schlußakte werden letztlich fünf Punkte festgehalten, die es den europäischen Mächten erlaubten, Afrika nach ihrem Gutdünken aufzuteilen:
1) Der Kongo — Hauptanlaß für das Stattfinden der Konferenz — wird in drei Regionen unterteilt: Kabinda bleibt unter portugiesischer Herrschaft, das Kongobekken wird in den späteren Kongo-Brazzaville (heute Volksrepublik Kongo) und in den Freistaat Leopolds II unterteilt (heute Zaire).
2) In Zentralafrika wird eine breite Freihandelszone eingerichtet und auf den Flüssen Niger und Kongo die freie Schiffahrt garantiert.
3) Gebietsansprüche müssen gegenüber den Signatarmächten angezeigt werden und sind nur wirksam, sofern eine effektive Okkupation stattgefunden hat.
4) Das Kongobecken unterliegt der fakultativen Neutralität.
5) Der Sklavenhandel soll abgeschafft und der Alkoholhandel beschränkt werden.

1885 und danach: Nunmehr ist der Weg für einzelne europäische Staaten frei, ihre Staatsbürger — Händler, Entdecker, Geschäftsleute — im Rahmen ihres Protektorates zu schützen. Angesichts der Forderung „effektiver Kontrolle" schicken Kolonialisten wie Cecil Rhodes bewaffnete Männer auf afrikanisches Gebiet, um solche Kontrolle zu gewährleisten. Der nun einsetzende Wettstreit um Grund und Boden endet mit der Einzeichnung der Grenzen, der Schaffung der kleinen Enklaven, die heute lebensunfähige Volkswirtschaften sind; er führt zu der Ausbeutung von Land, Menschen und Bodenschätzen zum Nutzen der Kolonisatoren.

Afrika reagiert teilweise militärisch, erlebt dann das Aufkommen des Nationalismus und seiner Folgen, der Gründung von Nationalstaaten in den 60er Jahren unseres Jahrhunderts.

Für die freundliche Unterstützung
bei der Illustration des Buches bedanken wir uns bei
Frau Barbara Emerson;
dem Bildarchiv Preußischer Kulturbesitz, Berlin;
dem Bundesarchiv, Koblenz;
der Kunstbibliothek, Berlin;
dem Musée Royal de l'Afrique Centrale, Tervueren;
dem Ullstein Bilderdienst, Berlin;
und beim Gerstenberg-Verlag, Hildesheim.

Bücher zum Thema Afrika

Marianne Cornevin
Apartheid
Mythos und Wirklichkeit
Mit einem Vorwort von Uwe Holtz
192 Seiten, Tb., DM 12,80

„ . . . Apartheid bedeutet die umfassende — nicht nur politische — Entrechtung der nichtweißen Bevölkerungsmehrheit in allen Lebensbereichen. Die weiße Minderheit in der Republik Südafrika ist weniger denn je bereit freiwillig auf ihr Unrechtsregime zu verzichten."

(Uwe Holtz)

AKAFRIK und die Zentrale
Arbeits- und Studienstelle
der DEAE (Hg.)
Südafrika-Handbuch
Südafrika, Namibia und Zimbabwe
448 Seiten, brosch., DM 19,80
(Bd. 4 der Reihe „Handbücher für die
entwicklungspolitische Aktion und
Bildungsarbeit)

Dieses Handbuch ist in drei große Blöcke gegliedert: Teil I: Ein „Politisches Lexikon", in dem wichtige Begriffe aus dem südlichen Afrika (einschließlich der Abkürzungen) aufgelistet und erklärt sind; Teil II: Eine Vorstellung von Modellen und Bausteinen für die Arbeit in Schule, Kirchengemeinden, Erwachsenenbildung oder in der Aktionsgruppenarbeit; Teil III: Eine umfassende Sammlung von verschiedenartigen Materialien (Bücher, Filme, Diaserien, Spiele, Plakate, Schallplatten etc.) zu den Ländern im südlichen Afrika.

Helgard Patemann
Lernbuch Namibia
Deutsche Kolonie 1884 bis 1915
264 Seiten, Format A4,
mit über 500 Bildern und
Dokumenten, DM 19,80

Das Lernbuch Namibia wurde im Rahmen eines Kooperationsprojektes zwischen der Universität Bremen und dem Institut der Vereinten Nationen in Lusaka, Sambia, verfaßt. Es bietet eine gründliche Aufarbeitung der deutschen Kolonialzeit und eignet sich hervorragend für die Arbeit in Schulen und Gruppen.

Joseph Ki-Zerbo
**Die Geschichte
Schwarz-Afrikas**

776 Seiten, brosch., DM 56,—

„ . . . Daß bei einem so weitgespannten Rahmen mit der darin unterzubringenden riesigen Stoffülle aus allen geografischen und politischen Regionen und Zeitaltern genauso wie aus den wirtschaftlichen, sozio-kulturellen und in Anklängen sogar künstlerischen Bereichen ein wirkliches Lesebuch herauskommt und nicht nur ein dickleibiges Nachschlagewerk, ist die Ausnahme bei einem wissenschaftlichen Autor, der Glücksfall."

(Die Zeit)

Berliner Festspiele
„Horizonte" (Hg.)
**Afrika.
Texte, Dokumente,
Bilder**
2. Auflage, Großformat,
210 Seiten, Sonderausgabe,
DM 14,80

Das Text-Bild-Buch ist eine kurzgefaßte Einführung in die Geschichte Afrikas. Es berücksichtigt auch die fast unbekannte vorkoloniale Geschichte.
Inhalt: Umrisse einer politischen Geschichte Afrikas; Wirtschafts- und Entwicklungspolitik; anthropologische, geografische und klimatische Bedingungen; Philosophie, Ideologie und Theologie; Bildungsfragen und Kultur; Dossier Südafrika.

Literatur aus Afrika finden Sie in unseren Reihen **„Dialog Afrika"** und **„Dialog Dritte Welt".**
Bitte fordern Sie dazu unsere Sonderprospekte an!

**Jugenddienst-Verlag · Peter Hammer Verlag
Föhrenstraße 33 - 35, 5600 Wuppertal 2**